SURVIVANTS DE L'EXTRÊME

SURVIVANTS
DE L'EXTRÊME

**60 histoires dans lesquelles l'endurance et la détermination humaine
viennent à bout de ce qui paraît insurmontable.**

97-B, montée des Bouleaux, Saint-Constant, Qc, Canada, J5A 1A9
Tél. : 450 638-3338 / Télécopieur : 450 638-4338
www.broquet.qc.ca / info@broquet.qc.ca

Catalogage avant publication de Bibliothèque et Archives nationales du Québec et Bibliothèque et Archives Canada

Vedette principale au titre :

Survivants de l'extrême

Traduction de : *Extreme survivors*.

Comprend des réf. bibliogr. et un index.

ISBN 978-2-89654-289-5

1. Récits de survivance. 2. Survie après accidents d'avion, naufrages, etc. 3. Évasions. I. Happer, Richard.

GF86.E9714 2012   613.6'9   C2011-942261-1

Pour l'aide à la réalisation de son programme éditorial, l'éditeur remercie :
   Le Gouvernement du Canada par l'entremise du Programme d'aide au développement de l'industrie de l'édition (PADIÉ) ; la Société de développement des entreprises culturelles (SODEC) ; l'Association pour l'exportation du livre canadien (AELC).
   Le Gouvernement du Québec – Programme de crédit d'impôt pour l'édition de livres – Gestion SODEC.

Titre original :
The Times Extreme Survivors

Times Books, 77-85, Fulham Palace Road, Londres W6 8JB

Première édition 2011-09-30
Copyright © Times Books Group Ltd 2011
Cartes © Collins Bartholomew Ltd 2011
Concept initial © Rod Peel
Texte rédigé par Richard Happer

The Times est une marque déposée de Times Newspapers Ltd

Toutes les cartes de ce livre sont tirées de la banque de données de Collins Bartholomew.
Collins Bartholomew, le principal fournisseur britannique indépendant d'information géographique, peut assurer un service de cartographie numérique, ordinaire ou de luxe, pour des marchés très divers.
Pour de plus amples informations :
Tél. : +44 (0) 141 306 3606
Courriel : collinsbartholomew@harpercollins.co.uk
Ou visitez notre site web au : www.collinsbartholomew.com

Si vous désirez nous faire part de vos commentaires concernant quelque aspect que ce soit de ce livre, s'il vous plaît, écrivez à :
Times Atlases, HarperCollins Publishers, Westerhill Road, Bishopbriggs, Glasgow G64 2QT
Courriel : timeatlas@harpercollins.co.uk
Ou visitez notre site web au : www.timeatlas.com

Pour l'édition canadienne en langue française
Copyright © Ottawa 2012 Broquet inc.
Dépôt légal – Bibliothèque et Archives nationales du Québec
1er trimestre 2012

Traduction : Jean Roby et Christiane Laramée
Révision : Diane Martin
Conception de la page couverture : Nancy Lépine
Infographie : Annabelle Gauthier

ISBN : 978-2-89654-289-5

Imprimé en Chine

CONTENU

PRÉFACE DE BEAR GRYLLS

Ayant passé ma vie sur de nombreux terrains dangereux et, à l'occasion, impitoyables, j'ai appris que, pour s'en sortir vivant, il faut trouver la volonté de continuer, peu importe le prix. Chacune des histoires de ce livre parle de cette même volonté chez ceux qui ont tenu bon. Comme individus, nous ne pouvons vaincre une montagne ou une tempête, mais nous pouvons apprendre à exploiter les éléments de la nature, et nos propres limites, pour traverser presque toutes les épreuves.

La préparation et l'expérience adéquates sont essentielles pour toute expédition, mais elles n'offrent aucune garantie de sécurité. Même le plus prudent des aventuriers peut être victime de mauvaises conditions, d'un équipement défectueux ou d'un relâchement de l'attention. C'est seulement en conservant son calme et en faisant confiance à ses propres capacités que l'on a une chance de surmonter les pièges constants que la nature nous tend. Dans ce livre, il y a des récits de gens qui sont partis à l'aventure avec la conscience et la compréhension du danger qui les attendait, mais qui ont fléchi, se sont ressaisis et ont survécu : la chute épouvantable de Joe Simpson du Siula Grande en 1985 ; Aron Ralston, coincé par des rochers et forcé de s'amputer d'un bras ; l'expédition épique d'Ernest Shackleton en Géorgie du Sud et sa détermination à ramener vivants ses hommes coincés en Antarctique.

Parallèlement à ces récits, il y a des histoires de grandes épreuves et de souffrances, mais subies par des gens qui ont survécu sans cette expérience et cet équipement. Ce sont les histoires d'horreur qui défient les statistiques. Des histoires d'écrasements d'avions, d'enlèvements et d'évasions de prison, les histoires de gens « ordinaires » pris au dépourvu dans les conditions les plus rigoureuses : le bon Samaritain Ricky Megee, qui survécut 71 jours contre toute attente en mangeant des lézards, des sangsues et des grenouilles après avoir été laissé pour mort ; les quatre années de privation de nourriture et de torture du journaliste cambodgien Dith Pran sous les Khmers rouges et son évasion désespérée quand leur régime fut renversé ; les trois jeunes Australiennes qui marchèrent 1 600 km dans le désert pour trouver le salut.

Il y a tant de traits de caractère fascinants à admirer chez tous les survivants présentés dans ce livre, même chez les « méchants » : les voleurs de banque et les prisonniers qui se sont évadés, ou le pirate qui s'est évanoui dans la légende. Ces gens aussi ont fait preuve de la volonté persistante de survivre, de se lancer à l'aventure et d'être libres. Ils étaient motivés à échapper à quoi que ce fût qui les contraignait. C'est la même motivation ressentie par nombre d'aventuriers pour fuir le neuf à cinq, la routine de bureau et la retraite planifiée. La peur de se blesser et de mourir doit être permanente au moment d'une évasion risquée, comme à celui d'une escalade dangereuse, mais la peur de la vie quelconque, d'accepter le train-train quotidien, peut être plus terrifiante encore. Et, bien sûr, il y a un prix à payer pour la grande aventure : des suées, des peurs, des inconforts et des douleurs sans fin.

Mais personne n'a jamais prétendu que ce serait facile.

BEAR GRYLLS

Né en 1974 en Grande-Bretagne, Bear Grylls est un alpiniste, aventurier et écrivain britannique. Ancien membre des forces spéciales britanniques (SAS), il est surtout connu pour son émission de télé-réalité Man vs Wild, *diffusée sur le canal Évasion sous le titre* Seul contre la nature *et, en France, sous le titre* Man vs Wild : Seul face à la nature *sur Discovery Channel.*

BEAR GRYLLS

Sous-marin soviétique *K-19* 208

Hugo Gr

«Bonnie Prince Charlie» 118
Marie, reine d'Écosse 92

Gunther Plüschow 126

Antonio Ferrara 1

Opération Frankton 138
Leo Bretholtz

Richard Charri

40 Éruption du mont Saint Helens

Dan Cooper 106
Aron Ralston 58
50 Incendie du mont Storm King

250 Jasper Schuringa

Attaques terroristes 54 76 Écrasement du vol 1549
du 11 septembre 2001   dans l'Hudson

Évasion d'Alcatraz 102

30 Apollo 13

Capitaine James Riley 182

88 Darlene Etienne

Steven Callahan 218

Robert Tapscott et 200
Roy Widdicombe

Íngrid Betancourt 240

98 Henri «Papillon» Charrière

Maurice et Maralyn Bailey 212

202 Poon Lim

Baleinier *Essex* 188

32 Juliane Köpcke
44 Joe Simpson

80 Sauvetage des mineurs chiliens
34 Écrasement du vol 571 dans les Andes

12 SURVIE
90 PRISONNIERS
116 GUERRE
172 NAUFRAGES
228 OTAGES

Commodore George Anson 174

194 Ernest Shackleton

10

Fridtjof Nansen 14

156 Cornelius Rost

142 Jan Baalsrud

La Grande évasion

Natascha Kampusch

28 Gary Powers

162 Capitaine Anthony Farrar-Hockley

20 Tremblement de terre à Tokyo

68 Wilco van Rooijen
Ascension de l'Haramosh

William Brydon 122 24

Terry Anderson 230 246 Roy Hallums 236
uben van Assouw

Naheeda Bi

150 Heinrich Harrer

168 Dith Pran

204 USS *Indianapolis*

252 Cargo *Maersk Alabama*

134 Freddy Spencer Chapman

74 Bahia Bakari

Mutinerie sur le *Bounty*

62 Ricky Megee

178

Cargo à vapeur *Trevessa* 198

William Shotton 192

Relocalisation
des Aborigènes 22

18 Douglas Mawson

11

SURVIE

Dans le Nord glacial

Quand, le 20 septembre 1893, Fridtjof Nansen dirigea son navire dans la banquise au nord de la Sibérie, il voulait découvrir dans la mer de glace un courant inconnu qui les mènerait au pôle Nord. Ce plan échouerait, et laisserait Nansen et un collègue bloqués dans le désert arctique durant quinze mois.

Date
1895-1896

Contexte
Exploration de l'Arctique

Nature de l'épreuve
Échoué près du pôle Nord

Durée de l'épreuve
15 mois

Moyens de survie
Traîneau à chiens, trekking et kayaks

Nombre de survivants
2

Dangers
Mourir de froid, de faim et attaques d'animaux sauvages

Équipement
Chiens, traîneau, skis, carabines

CI-DESSUS, À DROITE
Nansen se prépare à quitter son navire, le *Fram*, et à entreprendre son voyage en traîneau vers le pôle Nord, le 14 mars 1895.

En route vers le pôle Nord

Fridtjof Nansen était un explorateur ayant un plan très audacieux. On était en 1890 et personne n'avait encore atteint le pôle Nord. Nansen proposa pour ce faire une mission, au cours de laquelle il dirigerait un navire dans la banquise dont il utiliserait le courant naturel pour atteindre le Nord.

Cette théorie avait une base scientifique. En juin 1881, le *Jeannette*, vaisseau états-unien d'exploration de l'Arctique, avait été pris dans les glaces et avait coulé au large de la côte sibérienne. Des débris de ce bateau avaient été trouvés plus tard au Groenland.

Henrik Mohn, un éminent météorologue norvégien, avait présumé l'existence d'un courant océanique qui circulait d'est en ouest dans la mer polaire, possiblement à la hauteur du pôle même. Si l'on pouvait construire un vaisseau assez solide, il pourrait, en théorie, pénétrer dans la glace par la Sibérie et simplement dériver vers le Groenland via le pôle.

Nansen garda cette idée en tête au cours des années suivantes, durant lesquelles il se fit ses dents d'aventurier. Il réalisa une triomphale expédition au Groenland, puis commença à développer un plan vraiment sérieux pour une mission polaire.

En février 1890, il présenta son plan à la Société norvégienne de géographie. Il avait besoin d'un petit navire facile à manœuvrer et extrêmement solide. Il devait pouvoir transporter le carburant et les provisions nécessaires à douze hommes durant cinq ans. Il piloterait le navire à travers le passage du Nord-Est jusqu'au lieu du naufrage du *Jeannette*, puis s'enfoncerait dans la glace. Le vaisseau atteindrait ensuite le courant occidental naturel de la glace vers le pôle et au-delà, aboutissant éventuellement dans la mer entre le Groenland et le Spitzberg.

« ... un projet illogique d'autodestruction. »

Beaucoup d'autres explorateurs aguerris se moquèrent de lui, dont Adolphus Greely, sir Allen Young et sir Joseph Hooker.

Néanmoins, Nansen était motivé, passionné et éloquent. Il persuada le Parlement norvégien de lui accorder une subvention. Plusieurs investisseurs privés cotisèrent aussi et le reste de l'argent vint d'une contribution publique. Idée folle ou non, Nansen allait la réaliser.

La mission

Nansen demanda au meilleur constructeur naval de Norvège, Colin Archer, de concevoir le navire sans pareil qui le mènerait au pôle. Archer releva le défi en construisant un navire trapu et arrondi sur lequel les glaces ne pourraient avoir prise. Il utilisa l'itoba d'Amérique du Sud, le bois le plus dur disponible. La coque, épaisse de 60 à 70 cm (24 à 28 po), augmentait jusqu'à 1,25 m (48 po) à la proue. Le navire fut lancé par Eva, l'épouse de Nansen, au chantier naval de Larvik, le 6 octobre 1892 ; il avait été baptisé *Fram* (« En avant » en français).

Des milliers d'hommes se présentèrent pour se joindre à l'expédition, mais il n'y avait que douze postes. La compétition pour une place était si intense que le meneur de chiens expert Hjalmar Johansen dut s'inscrire comme chauffeur du navire. Nansen nomma Otto Sverdrup (de son expédition au Groenland) capitaine du *Fram* et son commandant en second.

Le *Fram* quitta Christiania le 24 juin 1893, sous les acclamations de milliers de sympathisants, et mit le cap au nord pour contourner la côte de la Norvège. Après une dernière escale à Vardø, l'expédition s'engagea dans le passage du Nord-Est le long de la côte nord de la Sibérie.

Pour l'essentiel, ces eaux n'étaient pas cartographiées et la progression dans la brume et les glaces flottantes très dangereuses fut lente. Ils connurent aussi des jours d'eau morte, où une couche d'eau douce à la surface de l'eau salée plus lourde crée assez de friction pour stopper un navire.

> **« Enfin, la merveille arriva – terre, terre, alors que nous avions pratiquement cessé d'y croire ! »**

Ils passèrent finalement le cap Tcheliouskine, le point le plus septentrional de la masse continentale eurasienne. Puis, le 20 septembre, le *Fram* atteignit la zone où le *Jeannette* avait été écrasé. Nansen suivit alors la banquise vers le nord à 78°49'N, 132°53'E, avant de couper les moteurs et de soulever le gouvernail.

Deux ans et demi s'écoulèrent avant qu'ils ne reviennent en eau libre.

La dérive vers le nord

Frustrant Nansen, le navire zigzagua les premières semaines, plutôt que de se déplacer vers le pôle. Le 19 novembre, le *Fram* était en réalité plus au sud qu'il ne l'avait été quand il s'était engagé dans les glaces. Ce ne fut qu'en janvier 1894 qu'il commença à progresser plus régulièrement vers le nord. Le 22 mars, ils franchirent 80° de latitude. Mais la dérive était lente : à peine 1,6 km (1 mi) par jour. À cette vitesse, ils mettraient cinq ans pour atteindre le pôle.

Nansen conçut un nouveau plan : quitter le navire avec Hjalmar Johansen à la latitude de 83° et atteindre le pôle en traîneau à chiens. Ils pourraient ensuite rejoindre la Terre François-Joseph récemment découverte avant de traverser vers le Spitzberg et de prendre un navire qui les ramènerait chez eux. Entre-temps, le *Fram* poursuivrait sa dérive jusqu'à ce qu'il soit « éjecté » des glaces dans l'Atlantique Nord.

Préparer les vêtements et l'équipement pour le voyage occupa tout l'hiver 1894-1895. L'équipage construisit les kayaks dont le duo polaire aurait besoin en eau libre pendant le voyage de retour. Nansen dut aussi apprendre l'art de mener les chiens, ce qu'il pratiqua sur la glace.

Le sprint vers le pôle

Le 14 mars 1895, avec le navire à 84°4'N, plus loin au nord que le précédent record de Greely (83°24'N), Nansen et Johansen partirent. Les deux hommes avaient 356 milles nautiques (660 km/410 mi) de glace entre eux et le sommet du monde et 50 jours de provisions. Cela signifiait un trajet quotidien de sept milles nautiques (13 km/8 mi).

Au début, ils maintinrent un bon rythme, soit une moyenne de neuf milles nautiques par jour (17 km/10 mi). Puis la glace devint plus cahoteuse et leur progression ralentit. En outre, ils marchaient contre la même dérive qui avait précédemment déporté leur navire ; en fait, pour trois pas faits vers l'avant, ils en reculaient de deux.

Il fut bientôt évident qu'ils n'avaient pas assez de provisions pour atteindre le pôle Nord, puis la Terre François-Joseph. Nansen dut avoir le cœur brisé quand, le 7 avril, il vit que ce qui s'ouvrait devant lui n'était « qu'un véritable chaos de blocs de glace qui s'étendait jusqu'à l'horizon ». Ce fut la goutte qui fit déborder le vase. Les hommes virèrent vers le sud. Ils étaient à 86°13,6'N, presque trois degrés plus au nord que tout autre homme avant eux.

Fridtjof Nanssen *(premier plan)* et Hjalmar Johansen

OCÉAN
ATLANTIQUE

*Archipel de la
Nouvelle-Sibérie*

*Janskij
zaliv*

1 JUILLET-SEPTEMBRE 1893
Trajet du *Fram* vers l'est le long de
la côte sibérienne, virant au nord
à l'archipel de la Nouvelle-Sibérie
pour s'enfoncer dans la banquise.

*Mer des
Laptev*

1

Kljantangskij zaliv

2 SEPTEMBRE
1893-AOÛT 1896
Dérive du *Fram* dans les
glaces depuis l'archipel de
la Nouvelle-Sibérie jusqu'au
nord et à l'ouest du Spitzberg.

Pôle Nord
magnétique
(2007)

2

*Péninsule
de Taïmyr*

S I B É R I

Pôle Nord

3 MARS 1895-JUIN 1896
Marche de Nansen et Johansen vers
le point le plus au nord, 86°13,6'N,
puis retraite subséquente vers le cap
Flora sur la Terre François-Joseph.

3

Mer de Kara

*Terre
François-Joseph*

*Nouvelle-
Zemble*

Station
Nord

4 AOÛT 1896
Retour de Nansen et
Johansen à Vardø depuis
le cap Flora.

GROENLAND

Spitzberg

*Mer de
Barents*

*Mer du
Groenland*

4

5 AOÛT 1896
Trajet du *Fram*
depuis le Spitzberg
jusqu'à Tromsø.

5

Vardø

*Jan
Mayen*

Mourmansk

S U È D E

Arkhangelsk

*Détroit du
Danemark*

Tromsø

Islande

EUROPE

Reykjavik

*Mer de
Norvège*

KILOMÈTRES 0   200   400   600

MILLES 0   200   400

Retraite

Pendant une semaine, ils avancèrent régulièrement vers le sud mais, le 13 avril, leurs deux montres s'arrêtèrent. Il leur était désormais impossible de calculer leur longitude et de faire route avec précision vers la Terre François-Joseph.

Deux semaines plus tard, ils croisèrent la piste d'un renard polaire, premier signe d'une créature vivante autre que leurs chiens depuis leur départ du *Fram*. Au cours des semaines suivantes, ils virent aussi des traces d'ours et commencèrent à voir des phoques, des mouettes et des baleines. Cependant, ils ne purent rien capturer et leurs réserves étaient au plus bas. Ils n'eurent d'autre solution que de commencer à tuer leurs chiens, en abattant d'abord le plus faible. Ils purent ainsi nourrir les autres chiens, ce qui leur permit de faire durer un peu plus leurs rations.

À la fin de mai, Nansen calcula qu'ils étaient seulement à 50 milles nautiques (93 km/58 mi) du cap Fligely, le point connu le plus au nord de la Terre François-Joseph. Toutefois, la chance tourna de nouveau : la température se réchauffait et la glace se brisait.

Le 22 juin, ils campaient sur un morceau de glace flottante stable, où ils se reposèrent un mois. Le lendemain de leur départ de ce camp, ils aperçurent une terre au loin. Ils ne pouvaient être certains si c'était la Terre François-Joseph ou une nouvelle découverte, mais c'était leur seul espoir. Le 6 août, il n'y avait plus de glace ; ils durent s'en remettre aux kayaks maison. Ils tuèrent leur dernier chien, attachèrent les deux kayaks ensemble et mirent le cap sur la terre.

Bientôt, Nansen identifiait le cap Felder qui se trouve sur la rive occidentale de la Terre François-Joseph. Toutefois, le temps joua contre eux et, vers la fin d'août, la température se refroidit de nouveau. Ils devraient passer un autre hiver dans le Nord glacial. Ils trouvèrent une anse protégée, où ils construisirent une hutte de pierres et de mousse. Ce fut leur chez-soi des huit mois suivants. La hutte mesurait 3 m (10 pi) de long et 2 m (6 pi) de large ; il y avait un banc de pierre de chaque côté avec des peaux d'ours et des sacs de couchage en laine. Une cheminée en peau d'ours partait du foyer vers le toit, fait de peaux de morses. Chaleur et lumière étaient prodiguées par des lampes à l'huile et la porte, partiellement submergée, était faite de peaux. Un abri primitif, mais suffisamment chaud et confortable.

Leurs réserves de nourriture étaient épuisées depuis longtemps, mais ils avaient encore des munitions : maintenant, les ours, les morses et les phoques abondaient aux alentours. Quoiqu'ils ne souffriraient pas de la faim, le sentiment de s'installer pour un long hiver arctique dans leur minuscule refuge dut être démoralisant à l'extrême. Noël et le Jour de l'An passèrent et la température rude continua durant les premiers mois de 1896. Finalement, le 19 mai, ils reprirent leur voyage vers le sud.

> « [Nansen a fait] une percée quasi aussi importante que celle réalisée par tous les autres voyages du 19ᵉ siècle mis ensemble. »

Sauvetage et retour

À la mi-juin, leurs kayaks furent attaqués par un morse. Après avoir chassé la bête, Nansen et Johansen s'arrêtèrent pour effectuer des réparations. Maudissant leur malchance, Nansen s'étonna d'entendre japper un chien, puis des voix humaines. Il contourna le promontoire et, sidéré, il vit un homme approcher.

C'était Frédérick Jackson, l'explorateur britannique qui menait une expédition vers la Terre François-Joseph. Jackson était également abasourdi et quelques instants s'écoulèrent avant qu'il ne demandât : « Vous êtes Nansen, n'est-ce pas ? » et qu'il entendît la réponse : « Oui, je suis Nansen. »

Jackson amena les Norvégiens à son camp tout près, au cap Flora, sur l'île Northbrook. Tout en récupérant de leur épreuve, Nansen en vint à remercier le morse bagarreur ; n'eût été de cette bête, ils pourraient n'avoir jamais rencontré Jackson.

Le 7 août, Nansen et Johansen montèrent à bord du *Windward*, le

Rencontre entre Fridtjof Nansen *(à droite)* et Frederick Jackson au cap Flora, sur la Terre François-Joseph, le 17 juin 1896

navire ravitailleur de Jackson, qui mit le cap sur Vardø qu'ils atteignirent une semaine plus tard. À leur grande surprise, ils furent accueillis par Hans Mohn, le théoricien de la dérive polaire, qui s'adonnait à être sur place. Des télégrammes furent envoyés pour annoncer au monde le retour sain et sauf de Nansen.

Nansen et Johansen prirent un vapeur-postal vers le sud pour atteindre Hammerfest le 18 août. Ils y apprirent que le *Fram* était sorti des glaces au nord et à l'ouest du Spitzberg, comme Nansen l'avait prédit. Les hommes prirent immédiatement la mer vers Tromsø, où ils rejoignirent leurs vieux camarades de bord.

Le 9 septembre 1896, le *Fram* entra dans le port de Christiania. Les quais étaient envahis par la foule la plus nombreuse que la cité avait jamais connue. Nansen retrouva sa famille plus de trois ans après son départ et, les quelques jours suivants, ils furent les invités spéciaux du roi Oscar. Il n'avait peut être pas atteint le pôle Nord, mais le récit épique de la survie de Nansen lui a assuré la célébrité pour le reste de sa vie.

Un autre hiver antarctique

L'explorateur Douglas Mawson fut bloqué sur la glace de l'Antarctique quand son collègue tomba dans une crevasse. Ayant peu de provisions, il fut forcé de manger ses chiens pour survivre. Il franchit péniblement 480 km (300 mi) pour rejoindre sa base, mais rata le bateau ravitailleur de quelques heures, ce qui l'obligea à subir les conditions extrêmes d'un autre hiver.

Date
1912-1913

Contexte
Exploration de l'Antarctique

Nature de l'épreuve
Bloqué sur la glace

Durée de l'épreuve
Plusieurs semaines

Moyens de survie
Trekking et manger les chiens

Nombre de survivants
1

Dangers
Mourir de froid, de faim, tomber dans une crevasse et s'empoisonner à la vitamine A

Équipement
Chiens, traîneau, quelques provisions

En route vers le sud

La vitesse moyenne du vent à cap Denison était de 80 km/h (50 m/h). Il rafalait fréquemment à 320 km/h (200 m/h). Néanmoins, Douglas Mawson et ses collègues devraient s'y habituer. Pour les deux années à venir, cet endroit allait être leur chez-soi.

Mawson était né dans le Yorkshire, en Angleterre, en 1882, mais il avait grandi en Australie. Géologue de formation, il avait attrapé tôt le virus de l'exploration. Géologue principal d'une expédition aux Nouvelles-Hébrides (aujourd'hui Vanuatu), il avait écrit l'une des premières études géologiques d'importance sur la région. Il n'avait alors que 21 ans.

Le début du 20e siècle fut l'époque des grands explorateurs de l'Antarctique. En 1910, Mawson avait refusé l'invitation de Robert Falcon Scott de se joindre à son expédition Terra Nova, qui s'avéra fatale.

Plutôt, Mawson avait organisé sa propre aventure : l'expédition antarctique australienne. On réaliserait l'exploration géographique et des études scientifiques de la Terre du Roi George-V et de la Terre Adélie, la part du continent antarctique directement au sud de l'Australie. À l'époque, cette région était quasi entièrement inexplorée. Mawson voulait aussi atteindre le pôle Sud magnétique.

L'expédition antarctique australienne

Mawson et son équipe partirent de Hobart le 2 décembre 1911 à bord du SY *Aurora*. Le 8 janvier 1912, ils débarquèrent au cap Denison dans la baie du Commonwealth, assailli par les vents. Ils y bâtirent la hutte qui servirait de base principale à leur expédition. Ils établirent aussi un camp occidental sur la barrière de glace même de la Terre de la Reine-Marie.

À l'origine, voulant explorer la zone du haut des airs, Mawson avait amené le premier avion en Antarctique, un monoplan Vickers. Mais il avait été endommagé et le moteur peinait dans le froid. Toute l'exploration devait être faite à pied, avec des chiens et des traîneaux. Cependant, une fois leur camp complètement établi, la température empira et s'avéra bientôt trop rude pour voyager. Les hommes restèrent dans la hutte pour traverser les longs et sombres mois de l'hiver antarctique.

Glisser vers le désastre

En novembre 1912, les blizzards presque constants s'étaient calmés et le programme d'exploration put débuter. Mawson divisa les hommes en sept groupes : cinq opérant depuis la base principale et les deux autres, du camp occidental.

Mawson lui-même dirigeait une équipe en traîneau de trois hommes avec Xavier Mertz et le lieutenant Belgrave Ninnis. Ils partirent vers l'est le 10 novembre 1912 pour faire l'étude topo-

CI-DESSUS, À DROITE
L'Australien Douglas Mawson (1882-1958), géologue et explorateur de l'Antarctique

graphique de la Terre du roi George-V. Durant cinq semaines, tout alla bien. Ils tracèrent la carte du littoral et collectèrent de nombreux échantillons géologiques significatifs. Puis, quand ils traversèrent ce qui deviendrait le Glacier Ninnis, le malheur frappa.

Mawson conduisait le traîneau, ce qui répartissait son poids uniformément sur la glace et Mertz skiait. Par contre, Ninnis était à pied et son poids brisait la surface. Il plongea dans une crevasse recouverte de neige, emportant avec lui la tente, la plupart des rations et les six meilleurs chiens. Mertz et Mawson pouvaient voir un chien mort et un autre blessé sur une saillie à 50 m (160 pi) dans l'énorme crevasse, mais Ninnis avait disparu.

Très loin de la base

Mawson et Mertz rendirent un bref hommage à leur compagnon, puis rebroussèrent chemin. Ils avaient un réchaud de camping et du combustible, mais des provisions pour une seule semaine et aucune nourriture pour les chiens. Ils étaient séparés de la base par 480 kilomètres (300 mi) de territoire parmi les plus hostiles sur Terre.

Leur premier but consistait à atteindre le double toit de tente de rechange qu'ils avaient planqué derrière eux pendant le voyage. Pour y arriver, ils firent du traîneau durant 27 heures continues. Avec des skis et un théodolite, ils improvisèrent un cadre pour la coquille externe de toile.

L'équipe de Mawson avait exploré de vastes zones de la côte antarctique et découvert beaucoup sur sa géologie, sa biologie et sa météorologie. Elle avait aussi localisé avec précision le pôle Sud magnétique.

La marche de retour fut lente et ils manquèrent bientôt de nourriture. Ils n'eurent d'autre solution que de tuer leurs huskys un par un et de les manger. Il y avait peu de chair sur les bêtes et, même en la mêlant avec un peu de nourriture en conserve, les deux hommes avaient faim quasi sans arrêt. Ils donnaient aux chiens restants les os, les tripes et les tendons qu'ils ne pouvaient digérer.

Empoisonnés

Mawson et Mertz étaient si désespérément affamés qu'ils mangèrent le foie des huskys. Par malheur, le foie contient une concentration toxique de vitamine A. Quoique la vitamine A n'ait été découverte qu'en 1917, les Inuits connaissaient depuis longtemps la nature toxique de ces viscères. Le foie des ours polaires, des phoques et des morses sont aussi dangereux.

Les deux hommes devinrent malades très vite durant leur voyage de retour. Ravagés par la maladie, ils souffraient de diarrhée, de douleurs abdominales, de vertiges et devenaient irrationnels. Leur peau vira au jaune et commença à peler sur leurs muscles. Ils perdirent leurs cheveux et leurs ongles.

Mangeant plus de foie que Mawson parce qu'il trouvait les muscles fermes des chiens trop durs à mâcher, Mertz souffrit le plus. Tout autant que de la détérioration physique, il devint la proie de la folie. Il se roulait en boule dans son sac de couchage, refusant de bouger, ou se déchaînait avec violence. Mawson dut même s'asseoir sur sa poitrine et lui saisir les bras pour l'empêcher de détruire leur tente. Mertz coupa même avec ses dents le bout de son propre auriculaire gelé. Après plusieurs crises graves, il tomba finalement dans le coma et mourut le 8 janvier 1913.

Marcher seul vers la base

Douglas Mawson dut alors parcourir seul les derniers 160 km (100 mi). En chemin, il chuta dans une profonde crevasse. Il fut sauvé d'une mort certaine par son traîneau, qui s'était coincé dans la glace au-dessus de lui. Ensuite, il se hissa jusqu'à la surface par la mince corde qui le liait au traîneau.

En 1916, l'American Geographical Society décerna à Mawson la médaille du Centenaire de David Livingstone. Plus tard, on lui attribua l'Ordre de l'Empire britannique (OBE) et il fut aussi fait chevalier.

Mawson rejoignit finalement le cap Denison en février, mais de nouvelles mésaventures l'attendaient. L'*Aurora* avait repris la mer quelques heures seulement avant son arrivée. Mawson et les six hommes qui étaient restés derrière pour le rechercher durent passer un deuxième hiver dans l'étreinte cruelle de cap Denison jusqu'à ce qu'ils fussent enfin rescapés en décembre 1913.

Douglas Mawson penché au-dessus du bord de la crevasse dans laquelle son camarade le lieutenant Ninnis est tombé avec son traîneau, ses chiens et ses provisions

Le jour où le monde trembla

Le paquebot *Empress of Australia* quittait le port de Yokohama quand un tremblement de terre parmi les plus dévastateurs de l'histoire rasa Tokyo et ses environs. Plus de 100 000 personnes périrent dans les secousses et les incendies qui suivirent, mais l'équipage du paquebot resta pour aider des milliers d'autres personnes à survivre au désastre.

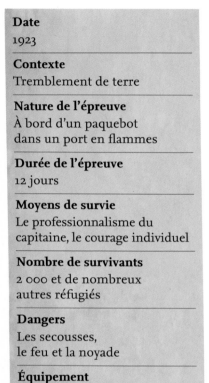

Date
1923

Contexte
Tremblement de terre

Nature de l'épreuve
À bord d'un paquebot
dans un port en flammes

Durée de l'épreuve
12 jours

Moyens de survie
Le professionnalisme du
capitaine, le courage individuel

Nombre de survivants
2 000 et de nombreux
autres réfugiés

Dangers
Les secousses,
le feu et la noyade

Équipement
L'équipement du navire

① Le 1er septembre 1923, l'*Empress of Australia* s'apprête à quitter Yokohama pour la traversée du Pacifique.

③ Douze jours durant, les canots de l'*Empress* transportent des milliers de survivants depuis la côte en flammes.

② Le grand séisme de Kanto frappe, son épicentre se situant tout juste à 80 km (50 mi) de l'endroit où le paquebot est amarré.

④ Le 12 septembre, l'*Empress* entreprend enfin son voyage de retour.

Un monde sens dessus dessous

La scène aurait pu être tirée d'un film romantique : un magnifique paquebot blotti contre un quai, des passagers en liesse massés contre ses bastingages, serpentins et confettis tombant en une pluie colorée sur les centaines de gens venus offrir leurs souhaits de bon voyage depuis les quais.

Quelques secondes plus tard, le film virait à la tragédie alors qu'un des tremblements de terre les plus dévastateurs de l'histoire anéantissait la scène.

Des milliers de personnes périrent dans les secousses initiales et les feux catastrophiques subséquents. Toutefois, grâce au leadership du capitaine du paquebot qui sut garder son sang-froid et à l'action désintéressée de l'équipage et de ses passagers, plusieurs milliers de personnes survécurent.

Désastre à une échelle sans précédent

Il était 11 h 55, le samedi 1er septembre 1923, et l'*Empress of Australia* se préparait à quitter son mouillage à Yokohama, au Japon.

Puis, sans avertissement, le quai entier s'éleva de plusieurs mètres dans les airs. Aussi soudainement, il retomba en se fragmentant. Pris de panique, les gens criaient et couraient, mais ils n'avaient nulle part où aller. Le quai s'effritait sous leurs pieds.

D'autres secousses frappèrent, faisant onduler le sol autour de la baie en vagues hautes de 2 mètres (7 pieds), comme s'il faisait partie de l'océan.

> **« Le paquebot de 23 000 tonnes était secoué d'un bord à l'autre comme un bateau jouet dans une baignoire. »**

Le ciel avait pris une teinte orange blafarde à cause des incendies qui faisaient rage partout dans la ville et un grondement sourd et presque continu remplissait l'air à cause des centaines de bâtiments qui s'effondraient.

L'*Empress* avait été frappé par le grand séisme de Kanto, atteignant 8,3 sur l'échelle de Richter. Son épicentre se situait sous l'île d'O-shima, dans la baie de Sagami, à 80 km (50 mi) de l'endroit où le navire était amarré.

Le tremblement de terre dévasta Tokyo, la ville portuaire de Yokohama et les préfectures environnantes de Chiba, Kanagawa et Shizuoka. Entre 100 000 et 142 000 personnes périrent lors des secousses initiales, des effondrements d'édifices subséquents ou dans les violents incendies provoqués par les vents de 110 km/h (70 m/h) d'un typhon voisin qui frappa la zone peu après le séisme. Beaucoup de gens moururent les pieds enlisés dans le macadam fondant. Au cours d'un seul incident, 38 000 personnes qui avaient trouvé refuge dans la cour d'un dépôt de vêtements furent incinérées par un tourbillon de flammes.

Péril dans le port

Les individus étaient face au désastre de tous côtés. Le capitaine Robinson de l'*Empress of Australia* était responsable de la vie de plus de mille personnes.

Même lorsque les secousses diminuèrent et cessèrent enfin, Robinson savait que son navire était dans une situation très dangereuse.

> Ce qui restait des quais était dévoré par les flammes et l'*Empress* était toujours amarré à l'appontement.

Si le paquebot restait amarré au quai, il brûlerait. Et, si cela se produisait, les gens à bord n'auraient nulle part où aller.

Passer à l'action

En temps normal, l'*Empress* aurait pu faire simplement marche arrière, mais un cargo, le *Steel Navigator*, était amarré tout près, derrière lui. Il aurait eu besoin alors de remorqueurs pour le tirer de côté, mais ils avaient été détruits ou endommagés par les secousses initiales. Qui plus est, un navire amarré à l'est avait perdu son câble et, dérivant dans le port, percuta l'*Empress* en son milieu.

Le capitaine Robinson ordonna d'abord à tout l'équipage disponible – et aux passagers – d'ouvrir les robinets des boyaux du navire sur les ponts et d'éteindre les tisons soufflés depuis les quais en flammes.

Ensuite, il fit lancer des câbles et des échelles par-dessus bord pour embarquer les survivants piégés sur l'appontement en ruine. Puis il entreprit une manœuvre risquée, utilisant les moteurs de l'*Empress* pour écarter suffisamment le *Steel Navigator* afin de s'éloigner des incendies du port.

Métal grinçant contre métal, l'*Empress* réussit à déplacer péniblement le cargo, centimètre par centimètre. Puis, juste comme il arrivait à s'en éloigner lentement, son hélice de bâbord s'emmêla dans le câble de l'ancre du *Steel Navigator*.

Il s'était écarté d'environ 18 mètres (60 pi) des flammes, mais ce n'était probablement pas suffisant. Étincelles et tisons continuaient de pleuvoir sur le pont. Puis, par bonheur, le vent tourna et s'atténua. Le navire était en sécurité… pour le moment.

Alors, le capitaine s'occupa d'aider les autres. Il fit mettre à l'eau les canots de sauvetage et forma des équipes de secours avec l'équipage et des passagers volontaires. Ensuite, se rendant sur la rive, ils s'affairèrent toute la nuit à ramener des survivants à bord.

Les eaux brûlantes

Le dimanche matin, l'*Empress* était le havre de 2 000 personnes, mais affrontait une nouvelle menace. Une énorme nappe d'huile enflammée se déplaçait dans le port vers le navire. L'hélice emmêlée empêchait toujours l'*Empress* de s'écarter. Le capitaine Robinson demanda l'aide du capitaine de l'*Iris*, un bateau-citerne. Celui-ci parvint à remorquer la proue de l'*Empress* vers l'avant, lui permettant de se déplacer un peu à l'extérieur du port, à un mouillage plus sûr. Les équipes de sauvetage continuèrent leur travail en dépit de la mer de feu.

Rester derrière

Le 4 septembre, trois jours après le tremblement de terre, l'hélice emmêlée de l'*Empress* fut dégagée par un plongeur du cuirassé japonais *Yamashiro*, qui venait d'arriver dans le port. L'hélice n'était pas endommagée et l'*Empress* était désormais libre de partir.

Pourtant, le capitaine Robinson décida que le navire devait rester pour contribuer aux opérations de secours.

Dommages causés par le grand séisme de Kanto à Tokyo

Les canots de sauvetage, continuant leurs voyages, revenaient chargés de réfugiés qui étaient alors soit transférés sur un autre navire, soit amenés à Kobe. L'équipage du navire et la plupart des passagers donnèrent leurs effets personnels pour aider les survivants.

> Pendant la semaine qui suivit, l'*Empress of Australia* revint dans le port dévasté chaque matin et envoya ses canots à terre.

Entrer dans l'histoire

Enfin, le 12 septembre 1923, l'*Empress of Australia* quitta Yokohama. L'héroïsme de son capitaine, de l'équipage et des passagers ne fut pas oublié. Le capitaine Robinson reçut plusieurs distinctions, dont celles de Commandeur de l'Empire britannique et la médaille d'argent de la Lloyds.

Un groupe de passagers et de réfugiés commanditèrent une plaque commémorative en bronze qu'ils présentèrent au navire en reconnaissance des efforts de sauvetage. Quand l'*Empress* fut envoyé à la ferraille en 1952, cette plaque commémorative fut remise au capitaine Robinson, alors âgé de 82 ans, lors d'une cérémonie spéciale tenue à Vancouver.

Le long retour à la maison

En 1931, trois jeunes filles faisaient partie des milliers d'enfants que le gouvernement australien força à quitter leur famille et envoya dans un établissement sévère pour les aborigènes. Molly, Daisy et Gracie s'échappèrent aussitôt et suivirent une clôture à l'épreuve des lapins de garenne sur 1 600 kilomètres (1 000 mi) à travers les déserts brûlants de l'Australie-Occidentale pour retourner chez elles.

Date

1931

Contexte :

Trois enfants s'évadent d'un établissement d'État

Nature de l'épreuve

Fuir les autorités à travers la brousse australienne

Durée de l'épreuve

2 mois

Moyens de survie

Se cacher dans la brousse, quêter de l'aide

Nombre de survivants

3

Dangers

Épuisement, mourir de faim, coups de chaleur

Équipement

Aucun

La vieille clôture anti-lapins de garenne existe toujours le long de Hamersley Drive, dans le parc national de la rivière Fitzgerald.

La clôture anti-lapins

Les lapins de garenne ne sont pas indigènes à l'Australie. En 1859, un colon anglais de Victoria, au sud-est de l'Australie, en relâcha deux douzaines dans la nature. « L'introduction de quelques lapins ne pouvait faire que peu de mal et pouvait apporter une touche de chez nous, en plus d'un lieu de chasse. » Mais Austin semblait avoir oublié la capacité de reproduction des lapins et, bientôt, ils se répandaient à la grandeur du continent comme la peste.

Entre 1901 et 1907, le gouvernement élabora un plan de limitation de l'expansion de la faune sauvage des plus ambitieux, comme le monde n'en avait jamais vu. Ce plan était simple : boucler la totalité de la partie ouest de l'Australie afin que les lapins ne puissent y entrer. Trois clôtures à l'épreuve des lapins traversèrent le pays. Elles avaient un mètre (3 pi) de hauteur et étaient supportées par des poteaux de bois. La première parcourait 1 833 km du nord au sud du continent, de Wallal Downs jusqu'à Jerdacuttup. La longueur totale des trois clôtures était de 3 256 km (2 023 mi).

Aussi audacieux que fût cet acte de ségrégation, il était voué à l'échec. Les lapins avaient déjà traversé à l'ouest de la barrière et il était quasi impossible d'entretenir une telle structure dans les conditions difficiles des déserts de l'Australie-Occidentale, malgré les patrouilles régulières d'inspecteurs à bicyclette, en voiture et même à dos de chameau.

La génération volée

La clôture était aussi la métaphore d'un autre acte de ségrégation imposé au pays par le gouvernement de l'époque.

Les colons blancs d'Australie affichaient de nombreuses attitudes différentes envers la population aborigène. Pour les uns, ce n'était qu'une race inférieure. D'autres croyaient qu'on pouvait les assimiler à la société blanche et qu'on pouvait les « débarrasser » de leur héritage. D'autres encore étaient tolérants et compréhensifs et, bien sûr, il y avait beaucoup d'enfants métissés. Ce problème était celui qui semait le plus de discorde à cette époque de l'histoire australienne.

De 1920 à 1930, plus de 100 000 enfants métis aborigènes furent enlevés à leur famille.

Les enfants furent relocalisés pour être éduqués afin de mener une vie utile d'ouvrier agricole ou de domestique. Le gouvernement construisit des centres sévères de détention pour mineurs où les conditions à la Dickens étaient la norme. Des enfants, dont beaucoup n'avaient que trois ans, partageaient des dortoirs aux fenêtres grillagées semblables à des prisons. Les couvertures minces protégeaient peu contre les nuits froides et la nourriture était élémentaire. Ces centres d'éducation effroyables, ou « établissements pour aborigènes », étaient souvent à des centaines de kilomètres de l'endroit que les enfants appelaient « chez moi ». Tout enfant pris à s'échapper avait la tête rasée, recevait le fouet et subissait une période de réclusion solitaire.

La nourriture dans ces établissements pour aborigènes n'était rien de plus que du gruau. Les enfants avaient peu de vêtements et pas de souliers.

Molly Craig, 14 ans, sa demi-sœur Daisy Kadibil, 11 ans, et leur cousine Gracie Fields, 8 ans, arrivèrent à l'établissement de Moore River, au nord de Perth, en août 1931. On les avait enlevées à leurs familles à Jiggalong, à près de 1 600 km (1 000 mi) de là, et elles décidèrent aussitôt de retourner chez elles, peu importe les conséquences. Leur plan était simple : elles suivraient la clôture anti-lapins de garenne.

Marcher vers la maison

Les filles n'avaient que deux robes simples et deux paires de culottes bouffantes en calicot. Elles n'avaient pas de souliers. Leur seule nourriture se résumait à un peu de pain. Néanmoins, après seulement deux jours dans l'établissement, elles se cachèrent dans le dortoir puis, alors que personne ne regardait, elles marchèrent simplement et pénétrèrent dans la brousse. Elles en avaient beaucoup moins peur que de l'établissement.

La clôture même était à plusieurs jours de marche. Une fois atteinte, elles auraient alors à marcher plusieurs semaines en terrain broussailleux et poussiéreux avant d'atteindre Jiggalong.

Néanmoins, les filles avaient confiance qu'elles pouvaient survivre sur le terrain. Leur plus grande crainte était d'être rattrapées par les inévitables équipes de recherche : tous ceux qui avaient tenté de s'évader avant elles avaient été retrouvés par les poursuivants des aborigènes. Pour se montrer

① Les filles avaient été élevées à Jiggalong.

AUSTRALIE OCCIDENTALE

③ Les filles marchèrent vers le nord, suivant la clôture anti-lapins.

② En août 1931, elles furent envoyées dans un « établissement pour aborigènes » à Moore River.

Jiggalong · Wiluna · Kalbarri · Geraldton · Mont Magnet · Leonora · Kalgoorlie · Fremantle · Perth · Jerramungup · N° 3

OCÉAN INDIEN

0 — 200 KM
0 — 100 MILLES

La route suivie par les filles le long de la clôture anti-lapins de garenne

plus malignes qu'eux, il leur fallait bien se cacher et se déplacer rapidement : Molly leur avait fixé comme but de parcourir 32 km (20 mi) par jour.

> **« Nous avons suivi cette clôture, la clôture anti-lapins de garenne, jusqu'à la maison, depuis l'établissement jusqu'à Jiggalong. Une longue route, c'est certain. Nous sommes restées cachées dans la brousse longtemps. »**

Au début, elles progressèrent bien. Elles se cachèrent dans une garenne de lapins et parvinrent à capturer, cuire et manger quelques-unes de ses créatures. Le temps pluvieux, leur fournissait de l'eau et effaçait leurs pistes. Elles rencontrèrent deux Aborigènes qui leur donnèrent de la nourriture et des allumettes.

Souvent, quand elles croisaient une ferme, elles marchaient simplement jusqu'à la porte et demandaient de l'aide. Quoique la nouvelle de leur évasion eût été largement diffusée, aucun des fermiers blancs ne les livra. Certains leur donnèrent de la nourriture et des vêtements plus chauds.

Les policiers étaient sur leur piste, désormais aussi préoccupés par le bien-être des filles que désireux de les ramener à Moore River.

Cependant, vers la troisième semaine de septembre, le stress de la vie dans la brousse commença à se faire sentir. Gracie, la plus jeune, était exténuée et les deux autres filles devaient souvent la porter. Ses jambes avaient été lacérées par le sous-bois épineux et s'infectaient. Après avoir entendu dire par une Aborigène qu'elles croisèrent que sa mère avait déménagé à Wiluna, à proximité, elle se glissa à bord d'un train pour s'y rendre.

Molly et Daisy poursuivirent leur marche vers Jiggalong. Sans leur jeune cousine à porter, elles pouvaient désormais se déplacer plus vite, mais c'était tout de même une épreuve difficile. Les pluies avaient cessé avec l'été. Il faisait plus chaud chaque jour, mais elles étaient déterminées à couvrir plus de terrain afin d'arriver à la maison plus vite.

Enfin, au début d'octobre, les deux filles poussiéreuses et dépenaillées entrèrent dans Jiggalong. Elles avaient parcouru plus de 1 600 km (1 000 mi) à travers l'un des territoires les plus impitoyables de la planète. Elles étaient toujours recherchées par les autorités. Mais, maintenant, elles étaient à la maison.

L'histoire n'était pas finie

Les familles des deux filles déménagèrent rapidement afin que les autorités ne remettent pas la main sur leurs filles. Toutefois, craignant peut-être la redoutable histoire que les filles avaient à raconter, le gouvernement abandonna la poursuite quelques semaines plus tard.

Néanmoins, quoique l'évasion des filles fût un triomphe exemplaire d'endurance et de l'indomptable volonté humaine, leur voyage n'avait pas suscité un bonheur total. Elles étaient toujours dans un territoire où la loi établissait une discrimination contre elles.

La mère de Gracie n'était pas à Wiluna et on la retourna à Moore River. Elle devint une domestique et mourut en 1983.

Molly devint aussi une domestique, se maria et eut deux filles. Pourtant, en 1940, après avoir été transportée à Perth à cause d'une appendicite, elle fut renvoyée à Moore River par un ordre direct du gouvernement. Si surprenant que cela puisse paraître, elle marcha encore une fois hors de l'établissement et continua jusqu'à Jiggalong. Malheureusement, elle ne put emporter qu'une seule de ses filles avec elle ; sa fille de trois ans, Doris, demeura dans l'établissement où elle grandit. Plus tard, Doris a écrit *Rabbit-Proof Fence (La clôture anti-lapins)*, livre qui raconte le premier voyage de sa mère et qui a été adapté pour le cinéma en 2002.

L'histoire de Daisy connut l'issue la plus heureuse. Elle demeura dans la région de Jiggalong tout le reste de sa vie : elle y devint gouvernante, s'y maria et eut quatre filles.

Survie et sacrifice

Quatre jeunes alpinistes essayaient de conquérir le pic invaincu d'Haramosh quand une avalanche balaya deux d'entre eux par-dessus une falaise de glace. Les deux autres grimpeurs allèrent au-delà de l'épuisement et jusqu'au péril de leur vie dans leur audacieuse tentative de sauvetage qui eut des résultats tragiques et héroïques.

Date
1957

Contexte
Accident d'escalade

Nature de l'épreuve
Bloqués par une avalanche
à 6 400 m (21 000 pi)

Durée de l'épreuve
2 jours

Moyens de survie
Escalader pour être en sécurité, sauvetage et sacrifice par des collègues

Nombre de survivants
2

Dangers
Déshydratation, épuisement, chutes mortelles, hypothermie

Équipement
Équipement pour l'escalade

CI-DESSUS, À DROITE
Les pics couverts de neige du massif du Karakoram, au Pakistan

Une grande ambition

Il n'était pas étonnant qu'un enthousiasme débordant pour l'escalade animât les jeunes étudiants. Plusieurs récents exploits d'alpinisme avaient enflammé l'imagination de tous les hommes qui aimaient la montagne : Tensing et Hillary avaient escaladé l'Everest quatre ans plus tôt et le sauvage K2 avait succombé l'année suivante. Il semblait qu'aucun pic ne fût au-delà de la portée d'hommes déterminés et capables.

Toutefois, les trois gars du club d'escalade de l'université d'Oxford poussèrent leur enthousiasme un cran plus loin. Ils voulaient être les premiers hommes à conquérir la flèche vierge de l'Haramosh, une montagne imposante de 7 400 m (24 270 pi) dans le massif du Karakoram, au nord du Pakistan.

Ils paieraient cher leur grande ambition, mais ils feraient preuve aussi d'une bravoure et d'un oubli de soi hors du commun, en contradiction avec leur âge.

L'équipe trouve un chef d'expédition

Le projet était la grande idée de Bernard Jillott, 23 ans, du lycée de Huddersfield. Avec lui, il y avait John Emery, étudiant en médecine qui retarda ses examens de fin d'études pour se joindre à l'expédition, et Rae Culbert de la Nouvelle-Zélande, 25 ans, diplômé en sylviculture.

Les étudiants étaient jeunes, mais aussi assez avertis pour savoir que, afin d'obtenir un permis d'escalade, ils auraient besoin d'un leader plus vieux, plus expérimenté. Ils demandèrent à Tony Streather, un officier de l'armée qui avait été de l'expédition norvégienne ayant réalisé la première ascension du Tirich Mir, le plus haut sommet de l'Hindou Kouch, à 7 690 m (25 223 pi). D'abord officier responsable du transport, il finit parmi l'équipe de quatre hommes qui atteignit le sommet. En 1955, il avait aussi escaladé le Kangchenjunga (la troisième montagne au monde pour sa hauteur). Deux ans plus tard, il donnait une conférence à Oxford sur ses expériences quand les gars du club d'escalade de l'université lui mirent la main au collet.

Streather s'était marié récemment et avait un très jeune enfant, mais il avait quitté le Pakistan depuis peu et désirait y retourner pour voir ses vieux amis.

« Ils m'ont amené dans un bar, n'ont pas cessé de remplir mon verre de whisky, puis m'ont demandé si j'acceptais de diriger leur expédition à Haramosh... Je présume qu'ils m'ont eu alors que j'étais vulnérable, car j'ai dit : "Oui, d'accord."»

L'équipe commence la planification

Les quatre hommes ne partageaient pas toujours les mêmes vues, mais les bons grimpeurs sont, par nécessité, des individus extrêmement passionnés qui détestent les compromis. En groupe, ils sont rarement harmonieux.

Ils partirent pour le bungalow militaire des Streather à Camberley et y établirent leur quartier général. Les préparatifs allèrent bon train et, en juillet 1957, l'équipe était au Pakistan.

Le 3 août, les alpinistes établirent leur camp de base sous l'imposante face nord de la montagne. Ils commencèrent alors leur ascension par une longue route bordant la montagne à l'est.

Quoiqu'on fût encore à la fin de l'été, la température joua contre eux. D'abondantes chutes de neige les gardèrent souvent sous la tente pendant des jours. Plusieurs semaines durant, à leur grande frustration, ils progressèrent peu et, au début de septembre, il apparut évident (du moins à Streather) qu'ils ne conquerraient pas l'Haramosh.

Puis la température changea. Le soleil brillait et l'équipe décida qu'ils pouvaient au moins grimper jusqu'à un nouveau palier plus élevé sur la montagne. Cela récompenserait tous leurs efforts.

Un pas de trop

L'après-midi du 15 septembre 1957, les quatre hommes atteignirent une corniche à environ 6 400 mètres (21 000 pi) et ce qu'ils virent leur arracha presque le cœur. La vue était magnifique : un panorama éblouissant du haut Karakoram, une scène que seule une poignée d'hommes avaient déjà vue. Personne n'avait jamais gravi l'Haramosh si haut. Toutefois,

ils pouvaient aussi voir qu'il y avait un énorme fossé béant entre eux et le sommet ultime. À l'instant, Streather sut qu'il était temps de rebrousser chemin.

Cependant, Jillott insista pour continuer un petit peu plus loin, seulement pour voir au-delà de la crête suivante. Il était encordé à Emery.

Streather attendit avec Culbert en observant l'autre duo se frayer un chemin dans la neige craquante de la corniche. La face nord plongeait à pic sur 2 400 mètres (7 875 pi) d'un côté de la corniche, mais la pente douce convexe sur laquelle ils se trouvaient semblait assez inoffensive. Puis, soudain, les grimpeurs s'effondrèrent et se tordirent, bras et jambes s'agitant comme des marionnettes.

Pendant une fraction de seconde, Streather pensa que Jillott et Emery faisaient les idiots. Puis l'horreur lui étreignit le cœur : le flanc entier de la montagne, en mouvement, entraînait les deux hommes avec lui. Il y eut un silence angoissant alors qu'ils disparaissaient de la vue, puis la réalité les frappa en tonnant et rugissant tandis que l'avalanche cascadait par-dessus une falaise de glace en emportant leurs amis dans l'abîme.

Vue spectaculaire des centaines de sommets montagneux du massif du Karakoram, au Pakistan

Avalanche dans le massif du Karakoram

La tentative de sauvetage

Streather et Culbert réagirent vite. Si leurs amis étaient encore en vie, ils avaient besoin de ravitaillement. Ils lancèrent plus bas un sac à dos contenant des blousons chauds et des aliments. Par malheur, le sac rata les deux accidentés et tomba dans une crevasse. Comme il y avait d'autres provisions cachées au Camp 4, Streather et Culbert retournèrent donc aux tentes.

Déjà épuisés par l'effort, ils n'eurent pas le loisir de se reposer; à cette altitude, chaque seconde comptait dans la lutte pour la survie. Ils ramassèrent des bouteilles isothermes, de la nourriture, des vêtements chauds et un câble, puis commencèrent à gravir de nouveau la route de quatre heures vers le site de l'accident.

La nuit tomba, mais ils poursuivirent leur ascension. Par chance, la lune était levée et le ciel, sans nuages; aussi, quand ils atteignirent la corniche, ils purent descendre dans le bassin.

Ils s'approchèrent de leurs amis au lever du soleil. Avec joie, ils entendirent les cris d'Emery et de Jillott. Ils réalisèrent alors que les cris étaient un avertissement: ils étaient sur le point de s'engager au-dessus de la vaste falaise de glace par-dessus laquelle Emery et Jillott avaient été balayés. Les victimes leur dirent de traverser à plusieurs centaines de mètres vers la droite, là où l'inclinaison à pic de la falaise s'adoucissait.

Streather dut tailler des marches avec son piolet tout le long de la traversée vertigineuse. Ils avaient presque traversé quand un des crampons de Culbert se détacha de sa botte et disparut dans le vide.

Quand ils rejoignirent Emery et Jillott, l'après-midi était très avancé. Les deux hommes étaient affaiblis après une nuit à découvert et Emery avait souffert atrocement d'une hanche disloquée quand il était tombé, quoique, par bonheur, elle s'était ré-emboîtée d'elle-même. Streather savait qu'ils devaient amorcer aussitôt la sortie du bassin, même si Culbert et lui étaient actifs sans arrêt depuis 30 heures.

Ils avaient gravi 60 m (200 pi) quand le pied sans crampon de Culbert glissa. Il tomba du mur de glace, en entraînant tous les autres dans le bassin. Les hommes firent une nouvelle tentative. Cette fois, Jillott, exténué, s'endormit dans ses cordes et, une fois de plus, ils chutèrent au fond du bassin.

Ils firent un troisième essai, mais la semelle de cuir exposée de Culbert ne lui donnait aucune prise. En dépit de vaillants efforts, il dérapa sur la paroi de glace et se balança dans le vide tel un pendule. Il était raccordé à Streather, qui tenta de soutenir son poids mais sans succès. Dégageant la corde qui le liait à son partenaire, Culbert dévala de nouveau la même falaise qui avait vu tomber Emery et Jillott deux jours plus tôt. Par une cruelle ironie du sort, les sauveteurs étaient devenus les victimes.

Une autre nuit dans les bras de la mort

Le soleil s'était couché et c'était maintenant au tour d'Emery et de Jillott d'escalader de nuit, afin de retourner à la corniche pour ramasser les vivres et le matériel. Pendant ce temps, Streather et Culbert grelottaient dans le bassin obscur plus bas.

À l'aube du 17 août, Emery et Jillott n'étaient pas revenus. Culbert était très affaibli et les engelures avaient engourdi toute sensation dans ses pieds. Streather savait qu'ils devaient essayer de sortir du bassin une quatrième fois; leurs collègues pouvaient avoir échoué.

Normalement, ils auraient été encordés l'un à l'autre, mais Streather avait perdu son piolet et ne pourrait soutenir son compagnon plus jeune s'il tombait. Pourquoi risquer que les deux hommes périssent si l'un d'eux perdait pied ? Donc, chacun grimpa par ses propres moyens. Alors, toutes les conséquences de la perte du crampon de Culbert devinrent apparentes. Il était incapable de trouver les points d'appui nécessaires pour se hisser sur le mur de glace. Tentant de suivre Streather vers la corniche, il ne faisait que glisser de nouveau vers le bas. Streather lui-même avait de la difficulté à mettre un pied devant l'autre ; il n'avait d'autre solution que de poursuivre l'ascension de son côté. Cette escalade fut le test d'endurance le plus cruel de sa vie.

> **« Je pensais que j'étais mort et je ne comprenais pas pourquoi je grimpais, mais je savais que je devais continuer de me déplacer. »**

Finalement, Streather atteignit la corniche où il trouva le sac à dos qu'ils y avaient laissé. Il avait atrocement soif, mais les bouteilles d'eau étaient gelées. Désormais, tout ce qu'il pouvait faire était de ramper jusqu'au camp.

En route, il fut surpris de voir des pistes s'éloigner du tracé correct. De retour au camp, il trouva Emery étendu, complètement exténué, ses pieds cramponnés dépassant de la tente.

> **« Streather demanda où était Jillott. Emery répondit : "Il est parti. – Que veux-tu dire... parti ? – Il est mort. Par-dessus le bord." »**

Les empreintes divergentes étaient celles de Jillott. Il s'était égaré vers un précipice et avait fait une chute de plusieurs milliers de mètres sur le versant sud.

Emery lui-même avait failli mourir : il était tombé dans une crevasse et n'avait réussi à s'en sortir en rampant qu'au matin. Il avait atteint le camp quelques heures seulement avant Streather.

Les deux survivants

Streather et Emery discutèrent alors de la possibilité de retourner chercher Culbert. Toutefois, dans la lumière froide du jour, ils savaient que c'était hors de question.

Streather ne pouvait se mettre sur ses pieds qu'en se soulevant avec les bâtons de skis. Emery était encore plus faible. Physiquement, ils n'auraient pas pu le faire et la triste vérité était que Culbert avait presque certainement déjà succombé après une autre nuit à l'air libre.

Il fallait affronter la réalité : Jillott et Culbert étaient morts. Et, s'ils ne se ressaisissaient pas, ce serait bientôt leur sort aussi. Streather alluma le poêle. Emery, l'étudiant en médecine, leur donna à tous deux des injections de pénicilline pour protéger de l'infection leurs mains et leurs pieds gelés.

Il leur fallut quatre jours additionnels pour descendre jusqu'au camp de base. Ils eurent alors le pénible devoir d'envoyer des télégrammes aux familles de Jillott et Culbert.

Chez soi

Les deux survivants retournèrent en Angleterre, où Emery subit une chirurgie d'urgence. Tous ses doigts et ses orteils furent amputés. Les chirurgiens réussirent à laisser des moignons suffisants à son pouce et à son index pour qu'il puisse tenir un stylo. Il obtint une mention très bien dans ses examens finals. Incroyablement, il retourna grimper et mourut lors d'une chute dans les Alpes en 1963.

Streather s'en tira sans aucune amputation. Toutefois, il dut faire face aux familles des jeunes hommes qui étaient morts. Les doutes et les regrets le hanteraient jusqu'à la fin de ses jours.

Néanmoins, au-delà de la tragédie, réside une autre vérité. Tony Streather était allé au bout de lui-même pour ses amis et, tragiquement, Rae Culbert avait donné encore plus. Ce fut seulement grâce à leur bravoure que des hommes sont revenus vivants de cette montagne. Le mont Haramosh fut finalement conquis le 4 août 1958.

Grimpeurs encordés à la recherche d'une issue entre les crevasses

Le survivant malvenu

Quand l'avion espion du pilote états-unien Gary Powers fut abattu au-dessus de l'Union soviétique, Powers fit la pire des choses possibles : il survécut. Sa mission faisait partie d'un programme dont le président Eisenhower nia l'existence. Si Powers revenait chez lui, le gouvernement des États-Unis serait forcé d'avouer quatre ans d'espionnage illégal.

Date
1960-1962

Contexte
Mission d'espionnage

Nature de l'épreuve
Pilote de l'US Air Force abattu au-dessus de l'Union soviétique

Durée de l'épreuve
1 an et 9 mois

Moyens de survie
S'éjecter de l'avion, échange de prisonniers

Nombre de survivants
1

Dangers
Explosion, chute mortelle et emprisonnement

Équipement
Parachute, pilule de suicide

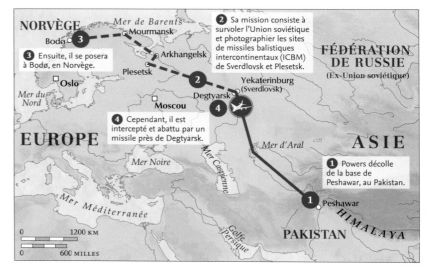

❷ Sa mission consiste à survoler l'Union soviétique et photographier les sites de missiles balistiques intercontinentaux (ICBM) de Sverdlovsk et Plesetsk.

❸ Ensuite, il se posera à Bodø, en Norvège.

❹ Cependant, il est intercepté et abattu par un missile près de Degtyarsk.

❶ Powers décolle de la base de Peshawar, au Pakistan.

En toute impunité

Le capitaine Gary Powers aurait dû être très inquiet. Il pilotait un avion espion des États-Unis au-dessus de l'Union soviétique et photographiait des silos à missiles et des centrales nucléaires. S'ils le détectaient, les Russes prendraient tous les moyens pour le faire exploser en vol.

Pire encore, un sommet Est-Ouest devait débuter deux semaines plus tard. Si jamais Powers était intercepté, ses supérieurs nieraient le connaître. On s'attendrait à ce que Powers détruisît son appareil et qu'il avalât sa pilule de suicide.

Cependant, il s'agissait d'un avion espion U-2. Lancé en 1956, il était beaucoup plus avancé que tout appareil que les Russes possédaient.

L'avion espion U-2 pouvait voler à des altitudes supérieures à 21 000 m (70 000 pi), ce qui le rendait invulnérable aux armes anti-aériennes soviétiques de l'époque.

Sa caméra de pointe pouvait prendre des photographies à haute résolution depuis la frange de la stratosphère. Depuis quatre ans, les pilotes d'U-2 accomplissaient en toute impunité leurs missions d'espionnage au-dessus de pays ennemis, dont l'Union soviétique. Ils photographiaient systématiquement les installations militaires, les centrales nucléaires et tout autre site stratégiquement essentiel. Dans ce cas, après tout, Gary Powers n'avait pas à s'en faire.

Jusqu'à ce que les Russes l'aient détecté. Et qu'un missile volât à cette altitude.

Opération Grand Slam

C'était le 1er mai 1960 et le capitaine Powers avait son ordre de mission : s'envoler depuis la base américaine de Peshawar, au Pakistan, survoler l'Union soviétique et photographier les sites d'ICBM (missiles balistiques intercontinentaux) à Sverdlovsk et Plesetsk, puis se poser à Bodø, en Norvège. La mission avait reçu le nom de code Grand Slam.

À cette époque, les Soviétiques savaient qu'on survolait leur territoire, mais les États-Unis croyaient qu'ils ne pouvaient rien y faire. Ils ignoraient que les Russes avaient fait du rattrapage. Quoiqu'il fût impossible à leurs avions de donner la chasse à l'U-2, le nouveau missile S-75 Dvina le pouvait peut-être.

Quand Powers entra dans l'espace aérien soviétique, les commandants des forces aériennes locales reçurent l'ordre d'« attaquer l'intrus avec toutes les escadrilles en alerte dans la région correspondant au trajet de l'appareil étranger et, si nécessaire, de lui rentrer dedans ».

Des avions décollèrent d'urgence pour l'intercepter et des missiles sol-air étaient prêts pour la mise à feu. Les MIG-19 tentèrent d'atteindre l'altitude du U-2, mais échouèrent. Un appareil Su-9 plus récent y parvint, mais il était désarmé. Le pilote tenta de foncer dans l'appareil américain, mais passa à côté.

Powers put se croire chanceux, jusqu'à ce que trois missiles S-75 Dvina fussent lancés, alors qu'il survolait Degtyarsk, dans les monts Ourals. Le premier missile, explosant dans les airs près de la queue de l'appareil, causa de graves turbulences qui emportèrent ses ailes. Le fuselage tomba en vrille vers le sol.

Sauter au-dessus du territoire ennemi

Son appareil hors d'usage, Powers se prépara à sauter. Il éjecta la verrière, étendit le bras pour tapoter son

Gary Powers, le pilote de l'avion d'observation qui fut pris en flagrant délit d'espionnage au-dessus de l'URSS en 1960

parachute derrière lui, puis saisit la manette d'autodestruction de l'avion. Sa combinaison de vol le tira vers l'arrière. Son tube d'oxygène était toujours branché. Powers se retourna et tenta frénétiquement de le dégager, fouetté par des vents de plusieurs centaines de kilomètres à l'heure, à des milliers de mètres au-dessus de l'Union soviétique.

Un de nos appareils est porté manquant

Le gouvernement des États-Unis savait que Powers était mort. Il n'y avait eu aucun contact radio depuis qu'il était parti en mission. Même si son appareil avait été seulement endommagé, Powers avait été entraîné à activer le mécanisme d'autodestruction de l'avion et on lui avait remis les moyens de s'autodétruire lui-même.

Powers portait sur lui un dollar en argent modifié qui contenait une aiguille empoisonnée. S'il était capturé, il pouvait l'enfoncer dans sa peau et se tuer.

Quatre jours après la disparition de Powers, le premier secrétaire soviétique Nikita Khrouchtchev annonça au monde que les Russes avaient abattu un « avion espion ». Il ne dit rien du pilote.

C'était une mauvaise nouvelle pour Powers, mais une nouvelle désastreuse pour le président Eisenhower. Il serait forcé d'avouer quatre ans d'espionnage militaire illégal et invasif.

Le gouvernement des États-Unis pesa le tout, puis décida d'étouffer l'affaire de façon éhontée. Eisenhower ordonna à la NASA de faire une déclaration à l'effet qu'un « avion météo » était porté manquant au nord de la Turquie. Le communiqué de presse poussa l'audace jusqu'à présumer que le pilote avait perdu conscience, tandis que le pilote automatique était toujours en marche, et prétendit même que « le pilote avait signalé sur la fréquence d'urgence qu'il éprouvait des difficultés avec l'alimentation en oxygène ». Pour appuyer cette thèse, un autre U-2 fut hâtivement peint aux couleurs de la NASA et présenté aux médias.

Pris au mot

C'était une ruse audacieuse qui aurait pu fonctionner, si ce n'avait été de l'atout que Khrouchtchev gardait en réserve : le capitaine Gary Powers avait survécu. Il était parvenu à dégager son tube d'oxygène, à sauter de l'avion et à déployer son parachute. Le laps de temps écoulé pour quitter l'appareil l'avait empêché de le détruire. Les Soviétiques, l'ayant retrouvé presque intact, avaient même réussi à en développer les photographies. Powers ne s'était pas tué.

Deux jours plus tard, le 7 mai, Khrouchtchev joua son atout. Il déclara :

« Je dois vous révéler un secret. Quand j'ai fait mon premier rapport, j'ai délibérément omis de dire que le pilote était sain et sauf… et maintenant voyez combien [les Américains] ont dit de stupidités. »

Embarras international

L'incident entraîna directement l'annulation du Sommet des quatre puissances de Paris qui devait s'ouvrir le 16 mai. Eisenhower, Khrouchtchev, Macmillan et de Gaulle devaient être assis autour d'une table ronde à discuter de paix. Toutefois, Eisenhower refusa de présenter des excuses à la suite de l'affaire Powers et Khrouchtchev quitta la table.

L'affaire entraîna aussi un recul abrupt dans les relations entre l'Union soviétique et le Pakistan.

Powers plaida coupable aux accusations d'espionnage le 19 août 1960 et fut condamné à trois ans de prison et sept ans de travaux forcés. Après avoir purgé un an et neuf mois de sa sentence, il fut échangé contre le colonel du KGB (services secrets russes) Rudolf Abel, le 10 février 1962. L'accueil aux États-Unis lui fut hostile, car beaucoup de gens voyaient en lui un espion russe. Plus tard, il fut blanchi de tout méfait ou de lâcheté de ne pas s'être donné la mort. Il devint pilote d'essai pour Lockheed, le fabricant qui avait conçu le U-2.

Gary Powers a péri dans l'écrasement d'un hélicoptère en 1977. Il avait 47 ans.

Désastre du côté sombre de la Lune

Les astronautes d'*Apollo 13* étaient à 320 000 km (200 000 mi) de la Terre quand une explosion rendit leur vaisseau spatial hors d'usage. Forcés de se réfugier dans le module lunaire pour conserver énergie et oxygène, ils surmontèrent les problèmes les uns après les autres durant près de quatre jours alors qu'ils tournaient autour de la Lune et revenaient chez eux.

Date
1970

Contexte
Désastre dans l'espace

Nature de l'épreuve
Perte d'oxygène dans le module lunaire

Durée de l'épreuve
3½ jours

Moyens de survie
Réparations improvisées, planification méticuleuse

Nombre de survivants
3

Dangers
Manque d'oxygène, explosion, mourir gelés

Équipement
Vaisseau spatial endommagé

CI-DESSUS, À DROITE
L'excellent équipage d'*Apollo 13* à bord du USS *Iwo Jima* après l'amerrissage. De gauche à droite, le pilote du module lunaire, Fred W. Haise, le pilote du module de commande, John L. «Jack» Swigert Jr, et le commandant, James A. Lovell.

La mission

*A*pollo 13 fut lancé le 11 avril 1970. Ce devait être le troisième vaisseau spatial habité à se poser sur la Lune, et il avait pour mission d'explorer les formations près de Fra Mauro, un cratère de 80 km (50 mi). Le vol était commandé par James A. Lovell, accompagné de John L. «Jack» Swigert, pilote du module de commande, et Fred W. Haise, pilote du module lunaire.

Il y eut un petit problème au décollage quand un moteur s'éteignit deux minutes trop tôt, durant la propulsion du deuxième étage. Toutefois, quatre autres moteurs fonctionnèrent plus longtemps pour compenser et le vaisseau atteignit son orbite avec succès.

Puis, le 14 avril, près de 60 heures plus tard, les astronautes, qui étaient à 321 860 km (199 995 mi) de la Terre, entendirent un bang retentissant.

L'explosion

D'abord, l'équipage pensa qu'une météorite avait heurté le vaisseau. En même temps que le bruit de l'explosion, les systèmes électriques s'étaient détraqués et les propulseurs de commande d'orientation s'étaient mis en marche.

En fait, un court-circuit avait enflammé l'isolant dans le réservoir d'oxygène numéro 2 du module de service. Ce dernier contenait l'équipement nécessaire à la survie, les systèmes d'énergie et autres systèmes du module de commandement, soutenant les astronautes pendant qu'ils voyageaient vers et depuis l'orbite circumlunaire. Le module lunaire était un vaisseau distinct, quoique lié, qu'on utiliserait pour le transport des hommes sur la surface lunaire et leur retour.

Le feu causa une brusque montée de pression qui fit éclater le réservoir et satura le compartiment du réservoir à combustible d'oxygène à l'état gazeux. Cette surpression fit sauter les boulons fixant le panneau extérieur, qui se détacha et tournoya dans l'espace en endommageant une antenne de communication. Le contact avec la Terre s'interrompit 1,8 seconde, jusqu'à ce que le système passât automatiquement à une autre antenne. Le choc avait aussi fait éclater une conduite du réservoir d'oxygène numéro 1. Deux heures plus tard, toute l'alimentation en oxygène du module de service avait fui dans le vide.

Comme le réservoir à combustible du module de commande utilisait de l'oxygène couplé à de l'hydrogène pour générer de l'électricité, il ne pouvait fonctionner désormais que sur l'alimentation par batterie. L'équipage n'avait d'autre solution que de fermer tout à fait le module de commande et de s'installer dans le module lunaire. Il utiliserait ce dernier comme « canot de sauvetage » pour le voyage de retour vers la Terre avant de retourner dans le module de commande pour la rentrée.

Concernant la mission, le module de service était si gravement endommagé qu'un retour sécuritaire après un alunissage était impossible. Ces hommes ne se poseraient pas sur la Lune.

À 320 000 kilomètres de la maison

Le directeur du vol annula aussitôt la mission. Désormais, il ne lui restait plus qu'à ramener les hommes à la maison. La manière la plus rapide serait une trajectoire directe d'interruption prématurée, et d'utiliser le moteur du module de service essentiellement pour renverser le vaisseau. Mais il était trop tard : le vaisseau était déjà dans la sphère gravitationnelle d'influence de la Lune, ce qui le rendait plus difficile à « renverser ». Le moteur pouvait aussi avoir été endommagé par l'explosion et le redémarrer pouvait causer un désastre pire encore.

Le Centre de contrôle des missions opta donc pour une « trajectoire de retour libre » utilisant essentiellement la gravité de la Lune pour en tirer un élan et un effet de lance-pierre qui propulserait le vaisseau vers la Terre.

D'abord, Apollo 13 avait besoin d'être réaligné ; il avait quitté sa trajectoire initiale de retour libre plus tôt durant la mission quand il s'était aligné pour l'alunissage prévu. Utilisant une brève mise à feu du système de propulsion de

descente du module lunaire, l'équipage remit le vaisseau spatial sur sa route pour le voyage de retour.

Commença alors l'angoissant voyage autour de la face sombre de la Lune. Tous subissant une pression extrême, ce fut un voyage qui exigea une incroyable ingéniosité de l'équipage, des contrôleurs de vol et du personnel au sol pour que les hommes fussent de retour vivants.

D'autres problèmes

Le module lunaire « canot de sauvetage » avait assez d'alimentation par batterie pour soutenir deux personnes durant deux jours, mais non trois personnes durant les quatre jours nécessaires pour revenir sur Terre.

Les systèmes d'équipement de vie et de communication furent réduits à leurs plus bas niveaux possibles. Tout ce qui n'était pas essentiel fut éteint. Le drame était présenté à la télévision, mais on ne faisait plus d'émission en direct. Les niveaux d'énergie étaient si bas que même les communications vocales étaient difficiles.

Évacuer le dioxyde de carbone de l'air constituait un autre sérieux problème. L'hydroxyde de lithium faisait habituellement le travail, mais il n'y en avait pas assez. La seule réserve additionnelle dont disposait l'équipage se trouvait dans le module de commande ; toutefois, ses bidons étaient en forme de cubes tandis que les douilles du module lunaire étaient cylindriques. Il semblait donc que les hommes allaient suffoquer avant de toucher terre.

Dans l'une des sessions de remue-méninges les plus inspirées de tous les temps, les ingénieurs au sol sortirent toute la panoplie que l'équipage avait à sa disposition. Ensuite, ils improvisè-rent une « boîte aux lettres » pour unir

les deux connexions incompatibles et aspirer l'air.

L'air devenait plus toxique à chaque respiration tandis que les astronautes suivaient les instructions radio méti-culeuses pour construire la solution Heath Robinson. Incroyable, mais cela fonctionna. Ils auraient assez d'air pur.

Néanmoins, ils n'étaient pas encore au bout de leurs peines. Ils devaient rentrer dans l'atmosphère dans le module de commande, mais celui-ci avait été complètement mis hors circuit pour conserver son énergie. Pouvait-il encore démarrer ? Ses systèmes n'avaient pas été conçus à cette fin.

Une fois de plus, les ingénieurs et le personnel au sol durent penser vite pour que l'équipage survécût. Ils inventèrent un protocole entièrement neuf qui donnerait au vaisseau assez d'énergie, malgré les sources limitées de celle-ci et le temps disponible sans faire sauter le système. Ils craignaient aussi que la condensation dans le module de commande sans énergie et glacial n'endommageât les systèmes électriques quand on le remettrait en marche. Il redémarra au premier essai.

Retour éclaboussant sur Terre

Quand Apollo 13 approcha de la Terre, l'équipage largua le module de service et photographia les dommages pour une analyse subséquente. Ensuite, ils larguèrent le module lunaire inutile, puis restèrent assis tranquilles dans le module de commande Odyssey tandis qu'ils plongeaient dans l'atmosphère.

L'énorme chaleur de la rentrée dans l'atmosphère ionisa l'air autour de la capsule, ce qui causa un black-out total des communications. Pendant quatre minutes et demie, le monde retint son souffle. Les hommes allaient-ils bien ? Le bouclier thermique avait-il été endommagé dans l'explosion ? Le vaisseau était-il en train de se désintégrer dans la haute atmosphère ?

Quelques cris de joie durent fuser dans le Centre de contrôle des missions quand la radio reprit vie finalement. L'Odyssey amerrit dans l'océan Pacifique, au sud-est des îles Samoa américaines et à seulement 6,5 km (4 mi) du navire de recouvrement USS Iwo Jima. Ils étaient chez eux.

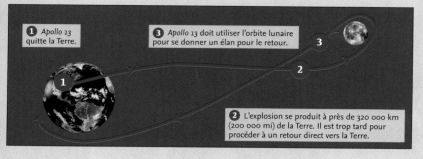

1 Apollo 13 quitte la Terre.

3 Apollo 13 doit utiliser l'orbite lunaire pour se donner un élan pour le retour.

2 L'explosion se produit à près de 320 000 km (200 000 mi) de la Terre. Il est trop tard pour procéder à un retour direct vers la Terre.

À 3 km d'altitude sans parachute

Une jeune fille de 17 ans était à bord d'un avion survolant la forêt pluviale amazonienne quand il fut frappé par la foudre et détruit. Elle fit une chute de 3 km (2 milles) toujours sanglée à une rangée de sièges et se réveilla dans la jungle avec des blessures mineures. Seule survivante, elle marcha ensuite dans la jungle durant 10 jours pour rejoindre la civilisation.

Date
1971

Contexte
Écrasement d'avion

Nature de l'épreuve
Seule survivante dans la jungle amazonienne

Durée de l'épreuve
10 jours

Moyens de survie
Marcher dans la jungle

Nombre de survivants
1

Dangers
Chute mortelle, maladie, mourir de faim, déshydratation

Équipement
Aucun

Ci-dessus, à droite
Forêt pluviale amazonienne, au Pérou

À la maison pour Noël

C'était la veille de Noël, en 1971, et, plus que tout au monde, Juliane Köpcke, 17 ans, attendait avec impatience de revoir son père.

Elle voyageait avec sa mère Maria, une ornithologue. Le vol dans le Lockheed Electra à turbopropulseurs prendrait moins d'une heure. Il quitterait Lima, puis traverserait l'immense étendue sauvage de la Reserva Comunal El Sira avant de se poser à Pucallpa dans la forêt pluviale amazonienne, où ses parents dirigeaient une station de recherche étudiant la faune sauvage.

La ligne aérienne LANSA n'avait pas la meilleure réputation en matière de sécurité ; elle avait récemment perdu deux avions dans des écrasements. Les prévisions météorologiques n'étaient pas bonnes. Néanmoins, la famille voulant à tout prix passer Noël ensemble, Maria et Juliane montèrent donc à bord.

Durant les 25 premières minutes, tout alla bien. Puis, l'avion entra dans d'épais nuages et se mit à vibrer. La mère de Juliane était très nerveuse.

Tomber sur Terre

Soudain, un éclair aveuglant frappa l'aile droite et, une fraction de seconde plus tard, il y eut une terrible explosion. Aussitôt, l'avion commença à tomber à pic. Les cadeaux de Noël volaient partout dans la cabine et les gens criaient : c'était le pire cauchemar de tout passager d'avion.

> **« À droite, nous aperçûmes un éclair aveuglant et l'avion commença à piquer du nez. Ma mère dit : "Ça y est !" »**

L'éclair avait frappé l'un des réservoirs de combustible. L'explosion arracha l'aile droite.

Puis, soudain, ce fut le silence. Juliane réalisa qu'il n'y avait plus d'avion autour d'elle. Elle était au grand air, en vol, et, loin sous elle, elle pouvait voir la jungle. Tout tournait. L'avion, s'étant désintégré, avait projeté les passagers dans la tempête, à 3 000 mètres (10 000 pi) au-dessus de l'Amazonie.

Puis Juliane s'évanouit. Elle chuta de plus de 3 km (2 mi) dans la canopée de la jungle mais, par miracle, elle survécut avec seulement des blessures bénignes.

Elle demeura inconsciente le reste du jour, puis la nuit. Elle se réveilla le lendemain matin à neuf heures (elle se rappelle l'heure exacte parce qu'elle nota que sa montre fonctionnait toujours). C'est en s'assoyant qu'elle réalisa qu'elle était toujours sanglée à sa rangée de sièges. Et qu'elle était absolument seule dans la jungle. Son épreuve ne faisait que commencer.

L'eau de vie

Des avions de sauvetage et des équipes de recherches fouillèrent la zone peu de temps après que l'avion eut perdu contact avec le contrôle de la circulation aérienne. Toutefois, la région était si vaste et isolée qu'ils ne purent repérer le site de l'écrasement.

Les 91 autres passagers et l'équipage du vol 508 étaient morts. Aussi étonnant que cela puisse paraître, Juliane était relativement indemne. La rangée de sièges à laquelle elle était sanglée tournoya en tombant, comme le ferait un hélicoptère, ce qui ralentit sa chute. Aussi, elle avait atterri à un endroit où le feuillage de la canopée de la jungle était particulièrement épais, ce qui avait amorti son impact sur le sol. Ses seules blessures étaient une fracture de la clavicule, l'œil droit enflé, une commotion et quelques coupures sur les bras et les jambes.

Juliane était une fille intelligente et pleine de ressources. Aussi, elle avait passé plusieurs années à la station de recherche avec ses parents. Son père était un homme pratique qui avait enseigné à sa fille comment survivre en forêt. Avec une prévoyance étonnante, il l'avait préparée pour une telle urgence. Il lui avait dit que la première chose à faire consistait à trouver un ruisseau et à le suivre vers l'aval parce que cela la conduirait à une rivière et que celle-ci se déverserait dans une rivière plus grosse où, éventuellement, il y aurait un établissement humain. Elle trouva un ruisseau et commença à patauger vers l'aval, mais c'était difficile.

À la recherche de sa mère

En suivant le cours d'eau, Juliane croisa plus de décombres… et plus de corps. Ses découvertes étaient horribles. Elle trouva trois femmes toujours ceinturées à leur rangée de sièges. Elles avaient atterri la tête la première et l'impact les avait enfoncées à près de 0,5 m (2 pi) dans le sol.

Juliane pensa qu'une des femmes pouvait être sa mère. Ravalant son sentiment d'horreur, elle vérifia pour être certaine. Elle ne pouvait se résoudre à tenter d'extraire le corps du sol et, donc, elle usa d'une branche pour ôter l'un de ses souliers. Les ongles d'orteils de la morte étaient peints ; comme sa mère n'utilisait jamais de poli à ongles, elle sut que ça ne pouvait pas être elle.

Elle reprit sa marche.

À la merci de la jungle

Juliane continua sa traversée de la forêt pluviale en pataugeant dans les cours d'eau de la jungle. L'eau abritait des piranhas et des poissons toxiques, mais aucun ne l'attaqua. Il y avait aussi des crocodiles mais, encore là, la connaissance de l'environnement de Juliane l'aida : elle marcha simplement avec calme près des créatures, car elle savait que, en général, elles n'attaquaient pas les humains.

La rivière lui fournissait à la fois amplement d'eau propre et un sentier naturel à travers la forêt dense. Toutefois, elle ne lui procurait pas de vrais aliments. Sa seule nourriture se résumait à quelques bonbons qu'elle avait trouvés éparpillés dans les décombres. Elle présentait aussi plusieurs plaies ouvertes, vulnérables aux parasites.

Après quelques jours, Juliane éprouva une sensation inhabituelle dans l'une de ses coupures au bras.

Tout en paraissant être une infection, cela devint de plus en plus irritant, comme s'il y avait quelque chose dans la blessure. Quand elle l'examina, elle découvrit qu'une mouche y avait pondu ses œufs. Ils avaient éclos et, maintenant, des larves se tortillaient dans sa chair. Terrifiée à l'idée de perdre son bras, elle ne pouvait faire grand-chose sans les soins médicaux appropriés.

Chaque jour qui passait la voyait devenir plus faible et vulnérable. Avait-elle bien fait de suivre les conseils de son père ? Qu'arriverait-il s'il n'y avait aucun établissement humain à des centaines de kilomètres à la ronde ? Peut-être aurait-elle dû attendre les secours.

Puis, le dixième jour, elle sortit en trébuchant de la jungle et faillit buter sur un canot. Il y avait un abri tout à côté, où elle attendit.

Quelques heures plus tard, les bûcherons qui vivaient dans l'abri terminèrent leur journée de travail et y revinrent manger et se reposer. Ils durent être estomaqués de voir la jeune fille dépenaillée et exténuée assise dans leur hutte, avec sa mini-jupe déchirée et une seule sandale.

Quoique la coupure de son bras n'eût que quelques centimètres de long, les médecins en retirèrent plus tard plus de cinquante asticots.

Du mieux qu'ils purent, ils soignèrent ses blessures et ses morsures d'insectes et, le lendemain matin, ils l'amenèrent en aval de la rivière dans leur canot. Ils mirent sept heures à atteindre un camp de bûcherons à Tournavista puis, de là, Juliane fut transportée par avion vers un hôpital à Pucallpa.

Son père l'y attendait.

Et après …

Juliane retourna en Allemagne pour récupérer et poursuivre ses études. En 1987, elle obtint un doctorat en zoologie, comme ses parents. Ensuite, elle se spécialisa en mammalogie et étudia les chauves-souris à Munich, en Allemagne.

L'avion s'est écrasé en route vers Pucallpa, dans la forêt pluviale de l'Amazonie.

Le coût horrible de la survie

Après que leur avion se fut écrasé dans les Andes, les passagers passèrent plus de deux mois à se battre contre le froid cruel, le mal des montagnes et les avalanches. La faim extrême les poussa à manger les corps de leurs amis décédés. Finalement, deux hommes effectuèrent un trek marathon à travers l'étendue de neige sauvage et isolée pour chercher de l'aide.

Date
1972

Contexte
Écrasement d'avion

Nature de l'épreuve
Un écrasement d'avion dans les hautes Andes

Durée de l'épreuve
72 jours

Moyens de survie
Marcher pour trouver du secours ; sauvetage

Nombre de survivants
16

Dangers
Avalanches, hypothermie, mourir de faim, déshydratation, mal des montagnes, engelures

Équipement
Éléments de l'avion écrasé ; bagages

GAUCHE
Vue aérienne des Andes, en Amérique du Sud

CI-DESSUS, À DROITE
Le 13 octobre 1972, le vol 571 de la Force aérienne uruguayenne s'écrasa dans les montagnes près de la frontière entre le Chili et l'Argentine.

Impact

La première montagne arracha l'aile droite. La deuxième trancha celle de gauche. Ensuite, le ventre de l'avion écorcha une autre crête et la queue céda. Maintenant, le fuselage était comme une balle de fusil filant dans l'air raréfié. Le mince tube de métal avec 45 personnes à bord tomba alors au sol et dérapa jusqu'à ce qu'il s'arrête dans un tourbillon de neige et de métal hurlant.

Hélas, pour les passagers, l'écrasement de l'avion n'était que le début de leurs épreuves.

L'équipe en tournée

Le vol 571 de la Fuerza Aérea Uruguaya était un avion nolisé transportant cinq membres d'équipage et quarante passagers, dont une équipe de rugby, leurs amis et leurs familles.

Décollant le 12 octobre 1972, le vol aurait dû n'être qu'un saut bien ordinaire par-dessus les Andes depuis Montevideo en Uruguay jusqu'à Santiago au Chili, où l'équipe de rugby devait disputer un match. Toutefois, une tempête dans les montagnes força l'avion à faire escale pour la nuit à Mendoza. Quand il s'envola de nouveau le lendemain après-midi, le mauvais temps persistait, mais l'équipage militaire expérimenté avait confiance de pouvoir naviguer à travers les pics dentelés des Andes.

Alors qu'ils grimpaient à travers la passe, les montagnes de chaque côté se perdant dans les nuages, les pilotes durent estimer leur position en se basant sur leur vitesse et la route. Toutefois, ils commirent une grave erreur, en négligeant de tenir compte des très forts vents debout. Ceux-ci retardèrent sérieusement la progression de l'avion ; aussi, lorsque les pilotes annoncèrent aux contrôleurs de la circulation aérienne à Santiago qu'ils étaient au-dessus de Curicó au Chili et demandèrent la permission de descendre, en fait, l'appareil se trouvait toujours très profondément engagé entre les mâchoires déchiquetées des montagnes.

L'avion frappa un pic anonyme entre Cerro Sosneado et Volcán Tinguiririca dans les montagnes isolées qui forment la frontière entre le Chili et l'Argentine.

Les deux ailes arrachées et le fuselage éventré, l'avion s'arrêta dans la neige à environ 3 600 mètres (11 800 pi) d'altitude dans la montagne.

La mort tout autour

Des 45 personnes à bord, 12 moururent lors de l'écrasement ou peu après, dont les 5 membres d'équipage. Cinq autres personnes étaient décédées le lendemain matin et une autre succomba à ses blessures le huitième jour.

Les 27 survivants se retrouvaient désormais en plein cauchemar. Plusieurs d'entre eux, gravement atteints, souffraient de fractures aux membres et de blessures internes. Quoique deux étudiants en médecine fissent partie des survivants, ils disposaient de peu de matériel. Ils durent récupérer des morceaux de l'avion pour fabriquer des attelles et des brides de fortune.

Ils avaient prévu être sous les cieux plus cléments de Santiago ; ils étaient maintenant en hiver, à 3 600 mètres (11 800 pi), au flanc d'une montagne des Andes. Désagréablement, la température de jour était sous zéro, mais les nuits étaient cruellement froides. Personne n'avait de vêtements ou de chaussures convenant au temps froid. L'altitude rendait la respiration très difficile, même si l'on ne bougeait pas. Faire des efforts dans de telles conditions s'avérerait une tâche exigeante.

Ils ne le savaient pas encore, mais ils resteraient échoués dans ce paysage aride pendant plus de deux mois.

Perdus dans une mer blanche

L'avion était blanc. La zone où il s'était écrasé était un vaste désert de montagne, isolé et couvert de neige. Sa dernière position n'était pas connue de façon précise. Malgré les équipes de recherche de trois pays survolant la région, les chances de retrouver les survivants étaient très minces.

Les autorités furent forcées de présumer le pire. Même si quelqu'un avait survécu, la vérité toute crue était que, après si longtemps dans un tel environnement, il aurait péri en peu de temps. Les recherches principales furent interrompues au bout de huit jours.

Par une cruelle ironie du sort, les survivants entendirent cette nouvelle

Survivants dans l'attente des secours

sur une petite radio transistor qu'ils avaient récupérée dans l'avion.

Toutefois, aussi étonnant que cela puisse paraître, l'un des hommes parvint à transformer cette déception en une source d'espoir :

« Nicolich sortit de l'avion et, à la vue de leurs visages, sut ce qu'ils avaient entendu... [Nicolich] grimpa par le trou dans le mur de valises et de chandails de rugby, s'accroupit à l'entrée du sombre tunnel et regarda les visages dépités tournés vers lui. "Dites donc les gars, cria-t-il, les nouvelles sont bonnes ! On vient de l'entendre à la radio. Ils ont cessé les recherches." Le silence se fit dans l'avion bondé. Accablés par leur situation désespérée, ils se mirent à pleurer. "Pourquoi, bon Dieu, est-ce une bonne nouvelle ?" cria Paez avec colère à Nicolich. "Parce que ça signifie, reprit [Nicolich], que nous devrons nous en sortir par nous-mêmes." Le courage de ce garçon évita une vague de désespoir total. »

Extrait de *Les survivants*
par Piers Paul Read.

Les horreurs de la faim

Les survivants récupérèrent des aliments dans l'avion. Mais les quelques poignées de barres de chocolat, de goûters et de bouteilles de vin ne les

nourrirent pas longtemps, même avec un rationnement strict.

Une faim dévorante s'empara bientôt de chaque survivant sur la montagne. Ils parcoururent les pentes enneigées pour trouver des plantes, mais n'en trouvèrent aucune. Il n'y avait ni piste, ni terrier d'animal. Leurs crampes d'estomac devinrent si voraces qu'ils scrutèrent le fuselage encore et encore à la recherche même des plus petits morceaux comestibles.

> **Dans leur désir ardent de manger, les passagers tentèrent de consommer des bandes de cuir arrachées aux bagages, le rembourrage des sièges et des morceaux de tissu.**

Toutefois, ils durent se rendre à l'évidence : il n'y avait que du métal, du plastique, de la glace et de la roche.

Alors, ils firent le plus difficile choix qu'on puisse imaginer. Ils décidèrent de manger la chair de ceux qui étaient morts. La plupart d'entre eux étaient des camarades de classe ou des amis et l'horreur de ce qu'ils étaient forcés de faire ne fit qu'aggraver l'aspect tragique de leur situation.

L'avalanche

Comme s'ils ne souffraient pas assez, le matin du 29 octobre, une avalanche cascada soudain depuis les pentes rocheuses abruptes au-dessus d'eux et engouffra le fuselage pendant que les survivants dormaient.

Ils restèrent ensevelis trois jours dans leur minuscule espace, jusqu'à ce qu'ils parvinssent à percer un trou dans le toit du fuselage avec une barre de métal. Toutefois, ce délai coûta la vie à huit autres personnes. Trois autres allaient décéder au cours des semaines suivantes.

La longue marche de survie

Après avoir entendu à la radio la nouvelle de l'arrêt des recherches, plusieurs passagers surent que, pour survivre, ils devraient se sortir par eux-mêmes des montagnes. Avec une clarté accrue, l'avalanche démontrait la chose.

Durant le vol, ils avaient entendu le copilote annoncer qu'ils avaient dépassé Curicó. Cela signifiait que la campagne chilienne ne devait être située qu'à quelques kilomètres à l'ouest. Probable-ment tout juste de l'autre côté du haut sommet sur lequel ils se trouvaient.

Plusieurs survivants exécutèrent de brèves missions de reconnaissance, mais leur état de faiblesse combiné à l'altitude rendaient la tâche exténuante. Il était impossible pour l'ensemble d'entre eux de marcher pour atteindre l'autre côté afin de sortir des montagnes.

Le groupe décida alors d'un nouveau plan : quelques-uns des hommes les plus en forme partiraient en expédition pour chercher de l'aide. Ils recevraient une bonne portion de nourriture et les vêtements les plus chauds, et ils seraient exemptés des autres tâches afin de reprendre leurs forces pour la marche.

> **« ... pour survivre, ils devraient se sortir par eux-mêmes des montagnes. »**

Le groupe choisit Nando Parrado, un étudiant en affaires, Roberto Canessa, l'un des étudiants en médecine, et Antonio Vizintín pour faire le voyage.

Canessa connaissait le mieux les défis qu'ils affronteraient et il insista pour attendre le plus longtemps possible, afin de laisser la température plus chaude du printemps s'installer d'abord dans les montagnes. Finale-ment, ils attendirent quasi sept semaines avant de partir.

La réalité de leur situation

Quoique leur but ultime fût le Chili à l'ouest, la montagne qui se trouvait dans cette direction se dressait à des centaines de mètres au-dessus d'eux. La gravir saperait leur énergie et les exposerait à de grands dangers. Le trio décida alors d'aller vers l'est dans l'espoir que la vallée dans laquelle ils se trouvaient bifurquât éventuellement.

Peu de temps après son départ, le trio trouva la queue de l'avion, encore intacte en grande partie. Elle contenait des bagages avec des vêtements addi-tionnels, des cigarettes et même des goûters. Ils passèrent leur première nuit dans le confort relatif de la queue.

Toutefois, la nuit suivante, ils durent dormir au grand air, pleinement exposés au froid rigoureux. Ils faillirent mourir gelés.

Les survivants dans le fuselage échoué après l'arrivée des sauveteurs

Co de la Ramada 6410 m

① LE VOL 571
Le trajet de l'avion survolait les Andes depuis Montevideo, en Uruguay, jusqu'à Santiago, au Chili. Le mauvais temps força les pilotes à faire une escale pour la nuit à Mendoza.

OCÉAN PACIFIQUE

La Ligua

② TRAJET DÉROUTÉ
Le plafond maximal de l'avion était de 9 000 m (29 500 pi), ce qui, combiné au mauvais temps dans les montagnes, signifiait qu'il ne pouvait voler en ligne droite au-dessus des Andes entre Mendoza et Santiago.

Mendoza

CHILI

Valparaíso

Co Tupungato 6800 m

SANTIAGO

Vol. San José 5830 m

⑦ SAN FERNANDO
Deux hommes, poursuivant vers l'ouest, marchèrent neuf jours au total pour obtenir finalement l'aide d'un huaso (gardien de troupeaux à cheval) local sur la rive du Rio Azufre. Deux jours plus tard, des hélicoptères de sauvetage arrivèrent pour transporter les derniers survivants à l'hôpital à Santiago.

Co del Castillo 5485 m

Vol. Maipó 5290 m

③ PASO DEL PLANCHÓN
Les pilotes devaient voler vers le sud, parallèlement aux Andes, puis virer à l'ouest en direction des montagnes, couper à travers le col bas de Planchón, traverser les montagnes pour émerger sur le versant chilien des Andes, au sud de Curicó. Ensuite, ils auraient viré vers le nord en direction de Santiago.

Volcán Overo 4765 m

⑥ MARCHER AVEC ESPOIR
Finalement, une expédition de trois hommes emporta la plus grande partie des rations et mit le cap sur la montagne à l'ouest. Le trio réalisa qu'ils étaient plus enfoncés dans la région sauvage qu'ils ne l'avaient pensé.

⑦ ⑥ ⑤

San Fernando

④

Sosneado 5160 m

Volcán Tinguiririca 4300 m

Risco Plateado 4860 m

Curicó

⑤ MISSIONS DE RECONNAISSANCE
Au début, les survivants se dirigèrent vers l'est pour contourner la grosse montagne sur laquelle ils se trouvaient, espérant éventuellement faire une boucle vers le Chili à l'ouest. Cela s'avéra impossible.

Paso del Planchón 2850 m

Vol. Peteroa 4090 m

④ ÉCRASEMENT
Victimes du mauvais temps, les pilotes évaluèrent mal leur position et l'avion s'écrasa sur une montagne à 34° 45' 54" S 70° 17' 11" O.

Azul 3810 m

Linares

Campanario 4020 m

ARGENTINE

KILOMÈTRES 0   20   40   60
MILLES 0   10   20   30

La vallée ne donnant aucun signe qu'elle virait dans la direction appropriée, le lendemain, les trois hommes retournèrent donc à la queue avec l'idée de récupérer de grosses batteries qu'ils y avaient trouvées et de les utiliser pour recharger l'émetteur radio dans le fuselage.

Pas de chance

Même cette idée brillante échoua. Au début, les batteries étaient trop lourdes pour que le trio pût les transporter. Ensuite, une fois l'émetteur transporté depuis le lieu de l'écrasement jusqu'à la queue, ils découvrirent que les systèmes électriques étaient incompatibles : l'avion utilisait le courant alternatif (AC) et les batteries, le courant continu (DC).

Coudre pour la survie

Il était désormais évident que la seule issue était de gravir les montagnes vers l'ouest.

Les trois hommes avaient aussi réalisé que, à moins de trouver une façon de résister aux nuits glaciales, ils mourraient durant leur expédition.

Les survivants trouvèrent alors une solution ingénieuse. Ils déchirèrent de grands morceaux de tissu des vêtements, prirent le rembourrage des sièges de l'avion et se mirent à l'ouvrage avec une aiguille et du fil d'une trousse de secours.

Finalement, ils confectionnèrent un sac de couchage acceptable. Il pouvait accueillir trois hommes, mais transporterait la vie des seize derniers survivants.

Marcher avec espoir

Le 12 décembre 1972, Parrado, Canessa et Vizintín partirent pour gravir la montagne à l'ouest. Deux mois s'étaient écoulés depuis l'écrasement. En passant par-dessus le premier pic, leur corps lutta dans l'oxygène raréfié. Les nuits étaient cruellement froides, mais leur sac de couchage de fortune les garda en vie.

Après trois jours de marche, ils connurent une grave déception. En franchissant l'épaule de la montagne, ils s'attendaient à voir la campagne verte du Chili. Ils virent plutôt une mer de sommets enneigés s'étirant jusqu'à l'horizon. Ils étaient plus profondément enfoncés dans les montagnes qu'ils ne le pensaient.

Il leur restait encore des dizaines de kilomètres de marche en altitude à parcourir. Après la première bouffée de désespoir, ils retrouvèrent l'espoir et, à travers lui, un plan d'action positif. Ayant une plus grande distance à parcourir, ils devaient être plus stricts sur les rations. Ce qui signifiait qu'un des hommes devait retourner au fuselage, et laisser une plus grande part de nourriture aux deux autres.

Vizintín retourna sur le site de l'écrasement, laissant Parrado et Canessa marcher vers une forme lointaine qui pouvait, seulement pouvait, être le début du creux d'une vallée.

Vizintín improvisa un traîneau et, en seulement une heure, descendit la montagne qui leur avait demandé trois atroces journées d'ascension.

Cinq jours de néant

Parrado et Canessa marchèrent dans les montagnes pendant cinq autres jours. La forme indistincte, mais prometteuse, qu'ils avaient vue au loin se rapprochait. Puis, à leur indicible soulagement, elle devint une étroite vallée. Un cours d'eau, le Rio Azufre, coulait au pied de ses pentes en berceau. Ils suivirent la rivière vers l'aval, leurs espoirs grandissant avec ses eaux. Ils quittèrent la limite des neiges. Ils aperçurent quelques signes de présence humaine : les pierres noircies d'un vieux feu de camp, la terre aplanie d'un sentier. Finalement, neuf jours après s'être mis en route, ils croisèrent des vaches.

Ce soir-là, tandis que Parrado ramassait du bois pour le feu, Canessa leva les yeux et vit un homme à cheval de l'autre côté de la rivière. Parrado laissa tomber le bois et, quoiqu'il fût complètement exténué, il courut à toutes jambes jusqu'au bord de l'eau.

Le monde l'a d'abord appris

Pour les 14 personnes toujours sur le site de l'écrasement, ce fut la plus joyeuse émission de radio qu'ils eussent jamais entendue : le bulletin de nouvelles national annonçait que Parrado et Canessa avaient réussi à trouver de l'aide et que des équipes de secours étaient en route.

Parrado guida deux hélicoptères jusqu'au site et, le matin du 23 décembre 1972, les 14 derniers passagers du vol 571 furent évacués de la montagne.

Mémorial sur le lieu de l'écrasement. Derrière le monument se trouve la montagne que Parrado et Canessa gravirent dans une ultime tentative pour chercher du secours.

La montagne en furie

Six jeunes amis campaient près du mont Saint Helens quand le volcan fit éruption en 1980. Quoique se trouvant tout à fait hors de la zone de danger désignée, ils furent pris dans l'onde de choc brûlante et deux d'entre eux trouvèrent la mort. Les survivants durent braver des vents brûlants et ramper des kilomètres dans les cendres chaudes pour trouver du secours.

Date
1980

Contexte
Éruption volcanique

Nature de l'épreuve
Pris dans une onde de choc brûlante et piégés dans une forêt en flammes

Durée de l'épreuve
10 heures

Moyens de survie
S'abriter dans des trous, ramper dans les cendres chaudes

Nombre de survivants
4

Dangers
Asphyxie, brûlures mortelles, épuisement

Équipement
Aucun

Ci-dessus, à droite
Le mont Saint Helens, le jour précédant l'éruption de 1980. Cette vue est prise depuis Johnston Ridge à 10 km (6 mi) au nord-ouest du volcan. L'éruption a détruit une bonne partie du flanc nord de la montagne, en laissant un grand cratère.

À une distance sécuritaire

En mai 1980, tout le monde savait que le mont Saint Helens était un lieu dangereux, à éviter. Le 20 mars, il y avait eu un tremblement de terre d'une magnitude de 4,1, premier signal d'alerte du réveil du volcan. Une semaine plus tard, une petite explosion avait creusé un trou de 76 m (250 pi) dans la montagne et libéré un panache de fumée. Des éruptions similaires avaient continué le mois suivant et, le 30 avril, les autorités avaient imposé une « zone rouge » de 16 km (10 mi) autour de la montagne. Personne n'avait le droit d'y pénétrer sans une autorisation écrite.

Toutefois, la zone sauvage autour du volcan est vaste et de jeunes campeurs au bord de la rivière Green se trouvaient bien au-delà de la zone de danger. En fait, ils étaient à 26 km (16 mi) au nord du mont Saint Helens et de l'autre côté de deux crêtes hautes de 300 m (984 pi). Ils ne pouvaient même pas voir la montagne qui grondait. Ils pouvaient profiter de leur fin de semaine printanière en forêt sans s'en faire. Du moins, c'est ce qu'ils pensaient.

Aux premières loges

Ils étaient six amis dans trois tentes plantées au bord de la rivière : Dan Balch et Brian Thomas dans l'une, Bruce Nelson et son amie Sue Ruff dans une autre et Terry Crall et son amie Karen Varner dans la troisième.

Ce n'est qu'à la dernière minute que Thomas avait réussi à persuader Balch de venir ; ce dernier voulait aller à la mer. Cependant, quand Balch vit la paisible clairière en forêt près de la rivière, il l'adora et les deux amis veillèrent jusqu'à 3 heures du matin à converser autour du feu de camp. À 8 h 32, ils étaient encore confortablement installés dans leur sac de couchage.

Puis quelque chose réveilla Balch en sursaut. Il se frotta les yeux pour se réveiller et aperçut Thomas qui regardait fixement par la fenêtre de la tente, ses yeux s'agrandissant de plus en plus.

Balch se traîna jusqu'à la fenêtre pour jeter un coup d'œil et aperçut un nuage blanc en ébullition dans le ciel, au-dessus de la crête au sud. Le nuage commença à virer rapidement au rouge et au noir, et il se dirigeait clairement vers eux.

Se précipitant hors de leur tente, Balch et Thomas couraient vers les arbres les plus proches quand le soleil disparut.

Un souffle chaud comme celui d'une fournaise renversa Dan Balch et Brian Thomas et aspira l'air de leurs poumons.

Une pluie de cendres et de boue forma une croûte brûlante de poussière granuleuse sur Balch. De frigorifié, il passa à la chaleur du gril en un battement de cœur.

Balch arriva à se remettre sur ses pieds et cria le nom de Thomas. Il n'y eut aucune réponse. Puis un autre accès de douleur intense le frappa : il baissa les yeux et vit que ses mains et sa jambe gauche étaient gravement brûlées. Il rampa jusqu'à la rivière pour atténuer la douleur. L'eau était boueuse et devenait plus chaude à chaque seconde.

Il revint sur la rive et reprit ses recherches pour trouver son ami. En se frayant un passage parmi les arbres tombés, il baissa les yeux et vit Thomas coincé sous un réseau de branches arrachées et brisées.

Thomas était à l'agonie, sa hanche nettement brisée par la chute de l'arbre. À ce moment-là, la peau carbonisée de Balch tombait en lambeaux de ses mains. La douleur le fit hurler, mais il continua ses efforts pour libérer son ami. Sans trop savoir comment, il réussit à le tirer au sommet de l'enchevêtrement juste comme la cendre commençait à tomber. En quelques secondes, elle tomba si abondamment qu'ils ne purent plus voir leur visage même s'ils n'étaient qu'à quelques centimètres l'un de l'autre.

Grillés comme des guimauves
Nelson et Ruff faisaient griller des guimauves pour le déjeuner quand la montagne explosa. Pendant quelques secondes, ils sentirent un vent frais ; les flammes de leur feu furent soufflées horizontalement, mais ils pouvaient se déplacer librement. Puis la lumière du jour s'assombrit et la forêt sembla basculer.

Ils coururent pour aller se mettre à l'abri et, dans l'obscurité et la confusion, tombèrent par accident dans un trou laissé par la motte de racines d'un arbre renversé. Ce coup de chance les protégea des autres arbres qui tombaient et, sans aucun doute, leur sauva la vie. Après quelques secondes recroquevillés dans la noirceur, ils sentirent l'air devenir terriblement chaud. Ils pouvaient entendre leurs propres cheveux grésiller. Les cheveux roussissent à 120 °C (250 °F) et Nelson, qui était boulanger et travaillait régulièrement avec des fours ouverts, estima la température à environ 150 °C (300 °F). La vague de chaleur fit bouillir la résine

des arbres et, plusieurs minutes plus tard, l'air était encore assez chaud pour infliger des brûlures mineures.

Après quelques minutes de noirceur, le ciel se dégagea soudain durant une brève période, puis une averse drue de cendres commença. Nelson et Ruff se sortirent des débris et appelèrent Crall et Varner. Ils ne reçurent aucune réponse. Leurs amis furent plus tard trouvés morts dans leur tente, tués par la chute d'un arbre.

Sortir de l'enfer
Deux heures après l'explosion, Balch et Thomas cherchaient encore à rassembler leurs esprits au milieu des

L'éruption du mont Saint Helens le 18 mai 1980, vue du sommet West Point dans la Forêt nationale de Gifford-Pinchot, dans l'État de Washington

Vue panoramique du mont Saint Helens montrant des kilomètres de terrain dévasté et de paysages détruits par l'éruption du 18 mais 1980

décombres. Ils s'étaient couverts le nez et la bouche avec le col de leur chemise pour filtrer la cendre, mais ils étaient quasi étouffés avec toute la poussière caustique dans leurs poumons. Ensuite, Balch aperçut Nelson et Ruff avançant avec précaution vers eux parmi les arbres tombés.

Thomas était trop gravement blessé pour marcher ou être transporté ; ils construisirent donc un abris dans une vieille cabane et l'y laissèrent pendant qu'ils allaient chercher de l'aide.

Malheureusement pour Balch, il n'avait pas eu le temps d'enfiler ses chaussures en fuyant la tente. Il se retrouvait maintenant à grimper d'arbre renversé en arbre renversé, en tentant

d'éviter le tapis de cendres chaudes d'un demi-mètre de profondeur. Il se brûla gravement les pieds et sa progression ralentit. Il apparut plus sensé à Nelson et Ruff de marcher aussi vite que possible pour alerter les secours.

Dan Balch marcha 18 km (11 mi) pieds nus dans la forêt en feu.

Balch continua vers l'ouest, pataugeant dans la rivière autant que possible. Au bout de 3 km (2 mi), il rencontra un habitant de la région, Buzz Smith, et ses deux fils. Smith prêta à Balch une paire de souliers de tennis en toile, puis

ils marchèrent ensemble. Un bûcheron se joignit à eux et, finalement, après une journée complète de marche, ils furent repérés par deux hélicoptères de sauvetage, à 18 heures.

De retour à la sécurité

Balch exhorta vivement les sauveteurs à retourner chercher ses amis, mais il eut du mal à les convaincre que Nelson et Ruff étaient vraiment en vie dans la direction qu'il leur indiquait. Finalement, un hélicoptère décolla pour aller les chercher.

Ayant marché toute la journée dans la zone sinistrée, Nelson et Ruff étaient complètement exténués. Leur soulagement à la vue de l'hélicoptère

fut immense, mais il tourna presque au désespoir quand ils s'aperçurent que le pilote ne les voyait pas. Ils durent utiliser leurs vêtements pour soulever la poussière afin qu'on les repérât.

Quoique Nelson et Ruff pouvaient alors être vite ramenés en sûreté, ils refusèrent de monter dans l'hélicoptère à moins que quelqu'un ne retournât chercher Thomas, qui était blessé.

> **« Je leur ai montré sur la carte où était Brian. Ils m'ont regardé comme si j'étais fou. »**

Balch fut transporté par la voie des airs au St. John Medical Center de Longview et traité pour des brûlures graves. Thomas y fut aussi transporté pour une chirurgie à la hanche. Balch étant sous forte sédation, il incomba au personnel de l'hôpital d'informer ses parents que, après tout, leur fils de 20 ans n'était pas à la plage.

Chanceux d'être en vie

Quoiqu'on sût que cela allait se produire, l'éruption du mont Saint Helens surprit tout le monde par sa violence. À 8 h 32, le 18 mai 1980, un tremblement de terre d'une magnitude de 5,1 secoua le volcan et toute la face nord de la montagne s'écroula dans une gigantesque avalanche de roches. L'avalanche créa un vide dans la montagne et la pression contenue explosa latéralement en un gigantesque jet de pierre ponce et de cendres.

L'avalanche prit vite de l'ampleur en dévalant la montagne, atteignant jusqu'à 240 km/h (150 m/h) et détruisant tout sur son passage. Néanmoins, cela fut rapidement rattrapé par le jet de pierre ponce et de cendres qui fonçait vers le nord à 480 km/h (300 m/h). Tout fut dévasté dans une zone de 516 km² (200 mi²). Le panache de cendres s'éleva à 16 km (10 mi) dans l'atmosphère. L'éruption dura 9 heures.

Cinquante-sept personnes, dont la plupart étaient des scientifiques ou des résidents locaux ayant refusé de partir, furent tuées.

La corde coupée

La jambe de Joe Simpson était déjà atrocement fracturée quand il tomba au fond d'une crevasse et que son partenaire d'escalade le laissa pour mort. Néanmoins, il parvint à s'extraire de son tombeau de glace et rampa pendant trois jours et trois nuits, sans nourriture ni eau, pour rallier le camp seulement quelques heures avant le départ de ses amis.

Date
1985

Contexte
Accident d'escalade

Nature de l'épreuve
Bloqué sur un pic des Andes pendant une tempête, un grimpeur avec une jambe brisée

Durée de l'épreuve
3 jours

Moyens de survie
Ramper / grimper pour être en sécurité

Nombre de survivants
2

Dangers
Déshydratation, chute mortelle, hypothermie, mourir de faim

Équipement
Équipement d'escalade

À GAUCHE
Le Siula Grande vu du Cerro Yaucha, cordillère de Huayhuash, au Pérou

CI-DESSUS, À DROITE
La cordillère de Huayhuash est toujours une populaire destination d'expédition.

Le dilemme
Si Simon Yates coupait la corde qui retenait son ami Joe Simpson, il savait que Joe mourrait. Simon savait aussi que, s'il ne la coupait pas, Joe le ferait éventuellement tomber de la montagne et qu'ils mourraient tous les deux.

Il coupa la corde.

Mais Joe ne mourut pas.

Une nouvelle route vers le sommet
Né en 1960, Joe Simpson découvrit son habileté naturelle pour l'escalade dans les collines voisines de Sheffield, son lieu d'enfance. À 14 ans, il avait lu *The White Spider* d'Heinrich Harrer, un texte d'escalade classique sur la première conquête de la face nord de l'Eiger. Cela attisa les flammes d'une passion qui le pousserait vers des ascensions toujours plus exigeantes dans les montagnes d'Écosse, les Alpes, l'Himalaya et les Andes.

En 1985, Joe Simpson était au Pérou avec son partenaire d'escalade Simon Yates pour faire la première ascension de la face ouest du Siula Grande (6 344 m/20 813 pi). Avec eux, Richard, un voyageur rencontré à Lima. Ils marchèrent deux jours pour installer leur camp de base près d'un lac glaciaire. De là, ils marcheraient et graviraient le sommet, tandis que Richard photographierait les montagnes et veillerait sur le campement.

Descente vers le désastre
Précédemment, plusieurs équipes avaient tenté d'escalader cette face et échoué. Simon et Joe réussirent, mais le mauvais temps avait ralenti leur ascension, les obligeant à utiliser tout le combustible de leur poêle. Ils ne pourraient pas faire fondre de neige pour obtenir de l'eau à boire sur le chemin du retour. L'euphorie de leur réussite s'estompant, ils amorcèrent leur descente via la redoutable corniche nord.

Joe était premier de cordée avec Simon à 45 m (150 pi) derrière lui quand il atteignit une falaise de glace difficile. Il décida de descendre la falaise en utilisant ses crampons, son piolet et son marteau à glace. Il avait une bonne prise avec les pointes de ses crampons et il creusait avec son piolet dans le mur de glace. Puis, comme il essayait d'obtenir une prise parfaite pour son marteau, il y eut un craquement et son monde vira sens dessus dessous.

Il tomba face à la pente et ses deux genoux se bloquèrent au moment où il frappa la base de la falaise. Il y eut une déchirure atroce dans son genou droit et il hurla sous la violence insoutenable de la douleur. Projeté vers l'arrière par l'impact, il glissa sur le dos, la tête la première, au bas de la face orientale du Siula Grande.

« Tu es mort... il n'y a pas d'hésitation ! Je pense qu'il le savait aussi. Je pouvais le voir sur son visage. »

Sans qu'il sût comment, il s'arrêta et releva la tête. Sa jambe gauche était enchevêtrée dans la corde. La droite était tordue en un zigzag écœurant. Son tibia s'était écrasé dans la rotule et l'avait fracassée. Il ne pouvait plus du tout marcher, encore moins grimper. Les deux alpinistes étaient à 5 800 m (19 000 pi) sur la corniche et seuls. L'alpiniste en lui savait qu'il avait reçu une sentence de mort. L'homme qui regardait son propre genou, enflé de façon grotesque, ne voulait pas y croire.

Dès que Simon vit l'état de Joe, il sut que son ami allait mourir. Seul, Simon pourrait probablement descendre, mais s'il essayait d'aider Joe, il risquait de mourir lui aussi. Leurs regards leur confirmèrent tout cela en un instant.

Néanmoins, ils agirent autrement. Joe n'allait pas se coucher et mourir. Et Simon n'allait pas abandonner son ami.

Joe commença à se déplacer mi-se traînant, mi-sautillant sur ses piolets en travers de la pente vers l'extrémité de la corniche. Simon prit la tête et creusa une tranchée à coup de pied pour faciliter la tâche à Joe.

Petit à petit, ils franchirent les 180 m (600 pi) jusqu'au col. De là, la face ouest plongeait d'un coup 900 m (3 000 pi) vertigineux de roc et de glace. Au bas, le glacier fissuré ramenait au camp de base qu'ils avaient quitté cinq jours plus tôt. Il était 16 h, il ferait bientôt noir. Le froid augmentait ; les hommes perdaient la sensibilité de leurs doigts. Une tempête se préparait. Ils n'avaient ni combustible ni nourriture. Ils devaient poursuivre la descente.

Simon noua leurs deux cordes ensemble. Cela leur donnait une longueur de 90 m (300 pi). En creusant un siège dans la neige, Simon pourrait descendre Joe jusqu'en bas, en ralentissant sa descente avec un descendeur. Quand le nœud atteindrait le descendeur, Simon devrait détacher la corde pour qu'elle passât. Joe supporterait son propre poids à ce moment-là.

Joe descendit les premiers 45 m (150 pi) rapidement. À l'occasion, les bouts de ses crampons s'enfonçaient dans la neige en le faisant hurler de douleur, mais il se sentait incroyablement positif : ça allait marcher !

Simon passa la corde dans le descendeur. Si Joe tombait maintenant, il entraînerait Simon avec lui. Des accès de douleur intenses et nauséeux accablaient Joe tandis qu'il descendait. La nuit vint et la neige hurla autour d'eux, mais ils s'en tinrent à leur méthode. Ça fonctionnait.

Après huit descendeurs et deux rappels, ils avaient couvert 825 m (2 700 pi) des 900 m (3 000 pi) de la descente du glacier. Ils n'avaient plus que deux descentes à faire.

La pente était devenue plus facile mais, maintenant que Simon laissait filer la corde, il sentait son ami s'éloigner plus vite de lui. Son harnais lui mordait la chair. Que se passait-il ?

« Puis, ce que j'avais attendu fondit sur moi. Les étoiles s'éteignirent et je tombai. »

Joe le savait : il descendait une falaise. Il essaya de crier, mais sa voix était engloutie par les épais nuages de neige. Puis, dans une avalanche de poudrerie, il arrêta, tourbillonnant au bout de la corde.

Joe leva les yeux. La corde disparaissait derrière la lèvre d'une bordure à 4,5 m (15 pi) au-dessus de lui. Il y avait un mur de glace à 2 m (6 pi) de son nez. Joe se balançait sous le bord d'une falaise en surplomb qui s'éloignait de lui jusqu'au bas du glacier 30 m (100 pi) au-dessus. Directement sous ses pieds se trouvait l'obscurité béante d'une crevasse.

D'aucune manière, Simon ne pouvait le remonter. Même avec une base solide, cela aurait requis un effort physique surhumain. Avec une base de neige instable, ce serait du suicide.

Alpiniste gravissant un glacier de la cordillère de Huayhuash, au Pérou

Quelques minutes de cris désespérés démontrèrent que les hommes ne pouvaient s'entendre l'un l'autre.

Simon ne pouvait pas savoir ce qui était arrivé. Les autres falaises avaient été plus courtes. Il pourrait essayer de le descendre plus bas, mais ça ne ferait que le coincer quand le nœud atteindrait le descendeur. Joe devait se hisser lui-même… et vite.

Il repêcha quelques boucles de la corde pour l'attacher à la corde principale avec des nœuds de Prusik. Ceux-ci assureraient une prise solide sur la corde et lui permettraient de s'y hisser. Il réussit le premier. Toutefois, il lui en fallait deux et ses doigts étaient si glacés qu'ils ne bougeaient plus ; la deuxième boucle lui échappa. Désormais, il ne pouvait plus remonter. Il était suspendu depuis une demi-heure. Dans deux heures, il serait mort ; il pouvait sentir le froid l'envahir.

Surface de glace d'un glacier dans les hautes Andes, cordillère de Huayhuash, au Pérou

> **« Le froid avait depuis longtemps gagné la bataille. J'acceptai que j'allais mourir. Le sommeil m'appelait avec insistance ; un trou noir m'appelait, sans douleur, perdu dans le temps, comme la mort… »**

Joe fut brusquement secoué de sa contemplation de la mort. En haut, Simon était tiré vers le bas de la montagne. Il avait essayé de descendre Joe, en espérant que celui-ci pourrait atteindre le fond, mais il ne restait plus de corde. Son siège de neige se désintégrait. Il ne pouvait pas retenir indéfiniment Joe, ni ne pouvait relâcher la corde sans être arraché à la pente lui aussi. Ses bouts de doigts étaient noirs d'engelures. S'il ne tombait pas, il gèlerait à mort. Il devait couper la corde.

Elle explosa dès que la lame du couteau la toucha.

Dans la crevasse et vivant

En un rien de temps, Joe tomba. L'instant suivant, il perdit le souffle et ses os furent de nouveau meurtris. Puis la neige retomba et le silence se fit.

Joe regarda autour de lui. Il avait atterri sur une saillie 15 m (50 pi) plus bas. L'obscurité de l'horrible gouffre béait sous lui. Au marteau, il enfonça une broche à glace et s'accrocha à la vie qui, invraisemblablement, était toujours là. Il tenta de gravir le mur de glace rugueux, mais retomba avec douleur sur sa jambe brisée.

Ivre de souffrance, il sombra dans un sommeil fragmenté.

Un nouveau jour

Quand le froid réveilla Joe, le soleil était levé et il put désormais voir qu'il se trouvait sur une sorte de pont de glace traversant le haut de la crevasse.

Pendant ce temps, Simon, qui avait passé la nuit dans un trou de neige, descendit à la recherche de Joe. Quand il vit la falaise de glace par-dessus laquelle Joe était passé et la crevasse plus bas, il sut que son ami était mort. Hébété, il se dirigea vers le camp.

Joe devait prendre une grave décision. Il pouvait soit attendre sur le pont de neige que la mort vînt, soit descendre en rappel vers l'inconnu. Au marteau, il enfonça sa dernière broche à glace. Toutefois, l'obscurité sous lui le terrifiait et il lui fallut longtemps avant qu'il osât regarder en bas. Quand il le fit, il fut surpris de voir, non pas un vide sombre, mais un plancher de neige. Des trous aux bords déchiquetés lui firent réaliser que ce n'était pas un vrai plancher, mais un plafond au-dessus d'un abîme plus profond. Au bout de sa caverne précaire, un cône de neige incliné s'élevait jusqu'à la lumière du soleil à la surface. Soudain, Joe sut qu'il atteindrait ce rayon de soleil.

Terrifié à l'idée que le fragile plancher cédât, Joe avança petit à petit jusqu'à la rampe. Elle était haute de 40 m (130 pi) et s'élevait dans un angle de 45° qui atteignait jusqu'à 65°. En temps normal, 10 minutes d'escalade. Cette fois, il mit cinq heures avant que sa tête n'émergeât du tombeau de glace comme une marmotte et il eut une vue sensationnelle des montagnes baignées de soleil. Il n'y avait pas un nuage dans le ciel.

Toutefois, Joe était toujours à 60 m (200 pi) au-dessus du glacier et à 10 km (6 mi) du camp. Il vit la corde de Simon et comprit qu'il avait été laissé pour mort. La crevasse n'avait été que la première étape.

En attente du départ

De retour au camp, Simon informa Richard de ce qui s'était passé. Puis il s'administra des médicaments et se reposa. Il brûla les vêtements de Joe et rassembla les biens qu'il remettrait à ses parents. La culpabilité l'écrasait comme une chape de plomb.

Siula Grande

④ 4e TROU DANS LA NEIGE

③ 3e TROU DANS LA NEIGE

5 *Corniche nord* **4**

⑤ LE MALHEUR FRAPPE
Après qu'ils ont mis trois jours pour gravir la montagne, le malheur frappe durant la descente : Joe se casse la jambe en tombant d'une falaise de glace à 5 800 m (19 000 pi).

⑥ LA DESCENTE
Simon descend Joe sur près de 900 m (3 000 pi) de montagne.

② 2e TROU DANS LA NEIGE

⑦ COUPER LA CORDE
Un autre malheur : Joe est bloqué au-dessus d'une falaise et Simon est forcé de couper la corde.

① 1er TROU DANS LA NEIGE

⑧ DANS LA CREVASSE
Joe tombe dans une crevasse et passe les trois jours suivants à ramper et à sautiller sur plus de 8 km (5 mi) pour retourner au camp.

CAMP DE BASE
Ils établissent leur camp au bord d'un lac glaciaire. Richard reste au camp, tandis que Joe et Simon entreprennent l'ascension du Siula Grande.

Ramper 10 kilomètres

Couché sur le flanc, Joe se tirait à l'aide de ses piolets et poussait de sa bonne jambe. À l'occasion, il s'arrêtait pour manger de la neige. Il trouva les empreintes de Simon et, tout le reste du jour, il se traîna sur les traces de son ami, torturé par des rêves d'eau, de son pub préféré à Sheffield ou de sa mère se préparant pour son retour.

Puis, soudain, ce fut la nuit et une avalanche s'abattit sur lui. Épargné de nouveau par miracle, il faillit se coucher et dormir sur place, mais il continua jusqu'à ce qu'il pût creuser un trou dans la neige. Dehors, la tempête faisait rage alors que Joe s'évanouissait et passait une deuxième nuit seul dans la neige.

« La neige formait des plaques entre les roches. Elle était sale et pleine de grains de sable, mais j'en mangeais sans arrêt. »

Joe s'éveilla dans la lumière, douloureusement assoiffé. Les engelures avaient atteint d'autres doigts. Il savait que l'eau la plus proche se trouvait dans une zone qu'ils avaient appelée Bomb Alley, à des kilomètres plus loin. Il se compterait chanceux de pouvoir y arriver ce jour-là.

Au moins, la tempête était finie. Et, étrangement, il lui sembla que sa jambe faisait moins mal. Peut-être n'était-ce qu'un muscle déchiré. Peut-être pouvait-il marcher désormais. Il se mit debout et s'évanouit sous le choc. Il commença à délirer.

Joe atteignit les moraines au bout des crevasses, où il fabriqua une attelle avec son tapis de sol et les sangles de ses crampons. Toutefois, il ne pouvait ni ramper sur la roche ni marcher ; il dut donc sautiller, quelques centimètres à la fois.

Il entra dans un délire de soif, de douleur et de sautillement. Puis il réalisa en quelque sorte qu'il devait se discipliner. Il se choisirait un repère et s'accorderait une demi-heure pour l'atteindre. Cela le stimula à agir. Quand il ratait sa cible, il sanglotait, frustré.

Il se mit à chercher une falaise de glace boueuse qu'il se souvenait avoir vue lors de leur ascension. À ce stade, il tombait à chaque saut. Néanmoins, il avait cessé de crier à chaque assaut de douleur. Comme personne ne pouvait l'entendre, à quoi bon crier ?

Il devint obsédé par l'idée d'atteindre Bomb Alley ce soir-là et l'eau vitale de son ruisseau. Dans sa presque folie, il arrêta de minuter ses repères et s'égara. Finalement, il tomba sur le roc et s'endormit.

Au camp

Une journée de plus avait refait les forces de Simon. Il ne voulait pas partir, mais savait qu'ils devaient le faire. Richard descendit dans la vallée pour trouver un muletier et lui indiquer de venir les chercher le lendemain matin.

Une autre nuit

Joe passa une mauvaise nuit. Il avait décliné au point de ne pouvoir se traîner qu'à la force de ses bras. La douleur avait atteint un nouveau sommet d'intensité. Trois jours et trois nuits sans eau l'avaient rendu fou. Pourtant, il parvint malgré tout à rejoindre Bomb Alley, où il but jusqu'à ce que son estomac fît mal à cause du froid de l'eau, puis il but encore.

Il sentit graduellement ses forces revenir. Il reprit ses défis de temps. Une étrange voix désincarnée le poussait à continuer. Il trouva les empreintes des bottes de Simon et de Richard dans la boue et il ressentit le besoin d'être plus près d'eux.

Joe Simpson, alpiniste et écrivain

Soudain, il se retrouva au premier lac, un magnifique bassin d'eau claire aux ombres vertes. Au-delà se trouvait un autre lac plus petit et, derrière, les tentes. Toutefois, il en était désormais réduit à se déplacer à reculons, sur le derrière. Il lui fallait encore gravir le mur de moraine qui endiguait l'eau. Que se passerait-il si les tentes n'étaient plus là à son arrivée ? Le monde pouvait-il être si cruel ?

La nuit tomba de nouveau, mais il continua de ramper. La voix lui disait qu'il devait le faire. Mais il perdit le contact avec la réalité. N'avait-il pas atteint le camp, à ce moment-là ? Ou était-il de retour sur le glacier ? S'agissait-il d'épines de cactus qui le piquaient ? de l'herbe ? Devait-il dormir sur place ?

Ses narines se dilatèrent en respirant l'odeur âcre de ce qui ne pouvait être que de la merde. Il devait être près du camp ! Il n'avait qu'à se lever et crier – s'ils étaient encore là...

- Simon !

Il ne pouvait lever la tête pour voir si ses cris avaient été entendus. Mais, maintenant, il y avait des bruits, une lumière, des voix – pas la sienne –, puis une lumière l'aveugla.

- Joe ?! Est-ce toi ?!

Voyage à dos de mulet

Joe avait atteint le camp à peine quelques heures avant le départ prévu de Simon et de Richard avec le mulet. S'ils avaient été partis, il n'aurait pas pu s'en tirer.

Après deux journées atroces à dos de mulet, ils arrivèrent à Cajatambo où ils louèrent un camion pour atteindre Lima.

La jambe de Joe était jaune et brune, et aussi grosse que sa cuisse sur toute la longueur, jusqu'à la cheville. Des traînées violettes laissaient voir l'hémorragie autour du genou et de la cheville où il y avait des fractures. Il avait perdu 19 kg (42 lb).

Après deux jours d'attente à l'hôpital, sans analgésiques, le temps que sa compagnie d'assurances envoyât la compensation, Joe fut finalement opéré. Son genou exigea six interventions. Les médecins diagnostiquèrent qu'il ne pourrait plus jamais grimper et qu'il se déplacerait en claudiquant. Après deux ans de réhabilitation, il était de retour dans les montagnes. Depuis, tous les alpinistes ont évité la corniche nord du Siula Grande et n'ont descendu la paroi qu'en rappel.

Le jour où la montagne s'embrasa

L'incendie de forêt du mont Storm King fut d'abord un petit feu puis, en quelques secondes, il se transforma en un brasier infernal avec des flammes de 30 m (100 pi) qui piégèrent 49 pompiers. Bloqués au cœur des flammes déchaînées, on ne sait comment certains d'entre eux arrivèrent à s'éloigner de l'un des plus meurtriers feux de friches de l'histoire des États-Unis.

Date
1994

Contexte
Feu de forêt

Nature de l'épreuve
Piégé au-dessus du feu
dans une montagne

Durée de l'épreuve
De quelques secondes
à plusieurs heures

Moyens de survie
Courir, grimper, déployer
des abris anti-feu

Nombre de survivants
35

Dangers
Brûler à mort, asphyxie,
inhalation de fumée

Équipement
Équipement pour combattre
les incendies

Un danger nécessaire

Le feu consume de 16 000 à 20 000 km² (1,6 million à 2 millions d'hectares) de forêt aux États-Unis, chaque année. Le plus souvent, ces feux sont un phénomène naturel ; les arbres sont souvent enflammés par la foudre. Il est normal de connaître de petits feux dans un écosystème forestier ; ils éliminent la brousse dense et laissent passer plus de lumière solaire jusqu'aux nouvelles pousses, et ils évitent l'accumulation de combustible qui pourrait entraîner des ravages plus importants.

Tous les feux n'exigent pas une intervention. Si le feu démarre naturellement, la politique consiste souvent à le laisser s'éteindre de lui-même. Toutefois, s'il naît d'un accident humain ou d'une main criminelle, ou s'il menace la vie ou la propriété, on le combat. Même dans ces cas, chaque feu rapporté est analysé et se voit assigner une priorité. Ce système logique peut s'avérer efficace… jusqu'à ce que la nature décide de faire quelque chose d'imprévisible.

Chaud, sec et venteux

Le Colorado profita d'un beau printemps en 1994. L'ensoleillement et quelques précipitations offrirent des journées douces aux pique-niqueurs et aux randonneurs. Hélas, ces conditions étaient quasi idéales aussi pour provoquer des feux de friches. En fait, les 98 743 km² (9,9 millions d'hectares) de forêt de l'État étaient complètement desséchés, l'humidité était basse et le mois de juin chaud céda la place à un mois de juillet aussi chaud.

Il y avait du combustible et de la chaleur : deux côtés du redoutable «triangle d'un feu de forêt». Si un vent fort se levait alors, il apporterait un flot d'oxygène et créerait un triumvirat potentiellement meurtrier.

Puis, le 2 juillet 1994, un éclair frappa un pin solitaire sur une corniche près de la base du mont Storm King, à 11 km (7 mi) à l'ouest de Glenwood Springs, au Colorado. L'arbre prit feu et les flammes commencèrent à se répandre.

Le brasier se consume

Le feu était petit. Il n'y avait personne ni aucune propriété à proximité. Son combustible de pins et de genévriers était limité et brûlait avec une relative lenteur. Les éclairs avaient allumé

40 feux dans la région, seulement au cours des deux derniers jours. Les autorités donnèrent au feu du South Canyon une faible priorité et le laissèrent se consumer.

Au début, cela sembla la bonne façon de procéder. Le 4 juillet, alors qu'il brûlait depuis deux jours, le feu n'avait consumé que 12 000 m² (3 acres) – assez peu selon les standards des incendies de forêt. Toutefois, les flammes rampaient plus près des maisons de Canyon Creek Estates et les habitants pressèrent les autorités d'agir. Le lendemain, on dépêcha les équipes d'incendie.

Pompiers forestiers confirmés et pompiers parachutistes

Les équipes d'incendie dépêchées par le Forest Service and Bureau of Land Management entrèrent en action le 5 juillet. Une équipe de sept personnes marcha deux heures et demie en terrain à pic, densément couvert de végétation, jusqu'au feu, nettoya une zone d'atterrissage pour hélicoptère (hélizone H1), puis commença à creuser les tranchées pare-feu qui contiendraient l'incendie. Entre-temps, un avion-citerne larguait du retardateur sur le feu.

Quand cette équipe partit dans la soirée pour se reposer et réparer les scies mécaniques, huit «pompiers parachutistes» prirent la relève du travail de surface. Les pompiers parachutistes sont des spécialistes qu'on largue pour combattre les feux dans les zones éloignées; ils notèrent que le feu avait franchi les tranchées pare-feu originales et, donc, ils creusèrent une deuxième tranchée depuis l'hélizone H1 jusqu'au bas de la pente sur le côté est de la corniche.

Le matin du 6 juillet, il était évident que le feu prenait de l'ampleur. Les équipes d'incendie et les pompiers parachutistes dégagèrent une seconde zone d'atterrissage (hélizone H2) et furent rejoints par huit autres pompiers parachutistes. Plus tard, 20 pompiers forestiers de l'Orégon furent appelés en renfort. Les pompiers forestiers sont un groupe d'élite de pompiers de brousse réputés pour leur habileté à maîtriser les pires feux dans les lieux les plus difficiles.

Il y avait maintenant plus de 40 jeunes hommes et femmes combattant le feu sur le mont Storm King. C'étaient tous des experts dans leur métier et les équipes avaient grand espoir d'arriver à contrôler l'incendie. Puis, juste après 15 heures, la météo changea.

Le mur de flammes

Il devint évident pour Brian Lee, jeune pompier de 23 ans, que ce feu était tout autre chose quand un hélicoptère déversa un contenant d'eau de 820 l (180 gallons) à un endroit qui commençait à brûler et que les flammes redoublèrent comme si ça n'avait été qu'un jet de pistolet à eau.

Il était 15 h 20; un front froid et sec s'était déplacé sur la région, apportant des vents forts qui fouettaient les contours de la montagne. Les rafales qui en résultèrent agissaient sur le feu comme des injections d'oxygène à grande vitesse. Des flammes aussi hautes que 30 m (100 pi) s'élevaient bientôt de la zone brûlée.

En quelques minutes, le feu avait enjambé le fond du «drainage» ouest, ou caniveau, et se répandait en montant le versant du ravin. Les vents rapides entraînaient aussi la propagation de flammèches: la dissémination de l'incendie causée par des tisons chauds soulevés par la convection et transportés dans les airs. De nouveaux foyers d'incendie apparurent bientôt sur la face est, plus bas que les pompiers, et montèrent rapidement les pentes abruptes dans la dense forêt de chênes (*Quercus gambelii*) hautement inflammable.

Deux groupes travaillaient sur ce flanc de la montagne: neuf pompiers sur les pentes basses et onze sur la crête. Bryan était parmi ces derniers.

La forêt en feu sur le mont Storm King, au Colorado

Quatorze croix furent érigées sur le mont Storm King en mémoire des pompiers qui y perdirent la vie le 6 juillet 1994.

Tout juste avant 16 h, Jon Kelso, de l'équipe du bas, envoya un message radio à l'équipe de Bryan sur la corniche pour dire qu'un foyer d'incendie s'était déclaré sous eux. Ce fut la dernière chose qu'on entendit de Jon et de ses huit collègues.

Sur la corniche, les vents atteignaient maintenant au moins 80 km/h (50 m/h) et jetaient au sol les hommes lourdement chargés. Bryan et son équipe reçurent aussitôt l'ordre de quitter les lieux.

Évacuer la corniche

Les feux de friches peuvent se déplacer à 22 km/h (14 mi/h) dans la plaine ; sur des pentes escarpées, avec des vents soufflant en rafales, la vitesse peut être phénoménale. Un des pompiers estima que le feu mettait environ 25 secondes à parcourir 600 mètres (1 970 pi). Un autre vit des flammes aussi hautes que 46 m (150 pi). Face à un tel incendie, personne ne peut avec réalisme espérer le distancer, surtout au sommet d'une pente et revêtu de lourds vêtements de protection. Pourtant, ce fut précisément ce que de nombreux pompiers tentèrent de faire.

> **« Je me rappelle avoir regardé au loin du haut de la corniche, et tout était clair. Puis... quand je me suis retourné cinq secondes plus tard, tout l'horizon était complètement noir. »**

Une des règles fondamentales de la lutte contre les incendies consiste à garder une issue. L'équipe de Bryan se dirigeait vers l'une des hélizones dégagées, où il n'y avait plus rien pour alimenter le feu. Toutefois, avant qu'elle l'atteigne, le ciel bleu vira au noir bouillonnant d'un mur de fumée et l'hélizone apparemment sécuritaire était la proie des flammes.

Ses collègues et lui n'eurent d'autre solution que de faire volte-face et de dévaler la colline vers un col de la corniche. Les flammes de 12 m (40 pi) n'étaient qu'à 15 m (50 pi) et se rapprochaient à chaque seconde. Bryan suffoquait, la bouche et les poumons remplis de cendre.

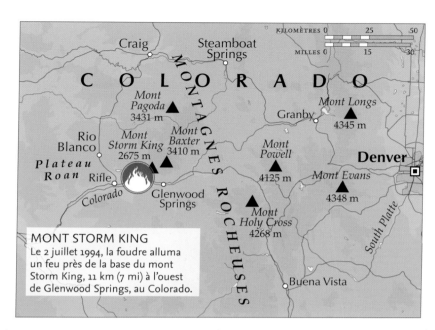

Ils atteignirent le col, mais le feu était toujours sur leurs talons. C'est alors qu'ils aperçurent le ravin qui descendait jusqu'au bas de la corniche.

Descendre dans le ravin avait ses propres dangers. Si un foyer d'incendie s'était propagé au bas du ravin et que le vent s'en mêlait, le ravin agirait comme une cheminée, attirant les flammes vers le haut, en plein sur les hommes. Toutefois, les pompiers parachutistes jugèrent que c'était le chemin le plus rapide vers l'autoroute et, donc, ils foncèrent.

Plongeant dans le ravin, ils parcoururent 1,6 km (1 mille). Le feu rugissait et tempêtait sur leurs talons avec la force d'un train de marchandises. Un des pompiers parachutistes dégringola de nulle part, l'arrière de la tête noirci et brûlé.

> **« On n'arrivait pas à rejoindre le reste de notre équipe par radio. On pensait que c'était seulement parce qu'ils couraient. On ne savait pas qu'ils étaient déjà morts. »**

Mi-tombant, mi-dévalant les surfaces de roches nues et sous les arbres tombés, ils continuèrent leur descente et arrivèrent, Dieu sait comment, à sortir du feu et à atteindre une autoroute. Un des pompiers raconta qu'il avait vu deux de ses collègues sortir en courant des flammes. Plusieurs réflecteurs à l'arrière des casques des hommes avaient fondu, réduits à des taches noires bouillonnantes.

Un été chaud et mortel

La montagne fit 14 victimes ce jour-là et, cette même année, la saison des incendies fut la plus meurtrière de l'histoire des États-Unis. En fin de compte, ce fut une question de chance, selon l'endroit où se trouvaient les pompiers quand le brasier tourna et embrasa la montagne. Les neuf pompiers de l'équipe du bas périrent ; certains si rapidement que, le temps d'arrêter de courir et de tomber à genoux, ils étaient déjà morts. Les onze de l'équipe de Bryan survécurent.

Vingt-quatre autres pompiers survécurent aussi. Tout comme ceux qui avaient fui face au feu, plusieurs arrivèrent à se cramponner à la vie dans leurs abris anti-feu. Ces cocons portables et pliables faits de couches de feuilles d'aluminium, de silice tissée et de fibre de verre réfléchissent les radiations thermiques, protègent contre la chaleur de convection et emprisonnent l'air respirable. Sachant qu'ils allaient être rattrapés par les flammes, les pompiers s'étaient enveloppés de leur abri anti-feu, assis au sol jusqu'à ce que le feu ne fasse plus rage autour d'eux.

Le miracle de l'escalier B

Quand le 110ᵉ étage de la tour nord du World Trade Center s'effondra le 11 septembre 2001, il entraîna vers le sol une avalanche d'un demi-million de tonnes de fer et de béton. Sans qu'on sache comment, quelques paliers d'un escalier de cette tour échappèrent à la destruction. C'est dans ce minuscule refuge que 16 personnes survécurent au cataclysme.

Date
2001

Contexte
Attaque terroriste

Nature de l'épreuve
Piégés dans la tour nord du World Trade Center le 11 septembre

Durée de l'épreuve
102 minutes

Moyens de survie
La chance

Nombre de survivants
16

Dangers
Feu, écrasement, asphyxie

Équipement
Les pompiers avaient des outils et de l'équipement; le personnel de bureau n'avait rien.

À GAUCHE
Des tourbillons de fumée s'échappent des tours jumelles à la suite des dommages causés par l'impact des avions de ligne le 11 septembre 2001.

CI-DESSUS, À DROITE
Il était environ 9 h 59 quand la tour sud du World Trade Center s'effondra après avoir été frappée par un avion.

Prisonnier d'une catastrophe

Il était 10 h, le 11 septembre 2001, et Pasquale Buzzelli, un ingénieur constructeur, était toujours dans son bureau du 64ᵉ étage de la tour nord du World Trade Center. La tour sud s'était effondrée quelques minutes plus tôt, après avoir brûlé durant 56 min. Il était au téléphone avec son épouse enceinte de sept mois, qui regardait l'horreur du 9/11 en direct à la télévision chez elle, au New Jersey. Pasquale lui dit de ne pas inquiéter. Il était sur le point de descendre par l'escalier de la tour B avec une douzaine de collègues. Il n'y avait pas de fumée. Tout irait bien. Il raccrocha, mit son porte-documents sur son épaule et conduisit son équipe vers l'escalier.

Comme l'escalier étroit était bondé, leur progression fut lente. Ils mirent 28 min à descendre 42 étages.

Puis, comme Pasquale atteignait le 22ᵉ étage, il sentit l'édifice trembler. Les marches de béton sous ses pieds tanguèrent comme le pont d'un navire dans la tempête. Il entendit des bruits sourds comme si on laissait tomber des objets lourds quelque part, plus haut. Les bruits s'amplifièrent vraiment très vite. Par instinct, il plongea dans un coin au moment où les murs se déformèrent et se replièrent au-dessus de lui. Curieusement, il se sentit tomber en chute libre, puis tout fut englouti par l'obscurité.

Un bon tour

Le capitaine Jay Jonas et son équipe d'incendie se trouvaient au 27ᵉ étage de la tour nord quand ils entendirent un effroyable grondement. L'escalier oscilla et les lampes se mirent à clignoter. La radio de Jonas crépita et le capitaine d'une autre compagnie lui apprit que la tour sud venait de s'écrouler.

Jonas décida aussitôt d'évacuer ses hommes. La tour nord avait été le premier édifice frappé par un avion. Si la tour sud s'était effondrée, ils ne pouvaient en avoir pour longtemps à vivre. Il ne révéla pas à ses hommes

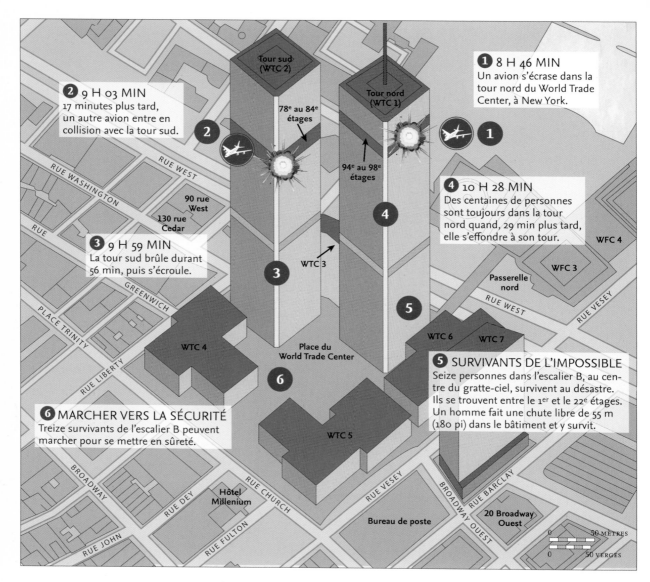

① 8 H 46 MIN
Un avion s'écrase dans la tour nord du World Trade Center, à New York.

② 9 H 03 MIN
17 minutes plus tard, un autre avion entre en collision avec la tour sud.

Tour sud (WTC 2)

Tour nord (WTC 1)

78e au 84e étages

94e au 98e étages

④ 10 H 28 MIN
Des centaines de personnes sont toujours dans la tour nord quand, 29 min plus tard, elle s'effondre à son tour.

③ 9 H 59 MIN
La tour sud brûle durant 56 min, puis s'écroule.

WFC 4

WFC 3

Passerelle nord

WTC 3

RUE WASHINGTON

RUE WEST

90 rue West

130 rue Cedar

RUE

RUE VESEY

RUE WEST

GREENWICH

PLACE TRINITY

WTC 4

Place du World Trade Center

WTC 6

WTC 7

RUE LIBERTY

⑤ SURVIVANTS DE L'IMPOSSIBLE
Seize personnes dans l'escalier B, au centre du gratte-ciel, survivent au désastre. Ils se trouvent entre le 1er et le 22e étages. Un homme fait une chute libre de 55 m (180 pi) dans le bâtiment et y survit.

WTC 5

⑥ MARCHER VERS LA SÉCURITÉ
Treize survivants de l'escalier B peuvent marcher pour se mettre en sûreté.

BROADWAY

RUE DEY

Hôtel Millenium

RUE CHURCH

RUE FULTON

RUE JOHN

RUE VESEY

Bureau de poste

BROADWAY OUEST

RUE BARCLAY

20 Broadway Ouest

0   50 MÈTRES

0   50 VERGES

pourquoi ils partaient, il leur signifia simplement de se mettre en marche. Quoique chaque homme transportât près de 45 kilos (100 lb) d'équipement, ils descendirent rapidement l'escalier.

Ils enfilèrent sept étages en quelques minutes et ce fut au 20e qu'ils virent Josephine Harris. Une auto avait frappé l'aide-comptable de 59 ans quelques mois plus tôt, lui blessant une jambe. Josephine avait déjà descendu 50 étages en boitillant et elle se déplaçait désormais très lentement.

Un des hommes de Jonas demanda ce qu'ils devaient faire. Il savait que, s'ils continuaient à descendre, elle se retrouverait à peiner seule. L'aider

signifiait qu'ils risquaient tous leur vie.

« On doit l'amener avec nous », dit Jonas. Ce fut une décision qui leur sauva tous la vie.

Quinze étages plus bas, à seulement cinq étages du rez-de-chaussée, Josephine n'en pouvait plus. Elle s'arrêta, complètement exténuée. Jonas comprit qu'ils devraient la transporter pour le reste du trajet. Comme il se précipitait dans l'espace à bureau le plus près en quête d'une chaise, un autre homme, David Lim, s'approcha et mit un bras autour de Josephine. Ils l'aidèrent à descendre un étage de plus.

Puis le vent commença.

Un gratte-ciel en chute libre
Au début, il n'y avait pas beaucoup de bruit, seulement celui de l'air se déplaçant rapidement dans l'édifice. Les gens dans l'escalier B l'ignoraient, mais la tour de 101 étages s'effondrait au-dessus de leurs têtes, ses étages s'empilant les uns sur les autres depuis le haut.

L'édifice se déformait, là où s'était produit l'impact de l'avion, son poids déviant sur les colonnes centrales. Quand ces dernières fondirent à leur tour, le sommet de l'édifice tomba en chute libre d'un étage entier. Il ne serait tombé que de 0,5 m (2 pi) que cela aurait suffi à aplatir l'étage suivant. Désormais, rien ne pouvait l'arrêter.

L'air à l'intérieur de l'édifice devait aller quelque part et une grande partie s'engouffra dans l'escalier.

Le pompier Matty Komorowski se rappelle avoir été soulevé de terre : « Je descendais un palier à la fois. C'était une combinaison de moi qui courais et moi soufflé vers le bas. » Durant les huit secondes que mit l'édifice à s'écrouler, Komorowski descendit trois étages.

Les gens de l'escalier B ne pouvaient pas le voir, mais la tour nord entière, un demi-million de tonnes de béton et d'acier, tombait en avalanche vers le sol.

Sortir de l'apocalypse

Pour ceux qui étaient conscients, le bruit était une présence physique.

« Le rugissement grinçant de mille pieds d'édifice qui leur tombaient dessus pénétra chaque atome de leur corps… »

C'était comme être au pied des chutes du Niagara, sauf que c'était de l'acier et du béton qui se précipitaient vers le sol.

Puis le rugissement s'estompa enfin. Alors, l'une après l'autre, les personnes qui restaient dans l'escalier B réalisèrent que, aussi incroyable que ce fût, elles étaient toujours vivantes. Komorowski avait atterri sur ses pieds,

enterré jusqu'aux genoux dans le ciment pulvérisé mais, cela mis à part, il était en forme.

Le capitaine Jonas toussa pour dégager ses poumons de la poussière et demanda des secours par radio.

« "Nous sommes dans la tour nord", dit-il. Un autre pompier répondit : "Où est la tour nord ?" »

De l'extérieur, l'édifice semblait avoir été complètement aplati. Tout ce qui en restait, c'était un paysage apocalyptique de métal tordu, de décombres et de poussière asphyxiante.

Néanmoins, comme l'épais nuage de cendre commençait à se dissiper, on put distinguer cinq volées de l'escalier B se dressant telle une cheminée parmi les 100 étages de décombres. Sans raison apparente, cette section seule n'avait pas été détruite.

À l'intérieur, les survivants aperçurent un minuscule rayon de soleil par une ouverture en haut de l'escalier. Ils se frayèrent un passage vers lui.

Josephine Harris dut être hissée à l'extérieur, mais 13 personnes de l'escalier B grimpèrent simplement hors de leur tombeau et marchèrent dans les débris vers la sécurité. Deux autres, dont Buzzelli, furent extirpés des décombres.

Des gens quittent la tour du World Trade Center après qu'elle a été frappée par un avion.

Les survivants de l'impossible

Seize personnes ont survécu à l'intérieur de l'effondrement du World Trade Center. Elles se trouvaient toutes dans l'escalier B de la tour nord, entre le 22e et le 1er étage, quand la tour s'est effondrée. Tous ceux qui se trouvaient au-dessus du 22e étage ont péri ; la plupart de ceux qui se trouvaient plus bas que le 1er étage ont péri aussi. Quatre autres survivants furent tirés de la galerie marchande du sous-sol.

Si les gens dans cet escalier avaient fait un pas ou deux plus lentement, ils mouraient ; ils seraient morts aussi s'ils avaient fait un pas ou deux plus vite. Était-ce le destin ? un coup de chance ?

« Ce qui est certainement vrai, c'est que, si les pompiers ne s'étaient pas arrêtés pour aider Josephine Harris, ils seraient morts. »

Un gars chanceux

Pasquale Buzzelli revint à la lumière et se retrouva assis au sommet d'un tas de débris, les pieds pendant au-dessus du bord, comme s'il avait été dans son fauteuil à la maison. Ébahis, des pompiers l'ôtèrent de son perchoir et le transportèrent à l'écart. Il avait fait une chute de 55 m (180 pi) dans l'édifice qui se désintégrait. Sa seule blessure était une cheville fracturée.

Au total, 2 752 personnes perdirent la vie le 9/11.

Les décombres fumants du World Trade Center après l'attaque terroriste

Coincé

Un grimpeur solitaire est piégé par la chute d'une roche dans les canyons déserts de l'Utah. Après cinq jours de déshydratation, de faim et d'hallucinations, il prend la décision de se couper le bras droit avec un canif pour se libérer du rocher. Une fois libéré, il doit encore descendre en rappel et marcher pour se retrouver en sécurité.

Date
2003

Contexte
Accident d'escalade

Nature de l'épreuve
Piégé par la chute d'une roche

Durée de l'épreuve
5 jours

Moyens de survie
Se couper le bras avec un canif

Nombre de survivants
1

Dangers
Mourir de faim,
déshydratation,
perdre tout son sang

Équipement
Un canif

Jour de congé en solitaire

Ce qui était sûr, c'était qu'il voulait être seul pour cette aventure. Quand Aron Ralston quitta la maison à Aspen au Colorado, il ne dit à personne où il allait. Il est courant chez les grimpeurs de confier une copie du trajet à des amis ou sur un bout de papier dans sa voiture. Ralston n'en fit rien. À titre de grimpeur expérimenté, il aurait dû le faire.

La nature est reine dans les Canyonlands. La pluie, le fleuve (Colorado), la rivière (Green) et le vent ont passé des millénaires à creuser des canyons profonds et sinueux dans le plateau uniforme du désert. Comme des veines, ils offrent un chemin dans la nature sauvage. Comme les veines, cachés à la vue, ils se déploient sous la surface du plateau. C'est un lieu étrangement magnifique, mais dangereux aussi : restez coincé dans un coin perdu d'un canyon et il n'y a aucune raison qu'un être humain vous retrouve avant des jours, des mois ou des années. Si jamais on vous retrouve.

C'était le samedi 26 avril 2003 et Ralston avait choisi un lieu particulièrement isolé dans ce qui est déjà une zone isolée. Son plan consistait à stationner à Horseshoe Canyon, puis à parcourir en vélo de montagne les 24 km (15 mi) jusqu'à Bluejohn Canyon. Bluejohn était la planque favorite de Butch Cassidy et du Sundance Kid ; son isolement est l'une de ses caractéristiques principales.

> **« Il était fascinant qu'il marchât par lui-même, tout en perdant autant de sang et aussi vite qu'il en perdait. »**

Il escaladerait ensuite l'étroit ravin et retournerait en marchant à sa camionnette. Selon ses normes, ce n'était pas une journée particulièrement exigeante. À 27 ans, Ralston était un fervent de plein air et un grimpeur. Il avait déjà gravi 49 des 55 pics du Colorado de plus de 4 300 m (14 000 pi), 45 d'entre eux en solo, l'hiver. Cette sortie ne constituait qu'un exercice de réchauffement en vue d'un défi plus grand: l'ascension du plus haut sommet en Amérique du Nord, le mont McKinley, haut de 6 195 m (20 320 pi).

Ralston avait préparé son sac en conséquence. Tout ce qu'il avait, c'était deux burritos, un litre (½ chopine) d'eau, un outil multifonctionnel bon marché de style Leatherman, une petite trousse de premiers soins, une caméra vidéo, un appareil photo numérique et de l'équipement d'escalade. Il ne portait qu'un t-shirt, une culotte courte et une casquette de baseball, et n'avait aucun vêtement de rechange.

L'accident

Ralston pédala dans le désert jusqu'au point de départ du sentier des canyons et il attacha son vélo à un genévrier. Il commença à descendre en canyoneering le ravin sinueux du canyon. Cette technique utilise des éléments d'escalade, de grimpe, de saut et de dérapage autant que des techniques d'encordement: tout ce qui permet de traverser le canyon.

C'était presque l'heure du lunch et Ralston avait traversé la majeure partie du canyon. Quand il fut tout juste à 150 m (492 pi) de la descente en rappel finale à la sortie du canyon, il s'engagea dans une faille large de 0,9 m (3 pi). Comme dans de nombreux ravins plus

petits, on y trouvait plusieurs roches coincées. La plupart d'entre elles se coincent vite, immobilisées sur place des siècles durant. Néanmoins, les éléments réarrangent constamment le désert et beaucoup de roches rouleront ou glisseront si elles sont déplacées.

Ralston grimpa la paroi du rocher et se tint au sommet. Il semblait parfaitement stable. Puis, comme il descendait du côté opposé, une roche de 364 kg (800 lb) bougea. Elle roula avec fracas et glissa sur plusieurs pieds, soulevant de la poussière et entraînant Ralston avec elle. Puis, aussi soudainement qu'elle avait bougé, elle s'arrêta. La poussière tourbillonna et le bruit de l'éboulement se répercuta en écho dans le canyon sculpté par le vent. Ralston était debout et, de façon générale, il allait bien. Il n'y avait qu'un problème: sa main droite était écrasée entre le rocher et la paroi de roc.

La coupe la plus cruelle

La colère le submergea tandis qu'il tirait sur sa main et frappait la roche. Mais s'étendre sur l'absurdité et la bêtise de sa situation ne l'aiderait pas à s'en sortir. Et Ralston était un penseur extrêmement pratique. Il se calma et soupesa ses options.

Un autre grimpeur pouvait le retrouver. Cependant, la chance que cela se produisît était très, très mince.

Il devait tenter de se libérer lui-même. Ralston commença à entailler la roche et la paroi avec son canif bon marché. Toutefois, au bout de 10 heures de travail, il n'avait qu'une petite poignée de poussière de roche comme preuve de ses efforts. En outre, à cause de la façon dont la roche s'appuyait sur sa main, son travail ne servait qu'à la coincer davantage.

> **«Je sortis le canif et je fis un garrot au haut de mon bras, en utilisant ma culotte de cycliste comme rembourrage, puis je me mis à l'ouvrage.»**

Ensuite, il tenta d'installer un palan qui soulèverait le rocher avec ses cordes d'escalade. Toutefois, celles-ci sont conçues pour s'étirer et Ralston ne pouvait pas générer un grand effet de levier. Le rocher refusa absolument de bouger.

La nuit vint et la température tomba tout juste au-dessus du point de congélation. Ralston s'enveloppa dans ses cordes pour plus de chaleur et continua de travailler pour se libérer.

Le dimanche matin, un rai de lumière solaire chaude descendit jusqu'au fond du canyon étroit. Toutefois, il ne persista qu'un quart d'heure. Ralston commença à s'obliger à rester optimiste. Il s'avisa aussi de rationner sa précieuse petite quantité de nourriture et d'eau.

Dimanche passa, puis lundi, mais il était toujours piégé. Désormais, il n'avait plus ni nourriture ni eau, et il commençait à halluciner. «Je croyais que je pouvais voir ma famille et mes amis autour de moi, ce qui me réconfortait», dit-il plus tard.

Le troisième jour, il décida de couper sa main prisonnière, mais son couteau était si émoussé d'avoir taillé la pierre qu'il pouvait difficilement percer la peau. Il attendit un peu plus longtemps.

Ralston connaissait le protocole de sauvetage en montagne mieux que quiconque; il travaillait dans une boutique d'escalade et il était secouriste volontaire. Même si ses collègues de travail rapportaient sa disparition, les policiers attendraient

Des taches de sang sur la paroi de grès du canyon marquent le lieu où la main d'Aron Ralston fut coincée par la roche.

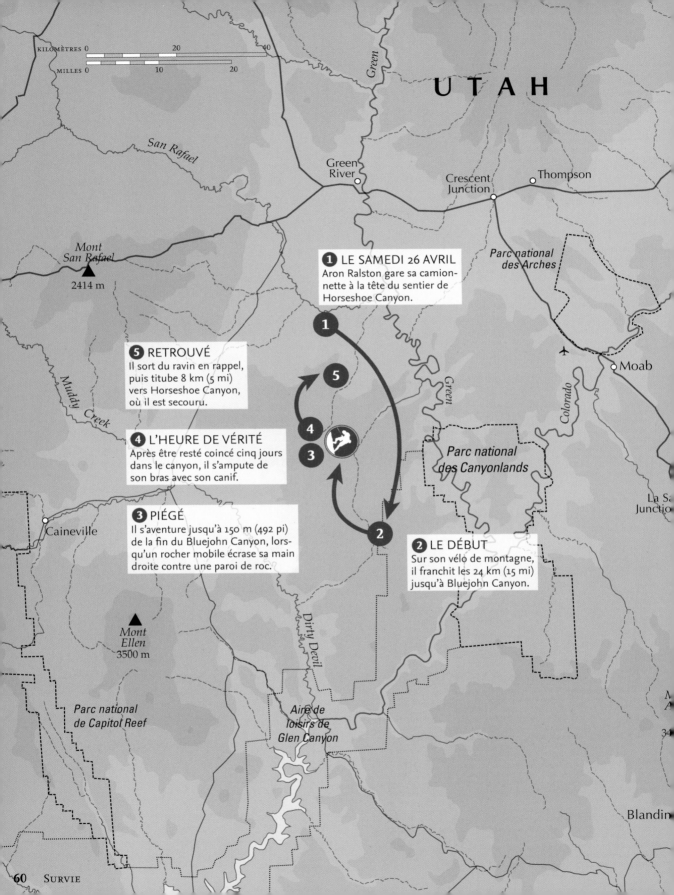

KILOMÈTRES 0   20   40

MILLES 0   10   20

UTAH

San Rafael

Green

Green
River

Crescent
Junction

Thompson

Parc national
des Arches

Moab

Mont
San Rafael
2414 m

❶ LE SAMEDI 26 AVRIL
Aron Ralston gare sa camion-
nette à la tête du sentier de
Horseshoe Canyon.

❺ RETROUVÉ
Il sort du ravin en rappel,
puis titube 8 km (5 mi)
vers Horseshoe Canyon,
où il est secouru.

Green

Muddy
Creek

Colorado

❹ L'HEURE DE VÉRITÉ
Après être resté coincé cinq jours
dans le canyon, il s'ampute de
son bras avec son canif.

Parc national
des Canyonlands

La Sa
Junctio

❸ PIÉGÉ
Il s'aventure jusqu'à 150 m (492 pi)
de la fin du Bluejohn Canyon, lorsqu'un rocher mobile écrase sa main
droite contre une paroi de roc.

Caineville

❷ LE DÉBUT
Sur son vélo de montagne,
il franchit les 24 km (15 mi)
jusqu'à Bluejohn Canyon.

Mont
Ellen
3500 m

Dirty Devil

M
A

34

Parc national
de Capitol Reef

Aire de
loisirs de
Glen Canyon

Blandin

automatiquement 24 heures avant de le déclarer manquant. Ce qui signifiait un sauvetage au plus tôt mercredi. Il commença à conserver son urine.

Le mercredi, Ralston prit sa caméra vidéo et enregistra un message d'adieu à ses parents. Il grava aussi son nom, sa date de naissance et «RIP» sur le mur du canyon. À ce moment-là, il buvait à petites gorgées l'urine qu'il avait préalablement conservée.

Les hallucinations le hantaient. Il rêva d'eau, de sa famille, de ses amis puis, finalement, le jeudi matin, il eut la vision d'un petit garçon de trois ans qui courait sur un plancher ensoleillé et que prenait un homme n'ayant qu'un bras. Pour Ralston, le sens en était clair : c'était une vision prémonitoire de son futur fils. Il devait se sortir de là. Maintenant.

Aron Ralston fait une pause en répondant à la question d'un journaliste, tandis que sa mère, Donna, le réconforte à l'hôpital de St. Mary, le 9 mai 2003, à Grand Junction, au Colorado.

« Je n'ai jamais rencontré personne qui possédât la volonté de vivre et l'instinct du guerrier comme Aron, et je fais cela depuis 25 ans. »

Sa lame étant trop émoussée pour couper les os de son avant-bras, Ralston savait qu'il devrait les briser. En utilisant le bord du rocher comme point d'appui, il projeta son propre poids à l'opposé de sa main et poussa avec ses jambes. Après quelques minutes atroces, un craquement, aussi fort qu'un coup de fusil, se répercuta de haut en bas de sa prison sinueuse. Il avait brisé son radius. Au bout de quelques minutes supplémentaires de traction cruelle, il brisa le cubitus, l'os à l'extérieur de son avant-bras.

Il attacha ensuite un garrot autour de son bras, en tordant la sangle avec un mousqueton pour augmenter sa tension.

Il mit une heure à couper son bras de part en part.

Le défi final

Ralston se repoussa de la roche en chancelant. Sa main était là, prise sous une roche de 3 mètres (10 pi) devant lui. Il était là, capable de se déplacer librement pour la première fois depuis cinq jours. Il l'avait fait. Mais il n'était pas encore en sûreté.

Il saisit sa trousse de premiers soins, appliqua une crème antiseptique, puis banda le moignon du mieux qu'il le put. Ensuite, il fabriqua une écharpe avec le sac de sa bouteille d'eau et rassembla son équipement d'escalade.

Tout en saignant abondamment, Ralston atteignit le point où sa route latérale croisait le canyon principal. Il se trouvait à 25 m (75 pi) au-dessus du fond du canyon. Quoique n'ayant qu'une main et étant au bord de perdre conscience, Aron parvint à fixer ses ancres et descendit en rappel en toute sécurité jusqu'au roc poussiéreux plus bas. Laissant pendre sa corde, il partit en titubant pour retrouver le monde.

Trouvé

Un couple de Hollandais, Eric et Monique Meijer, et leur fils, Andy, photographiaient la panoramique Grand Gallery. Ils venaient de ranger leur matériel et faisaient demi-tour pour quitter le canyon quand ils entendirent une voix: «Au secours. J'ai besoin d'aide. »

Ils se retournèrent et apeçurent Ralston qui marchait vers eux. Éclaboussé de sang séché et frais, émacié et déshydraté, il devait avoir l'air d'un mort vivant. Toutefois, quand il parla, ce fut avec lucidité: «Bonjour, mon nom est Aron. Je suis tombé d'une falaise samedi et j'étais coincé sous une roche. Je me suis coupé la main il y a quatre heures et j'ai besoin de soins médicaux. J'ai besoin d'un hélicoptère. »

Les Meijer le nourrirent de biscuits et lui donnèrent de l'eau jusqu'à ce que l'hélicoptère arrivât. Ralston fut capable de marcher sans aide de l'hélisurface jusqu'à la salle d'urgence.

« J'étais vraiment contrarié de n'avoir pas laissé de note indiquant ma destination dans mon auto stationnée au pied du canyon, parce que personne ne savait où j'étais. »

Quand les secouristes retournèrent au canyon pour récupérer sa main écrasée, il fallut à trois hommes forts avec de l'équipement de levage plus d'une heure pour hisser la roche de 364 kg (800 lb). D'aucune façon la main de Ralston, brisée et coupée, n'aurait pu être recousue. Ce simple fait convainquit Raltson qu'il avait fait le bon choix. «Cette roche n'allait nulle part, pas plus que ma main », dit-il.

La prémonition que Ralston avait eue au plus fort de son épreuve devint réalité. Trois ans après l'accident, il rencontra sa future épouse, Jessica. En janvier 2010, ils eurent un fils, Leo.

Aron Raltson continue de faire de l'escalade.

Pas de chance pour le bon Samaritain

Ricky Megee faisait un trajet de 4 800 km (3 000 mi) qui traversait le désert du Territoire du Nord de l'Australie, quand il fut enlevé et laissé pour mort. Sans souliers ni abri, il s'accrocha à la vie grâce à un trou d'eau isolé, survivant en mangeant des lézards, des sangsues et des grenouilles alors qu'il perdait la moitié de son poids.

Date
2006

Contexte
Enlèvement

Nature de l'épreuve
Perdu dans la brousse australienne

Durée de l'épreuve
71 jours

Moyens de survie
Vivre de la nourriture de la brousse, nager dans une rivière en crue

Nombre de survivants
1

Dangers
Meurtre, déshydratation, mourir de faim, insolation

Équipement
Aucun au début; de l'équipement de ferme plus tard

À GAUCHE
La brousse australienne, Territoire du Nord, Australie

CI-DESSUS, À DROITE
Paysage désolé de la brousse australienne

Pas de chance pour le bon Samaritain

C'était une portion hostile du désert et Ricky Megee était un homme bon. Aussi, quand il vit les trois hommes agiter les mains pour qu'il ralentît sa voiture, il se rangea aussitôt sur le bord de la route. Bien sûr, ils avaient l'air un peu débraillé, mais qui n'avait pas cette allure par ici ?

Ricky accepta de faire monter l'un d'entre eux et les deux hommes partagèrent une bouteille. Mais il n'avait pas roulé très loin que le monde commença à s'estomper et à chavirer, ses sens s'émoussèrent, puis tout devint noir.

Quand il reprit conscience, il était dans une tombe peu profonde sous une bâche, des roches sur le dos. Commencèrent alors 71 jours d'horreur assoiffée au cœur de l'impitoyable brousse australienne.

L'entrevue

On était en janvier 2006 et, à 35 ans, Ricky Megee prenait un nouveau départ. Il venait tout juste de s'assurer un nouvel emploi dans une succursale du bureau de recrutement du gouvernement australien, le Centre Link, dans la ville de Port Hedland sur la côte Nord-Ouest. Ce serait un changement majeur dans sa vie : à ce moment-là, Ricky vivait à 4 800 kilomètres (3000 mi) de là, à Brisbane. Toutefois, quand, par un jour d'été caniculaire, il monta dans son Mitsubishi 4 x 4 cabossé, Ricky était optimiste. Une nouvelle route s'ouvrait devant lui.

Plusieurs jours et quelques milliers de kilomètres poussiéreux plus tard, il roulait vers l'ouest sur la route Buntine, juste avant que celle-ci ne quittât le Territoire du Nord et n'entrât en Australie-Occidentale. C'est une zone complètement isolée d'un immense paysage désolé. C'était la fin de la saison des pluies, ce qui signifiait que les routes étaient impraticables à cause de la boue. Même les propriétaires de ranch avaient quitté les énormes troupeaux de bovins, pour attendre que la température devienne un peu plus clémente avant de revenir dans leurs fermes. Il n'avait pas rencontré âme qui vive depuis déjà un bon moment.

Il n'y a pas à s'étonner que, comme il roulait seul, l'esprit insouciant de l'avenir, Ricky fût extrêmement surpris de voir trois hommes debout au bord de la route devant lui.

Laissé pour mort

On ne connaîtra probablement jamais le déroulement exact des évènements au cours des heures suivantes; Ricky ne s'en souvient pas. Ce qui est certain, c'est que, après avoir accepté de faire monter l'un des hommes, il a été drogué, agressé et laissé pour mort.

La première sensation qu'il éprouva en reprenant conscience, ce fut l'odeur de la terre; son visage était près du sol. En essayant de bouger pour aspirer plus d'air, il sentit quelque chose de lourd sur son dos, qui le clouait au sol. Ruant et cherchant désespérément à se libérer avec de plus en plus de vigueur, Ricky réalisa qu'il était étendu dans un trou peu profond sous une bâche de plastique lestée de roches.

Il se releva en chancelant. Il était si étourdi et la tête lui tournait tant qu'il mit une demi-heure à saisir les éléments essentiels de sa situation. Ils n'étaient pas bons. Son véhicule n'était plus là. Il ne portait qu'un t-shirt et un short; son agresseur avait volé ses souliers et ses chaussettes. Le désert craquelé et broussailleux s'étendait à l'infini dans toutes les directions et seuls quelques arbres rabougris offraient un peu d'ombre. Ricky n'avait aucune idée de sa position… sinon qu'il se trouvait évidemment au milieu d'un désert où la température diurne serait de 42 °C environ.

Ricky se força à se concentrer, puis se dirigea vers la colline la plus proche pour avoir une meilleure vue de sa situation.

Pieds nus sur les roches brûlantes

Le panorama depuis cette butte dans le désert lui donna peu d'informations nouvelles: il n'y avait ni route, ni maison, ni personne à l'horizon.

Ricky savait qu'il faudrait une semaine pour traverser le désert… avec d'abondantes réserves et la possibilité illimitée de se reposer à l'ombre. Il n'entretenait donc aucune illusion sur le danger de sa situation. Malgré tout, il était optimiste; s'il se mettait en marche, n'augmenterait-il pas ses chances d'être retrouvé, du seul fait de couvrir simplement plus de territoire?

Quoiqu'il se ressentît encore des effets de la drogue qui l'avait endormi, il se mit en marche vers l'est – dans la direction approximative d'où il était venu.

Le début de la soif

Mais en quelques heures, le féroce soleil du désert préleva un lourd tribut sur le corps de Ricky, sans eau, sans ombre et sans souliers. Ses pieds se couvrirent d'ampoules, se meurtrirent et se déchirèrent sur le sable chaud et les roches. Sa sueur cédait une humidité vitale aux vents qui le fouettaient. Son esprit déjà confus ne recevait aucun nutriment pour l'aider à réparer et à nourrir ses sens.

Ricky n'ingurgita aucun liquide durant les 36 premières heures de son épreuve, jusqu'à ce qu'il eût tellement soif qu'il bût son urine. Plus tard, pendant ce deuxième jour, il vit des nuages de pluie s'amonceler au-dessus de l'horizon et il tituba dans leur direction. Il rata l'averse, mais parvint à aspirer l'eau boueuse de flaques sur le roc. Puis il reprit sa marche.

Le lendemain, il croisa une rivière par accident; pendant la majeure partie de l'année, elle aurait été complètement à sec, mais les averses saisonnières avaient rempli son lit. Ricky put étancher sa soif brûlante et, même, dériver avec le courant sur quelques kilomètres dans l'espoir de trouver des signes quelconques de vie humaine.

Au cours des quelques jours suivants, Ricky utilisa la rivière comme

Route dans le paysage aride près de Port Hedland, en Australie Occidentale

point de repère. Finalement, quand il devint trop exténué pour aller plus loin, il confectionna un abri de fortune près d'un trou d'eau et y rampa pour se reposer à l'ombre.

La bouffe de la brousse

Six jours s'étaient écoulés depuis que Ricky s'était éveillé sous la bâche de plastique et il n'avait toujours pas mangé. Il était étendu sous un arbre rabougri, écrasé par la chaleur du soleil, quand il aperçut un lézard avançant petit à petit sur la branche au-dessus de lui. Sans prendre le temps d'y penser, il saisit l'animal et le tua. Ensuite, il l'empala sur une branche qu'il déposa en plein soleil pour le cuire un peu, quoique lentement. Quand l'animal fut assez sec, Ricky pela la majeure partie de la peau et mangea le reste.

Ce fut le début d'un régime de nourriture de brousse qui dura deux mois et s'avéra très dure à avaler, mais qui le garda en vie.

Ricky mangea des sauterelles, des chenilles, des grenouilles, des phasmes (insectes brindilles), des blattes et même des sangsues, qu'il tira des trous d'eau. Il découvrit qu'il devait mâcher ces dernières aussi vite que possible pour les empêcher de prendre une bouchée à l'intérieur de sa bouche.

> **« Je mangeais les sangsues crues, dès que je les sortais de l'eau ; les sauterelles, je les croquais tout simplement. »**

Il commença aussi à manger la végétation résistante, fibreuse. Si une plante goûtait mauvais, il la crachait. Après beaucoup d'essais, il trouva deux types de plantes qu'il ne vomissait pas et qui semblaient être nutritives.

Son piètre régime suffisait à faire fonctionner ses organes, quoique cela ne pût empêcher sa perte de poids extrême. Jour après jour, Ricky fondait littéralement.

Un chez-soi dans la brousse

Finalement, la faim le força à quitter son premier campement. Il croisa des élevages de bovins, mais personne. Il finit par parcourir environ 90 km (56 mi) avant de dénicher un autre trou

Les lézards firent partie du régime de Ricky tandis qu'il survécut durant des semaines de survie dans la brousse australienne.

d'eau. Ayant perdu connaissance trois fois en cours de route, il rampa pour franchir les derniers 500 m (1640 pi) jusqu'à son nouveau refuge.

Il y trouva assez d'équipement de ferme éparpillé pour se construire un abri en forme de tube ou de « hutte » qui le protégerait de l'ardeur du soleil pendant le jour. Ricky l'ignorait, mais cet abri serait son chez-soi des sept semaines suivantes.

Des hôtes indésirables

Tandis que les jours devenaient des semaines, Ricky établit une routine qui le gardait sain d'esprit et tout juste alimenté. Chaque jour, il recueillait l'eau de pluie et, au début de la soirée, faisant « une tournée de nourriture », il capturait autant de grenouilles et de lézards que possible – six à huit les bons jours. Ensuite, il les mettait à sécher avant de les consommer.

> **« Je sortais juste avant la nuit et je récoltais ce que je pouvais manger. Je mangeais un repas par jour – c'est assez pour survivre. J'espérais et je priais que quelqu'un me trouve. »**

Après quelques semaines de cette existence précaire, il aperçut un dingo. Bientôt, il en vit un autre et il ne mit pas longtemps à réaliser qu'une meute

l'observait. Ils demeuraient à la limite de sa vision le jour et encerclaient son campement la nuit, reniflant et grognant dans leur impatience d'un repas. Chaque nuit, Ricky bloquait l'entrée de sa hutte avec des pierres pour éviter une attaque des chiens sauvages durant son sommeil.

Alors qu'il était étendu dans le noir, le vent lui jouait un tour cruel à sa façon : s'infiltrant par les fentes de son abri, il produisait un bruit pareil à celui d'une voiture qui approchait.

Dentisterie bricolée

Après 60 jours d'épreuve, Ricky s'éveilla sous le coup d'une douleur d'un nouveau genre. Le côté de son visage faisait mal et était enflé. Dans son état d'hébétude, il présuma qu'il avait été mordu par l'une des nombreuses araignées venimeuses vivant dans ce dangereux coin du monde. Sachant qu'il n'y avait aucun espoir de contrer le poison, il attendit simplement que la mort l'emportât.

Comme il était toujours en vie 24 heures plus tard et que la douleur avait nettement empiré, il fouilla le problème plus en profondeur, en tâtant prudemment l'intérieur de sa bouche. Des cloques brûlantes sur ses gencives et une douleur intense sous une dent lui firent comprendre qu'il avait un abcès.

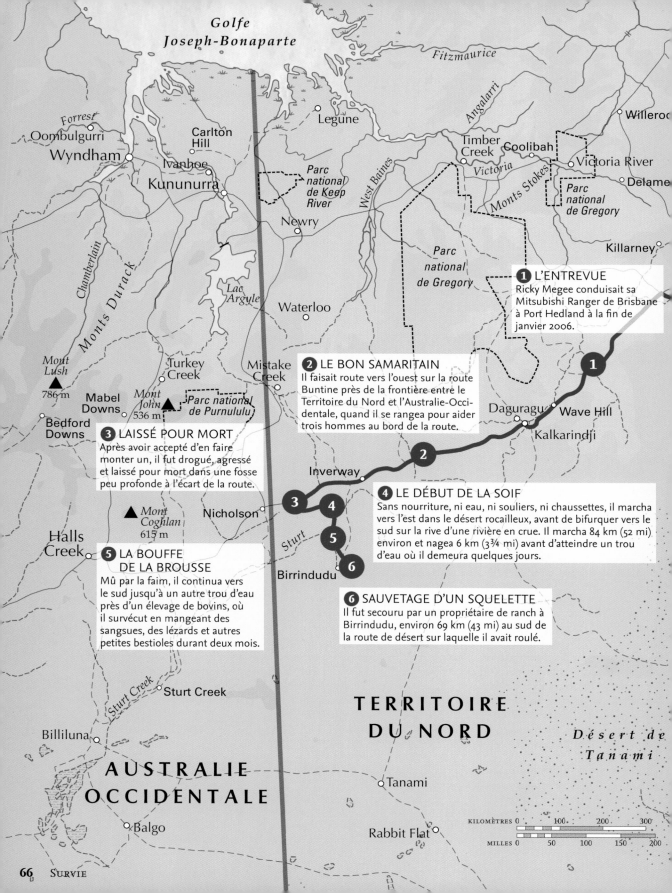

Golfe Joseph-Bonaparte

Fitzmaurice

Forrest

Oombulgurri

Wyndham

Carlton Hill

Ivanhoe

Kununurra

Legune

Parc national de Keep River

Newry

West Baines

Timber Creek

Coolibah

Victoria

Victoria River

Delame

Willeroo

Angalarri

Monts Stokes

Parc national de Gregory

Killarney

Parc national de Gregory

① L'ENTREVUE
Ricky Megee conduisait sa Mitsubishi Ranger de Brisbane à Port Hedland à la fin de janvier 2006.

② LE BON SAMARITAIN
Il faisait route vers l'ouest sur la route Buntine près de la frontière entre le Territoire du Nord et l'Australie-Occidentale, quand il se rangea pour aider trois hommes au bord de la route.

③ LAISSÉ POUR MORT
Après avoir accepté d'en faire monter un, il fut drogué, agressé et laissé pour mort dans une fosse peu profonde à l'écart de la route.

④ LE DÉBUT DE LA SOIF
Sans nourriture, ni eau, ni souliers, ni chaussettes, il marcha vers l'est dans le désert rocailleux, avant de bifurquer vers le sud sur la rive d'une rivière en crue. Il marcha 84 km (52 mi) environ et nagea 6 km (3¾ mi) avant d'atteindre un trou d'eau où il demeura quelques jours.

⑤ LA BOUFFE DE LA BROUSSE
Mû par la faim, il continua vers le sud jusqu'à un autre trou d'eau près d'un élevage de bovins, où il survécut en mangeant des sangsues, des lézards et autres petites bestioles durant deux mois.

⑥ SAUVETAGE D'UN SQUELETTE
Il fut secouru par un propriétaire de ranch à Birrindudu, environ 69 km (43 mi) au sud de la route de désert sur laquelle il avait roulé.

Daguragu

Wave Hill

Kalkarindji

Inverway

Nicholson

Sturt

Birrindudu

Mont Lush
786 m

Mabel Downs

Bedford Downs

Mont John
536 m

Turkey Creek

Parc national de Purnululu

Mistake Creek

Waterloo

Lac Argyle

Monts Durack

Chamberlain

Mont Coghlan
615 m

Halls Creek

Billiluna

Sturt Creek

Sturt Creek

AUSTRALIE OCCIDENTALE

TERRITOIRE DU NORD

Désert de Tanami

Tanami

Balgo

Rabbit Flat

KILOMÈTRES 0   100   200   300
MILLES 0   50   100   150   200

Une bande de dingos devint les invités indésirables de Ricky. Ils encerclaient son camp la nuit, reniflant et grognant dans leur impatience d'un repas.

Ricky savait que, en l'absence de traitement, l'abcès pouvait l'empoisonner, surtout dans son état d'extrême faiblesse. Il commença à chercher des outils dans les environs.

Curieusement, bien qu'il l'eût drogué et lui eût ôté ses souliers, le ravisseur de Ricky n'avait pas réussi à trouver sa clé de voiture. Ricky découvrit aussi un morceau pointu de broche à clôture de calibre 12. Formant un crochet avec ce dernier et utilisant la clé de la camionnette comme levier, il entreprit d'extraire sa dent cariée.

D'abord, il creva les cloques de ses gencives, puis il utilisa le crochet pour creuser sous la dent et la clé pour la déloger de force. Avant de réussir à arracher la molaire coupable, il perdit connaissance deux fois sous la douleur.

C'est à peu près à compter de cet évènement que Ricky commença à perdre espoir. Sa confiance qu'on le retrouverait, inébranlable pendant si longtemps, avait été usée par les impitoyables conditions du désert et façonnée en une simple acceptation de son sort. Ricky fabriqua une croix avec deux branches et la fixa au sommet de sa hutte. Ainsi, son abri serait aussi sa tombe ; au moins, quand quelqu'un reviendrait à la ferme, il trouverait ses

os et sa famille aurait quelque chose à enterrer.

Sauvetage d'un squelette

Les semaines s'étirèrent en mois et, quoiqu'il eût fait ses adieux à sa famille, Ricky ne s'était pas encore couché pour mourir. Aussi longtemps qu'il lui resterait de l'énergie, il continuerait le travail qui consistait à vivre.

Un jour, au début d'avril, tout juste de retour d'une séance de cueillette quotidienne, Ricky examinait sa récolte peu appétissante dans sa hutte. Le vent, sifflant dans les trous comme d'habitude, imitait toujours aussi bien le bruit d'une auto. Et, comme d'habitude, Ricky ignora ce simulacre cruel. Jusqu'à ce que le vent changeât de vitesse.

Il n'y avait pas d'erreur : le changement de tonalité soudain ne pouvait provenir que d'une voiture. À peine capable de croire ce qui pouvait être en train de se produire, Ricky se précipita hors de son abri et courut vers le bruit. Ses jambes cédèrent aussitôt sous lui et il tomba la face la première sur la rive escarpée du trou d'eau.

Il se mit à genoux, puis chancela, rampa, se traîna vers les deux propriétaires de ranch ébahis qui sortaient de leur véhicule. Ils s'arrêtèrent à 100 m

(328 pi), puis reculèrent physiquement de dégoût devant le vivant squelette barbu qui se traînait vers eux. La peau de la créature était cloquée, craquelée et noircie par le soleil. Il essayait d'articuler un appel à l'aide, mais ses cordes vocales desséchées ne pouvaient produire que le plus faible des murmures. Sa peau était si tendue qu'on voyait chaque os de son corps. Seuls les yeux de l'homme brillaient de quelque force vitale humaine.

> **« Vous ne pouvez imaginer combien c'est isolé là-bas. Rouler en fin d'après-midi et voir un homme sortir de la brousse est très apeurant. »**
> Le sauveteur de Ricky, Mark Clifford

La moitié de l'homme qu'il était

Quand Ricky Megee s'aventura dans la brousse, il pesait 105 kg (230 lb) et mesurait 1,91 m (6 pi 3 po). Quand on le transporta à l'hôpital de Darwin, il fit pencher la balance seulement à 48 kg (105 lb). Au début, les médecins et les policiers furent sceptiques devant son histoire : personne ne pouvait perdre autant de poids en si peu de temps et survivre. Qui plus est, aucun Blanc n'avait jamais vécu si longtemps dans un tel endroit.

Cependant, tout en retrouvant graduellement sa santé et sa lucidité normales, il fut en mesure de montrer avec précision aux autorités comment et où il avait survécu. La chance cruciale que Megee avait eue, c'était que son épreuve avait eu lieu durant la saison des pluies. À toute autre période de l'année, il serait mort en quelques jours, comme c'est le cas de la centaine de personnes qui disparaissent dans la brousse australienne chaque année.

Une autre chance pour une nouvelle vie

Tandis qu'il récupérait lentement sa santé, Ricky Megee présuma que le poste, pour lequel il avait entrepris le voyage, était occupé par quelqu'un d'autre depuis longtemps. Cependant, un autre membre du personnel avait démissionné du Centre Link et le poste de Ricky était toujours ouvert.

Seul dans la zone mortelle

Wilco van Rooijen descendait du sommet du monde quand une chute de séracs tua un de ses collègues, emportant les cordes qui l'aurait mené en sûreté. Bloqué dans la « Zone mortelle » à 8 000 m (26 000 pi), il dut braver deux nuits à -40 °C pour en revenir vivant.

Date
2008

Contexte
Accident d'escalade

Nature de l'épreuve
Bloqué à 8 000 m (26 000 pi)
au sommet du K2

Durée de l'épreuve
2 jours

Moyens de survie
Bivouac de nuit, escalade en
solitaire, sauvetage

Nombre de survivants
8

Dangers
Déshydratation, chute
mortelle, hypothermie, mourir
de faim

Équipement
Équipement d'escalade

À GAUCHE
Les cimes enneigées du massif du Karakoram, au Pakistan

CI-DESSUS, À DROITE
Deux alpinistes sur les pentes du K2, dans le Karakoram de l'Himalaya, au Pakistan

Le goût de la gloire le plus bref

Il était 17 heures et il faisait -40 °C quand Wilco van Rooijen et Gerard McDonnell se tinrent debout au sommet du K2, la haute montagne la plus dangereuse du monde. Ils se serrèrent dans les bras l'un de l'autre avec exaltation. Gerard baragouina de joie avec son amie de cœur par téléphone satellite. Ce fut leur moment de triomphe : deux ans plus tôt, leur tentative d'atteindre le sommet s'était terminé par un échec et une fracture du crâne pour McDonnell. Maintenant, ils y étaient, au sommet du pic de 8 611 m (28 251 pi), avec le monde à leurs pieds.

Toutefois, leur gloire serait de courte durée. Quelques heures plus tard, une avalanche emporterait Gerard vers la mort et laisserait Rooijen bloqué à 8000 m (26 000 pi). Dix autres personnes mourraient sur la montagne ce jour-là, dans l'un des accidents d'escalade les plus meurtriers des temps modernes. Contre toute attente, van Rooijen, âgé de 40 ans, survécut à deux nuits seul au sommet du K2.

Le carnet de commandes

Personne n'avait jamais gravi le K2 en hiver. Ses conditions météorologiques impitoyables ne permettent qu'une courte saison d'escalade, de juin à août ; certaines années, personne ne grimpe même en cette saison. En 2008, le créneau avait été raccourci par une accumulation de périodes de mauvais temps qui empêcha quiconque d'atteindre le sommet en juin et juillet.

> **« Pour un professionnel de l'escalade, il représente plus le saint Graal que l'Everest. Il n'y a pas de voie facile sur le K2. »**

Vers la fin de juillet, 10 expéditions campaient sur la montagne, toutes attendant impatiemment que le temps s'éclaircît et leur accordât leur chance d'atteindre le sommet. Certains attendaient depuis près de deux mois et devenaient nerveux. Le pic cruel les appelait. Plus ils attendaient dans son ombre, plus leur plaisir anticipé pouvait tourner en peur.

Van Rooijen, un Hollandais, et McDonnell, un Irlandais établi en Alaska, faisaient partie d'une équipe internationale. Il y avait aussi une équipe franco-américaine, une expédition menée par des Serbes, un gros contingent de Coréens et des groupes plus petits d'Italiens et de Norvégiens.

Puis, enfin, le temps s'éclaircit et plusieurs groupes arrivèrent au Camp IV le 31 juillet, prêts à atteindre le sommet. Cette nuit-là, les leaders d'expéditions envoyèrent les porteurs en avant pour fixer les cordes à un endroit crucial de l'escalade. Puis, à 3 heures du matin, le vendredi 1er août, les grimpeurs quittèrent le Camp IV, à 8 000 m (26 000 pi) au flanc de la montagne, et s'engagèrent dans une tragédie.

Le Bottleneck

Culminant à 8 611 mètres (28 251 pi), le K2 est la deuxième montagne du monde pour sa hauteur, mais les grimpeurs l'estiment beaucoup plus dangereux que le mont Everest. Seulement 302 personnes (en juillet 2010) avaient gravi le K2. Plus de 2 700 personnes ont atteint le sommet de l'Everest. Pour quatre personnes ayant atteint le sommet du K2, une cinquième est morte en essayant. Il n'est pas surnommé le mont Sauvage pour rien.

Aucune voie vers le sommet du K2 n'est facile. Chaque route, abrupte, exposée et exigeante, rend la retraite très difficile. Cela est particulièrement vrai durant les tempêtes, lesquelles ont tendance à être très violentes et peuvent durer plusieurs jours. La montagne étant très haute, vos poumons ne reçoivent que le tiers de l'oxygène qu'ils recevraient au niveau de la mer. Si vous épuisez les réserves de vos bouteilles, votre corps doit travailler au moins trois fois plus fort.

Le Bottleneck est l'un des plus dangereux passages de cette montagne des plus dangereuses. Couloir ou goulet étroit, il se trouve à 400 m (1300 pi) sous le sommet, ce qui le rend très invitant, et sa section la plus délicate n'est longue que de 100 m (328 pi). Toutefois, il est surplombé par un terrifiant mur de tours de glace instables appelées séracs. Ces séracs tombent souvent et balaient tout sur leur passage en dévalant la pente escarpée (50° à 60°) du couloir. Cela suffit à tordre les entrailles même des alpinistes les plus endurcis.

Les séracs surplombant le Bottleneck sur le K2

Quand Van Rooijen et son équipe atteignirent le Bottleneck, ils furent consternés de découvrir que les sherpas avaient installé les cordes au mauvais endroit. La section la plus dangereuse était toujours complètement exposée. Ils gaspillèrent plusieurs heures à prendre des cordes de la portion inférieure de la route pour préparer les lignes au-dessus du Bottleneck. À ce point, le groupe d'Américains décida d'annuler la tentative et de retourner au camp inférieur.

La première tragédie

À 8 heures, les grimpeurs progressaient dans le Bottleneck. Un des Serbes, Dren Mandi, s'arrêta soudainement pour ajuster son oxygène. Il se détacha des cordes fixes afin que les autres grimpeurs puissent passer. Il glissa. Il cria. Il avait disparu. C'était arrivé aussi vite que ça.

Un porteur qui chercha à récupérer le corps fit aussi une chute mortelle.

Les autres grimpeurs se figèrent sur place, aussi immobiles que la paroi de glace qu'ils escaladaient. En quelques battements de paupière, deux de leurs amis étaient morts. Devaient-ils poursuivre ? La montagne avait fait la démonstration de sa force brutale. De plus, il était tard. Plusieurs autres grimpeurs décidèrent de rebrousser chemin.

> **« J'avais vraiment froid aux doigts et j'ai pensé : "J'ai déjà perdu du temps et je ne vais pas perdre mes doigts pour K2 ; alors j'ai fait demi-tour." »**

Toutefois, plusieurs voulaient continuer. Il n'y avait aucun moyen désormais d'aider les morts. Aussi bien gravir la montagne qu'ils étaient venus conquérir de si loin. Quant à l'heure… eh bien, l'expédition italienne qui avait été la première à conquérir K2 en 1954 avait atteint le sommet à 18 heures. Si on pouvait le faire à cette époque, on pouvait le faire maintenant.

Durant l'après-midi et au début de la soirée, 18 alpinistes atteignirent le sommet. Toutefois, certains y parvinrent aussi tard qu'à 20 heures (le créneau typique pour atteindre le sommet se situe entre 15 heures et 17 heures).

Le Bottleneck était à la hauteur de sa réputation.

Tandis que le groupe de Van Rooijen prenait ses dernières photos et rangeait ses drapeaux, McDonnell fut rejoint par Mario Confortola, un guide alpin italien avec lequel il s'était lié d'amitié. Ils amorcèrent la descente ensemble.

Toutefois, le K2 préparait d'autres jeux mortels. À ce moment-là, le soleil avait chauffé toute la journée les falaises de glace qui surplombaient le chemin du retour. Les séracs étaient à leur plus instable, juste comme les alpinistes entamaient leur descente.

Le grimpeur espagnol qui avait atteint le sommet le premier traversa le Bottleneck sans encombre. Deux heures derrière lui, mais devant Van Rooijen, se trouvait le groupe norvégien. Parmi eux, Cecilie Skog et son mari Rolf Bae. Quand ils atteignirent le couloir, à 20 h 30, un sérac se détacha du champ de glace au-dessus d'eux et ce fut l'enfer.

Une avalanche dévale le col de Savoie sur le flanc nord-ouest du K2 dans le massif du Karakoram, au Pakistan.

L'avalanche de glace

Des tonnes de glace, s'effondrant et écrasant Bae, le détachèrent de la paroi glacée. Il fut tué sur le coup. Les blocs de glace arrachèrent les cordes soigneusement tendues comme de vulgaires ficelles. Huit grimpeurs étaient maintenant bloqués au-dessus du Bottleneck, dont Van Rooijen, McDonnell et Confortola. La nuit tombait et le mercure plongeait. Ils étaient pris au piège dans la « zone mortelle » – l'univers impitoyable au-dessus de 8000 m (26 000 pi), où il n'y a pas assez d'oxygène dans l'air pour les humains. L'acclimatation est impossible : le corps humain ne peut digérer les aliments à cette altitude. Lambinez là-haut sans oxygène et les fonctions organiques de votre corps s'arrêteront l'une après l'autre, avant que vous ne sombriez dans l'inconscience, pour ne jamais vous réveiller.

La chute de sérac avait rendu l'escalade dans le Bottleneck plus escarpée et plus technique. D'énormes morceaux de glace étaient éparpillés le long du trajet. Pire encore, comme les grimpeurs comptaient sur les cordes fixes, ils n'avaient pas de cordes supplémentaires ; ils devraient descendre en « escalade libre ».

Quelques grimpeurs furent pris de panique. Plusieurs amorcèrent la descente dans l'obscurité et quelques-uns parvinrent à traverser le Bottleneck dans le noir, dont le sherpa Pemba et Cas van de Gevel, un grimpeur hollandais. Cecilie continua de descendre avec un autre grimpeur, en laissant le corps de son mari sur la montagne. Elle atteignit le Camp IV durant la nuit. Un grimpeur français et un autre porteur furent moins chanceux : ils tombèrent dans le vide.

> **« Si vous avez un grimpeur qui est moins compétent, vous devez vous adapter à sa vitesse. Ils étaient trop nombreux à ne pas être assez compétents dans le groupe du sommet. »**

D'autres décidèrent de bivouaquer et d'attendre le matin avant de descendre. Confortola et McDonnell furent forcés d'adopter cette tactique sous des vents violents. McDonnell était faible et avait dangereusement froid, et Confortola gratta deux misérables trous peu profonds en guise d'abris – creux à peine de 40 cm (16 po) – sur une pente quasi verticale. Malgré leur épuisement, ils se forcèrent à rester éveillés ; ils savaient que, s'ils s'endormaient, ils dégringoleraient probablement vers la mort. Durant la nuit, Confortola entendit un rugissement suivi de cris et aperçut les lumières de lampes de casque disparaître dans l'obscurité sous lui.

Van Rooijen était seul quand il se nicha dans la neige pour traverser assis la nuit extrêmement froide sur le mont Sauvage.

Les hommes emmêlés

Van Rooijen sut qu'il se trouvait en difficulté dès qu'il s'éveilla. Les cordes fixées n'étaient pas plus visibles dans la lumière de l'aube qu'elles ne l'avaient été la nuit précédente. Il était gelé jusqu'aux os et souffrait de plus en plus de la cécité des neiges. S'il ne quittait pas rapidement la montagne, il y mourrait. Il commença à descendre le champ de séracs.

Il avait son téléphone satellite, mais n'arrivait pas à lire les chiffres. Les hallucinations débutèrent : il entendait les voix et apercevait les visages de secouristes imaginaires. Ensuite, il croisa de vraies personnes et souhaita qu'il s'agît d'une autre hallucination : deux grimpeurs coréens et le sherpa

K2

4

5 AVALANCHE DE GLACE
Durant la descente, une avalanche arrache trois grimpeurs à la montagne et en isole huit autres dans la «zone mortelle» au-dessus de 8 000 m (26 000 pi).

5

4 LE SOMMET
Dix-huit alpiniste atteignent finalement le sommet au début de la soirée.

3 PREMIÈRE TRAGÉDIE
Un grimpeur serbe se détache de la corde et fait une chute mortelle.

3

2

2 LE BOTTLENECK
Se mettant en route à 3 h du matin, les alpinistes atteignent le Bottleneck, la section la plus périlleuse de l'ascension, où ils découvrent que les cordes ont été mal disposées.

1 CAMP IV
Retardées par le mauvais temps, plusieurs expéditions atteignent le Camp IV, à 8 000 m (26 000 pi), le 31 juillet 2008.

1

VOIE D'ABRUZZ

6

6 CAMP DE BASE
Après deux nuits seul à - 40°C sous un ciel voi blanc, Van Rooijen et sep autres alpinistes parvien à descendre.

VOIE CESSEN

Jumik Bhote. De toute évidence, les trois hommes étaient emmêlés dans plusieurs cordes et suspendus là, les uns la tête en bas et couverts de sang, depuis un bon moment.

C'était probablement les hommes que Confortola avait vus tomber. Ils étaient tous vivants, mais seul Jumik pouvait parler. Celui-ci l'informa qu'une mission de secours s'était mise en route depuis le Camp IV. Van Rooijen lui donna ses gants mais, ne pouvant les aider plus, il poursuivit sa descente.

« Là-haut, le nombre de personnes n'assure pas la sécurité. »

Confortola et McDonnell partirent peu après Van Rooijen et croisèrent aussi les trois grimpeurs suspendus. Ils consacrèrent trois heures à tenter de replacer les hommes en position debout, mais ils retombaient sans cesse. Puis, étrangement, McDonnell se mit à gravir la pente, seul. Confortola supposa qu'il avait succombé au mal de l'altitude et qu'il délirait.

Toutefois, selon Van Rooijen, qui avait vu d'en bas Confortola et McDonnell aider les Coréens et leur guide échoués, McDonnell grimpait

L'alpiniste italien, Marco Confortola, s'adressant aux journalistes à l'ambassade d'Italie, à Islamabad, au Pakistan

en fait jusqu'à l'ancrage le plus haut supportant les trois hommes suspendus pour essayer de transférer leur poids. À 8 000 m (26 000 pi), c'était une tentative de sauvetage héroïque. L'Irlandais aurait pu continuer de descendre et avoir la vie sauve, mais il se sacrifia pour en sauver d'autres.

Ayant réussi à replacer les Coréens en position plus confortable, Confortola put envoyer un message radio aux sherpas Tsering Bhote et Pasang Bhote qui étaient en route pour secourir les hommes. Cependant, il ne pouvait faire beaucoup plus. La montagne le força à prendre une cruelle décision. Il abandonna les Coréens à leur sort et continua la descente. Après avoir fait un bout de chemin, il délirait de fatigue et, s'arrêtant, sombra dans un sommeil lourd.

Il fut réveillé par un bruit énorme – une autre avalanche de séracs. Elle passa à seulement 18 m (60 pi) de sa position. Le corps de McDonnell dégringola dans le maelström. Confortola aperçut son ami dans la neige tandis qu'il dévalait la montagne dans un tourbillon de mains, de bottes et de membres arrachés.

Le samedi 2 août

Tout juste après midi, les sherpas Tsering Bhote et Pasang Bhote trouvèrent Marco Confortola rampant à quatre pattes à la base du Bottleneck. Ils envoyèrent un message radio au sherpa Pemba et à Cas van de Gevel et leur demandèrent de remonter pour Confortola afin de poursuivre leurs recherches du sherpa Jumik Bhote et des Coréens.

Le sherpa Pasang trouva plus tard Jumik Bhote et les deux Coréens juste au-dessus du Bottleneck : l'héroïque McDonnell avait réussi finalement à les libérer. Cependant, il avait été tragiquement tué alors qu'il les suivait dans la descente.

Une autre tragédie survint presque aussitôt. Quelques minutes après que Pasang eût émis un message radio annonçant la bonne nouvelle qu'il avait retrouvé Jumik et les deux Coréens, une autre avalanche emporta les quatre hommes. Le sherpa Tsering survécut miraculeusement à l'avalanche,

Wilco van Rooijen, le chef rescapé de l'expédition hollandaise de grimpeurs

tout comme Pemba Gyalje et Marco Confortola au bas du Bottleneck.

Onze des grimpeurs qui s'étaient mis en route ce matin-là étaient morts.

Une autre nuit seul

Entre-temps, Van Rooijen descendait la montagne seul, mais il était si confus qu'il passa du mauvais côté de la crête. Il trouva une voie de descente, mais elle le mena au-delà du Camp IV. Il devrait bivouaquer une autre fois dans la montagne.

Il n'avait ni mangé ni bu depuis des jours. Manger de la neige n'aidait pas. Sa langue et ses lèvres étaient cloquées.

Le dimanche 3 août, Van Rooijen rampa enfin dans le Camp III. Il délirait tant qu'il ne reconnut pas Van de Gevel et le sherpa Pemba. Il était couvert d'engelures au troisième degré à plusieurs doigts, à tous les orteils et aux pieds. Ils commencèrent à faire fondre de la neige et lui donnèrent de l'oxygène.

Vers 22 heures, ils étaient tous trois de retour au camp de base. Le lendemain, Van de Gevel et Van Rooijen en furent évacués par hélicoptère. Confortola retrouva aussi la sécurité du Camp II, le camp de base avancé.

Ils avaient été plutôt chanceux d'avoir survécu au pire accident d'escalade sur l'une des hautes montagnes les plus mortelles.

L'unique survivante du vol 626

Quand, au milieu de la nuit, son avion s'écrasa dans l'océan Indien, Bahia Bakari, 13 ans, s'accrocha à une épave et flotta parmi les débris, les morts et le carburant jusqu'à ce qu'elle fût rescapée. Contre toute attente, elle parvint à survivre à l'écrasement, seule.

Date	2009
Contexte	Écrasement d'avion
Nature de l'épreuve	Accrochée à une épave dans l'océan Indien
Durée de l'épreuve	9 heures
Moyens de survie	Sauvetage
Nombre de survivants	1
Dangers	Explosion, noyade, épuisement
Équipement	Aucun

Le début des vacances

Bahia Bakari était fatiguée. Il était 2 h 50 la nuit du 30 juin 2009. Elle n'avait que 13 ans et n'était pas habituée à prendre l'avion.

Son voyage avait été long: depuis Paris, sa mère et elle avaient volé jusqu'à Marseille, puis à Sanaa au Yémen, où s'était effectué le transfert pour monter à bord du vol Yemenia 626, avec 140 autres passagers et 11 membres d'équipage. Le vol avait fait escale à Djibouti et faisait route maintenant vers son ultime destination, l'aéroport international du prince Said Ibrahim dans les îles Comores.

Bahia jeta un coup d'œil vers sa mère qui était assise à côté d'elle. Quelques minutes encore et elles marcheraient toutes les deux vers les bras accueillants de leur famille. Ils passeraient l'été ensemble. Pensez-y – tout l'été sur une île dans l'océan Indien! Bahia se demandait quelle chaleur il ferait le lendemain, tout en appuyant son front contre le hublot pour voir la nuit de velours sur l'océan.

Puis, l'Airbus 310 amorça sa descente finale et quelque chose fonctionna vraiment mal.

> « Je ne sais pas ce qui s'est passé, mais l'avion est tombé dans l'eau et je me suis retrouvée dans l'eau... en pleine noirceur. »

Alors qu'il faisait son approche, le pilote perdit le contrôle. L'avion à réaction exécuta soudain un virage en U, puis plongea dans l'océan à 14 km (9 mi) au nord de la Grande Comore.

Flotter seule

Dans sa confusion initiale après l'impact, Bahia pensa qu'elle était tombée de l'avion pour avoir pressé trop fort son front contre le hublot. Avec une naïveté tragique, elle eut peur que sa mère – qui, selon elle, avait atterri en sécurité sans elle – ne la gronde parce qu'elle n'avait pas bouclé sa ceinture de sécurité.

Le goût du kérosène de l'avion la ramena à la réalité. Elle flottait parmi les décombres dans une nappe de carburant échappé des réservoirs éclatés de l'appareil. Le liquide caustique mêlé à l'eau de mer lui brûlait la gorge, les poumons et l'estomac.

Il n'y avait pas de lune : elle était dans une noirceur totale. Elle ne portait pas de gilet de sauvetage et savait à peine nager. Il n'y avait rien à faire, sinon se hisser péniblement sur une pièce du fuselage et dériver avec les débris.

Le vol Yemenia 626 fut, avec une seule survivante, l'écrasement le plus meurtrier d'un avion de ligne dans l'océan.

Au début, elle put entendre les voix d'autres passagers, puis elles se turent une à une.

Bahia alternait entre le sommeil et la perte de conscience sur son radeau improvisé. Inexplicablement, elle se cramponna malgré la noirceur et la grosse mer. Quand le soleil se leva, elle réalisa qu'elle était seule au centre d'une grande nappe de pétrole. Elle avait atrocement soif et était exténuée. À un moment donné, elle leva les yeux et vit un navire à l'horizon, mais les vents forts agitaient la mer. Du navire, on ne l'avait pas aperçue au-dessus des vagues.

Elle continua de s'accrocher.

Rescapée par un traversier

Les Comores forment un pays si minuscule qu'on ne disposait pas de bateau ou d'avion de secours à dépêcher sur le lieu de l'écrasement. À court terme, tout ce qu'on pouvait faire, c'était demander aux navires privés et com-merciaux d'aider au sauvetage. On avait aussi fait appel à l'aide internationale : deux avions militaires et un navire français avaient répondu et étaient partis des îles Réunion et Mayotte. Toutefois, ils se trouvaient à des centaines de kilomètres. Les chances de trouver des survivants n'étaient pas très bonnes.

À 11 heures le lendemain matin, soit neuf heures après l'accident, le traversier *Sima Com 2* arriva sur le site de l'écrasement. Normalement, ce navire transportait des passagers entre les Comores et Madagascar mais, ce jour-là, il était un bateau de secours.

« C'est vraiment, vraiment miraculeux. La jeune fille pouvait à peine nager. »

Désespérés, les marins dérivèrent parmi les morceaux de fuselage tordus, les bagages qui flottaient et le reflet irisé du kérosène. Il y avait beaucoup de corps. Puis, à leur grande surprise, ils aperçurent une jeune fille se cramponnant à une épave. Un homme lui lança une bouée de sauvetage mais, comme elle étendait un bras fatigué pour l'attraper, une grosse vague la retourna et elle disparut à la vue.

Un autre marin plongea pour saisir la fille. Il l'arracha des profondeurs et ses collègues les tirèrent tous deux en sûreté, à bord du *Sima Com 2*. Les marins emmitouflèrent Bahia dans des couvertures et lui donnèrent une boisson chaude.

Bahia Bakari, l'unique survivante du vol Yemenia 626

Huit heures plus tard, le *Sima Com 2* arriva au port de Moroni et Bahia rejoignit le monde avec le surnom de « la miraculée ».

Rentrer à la maison

Bahia Bakari avait des coupures au visage, l'œil gauche enflé, des brûlures aux genoux et des fractures au bassin et à une clavicule. Elle était l'unique survivante de l'écrasement.

Bahia refusa une offre de Steven Spielberg de tourner un film basé sur son expérience. Elle craignait « que ce soit trop terrifiant ».

Le lendemain de l'écrasement, elle retourna en France à bord d'un jet Falcon-900 du gouvernement français. Elle y retrouva son père et d'autres membres de sa famille, puis elle fut conduite à l'hôpital pour enfants Armand-Rousseau dans l'est de Paris. Elle s'y rétablit complètement.

La cause de l'écrasement

La France avait banni l'avion de son espace aérien deux ans plus tôt, après qu'il eut échoué à une inspection des autorités aériennes.

L'écrasement fut attribué à une erreur du pilote.

LIEU DE L'ÉCRASEMENT
L'avion s'écrasa en mer au large de la côte nord de la Grande Comore. Les débris furent repérés au large de la ville côtière de Mitsamiouli.

Mitsamiouli

MORONI

Njazidja
(Grande Comore)   Foumbouni

OCÉAN INDIEN

Mutsamudu   *Nzwani (Anjouan)*
         Domoni

Mwali (Mohéli)

COMORES   *Mayotte* **(France)**
         Mamoudzou   DZAOUDZI

0   50 KM
0   50 MILLES

Miracle sur l'Hudson

C'était un jour de janvier glacé à New York et le vol 1549 gagnait encore de l'altitude après avoir quitté la piste de l'aéroport de LaGuardia quand il percuta un grand vol de bernaches. Des oiseaux, aspirés dans les deux réacteurs, les mirent instantanément hors d'usage. Le capitaine Chesley Sullenberger fit un amerrissage forcé et sécuritaire sur le fleuve Hudson, entre Manhattan et le New Jersey, et sauva tous les passagers et l'équipage, soit 155 personnes.

Date
2009

Contexte
Collision avec des oiseaux au décollage, qui mit les réacteurs hors d'usage

Nature de l'épreuve
À bord d'un jet de passagers sans propulsion

Durée de l'épreuve
6 minutes

Moyens de survie
Radeaux de sauvetage pneumatiques, navires

Nombre de survivants
155

Dangers
Écrasement de l'avion, noyade, hypothermie

Équipement
Habileté du pilote, formation de l'équipage

Jour idéal pour voler

Le 15 janvier 2009 était clair et froid à New York. Les parois de verre et les tours d'acier de Manhattan brillaient dans la pâle lumière solaire hivernale. Le mercure indiquait un vif -7 °C (19 °F), toutefois les conditions calmes en faisaient un jour idéal pour un vol. Malheureusement pour le vol 1549, c'était aussi, pour les bernaches, un jour idéal pour s'envoler. Le vol 1549 de la US Airways était un vol intérieur, depuis l'aéroport international de LaGuardia de la ville de New York jusqu'à Charlotte/Douglas, en Caroline du Nord. Dans le poste de pilotage se trouvaient le capitaine Chesley « Sully » Sullenberger, 57 ans, un pilote ayant près de 40 ans d'expérience, et le copilote Jeffrey Skiles, 49 ans, qui achevait sa première mission dans l'Airbus A320. La cabine abritait trois agentes de bord : Donna Dent, Doreen Walsh et Sheila Dail. Il y avait 150 passagers à bord.

Quelques secondes avant 15 h 25, la tour de contrôle de LaGuardia autorisa le décollage du vol 1549 sur la piste 4, en direction du nord-est. Le copilote Skiles prit les commandes pour le décollage et dirigea le biréacteur dans les airs.

Une fois le train d'atterrissage escamoté et les passagers commençant à penser au goûter, l'équipage fit son premier rapport au contrôle de la circulation aérienne tandis que l'appareil s'élevait à 200 m (700 pi). Tout allait bien.

À peine une minute plus tard, Skiles aperçut un vol de bernaches. Elles ne pouvaient manquer de percuter l'avion. Celui-ci montait toujours à grande vitesse. Il n'y avait aucune chance d'éviter les oiseaux.

L'avion fonça en plein dans la formation. Il y eut plusieurs détonations très fortes et un jet de sang obscurcit le pare-brise du poste de pilotage. Dans la cabine, les passagers virent de la fumée et des flammes s'échapper des réacteurs.

Les deux réacteurs, ayant aspiré des oiseaux, les déchiquetaient à l'intérieur. Les turbines des réacteurs modernes peuvent survivre à l'ingestion « d'oiseaux de la taille d'une hirondelle », et le A320 était propulsé par deux moteurs CFM56 munis d'équipements additionnels conçus pour résister aux collisions avec des oiseaux. Néanmoins, les bernaches du Canada aspirées par les réacteurs du vol 1549 pesaient 4,5 kg (10 lb) chacune et elles étaient nombreuses. Elles endommagèrent une casserole d'hélice et la lèvre de l'orifice d'aspiration, fracturèrent l'accélérateur des aubes d'entrée et emportèrent l'aubage directeur de sortie, ce qui mit hors d'usage les réacteurs.

L'avion perdit sa puissance en quelques secondes. Il n'avait atteint que 1 000 m (3 200 pi) de son élévation initiale de 4 500 m (15 000 pi). Le capitaine Sullenberger prit les commandes tandis que le copilote Skiles vérifiait en vitesse la liste de contrôle pour redémarrer les réacteurs – un document de trois pages. En moins de 30 secondes, les deux hommes savaient que les réacteurs ne redémarreraient pas.

À 15 h 27 min 36 sec, après seulement 2½ min de vol, l'équipage envoya un message à la tour de contrôle : «Avons frappé des oiseaux. Nous avons perdu la propulsion des deux réacteurs. Nous retournons à LaGuardia.»

Dans la cabine, les passagers savaient que quelque chose n'allait pas. Les bruits sourds qui avaient secoué l'avion avaient cédé la place à un silence terrifiant, le ronronnement normal des moteurs complètement absent. Une des agentes de bord déclara que c'était étrangement comme «être dans une bibliothèque». L'odeur du kérosène non brûlé pesait lourdement dans la cabine. Une des passagères terrifiées texta à son mari : «Mon avion s'écrase.»

Sans propulsion et à très faible altitude, chaque seconde comptait pour le vol 1549. Un Airbus A320 a un poids maximum au décollage de 78 000 kg (170 000 lb), ce qui n'en fait pas le planeur le plus efficace. L'appareil était près de l'une des zones métropolitaines les plus denses du monde. Sullenberger devait trouver une solution, et vite. Mais il disposait de très peu d'options.

Le président élu Barack Obama fit l'éloge du «travail héroïque et élégant de Sullenberger pour poser l'avion endommagé». Il remercia aussi les membres de l'équipage et les invita tous à son inauguration présidentielle à Washington D.C. qui eut lieu cinq jours plus tard.

La tour de contrôle autorisa le retour de l'avion à LaGuardia, avec atterissage au sud-est sur la piste 13. L'expérience de Sullenberger lui dit aussitôt qu'il ne pouvait se rendre si loin.

Il rappela la tour. Pouvait-il se poser d'urgence au New Jersey? Il savait que l'aéroport de Teterboro dans le comté de Bergen était très proche. La tour de contrôle appela aussitôt Teterboro et autorisa un atterrissage. Toutefois, quand les contrôleurs revinrent avec la réponse, Sullenberger savait qu'il n'y arriverait pas : un vol plané posait un risque de collision urbaine catastrophique. «On ne peut pas faire ça», répliqua-t-il. Le capitaine savait maintenant combien leur situation était grave. «Nous allons sur l'Hudson», dit-il. Et il effectua un virage dans le sens contraire des aiguilles d'une montre pour suivre le fleuve vers le sud.

L'avion passa à seulement 275 m (900 pi) au-dessus de la circulation sur le pont George Washington. La surface grise et agitée de l'Hudson se rapprochant de seconde en seconde, Sullenberger dit à tous de «se préparer à l'impact». Les agentes de bord pressèrent les passagers de prendre la position de détresse.

Quatre-vingt-dix secondes plus tard, le A320 se posait violemment sur l'eau glacée, le ventre d'abord. Il se déplaçait à environ 130 nœuds (240 km/h) et amerrit au milieu de la section North River de l'Hudson. Creusant un sillage profond, il ralentit, s'inclina et s'arrêta enfin près de la 50e Rue, au centre-ville de Manhattan, très près du musée Intrepid Sea-Air-Space.

Le vol 1549 de New York vers Charlotte/Douglas n'avait duré que six minutes.

Des spectateurs sont alignés à flanc de coteau, tandis que des sauveteurs entourent l'Airbus A320 du vol 1549 de la US Airways qui s'est écrasé dans le fleuve Hudson.

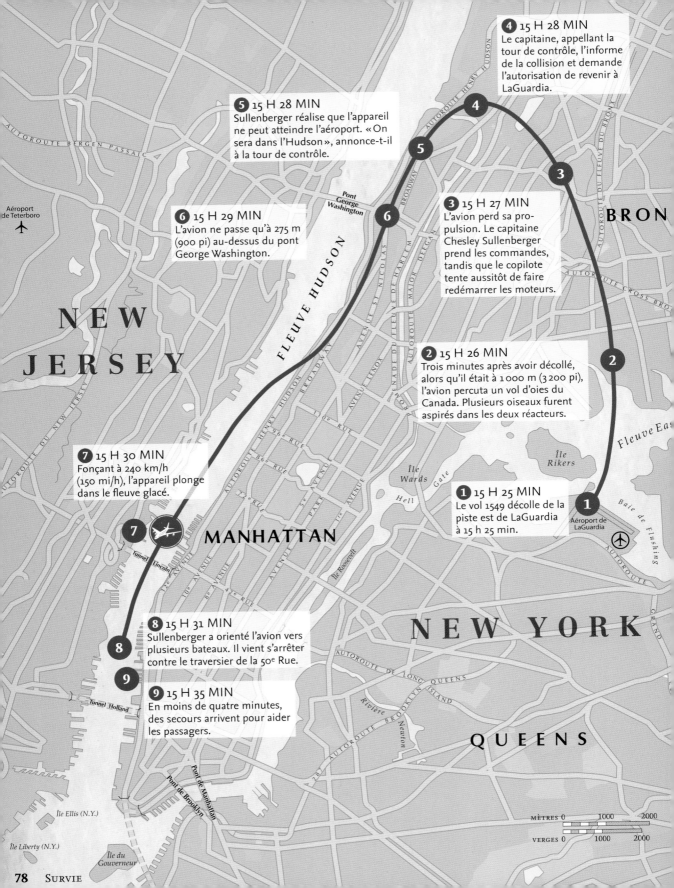

4 15 H 28 MIN
Le capitaine, appelant la tour de contrôle, l'informe de la collision et demande l'autorisation de revenir à LaGuardia.

5 15 H 28 MIN
Sullenberger réalise que l'appareil ne peut atteindre l'aéroport. «On sera dans l'Hudson», annonce-t-il à la tour de contrôle.

6 15 H 29 MIN
L'avion ne passe qu'à 275 m (900 pi) au-dessus du pont George Washington.

3 15 H 27 MIN
L'avion perd sa propulsion. Le capitaine Chesley Sullenberger prend les commandes, tandis que le copilote tente aussitôt de faire redémarrer les moteurs.

2 15 H 26 MIN
Trois minutes après avoir décollé, alors qu'il était à 1 000 m (3 200 pi), l'avion percuta un vol d'oies du Canada. Plusieurs oiseaux furent aspirés dans les deux réacteurs.

7 15 H 30 MIN
Fonçant à 240 km/h (150 mi/h), l'appareil plonge dans le fleuve glacé.

1 15 H 25 MIN
Le vol 1549 décolle de la piste est de LaGuardia à 15 h 25 min.

8 15 H 31 MIN
Sullenberger a orienté l'avion vers plusieurs bateaux. Il vient s'arrêter contre le traversier de la 50e Rue.

9 15 H 35 MIN
En moins de quatre minutes, des secours arrivent pour aider les passagers.

NEW JERSEY

NEW YORK

MANHATTAN

BRON

QUEENS

FLEUVE HUDSON

Aéroport de Teterboro

Pont George Washington

Île Wards

Île Rikers

Île Roosevelt

Hell Gate

Fleuve East

Baie de Flushing

Aéroport de LaGuardia

Tunnel Lincoln

Tunnel Holland

Île Ellis (N.Y.)

Île Liberty (N.Y.)

Île du Gouverneur

Pont de Manhattan

Pont de Brooklyn

Rivière Newton

AUTOROUTE BERGEN PASSAIC

AUTOROUTE DU NEW JERSEY

AUTOROUTE HENRY HUDSON

AUTOROUTE DU FLEUVE DU BRONX

AUTOROUTE CROSS BRO

AUTOROUTE DE LONG QUEENS

AUTOROUTE BROOKLYN

BROADWAY

AVENUE ST-NICOLAS

PROMENADE DU FLEUVE DE HARLEM

AVENUE LENOX

AVENUE MAJOR DEEGAN

7e RUE

96e RUE

86e RUE

1re AVENUE

10e AVENUE

8e AVENUE

4e AVENUE

PARK AVENUE

MÈTRES 0   1000   2000

VERGES 0   1000   2000

Tandis que le sillage de l'impact s'apaisait, le courant saisit l'avion et l'entraîna lentement vers le sud. L'impact avait ouvert des trous dans le fuselage et forcé l'ouverture des portes de cargo. L'eau pénétra aussitôt dans la cabine par l'arrière. L'avion sombrait lentement, tout en dérivant vers l'aval.

Les agentes de bord entrèrent aussitôt en action. Elles ouvrirent les deux portes avant et ordonnèrent aussi aux passagers de déclencher l'ouverture des quatre issues de secours au centre de la cabine. Comme la glissière d'évacuation gauche à l'avant ne se déploya pas immédiatement, les passagers, dont l'un était en fauteuil roulant, sortirent donc d'abord à gauche par la porte avant droite et les issues d'évacuation sur l'aile.

Le capitaine Sullenberger (à gauche), le pilote du vol 1549 de la US Airways qui fit amerrir d'urgence son avion sur l'Hudson, accepte la Clé de la ville de New York des mains du maire Bloomberg à l'hôtel de ville de New York.

> **« Ces gens savaient ce qu'ils devaient faire et ils l'ont fait, ce qui a eu pour résultat que personne n'a perdu la vie. »**

La lenteur du processus et l'eau qui continuait d'entrer firent paniquer un passager, qui ouvrit l'une des portes arrière, faisant entrer plus rapidement l'eau glacée du fleuve dans la cabine. L'agente de bord à l'arrière essaya en vain de refermer la porte, puis elle pressa les passagers d'avancer plus vite, en montant sur les sièges pour éviter l'eau qui montait.

Une fois la cabine enfin vide, le capitaine Sullenberger la traversa sur toute sa longueur afin de s'assurer que tous les passagers étaient sortis. Ensuite, il l'arpenta de nouveau pour être absolument certain, avant de sortir sur l'aile, qu'il était le dernier homme à quitter l'avion sinistré.

Contre toute attente et malgré le stress implicite à l'amerrissage forcé d'un avion sur l'Hudson agité en hiver, Sullenberger avait eu la présence d'esprit de diriger l'avion qui tombait vers des jetées actives, afin de maximiser les chances de secours. Il parvint à amener l'avion près de trois gares fluviales : deux de traversiers et, l'autre, pour des tours guidés.

Le premier traversier atteignit l'avion moins de quatre minutes après l'amerrissage forcé. Des navires des départements des incendies et de la police de New York City arrivèrent aussi sur les lieux peu après.

Les passagers étaient debout sur les ailes ou les glissières d'évacuation gonflables, de l'eau glacée jusqu'aux genoux, quand les premiers sauveteurs arrivèrent. Quelques-uns avaient commencé à s'éloigner de l'avion à la nage au cas où il exploserait.

Le capitaine Sullenberger avertit l'équipage du traversier d'embarquer les passagers de l'aile avant ceux qui se trouvaient sur les glissières gonflables, leur situation étant plus précaire.

Les 155 passagers et membres d'équipage furent rescapés en toute sécurité. Cinq personnes subirent des blessures graves, dont l'agente Doreen Walsh, qui souffrit de profondes déchirures à la jambe. Soixante-treize autres personnes furent traitées pour des blessures bénignes et l'hypothermie.

Cet amerrissage forcé doit laisser sa marque dans l'histoire à titre d'exemple triomphant de malchance surmontée par l'habileté, l'entraînement et des années d'expérience.

Sully transforme la journée

De toutes les personnes que vous voudriez voir aux commandes de votre avion par suite d'une collision avec des oiseaux, le nom du capitaine Chesley « Sully » Sullenberger devrait se trouver en tête de liste.

Au moment de l'accident, il volait pour la US Airways depuis 29 ans, avant quoi il avait été pilote de chasse pendant 11 ans. Il avait aussi trouvé le temps de lancer sa propre société de consultant en sécurité, Safety Reliability Methods, qui appliquait les techniques hautement sécuritaires de l'industrie aéronautique à d'autres secteurs. Peu de temps auparavant, il avait étudié à l'université de Californie la manière psychologique de garder les membres d'équipage concentrés durant une catastrophe. Il était aussi un pilote de planeur expérimenté.

Moteur d'avion à réaction versus bernache

L'Airbus A320 était propulsé par deux turboréacteurs de la série CFM International CFM56. Le turboréacteur de la série CFM56 est l'un des turboréacteurs d'avion les plus vendus au monde, avec plus de 20 000 unités de ses quatre versions vendues. Chaque moteur fournit entre 80 à 150 kilonewtons (18 000 et 34 000 livres-force) de force de propulsion. Il possède 22 ailettes de soufflante qui tournent à des vitesses allant jusqu'à 25 000 révolutions par minute.

La bernache du Canada (*Branta canadensis*) est une oie sauvage originaire de l'Arctique et des régions tempérées de l'Amérique du Nord. La plus grosse oie sauvage de toutes les espèces répertoriées était une bernache du Canada. Le mâle pèse habituellement 3,2 à 6,5 kg (7 à 14 lb), mais peut peser jusqu'à 10,9 kg (24 lb) avec un envergure de 2,4 m (7,5 pi).

Retour du centre de la Terre

Pendant deux mois, 33 hommes endurèrent une épreuve suffocante, piégés à 700 m (2 300 pi) sous terre dans une mine effondrée au Chili. C'est la plus longue épreuve de survie dans de telles conditions de tous les temps. Dans une opération de sauvetage spectaculaire suivie par le monde entier, chacun des hommes en est sorti vivant.

Date
2010

Contexte
Effondrement de mine

Nature de l'épreuve
Piégés dans un tunnel à 700 m (2 300 pi) sous la surface

Durée de l'épreuve
69 jours

Moyens de survie
Remontée individuelle à la surface par treuil

Nombre de survivants
33

Dangers
Écrasement mortel, déshydratation, faim, suffocation

Équipement
Nourriture et eau, couvertures, camaraderie

À GAUCHE
Équipement de forage du plan C et « drapeaux d'espoir » lors de l'opération de sauvetage des mineurs bloqués sous terre.

CI-DESSUS, À DROITE
Le cinquième sauveteur, Patricio Sepúlveda, est dans la nacelle de secours, sur le point d'être descendue dans le puits de mine, durant l'*Operación San Lorenzo*.

Ensevelis

Quand Luis Urzúa mena son équipe de 33 hommes à l'entrée de la mine San José, le matin du 5 août 2010, il ne se doutait pas qu'ils reverraient la lumière du jour seulement deux mois et huit jours plus tard.

À 14 h cet après-midi-là, il y eut un effondrement catastrophique dans l'une des galeries sous laquelle ils travaillaient. Étant un mineur d'expérience, Urzúa saisit aussitôt la gravité de la situation. Ce n'était pas seulement à cause de l'énorme vacarme de roches qui lui martelait les tympans. Le nuage de poussière qui l'aveuglait était si épais et toxique que l'éboulement était nécessairement sérieux.

Étonnamment, tous ceux qui travaillaient dans la mine ce jour-là survécurent à l'effondrement. Une autre équipe, active près de la surface, put évacuer la mine aussitôt. Par malheur pour Urzúa et ses collègues, ils travaillaient beaucoup plus profondément – à 700 m (2 300 pi) sous terre – et l'éboulis avait complètement bloqué leur issue de secours.

Il y avait eu beaucoup d'effondrements antérieurs dans l'histoire centenaire de la mine, ayant causé de nombreux blessés et fait un mort. Les propriétaires avaient eu le feu vert pour rouvrir la mine, après un autre accident, à la seule condition d'améliorer la sécurité. Ce qu'ils avaient négligé de faire.

À titre de contremaître, la responsabilité de leur survie incombait désormais à Urzúa. D'abord, il tenta de mener les hommes par les puits de ventilation qui fournissent de l'air additionnel au tunnel principal et suivent un tracé différent jusqu'à la surface. Toutefois, les échelles qui auraient dû leur permettre de gravir ces puits n'avaient pas été installées par la compagnie minière. Les mineurs furent forcés de retourner à leur petit abri sommairement équipé qui était leur seul refuge si profondément sous terre. Ils organisèrent le rationnement de leurs provisions et blindèrent leur moral en vue de la longue attente dans l'obscurité qui les attendait. C'était le 5 août. Ils n'apprendraient que 17 jours plus tard que des sauveteurs étaient à leur recherche.

Premières tentatives de sauvetage

Le désert d'Atacama au Chili est l'un des lieux les plus inhospitaliers sur Terre : dans de nombreuses régions, aucune pluie n'est tombée depuis qu'on tient des registres. À 800 m (½ mille) sous le sable blanchi, pulvérisé, les conditions dans la mine de cuivre et d'or de San José sont encore moins accueillantes. Tout en virages et en torsions, une route en spirale descend inexorablement depuis la surface jusqu'à l'obscurité des riches gisements. Quoique les hommes fussent piégés à 700 m (2 300 pi) sous terre, ils étaient en fait à 5 km (3 mi) de l'entrée, parce qu'on accède à la mine par cette longue route sinueuse plutôt que par un puits vertical.

Des équipes de secours tentèrent de contourner l'éboulement par les mêmes puits de ventilation dans lesquels les mineurs avaient tenté de s'engager. Toutefois, ils étaient bloqués par des éboulis ou si instables qu'y pénétrer mettrait en danger la vie des secouristes. Quand des ingénieurs apportèrent de la machinerie lourde

pour dégager les décombres, la mine s'effondra de nouveau. Il fallait trouver une autre voie d'accès.

La technologie à percussion des foreuses servant aux forages utilisa quatre marteaux plutôt qu'un seul et progressa de plus de 40 m (130 pi) par jour.

Personne ne savait si les hommes étaient toujours vivants, ni où ils se trouvaient exactement. Ce qui impliquait qu'il n'y avait aucune raison de commencer tout de suite le forage d'un trou assez large pour remonter un homme au treuil ; l'effort consenti pour ce faire risquait fort d'être gaspillé. Un meilleur plan consistait à forer plusieurs trous plus petits pour maximiser les chances d'établir le contact. Ces trous seraient tout de même assez gros pour acheminer de la nourriture, de l'eau, des médicaments et autres produits essentiels aux mineurs. Ensuite, l'opération de secours à grande échelle pourrait commencer.

Les équipes de sauvetage utilisèrent des marteaux perforateurs pour creuser huit puits exploratoires de 15 cm (6 po) de diamètre. En principe, ceux-ci

perforeraient la paroi du tunnel dans une zone où les mineurs avaient pu trouver refuge. Toutefois, la tâche qui attendait les équipes de forage était immense : elles visaient des cibles qui avaient à peine quelques mètres de largeur et qui se trouvaient à plus de 600 m (1 970 pi) sous terre. Non seulement creuser à une telle profondeur exigerait-il beaucoup de temps, mais le roc de la mine était extrêmement dur, ce qui amplifiait d'autant toute dérive de la foreuse. Plus encore, les plans existants des puits de la mine étaient désuets, ce qui ajoutait encore plus d'incertitude aux calculs. Il faudrait une expertise d'ingénierie et beaucoup de chance pour atteindre les mineurs.

La vie quotidienne à 800 mètres sous terre

Le refuge d'urgence offrait un espace d'un peu plus de 50 m² (540 pi²) flanqué par deux longs bancs ; bientôt, les hommes trouvèrent trop oppressant d'y rester. Par bonheur, l'éboulement s'était produit assez loin d'eux et avait laissé libres 2 km (1 ¼ mille) de galeries dans lesquelles ils pouvaient se déplacer.

Le ministre chilien de la Santé, Jaime Mañalich, déclara : « La situation est très similaire à celle vécue par des astronautes qui passent des mois et des mois dans la station spatiale. » Et, le 31 août, une équipe de spécialistes de la NASA, dont deux médecins, un psychologue et un ingénieur, arriva pour offrir son expertise.

Trouver de l'eau et de la nourriture était le premier problème d'importance. Les mineurs utilisèrent leurs outils pour creuser en quête de sources d'eau naturelles dans les parois et le sol de la mine. Ils vidèrent l'eau des radiateurs des quelques véhicules avec eux dans le tunnel. Les hommes utilisèrent aussi les batteries des camions pour alimenter leurs lampes de casque. Ils avaient en leur possession des provisions alimentaires de secours seulement pour deux ou trois jours, mais ils parvinrent à les étirer deux semaines entières. Chaque mineur

Le président Piñera brandit le message envoyé par les mineurs : « *Estamos bien en el refugio los 33.* » (Nous allons bien, les 33 [d'entre nous], dans le refuge.)

reçut deux petites cuillérées de thon, une gorgée de lait, un biscuit et un fragment de pêche, le tout devant lui durer 48 heures. Au moment de leur sauvetage, chaque homme avait perdu une moyenne de 8 kg (18 lbs).

Affronter de telles conditions sur terre eût été épuisant, mais les subir dans l'obscurité chaude et humide à 800 m (½ mille) sous terre soumit les hommes à un stress physique et mental quasi insupportable. Malgré tout, ils eurent la prévoyance et la détermination de se soutenir l'un l'autre nonobstant la gravité des circonstances. L'un des mineurs, Mario Sepúlveda, déclara plus tard :

« Mettant en pratique une démocratie du type un homme/un vote, tous les 33 mineurs piégés ont travaillé ensemble pour nettoyer la mine, chercher des issues de secours et garder le moral… Nous savions que, si notre solidarité se fragmentait, nous étions tous condamnés. Chaque jour, une personne différente traversait une mauvaise passe. Chaque fois que ça s'est produit, nous avons travaillé en équipe pour maintenir le moral à la hausse. »

Percée

Le 19 août, 14 jours après la fermeture du piège sur les mineurs, l'une des sondes cessa de broyer du roc et se mit à tourner dans le vide. À la surface, les ingénieurs attendirent un signal martelé ou une autre réaction, mais ne perçurent aucun signe de vie. Les sauveteurs commencèrent à redouter ce à quoi l'on s'attendait depuis longtemps : après tout, qui pouvait vivre si longtemps dans un tel endroit ?

Néanmoins, ils poursuivirent le forage et, trois jours plus tard, la huitième sonde perça un tunnel à 688 m (2 257 pi) sous terre. En retirant le foret, les ingénieurs furent ébahis d'y voir une note manuscrite qui y avait été fixé avec du ruban isolant. Elle disait : « *Estamos bien en el refugio los 33.* » (Nous allons bien, les 33 [d'entre nous], dans le refuge.)

Torturés par l'espoir, les hommes avaient entendu les foreuses s'approcher peu à peu et ils avaient entrepris de rédiger leur message pour le cas où l'une d'elles les atteindrait. La foreuse

C H I L I

Parc national de Pan de Azúcar

Chañaral

El Salvador

Co Colorados
6049 m

OCÉAN PACIFIQUE

Co Bravo
5315 m

Ojos del Salada
6908 m

Désert d'Atacama

Copiapó — Tierra Amarilla

Parc national de Nevado de Tres Cruce

ARGENTINE

MINE SAN JOSÉ
La mine San José est située à environ 45 km (28 mi) au nord de Copiapó, dans le Chili septentrional.

Huasco

Vallenar

Freirina

Co de Petro
5830 m

qui fit la percée apparut à seulement 20 m (66 pi) de leur refuge.

La percée impliquait que les sauveteurs pouvaient envoyer de l'aide aux mineurs quasi sur-le-champ. Ils utilisèrent des capsules en plastique bleu longues de 1,5 m (5 pi) – surnommées palomas (« colombes ») à cause des pigeons voyageurs – pour acheminer des secours aux hommes. Chaque envoi nécessitait une heure de descente et les ingénieurs devaient graisser le puits de mine pour faciliter le passage des capsules. Une caméra vidéo fut aussi expédiée sous terre et, bientôt, les premières images muettes à gros grain des hommes épuisés, sales et barbus apparurent sur les écrans de télévision du monde entier.

Comme les mineurs avaient besoin d'aide pour organiser la remontée, plusieurs sauveteurs durent d'abord descendre dans le puits de forage avant que quiconque pût en sortir. Manuel González, le premier sauveteur à s'y rendre, passa finalement 25 heures dans la mine.

Les médecins rapportèrent que, quoique les mineurs fussent fatigués et sous-alimentés, ils présentaient peu

de problèmes médicaux graves et que leur état de santé était meilleur que prévu après qu'ils avaient été exposés si longtemps à des températures et un taux d'humidité si élevés.

Les sauveteurs expédièrent au fond de la mine des gélules de glucose à grande teneur énergétique, des comprimés réhydratants, des médicaments et de l'oxygène. Les aliments solides ne leur parvinrent que deux jours plus tard. Deux autres puits de forage furent complétés afin d'acheminer de l'air enrichi d'oxygène et d'avoir un moyen de communication permanent ; ainsi, les mineurs pourraient avoir des échanges quotidiens par vidéo avec leurs familles, ce qui galvaniserait leur moral.

Toutefois, il y avait encore beaucoup à faire avant que les hommes ne fussent réellement rescapés.

Préparation du sauvetage

Pour évacuer les hommes, le trou devait être élargi en deux phases, d'abord de 30 cm (12 po) de diamètre, puis de 71 cm (28 po). Passer directement d'un trou de 14 cm (5 ¾ po) à un trou de 71 cm (28 po) aurait suscité une trop grande torsion et exercé une pression potentiellement dangereuse sur les forets.

En outre, l'instabilité du sol au-dessus de la zone d'éboulement avait obligé les ingénieurs à installer

Vue en coupe de la mine San José

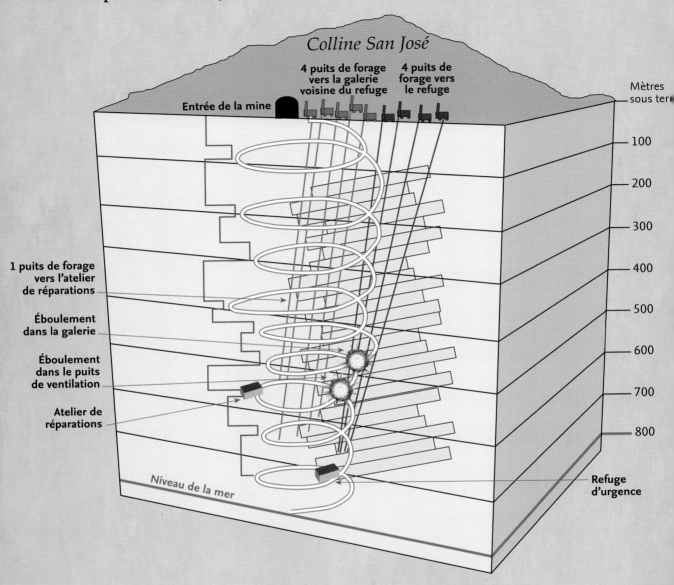

Colline San José

Entrée de la mine

4 puits de forage vers la galerie voisine du refuge

4 puits de forage vers le refuge

Mètres sous ter

— 100
— 200
— 300
— 400
— 500
— 600
— 700
— 800

1 puits de forage vers l'atelier de réparations

Éboulement dans la galerie

Éboulement dans le puits de ventilation

Atelier de réparations

Niveau de la mer

Refuge d'urgence

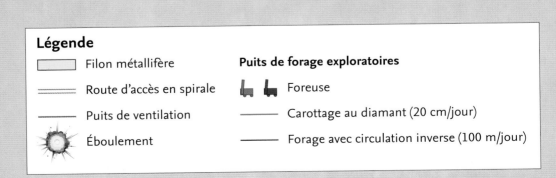

Légende

▭	Filon métallifère
≡	Route d'accès en spirale
—	Puits de ventilation
✺	Éboulement

Puits de forage exploratoires

Foreuse

—— Carottage au diamant (20 cm/jour)

—— Forage avec circulation inverse (100 m/jour)

l'équipement de forage légèrement à côté de l'objectif. Le puits qu'ils creusèrent était donc légèrement à angle, ce qui accroissait l'usure de la gorge des foreuses et exigeait plus de temps.

Les sauveteurs devaient aussi procéder avec prudence pour éviter de percer les tunnels de production qui spiralent au-dessus du refuge.

Les estimations conservatrices prévoyaient que le sauvetage pouvait s'étirer jusqu'à Noël – cinq mois plus tard. Un «emprisonnement» d'une telle durée constituait un énorme défi, à la fois physique et mental, pour les hommes.

La discipline, la routine, le travail et le soutien mutuel devinrent les pierres angulaires de leur existence quotidienne. Des lampes fluorescentes munies d'une minuterie aidèrent les hommes à garder un horaire de jour et de nuit. Les médecins leur firent parvenir des vaccins contre le tétanos, la diphthérie, la grippe et la pneumonie, que les hommes s'administrèrent eux-mêmes. Des psychologues les encouragèrent à jouer un rôle aussi actif que possible: les mineurs se divisèrent eux-mêmes en trois équipes/horaires de huit heures pour s'occuper des *palomas*, assurer les communications, voir à la sécurité de la mine et organiser les installations sanitaires.

Heure après heure, jour après jour, ils s'affairèrent à rester en vie tandis que, à des centaines de mètres au-dessus de leur tête, les foreuses géantes s'approchaient d'eux inexorablement.

Évacuation

Le forage se déroula beaucoup plus vite que prévu et, au début d'octobre, le tube géant creusé dans la croûte terrestre était complété. Après une longue série de vérifications de sécurité, la tentative de sauvetage – surnommée «*Operación San Lorenzo*» (Opération saint Laurent), qui est le patron des mineurs – commença le mardi 12 octobre 2010.

La remontée n'était pas sans risque et les quatres mineurs les plus en santé devaient être les premiers; ils pourraient mieux renseigner l'équipe de secours concernant les conditions du voyage et l'état des mineurs toujours dans la mine. Une fois ces quatre-là à la

Luis Urzúa, chef des mineurs piégés et dernier des 33 à être évacué, célèbre avec le président Piñera.

surface, on s'occuperait aussitôt de remonter les hommes les moins en santé.

Six heures avant son sauvetage, chaque mineur commença le régime liquide riche en glucides, en minéraux et en potassium, recommandé par la NASA. Il sangla une gaine autour de sa taille pour maintenir une pression artérielle stable et prit de l'aspirine pour empêcher la formation de caillots de sang.

Chaque mineur portait un survêtement vert résistant à l'humidité et des lunettes de soleil pour prévenir les dommages rétiniens causés par l'exposition soudaine à la lumière solaire. Ensuite, il était sanglé dans un harnais à l'intérieur de la capsule en forme d'ogive large de 53 cm (21 po) qui était tapissée de masques, d'appareils électroniques de surveillance cardiaque et de caméras vidéo.

Les mineurs avaient survécu sous terre durant 69 jours – un record –, du 5 août au 13 octobre 2010 quand le 33e mineur revint à la surface. On estime qu'un milliard de gens dans le monde ont suivi le sauvetage en direct à la télévision.

À 23 h 16 min, les dernières vérifications étaient complétées et Florencio

Ávalos fut sanglé dans son harnais. On ferma la porte de la capsule, Ávalos pointa le pouce vers le haut et, quelque part, un ingénieur pressa un bouton qui déclencha son ascension à travers 700 m (2 300 pi) de roc solide. Les 32 autres mineurs regardèrent Ávalos disparaître dans le trou, puis le monde retint son souffle.

La capsule s'éleva régulièrement à 1 m/seconde (2,2 mi/h) et, 14 minutes plus tard, elle jaillissait du sol. On ouvrit la porte et Ávalos sortit pour étreindre sa famille sous les feux des médias et un tonnerre d'acclamations. Moins de 24 heures plus tard, les 33 mineurs avaient été remontés. Deux souffraient de silicose, un autre avait une pneumonie et quelques autres étaient affligés d'infections dentaires et de problèmes de cornée. L'état de santé des autres était bon et l'on s'attendait au rétablissement complet de chacun.

Le dernier homme évacué de la mine bloquée fut Luis Urzúa, le contremaître de l'équipe. Il s'éloigna des sauveteurs, salua son fils, puis étreignit dans ses bras le président chilien, Sebastián Piñera, en lui disant: «Je vous ai livré cette équipe d'ouvriers, comme nous avions convenu que je le ferais.» Le président répondit: «J'accueille votre équipe avec joie, parce que vous avez fait votre devoir, en revenant le dernier tel un bon capitaine.»

Survivre à l'impossible

Ruben van Assouw revenait de vacances en Afrique du Sud avec ses parents, son frère et 100 autres personnes quand leur avion s'écrasa au sol à l'atterrissage. Le choc fut si violent que l'avion fut complètement désintégré, des débris se dispersant sur une vaste zone. Inexplicablement, Ruben survécut à l'impact de la catastrophe.

Date	
2010	
Contexte	
Catastrophe aérienne	
Nature de l'épreuve	
Attaché à un siège lors d'un écrasement d'avion	
Durée de l'épreuve	
De l'impact jusqu'à l'arrivée des secours	
Moyens de survie	
Emplacement du siège, masse corporelle, chance	
Nombre de survivants	
1	
Dangers	
Impact de l'avion, boule de feu possible, explosion de débris	
Équipement	
Aucun	

CI-DESSUS, À DROITE
Morceau de la queue de l'avion de passagers Airbus A330 de l'Afriqiyah Airways qui s'écrasa à l'atterrissage à l'aéroport de Tripoli

Pourquoi un seul petit garçon a-t-il survécu ?

Toute histoire de survie extrême recèle quelque élément de mystère. En fait, ce qui rend ces histoires si fascinantes, c'est qu'on ne peut les expliquer rationnellement, qu'elles sont hors de notre entendement quotidien. Comment une personne a-t-elle pu survivre dans de telles conditions ? Comment a-t-elle su où aller ? Pourquoi lui ou elle ?

Aucune raison claire n'explique pourquoi Ruben van Assouw, 9 ans, a survécu, alors que les 103 autres personnes à bord du vol 771 sont mortes quand l'avion s'écrasa au sol à 900 m (980 pi) de la piste de l'aéroport international de Tripoli, en Libye, le 12 mai 2010. Il n'était pas seul dans une section particulière de l'avion ; sa famille était à côté de lui. Il n'a rien fait d'exceptionnel lors de l'impact. Il y avait d'autres enfants de sa taille à bord. La seule réponse possible est que, même si l'évènement extrême créait un ensemble de dangers extrêmes, chaque élément de la situation de Ruben s'est combiné inexplicablement pour l'aider à les éviter tous. Ce qu'on ne saura jamais, c'est exactement comment ils se sont combinés.

Compte à rebours pour un rêve

Ce devait être un safari de rêve. Patrick et Trudy van Assouw de Tilburg, aux Pays-Bas, étaient mariés depuis 12 ½ ans et, comme c'était à mi-chemin de leur 25e anniversaire de mariage, ils décidèrent de souligner l'occasion par une aventure familiale inoubliable. Ils amèneraient leurs fils Enzo, 11 ans, et Ruben, 9 ans, via le Parc Kruger en Afrique du Sud, au Swaziland et aux terres inondables du littoral de l'océan Indien. Le voyage durerait deux semaines et les garçons, fous de vie sauvage, verraient les animaux les plus spectaculaires de la nature.

> « Les garçons comptent les jours et les minutes et deviennent de plus en plus impatients. »
> Patrick van Assouw, père de Ruben, sur son blog, tout juste avant les vacances.

Les vacances manquèrent d'être annulées, à cause de l'éruption du volcan islandais Eyjafjallajökull. L'incertitude ne fit qu'ajouter à l'anticipation fiévreuse des garçons.

Toutefois, le ciel s'éclaircit et l'aventure eut lieu. Les garçons virent des buffles, des autruches et des gnous et adorèrent leurs rencontres de proximité avec des singes et des éléphants. Ruben avait pris dans ses bras son frère Enzo près des magnifiques chutes Mac Mac et la famille avait regardé le coucher de soleil embraser les eaux d'un fleuve africain.

Les van Assouw téléchargèrent des photos de vacances sensationnelles sur leur blog, afin qu'il fût possible à leurs amis et à leur famille de partager leur aventure même avant qu'elle ne prît fin. Non sans cruauté du sort, leur joyeux journal imagé deviendrait le monument d'une tragédie familiale.

Aucune raison à l'écrasement

Tard dans la soirée du 11 mai 2010, la famille van Assouw monta à bord du vol 771 de l'Afriqiyah Airways à Johannesburg pour la première étape de leur voyage de retour. C'était un avion neuf qui n'était qu'à moitié occupé ; on comptait 93 passagers et 11 membres d'équipage à bord. Il y avait beaucoup de place pour s'étendre et rattraper le sommeil perdu.

Durant le vol, tout se déroula normalement et l'avion faisait en douceur son approche finale de l'aéroport quand, sans raison apparente, il s'écrasa au sol, à 900 m (980 verges) de la piste d'atterrissage.

« Jusqu'au tout dernier moment, rien d'anormal à signaler entre le pilote et la tour de contrôle. »

Ce jour-là, la météo n'avait rien d'inhabituel à Tripoli. Le pilote n'avait rapporté ni problème technique avant que le jet ne percutât le sol, ni manque de carburant. L'airbus A330-200 avait été livré à la compagnie aérienne seulement huit mois plus tôt et ne comptait que 1 600 heures de vol à son actif. Les autorités récupérèrent l'enregistreur de conversations dans le poste de pilotage et l'enregistreur de données de vol, et elles exclurent le terrorisme comme cause de la catastrophe.

Le sable et la brume pourraient avoir nui à la visibilité et entraîné le pilote à mal évaluer son atterrissage manuel, mais la cause exacte de l'écrasement demeure un mystère.

Dommage catastrophique

L'impact fut si soudain et si violent que le capitaine n'eut pas le temps d'annoncer d'une seule syllabe le danger. L'avion se désintégra si rapidement qu'il n'y eut même pas une boule de feu de carburant enflammé. La destruction était absolument catastrophique : la majeure partie de l'avion fut réduite à des débris de la grosseur d'un ballon de football.

Les sauveteurs trouvèrent des sièges, des bagages et des souvenirs éparpillés dans une vaste zone de terrain broussailleux et poussiéreux. Il était évident que les passagers n'avaient eu aucune chance. Ils furent donc tout à fait renversés de trouver un jeune garçon toujours sanglé à son siège, à 0,8 km (0,5 mille) de la section de queue de l'avion. Ses jambes étaient visiblement brisées, mais il respirait.

« L'enfant a plusieurs fractures aux deux jambes et il est aux soins intensifs, mais son état est stable. »

Le jour le plus triste

Aux Pays-Bas, ce fut le pire désastre national depuis les inondations de 1953. Au total, 70 Hollandais en vacances figuraient parmi les victimes et le gouvernement décréta une journée de deuil.

Rue Batavia, à Tilburg, amis et étrangers déposèrent des fleurs sur le seuil de la maison des van Assouw.

« Les mots ne peuvent exprimer combien m'attriste la perte que tu subis. Beaucoup de gens dans le monde entier sont reconnaissants du miracle de ta survie. »

Quelques jours après l'écrasement, la tante et l'oncle de Ruben quittèrent Tripoli pour être avec leur neveu et

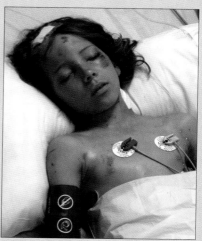

Ruben van Assouw, âgé de 9 ans, à l'hôpital El Khadra de Tripoli, en Libye, le 20 mai 2010, avant son transfert aux Pays-Bas

lui annoncer la nouvelle de cet évènement incroyable et terrible qui s'abattait sur lui.

De nombreux petits coups de chance

Certaines sections d'avion s'en tirent mieux que d'autres au cours d'un écrasement. Toutefois, même cela dépend des circonstances. Les sièges sur les ailes peuvent être plus sécuritaires si le nez de l'avion percute le sol d'abord mais, si les réservoirs de carburant explosent, il peut y avoir un plus grand nombre de morts à cet endroit.

La taille de Ruben pourrait l'avoir aidé : les enfants ayant une masse corporelle plus petite peuvent subir moins de dommages corporels dans un impact grave.

Il n'y a pas deux écrasements pareils ; chaque avion se brise de manière différente. La façon dont s'est brisé l'avion peut avoir entraîné la séparation du siège de Ruben de sa rangée de sièges et l'avoir catapulté à travers le fuselage qui se désintégrait.

Comme il n'y a eu aucun avertissement d'écrasement, personne n'avait donc adopté la position recroquevillée. Ruben peut avoir été assis, par hasard, d'une manière qui accrut ses chances d'éviter des blessures graves.

Mis bout à bout, ces petits facteurs s'additionnèrent pour faire de Ruben le seul survivant d'un écrasement qui fut une tragédie pour tant d'autres.

Enterrée vivante durant deux semaines

En janvier 2010, un énorme tremblement de terre dévasta Haïti et tua 316 000 personnes, en laissant un million de personnes sans abri et piégeant Darlene Étienne, 16 ans, sous les décombres. Incapable de bouger et n'ayant presque rien à boire ni à manger, elle demeura inexplicablement en vie deux semaines durant et sa survie quasi impossible en vint à incarner l'esprit de la résistance humaine.

Date
2010

Contexte
Tremblement de terre

Nature de l'épreuve
Piégée dans un édifice effondré

Durée de l'épreuve
15 jours

Moyens de survie
Siroter de l'eau et
du Coca-Cola

Nombre de survivants
1

Dangers
Être écrasée, déshydratation,
mourir de faim

Équipement
Aucun

La fille fantôme

Les yeux de Darlene Étienne étaient creux et dans le vague quand on la sortit des décombres. Elle était couverte de la tête aux pieds de poussière de craie blanche, les restes poudreux de l'édifice qui s'était effondré sur elle. Les sauveteurs déclarèrent qu'elle n'avait plus que quelques heures à vivre quand ils la trouvèrent et qu'elle semblait déjà planer à mi-chemin entre ce monde-ci et l'autre.

> **« Nous ne pouvons pas vraiment expliquer [sa survie] parce que ça va à l'encontre des réalités biologiques. »**

Et pour cause, c'était incroyable : Darlene avait passé 15 jours piégée dans les ruines de l'énorme tremblement de terre qui avait dévasté Haïti le 12 janvier 2010.

Le début d'une nouvelle vie

Pour Darlene Étienne, ce serait le passage le plus tragique possible dans le monde adulte. Âgée de 16 ans, elle était un mélange effervescent d'excitation et de tristesse quand elle quitta ses parents juste après le Nouvel An. Elle se rendait à 64 km (40 mi) de la maison familiale, dans la vallée productrice de riz de l'Artibonite, pour vivre avec son cousin et son épouse afin de fréquenter l'école Saint-Gérard de Port-au-Prince. Elle était maintenant une jeune adulte habitant le quartier de Carrefour-Feuilles de la capitale animée d'Haïti.

Elle avait eu neuf jours pour s'habituer à d'étranges routines et tenter de se faire de nouveaux amis. Puis, à 16 h 53, le 12 janvier, alors qu'elle se relaxait après une journée à l'école, son nouveau monde lui tomba sur la tête.

Un désastre national et personnel

L'épicentre du tremblement de terre, d'une force 7,0 sur l'échelle de Richter, se situait près de la ville de Léogane, à 25 km (16 mi) environ à l'ouest de Port-au-Prince, la capitale d'Haïti. Il y eut au moins 52 répliques d'une intensité de 4,5 ou plus. La ville tentaculaire de Port-au-Prince fut presque rasée et le gouvernement haïtien estima que 316 000 personnes étaient mortes. Ce qui représente environ 3 % de la population totale nationale de 9,8 millions d'âmes ; presque chaque Haïtien avait perdu un proche.

Le monde répondit à la catastrophe par un énorme effort d'aide. Des équipes internationales s'unirent pour aider le gouvernement haïtien à dégager ceux qui étaient piégés et prendre soin des survivants.

Trop long pour survivre

Les secouristes sortirent au moins 135 personnes des décombres, mais la majeure partie d'entre elles furent trouvées immédiatement après le tremblement de terre. Le 23 janvier, le gouvernement haïtien ordonna aux équipes de recherche de réduire leurs efforts de sauvetage : quiconque était toujours piégé après 12 jours était sûrement mort. Il valait mieux se concentrer sur l'aide à donner aux millions de survivants qui étaient maintenant affamés et sans abri.

Au nombre des victimes figurait l'épouse du cousin de Darlene, écrasée par un mur alors que sa maison tombait autour d'elle. Personne ne pensait qu'il pût y avoir d'autres survivants

dans de telles ruines. La mère de Darlene s'était résignée aussi à la perte de sa fille.

Et les jours continuèrent de passer. Puis, le 27 janvier, déjà quinze jours après le séisme, des voisins passaient au crible les décombres de leur vie quand ils entendirent une voix, aussi ténue que la poussière dans l'air.

> **« Je pouvais entendre des gens passer et je pensais qu'ils venaient me secourir. Mais ce n'était jamais moi qu'ils secouraient. »**

Ils alertèrent les secouristes les plus proches et, bientôt, une équipe française arriva sur les lieux. Claude Fuilla, le médecin-hygiéniste en chef de l'unité d'intervention, savait que ce devait être une fausse alerte. Trop de temps s'était écoulé depuis la catastrophe. Survivre était tout simplement impossible, peu importe ce que les gens disaient avoir entendu. Cependant, comme il longeait la bordure du toit effondré du bâtiment, lui aussi entendit la voix de la jeune femme, puis il vit une touffe de cheveux noirs couverts de poussière dans les décombres. Dégageant précipitamment des débris, il atteignit Darlene

et découvrit qu'elle avait toujours un pouls.

Les secouristes creusèrent d'abord un trou assez grand pour passer à Darlene de l'oxygène et de l'eau. Quand elle eut repris un peu de force, ils dégagèrent un espace plus grand et tirèrent des décombres la fille couverte de poussière devant des centaines de témoins stupéfaits.

Quarante-cinq minutes après avoir été trouvée, Darlene était à bord d'un hélicoptère en route vers un navire hôpital. Ses jambes avaient été gravement blessées par la chute de maçonnerie et elle avait besoin de traitement pour une grave déshydratation, mais son état fut bientôt stabilisé.

Comment elle a survécu

Au moment où la maison tomba sur elle, Darlene Étienne fut enterrée vivante dans une cage de béton en miettes et d'acier tordu. Contrairement à quelques autres survivants qui dérivèrent entre conscience et inconscience, Darlene demeura éveillée tout le temps qu'elle fut enterrée. Elle se rappelle avoir crié au secours jusqu'à ce que la poussière obstrue ses poumons. Toutefois, sa voix s'est perdue dans la cacophonie de l'équipement qui grondait et des débris qui tombaient.

> **« J'ai vu tant de gens mourir que j'étais encore plus heureuse qu'elle soit vivante et j'en remercie Dieu. »**

Il est rare qu'on arrive à survivre plus de 72 heures sans eau, mais Darlene eut deux coups de chance qui l'aidèrent à survivre pendant plus de deux semaines. Elle était piégée près de la salle de bain dévastée et elle réussit à soutirer quelques petites gorgées d'eau de la plomberie brisée. Elle avait aussi trouvé une bouteille de Coca-Cola avec elle sous les débris. Toutefois, elle n'avait rien à manger.

Le retour à la maison

Darlene s'est complètement rétablie et elle est retournée dans l'agglomération rurale de Marchand-Dessalines, où elle a rejoint sa famille et poursuivi sa scolarisation.

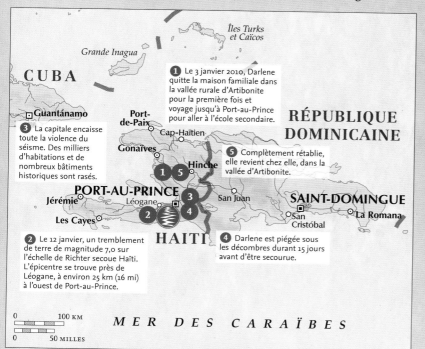

① Le 3 janvier 2010, Darlene quitte la maison familiale dans la vallée rurale d'Artibonite pour la première fois et voyage jusqu'à Port-au-Prince pour aller à l'école secondaire.

③ La capitale encaisse toute la violence du séisme. Des milliers d'habitations et de nombreux bâtiments historiques sont rasés.

⑤ Complètement rétablie, elle revient chez elle, dans la vallée d'Artibonite.

② Le 12 janvier, un tremblement de terre de magnitude 7,0 sur l'échelle de Richter secoue Haïti. L'épicentre se trouve près de Léogane, à environ 25 km (16 mi) à l'ouest de Port-au-Prince.

④ Darlene est piégée sous les décombres durant 15 jours avant d'être secourue.

CUBA
Grande Inagua
Guantánamo
Îles Turks et Caïcos
Port-de-Paix
Cap-Haïtien
Gonaïves
Hinche
RÉPUBLIQUE DOMINICAINE
PORT-AU-PRINCE
Léogane
Jérémie
San Juan
SAINT-DOMINGUE
San Cristóbal
La Romana
Les Cayes
HAÏTI
MER DES CARAÏBES
0   100 KM
0   50 MILLES

PRISONNIERS

Séduits par une reine détrônée

Une belle reine, vivant à une époque mouvementée, deux fois veuve et maintenant séparée de force de son nouveau mari, est emprisonnée contre sa volonté dans le donjon d'un château sur une île. Entourée d'ennemis et d'intrigues de cour, son sauvetage héroïque dépend de l'aide du frère amoureux de son geôlier et d'un autre jeune admirateur.

Date
1567–1568

Contexte
Emprisonnement

Nature de l'épreuve
Dans un château sur une île écossaise isolée

Durée de l'épreuve
10 mois

Moyens de survie
Déguisement, aide de la famille de son geôlier

Nombre de survivants
1

Dangers
Être capturée de nouveau, trahison

Équipement
Charme, ruse, une boucle d'oreille

CI-DESSUS, À DROITE
Château de Loch Leven

La reine du haut château

S'échapper du château de Loch Leven en 1568 aurait été, pour un homme, une entreprise difficile. L'ouvrage en grosses pierres possédait un donjon de cinq étages percé à peine de quelques minuscules fenêtres. Tout autour se trouvait une courtine extérieure avec tour de garde et portail unique. À quelques centaines de mètres au-delà s'étalaient les eaux du Loch Leven, un grand lac profond et froid qui encerclait complètement l'île sur laquelle le château se dressait.

La tâche aurait été encore plus ardue pour une femme entravée par ses vêtements volumineux. Pour une femme qui était aussi une reine et dont le visage était probablement le plus reconnaissable du pays, une telle évasion aurait exigé un effort extraordinaire.

Heureusement pour elle, Marie Stuart, reine d'Écosse, n'était pas une femme ordinaire.

Cause de l'emprisonnement de Marie

La vie de Marie fut caractérisée par les intrigues, les emprisonnements, les complots et les vengeances. Son père, le roi Jacques V d'Écosse, mourut cinq jours après la venue au monde de sa fille, née le 8 décembre 1542. Marie était sa seule enfant légitime et elle fut couronnée reine d'Écosse à l'âge de neuf mois.

Son premier mariage, à l'âge de 15 ans, l'unit à François, le dauphin de France. Elle accéda au trône de France avec lui, en 1558. Cependant, il mourut l'année suivante et Marie fut forcée de quitter la cour royale française pour retourner en Écosse.

Durant les quatre années suivantes, voyageant beaucoup en Écosse, elle noua des liens et éveilla les soupçons des seigneurs les plus puissants du pays. Elle se maria de nouveau en 1565, mais son union avec son cousin germain, lord Darnley, fut à la fois malheureuse pour Marie et impopulaire à la cour. En 1567, on trouva Darnley étranglé après une explosion à leur maison.

Par la suite, quand Marie épousa le comte de Bothwell, l'homme que beaucoup de gens croyaient être l'assassin de Darnley, de nombreux nobles écossais estimèrent qu'elle dépassait les bornes. Ils levèrent une armée, affrontèrent Marie et Bothwell, puis emprisonnèrent Marie au château de Loch Leven, le 15 juin 1567. Quoiqu'elle fût aussi forcée d'abdiquer le trône royal d'Écosse en faveur de son fils Jacques, âgé d'un an, sa présence dans le reste du monde resterait une épine dans le flanc de la faction qui s'opposait à elle. Il était hautement improbable qu'elle fût relâchée par ses ennemis dans un proche avenir.

Les hommes de l'intérieur

Le château appartenait à Sir William Douglas, un des nobles opposés à Marie. Il y vivait avec sa famille, mais il s'agissait tout autant d'une forteresse que d'une résidence, avec une haute tour, des murs épais et jouissant de la sûreté additionnelle d'être construite sur une île au milieu d'un grand lac écossais.

En outre, Marie était une reine déposée, instantanément reconnaissable et d'une constitution peu encline aux prouesses physiques. Si elle devait s'évader, ce serait en usant de ruse et de stratagèmes.

Quoiqu'elle eût toujours quelques serviteurs loyaux et des amis politiques dans le monde extérieur, Douglas et son plus puissant adversaire, le comte de Moray, lui interdisaient tout contact avec des partisans potentiels.

Marie devait donc trouver elle-même l'aide dont elle avait besoin. Son premier complice fut un choix surprenant mais commode : George Douglas, le frère de son geôlier Sir William. Jeune homme superbe et plein d'entrain, George fut apparemment séduit par la reine prisonnière et, à vrai dire, il devint amoureux d'elle. Son deuxième allié était un autre jeune Douglas, nommé Willie, qui décida de risquer sa vie pour elle.

George et Willie acceptèrent de faire passer clandestinement des lettres de Marie à ses partisans. Avec enthousiasme, George commença aussi à planifier une évasion audacieuse. Toutefois, le comte de Moray eut vent du complot de George et le bannit de l'île. Résolue à s'accrocher à la moindre

influence qu'elle avait, Marie lui fit don d'une de ses boucles d'oreilles en cadeau d'adieu, en lui demandant de la lui retourner comme signe que son plan d'évasion était au point.

Dès mars, George avait trouvé une idée. Marie emprunta les vêtements d'une blanchisseuse et prit sa place à bord du bateau qui ramenait les serviteurs sur la terre ferme. L'évasion aurait réussi sans un batelier à l'œil vigilant qui nota les doigts de Marie sur son cache-nez : ils étaient trop longs et blancs pour appartenir à une servante. Il enleva le cache-nez, découvrit la vérité et ramena la reine en prison.

La diversion

Sir William Douglas fut horrifié d'avoir été si près de perdre Marie et d'encourir la colère du redoutable comte de Mornay. Il haussa la sécurité sur l'île et renvoya le jeune Willie à terre avec George.

Toutefois, George était trop impliqué pour abandonner aussi facilement. Il inventa une ruse en disant à sa mère qu'il partait pour la France afin de prendre un nouveau départ et que quelqu'un d'autre devrait s'occuper du jeune Willie.

Par affection pour le jeune Willie, Sir William décida de lui permettre de revenir sur l'île. Ayant ainsi un lien à l'intérieur avec Marie, George commença alors sérieusement à planifier une deuxième évasion.

En mai, un batelier arriva au château avec la boucle d'oreille à la perle de Marie. Il raconta une histoire décousue à l'effet qu'un autre batelier avait trouvé la boucle d'oreille et avait esssayé de la vendre, ce qui dissipa les soupçons que Sir William aurait pu avoir. Seule Marie savait que c'était le signal convenu.

Entre-temps, Willie avait demandé à Sir William l'autorisation d'organiser les célébrations traditionnelles de mai. Un élément de ces festivités était la nomination de l'Abbé de la déraison, le responsable des réjouissances qui avait le droit de donner des ordres à qui il voulait.

Willie s'assura que chacun, et particulièrement Sir William, abuserait de l'alcool servi généreusement pour l'occasion. Il avait aussi amarré sécu-

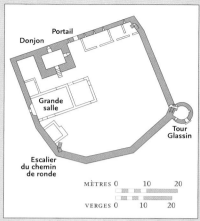

Plan du rez-de-chaussée du château de Loch Leven

ritairement tous les bateaux, sauf un. Willie devait aussi mettre la main sur les clés du portail principal, lesquelles Sir William ne quittait jamais des yeux.

Heureusement, la boisson avait joué son rôle et Willie fut capable de laisser tomber une serviette de table sur les clés, alors qu'elles avaient été déposées sur la table à manger. Il les subtilisa prestement avant que Sir William, en état d'ébriété, ne pût s'en rendre compte.

Il se précipita dans la cour et fit signe à Marie. Déguisée en servante, elle traversa la cour à toute vitesse et franchit le portail ouvert. Willie ferma à clé le portail derrière lui et jeta les clés dans la gueule d'un canon. Ils sautèrent dans le seul bateau sans amarre et ramèrent vers la terre ferme. George Douglas les attendait les bras ouverts.

Après l'évasion

Malheureusement pour Marie, cette histoire n'eut pas une fin heureuse. Elle ne revit jamais Bothwell. Après son évasion, elle réussit à lever une petite armée, mais elle fut défaite à la bataille de Langside, le 13 mai. Elle s'enfuit alors dans le sud, en Angleterre, et demanda la protection de sa cousine, la reine Élizabeth 1re. En 1558, Marie avait déjà pris le trône d'Élizabeth et, inquiète, la reine anglaise la fit arrêter. Pendant les 19 ans qui suivirent, Marie fut détenue dans de nombreux châteaux et manoirs à travers l'Angleterre avant d'être jugée et exécutée pour trahison le 8 février 1587.

L'évasion du philosophe

En 1619, le philosophe Hugo Grotius fut entraîné dans une lutte impitoyable pour le pouvoir politique aux Pays-Bas. Trouvé coupable de trahison, il fut condamné à l'emprisonnement à vie et mis sous les verrous dans le château de Loevestein pour y pourrir. Aidé par son épouse, il réussit une ingénieuse évasion, caché dans un coffre en bois.

Date
1619 à 1621

Contexte
Séquestré injustement

Nature de l'épreuve
Emprisonné dans une forteresse médiévale

Durée de l'épreuve
20 mois

Moyens de survie
Caché dans un coffre de livres

Nombre de survivants
1

Dangers
Être capturé de nouveau, trahison, suffocation

Équipement
Coffre en bois

CI-DESSUS, À DROITE
Nieuwe Kerk (Nouvelle Église), à Delft, lieu du dernier repos de Hugo de Groot (Hugo Grotius)

Intellectuel et homme d'action

Hugo Grotius fut un penseur et un universitaire extrêmement influent du 16e siècle. Né à Delft en 1583, il s'avéra un enfant prodige qui entra à l'université de Leyde à 11 ans et obtint son doctorat à 15 ans.

Véritable esprit universel, il écrivit des textes déterminants sur des questions de droit, sur la politique, les arts et la philosophie. Son livre *De iure belli ac pacis* (Sur les lois de la guerre et de la paix) est une œuvre novatrice qui lui valut le titre de « père du droit international ».

Ses contributions universitaires sont respectées de plein droit mais, pour beaucoup de gens, son exploit le plus remarquable fut son audacieuse évasion de la prison à laquelle il avait été condamné à vie.

Une philosophie dangereuse

Au début du 17e siècle, les Pays-Bas traversaient une période d'instabilité politique et religieuse. Deux factions religieuses rivalisaient pour le pouvoir. Maurice de Nassau, prince d'Orange, était à la tête d'un groupe de nobles calvinistes de stricte obédience. Johan van Oldenbarnevelt, tuteur et mentor antérieur de Grotius, était un personnage important de l'autre faction. Les deux bords entrevoyaient une grande richesse et une grande influence potentielles ; la lutte pour le pouvoir ultime serait sanglante.

Quand, en 1613, van Oldenbarnevelt défendit une politique officielle de tolérance religieuse, il demanda à Grotius de rédiger un édit exprimant cette position. Les hostilités éclatèrent lors de sa publication et, quand van Oldenbarnevelt proposa plus tard que l'on donnât aux autorités locales le pouvoir de lever des troupes, le prince Maurice en eut plus qu'assez.

Le 29 août 1618, Grotius et van Oldenbarnevelt furent appréhendés, puis jugés devant un tribunal organisé par le prince Maurice lui-même sur des charges forgées de toutes pièces. Comme on pouvait s'y attendre, les deux hommes furent déclarés coupables de trahison. Van Oldenbarnevelt paya de sa tête ses opinions. Âgé de 36 ans, Grotius reçut une sentence d'emprisonnement à vie, à purger dans le froid et humide château de Loevestein. Sa maison et ses biens furent aussi confisqués.

Emprisonné

Loevestein est une imposante forteresse médiévale construite sur une île formée par les rivières Waal et Maas, à 8 km (5 mi) de Gorinchem, en Hollande du Sud. Le château possède de hautes tours percées de quelques minuscules fenêtres et une douve l'entoure. Grotius souffrit dans ces conditions sombres et humides, mais la surveillance 24 heures sur 24 de même que la situation de la forteresse rendaient toute évasion improbable.

Plusieurs de ses amis politiques adressèrent des recours au tribunal pour faire appel de la sentence de Grotius. Tous échouèrent. Maurice avait préparé minutieusement sa manœuvre. Toutefois, Grotius avait une alliée dotée d'un pouvoir insoupçonné : son épouse, Maria. Dès son arrestation, elle adressa une requête à la cour pour partager la détention de son époux. Sa requête fut refusée catégoriquement. Toutefois, Maria semble avoir fait une enquiquineuse d'elle-même et,

finalement, les autorités acceptèrent de l'admettre dans la prison avec Grotius à condition qu'elle y restât pour la durée de la sentence de son mari.

Maurice et son cercle crurent probablement qu'ils se débarrassaient d'une cause d'irritation, mais c'était une concession qu'ils finiraient par regretter.

Le philosophe oublié

La vie de Grotius devint un exil en secret. Sa cellule était spartiate et, quoiqu'il lui fût permis d'écrire des lettres, il lui était interdit de correspondre avec ses amis sur les sujets qui l'intéressaient le plus. Tous ses échanges étaient soigneusement censurés.

Peu à peu, ses geôliers permirent l'envoi de petites quantités de livres au prisonnier. On les transportait à sa cellule dans un coffre en bois, avec son linge propre. Le coffre était acheminé par bateau depuis Gorinchem.

Durant 20 mois, Grotius subit cet état de mise au secret totale. Il refusa que son emprisonnement détruisît son esprit. Il écrivit un résumé du droit hollandais, *Introduction à la loi hollandaise*, entièrement de mémoire. Ce texte devint plus tard une référence juridique.

Cependant, quoique l'étude lui apportât une certaine consolation, Grotius savait qu'à tout moment les forces politiques qui l'avaient séquestré pouvaient trouver une raison de le faire exécuter. Et, comme l'agitation religieuse perdurait, cela devenait de plus en plus probable.

Maria le savait aussi et elle commença à planifier une évasion audacieuse.

Semer les graines

Il y avait de nombreux gardes dans la prison et ils vérifiaient tout ce qui entrait dans la cellule de Grotius et en sortait, dont le coffre de bois utilisé pour transporter ses vêtements et ses précieux livres.

Néanmoins, avec le temps, les gardes devinrent moins minutieux dans leur inspection de cette caisse. Comme ils n'y avaient jamais rien vu que des livres et des vêtements, au bout de plusieurs mois ils le laissaient passer sans le vérifier plus souvent qu'ils n'en examinaient le contenu. Maria décida que ce serait la clé vers la liberté pour son époux.

Amorçant une campagne de désinformation, elle cultiva une amitié avec

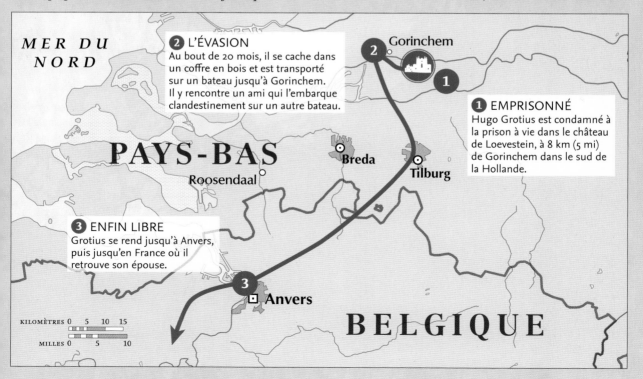

2 L'ÉVASION
Au bout de 20 mois, il se cache dans un coffre en bois et est transporté sur un bateau jusqu'à Gorinchem. Il y rencontre un ami qui l'embarque clandestinement sur un autre bateau.

1 EMPRISONNÉ
Hugo Grotius est condamné à la prison à vie dans le château de Loevestein, à 8 km (5 mi) de Gorinchem dans le sud de la Hollande.

3 ENFIN LIBRE
Grotius se rend jusqu'à Anvers, puis jusqu'en France où il retrouve son épouse.

MER DU NORD

PAYS-BAS

Roosendaal

Breda

Tilburg

Gorinchem

BELGIQUE

Anvers

KILOMÈTRES 0 5 10 15
MILLES 0 5 10

Le château médiéval de Loevestein (Slot Loevestein), aux Pays-Bas

l'épouse du directeur de la prison et se plaignit avec véhémence auprès d'elle que l'incarcération de Grotius l'avait rendu gravement malade. La détention avait affecté son cerveau, prétendait-elle, et le poussait à travailler quasi obsessivement. Elle pensait qu'il était préférable qu'elle lui retirât ses livres et les retournât à leurs propriétaires.

Elle s'employa à répandre cette histoire plus largement autour d'elle. Bientôt, tout le monde dans le voisinage du château savait que Grotius souffrait beaucoup et qu'il avait été confiné à son lit. Maria s'occupait aussi des préparatifs matériels. Elle vida le coffre et y perça de nombreux petits trous pour sa ventilation.

Ensuite, Maria introduisit sa bonne dans le plan et s'occupa des ultimes préparatifs.

L'évasion

Le 22 mars 1621, le coffre arriva dans la cellule de Grotius comme à l'habitude. Quand il commença à le remplir de livres dont il n'avait plus besoin, son épouse l'arrêta. Elle lui expliqua que c'était lui qui devait prendre place dans la caisse.

Au début, Grotius refusa, car il jugeait le plan téméraire à l'extrême. Maria insista et son pouvoir de persuasion conjugale eut le dessus: Grotius accepta d'entrer dans le coffre.

C'était plus facile à dire qu'à faire. Le coffre mesurait un peu plus que 0,9 m (3 pi) de long et, en se pliant en deux, Grotius exerçait une forte pression sur ses poumons. Alors que Maria verrouillait bien les serrures, elle devait savoir qu'il y avait des risques qu'elle ne revît jamais plus son mari vivant.

Maria, restée dans la cellule, surveillait les gardes qui transportaient jusqu'au bateau le coffre renfermant son époux. Il était beaucoup plus lourd qu'à l'habitude et le plan faillit échouer au premier obstacle: un des soldats à bord nota l'augmentation évidente de poids et demanda que l'on ouvrît le coffre. Seule la présence d'esprit de la bonne sauva l'entreprise. Elle détourna l'attention de l'homme et le coffre fut chargé à bord sans vérification.

Pendant le voyage de Loevestein à Gorinchem, Grotius était dans un état de panique à peine contrôlé dans le coffre. Désespérément à court d'air, il voulait prendre de profondes respirations, mais ne pouvait se permettre le moindre bruit. S'il était découvert, il finirait certainement sa vie au fond de la rivière Waal.

Dans le coffre, Grotius était dans un état de panique à peine contrôlé... Des heures durant, il resta prostré et cherchant son souffle.

Enfin, le bateau atteignit Gorinchem. On devait maintenant acheminer le coffre chez David Bazelaer, un des plus fidèles amis de Grotius. Toutefois, une fois le bateau accosté, il n'y avait aucun moyen de transporter le lourd coffre à la maison de Bazelaer sans éveiller les soupçons. La servante vint de nouveau à la rescousse, inventant une histoire selon laquelle la caisse contenait du verre et devait être déplacée avec précaution. Des passants serviables dénichèrent rapidement deux porteurs qui transférèrent avec prudence le coffre dans une charrette.

Une fois le coffre en sûreté dans son cabinet de travail, Bazelaer renvoya les domestiques de la maison pour s'assurer d'une sécurité absolue et il ouvrit les serrures. Il souleva tout grand le couvercle et fut heureux d'y voir son vieil ami fourré dedans, en bon état, sinon qu'il haletait et était désorienté.

Les deux hommes savaient qu'ils n'étaient toujours pas sortis du bois: Grotius serait bientôt porté manquant et on se lancerait à sa recherche. Ils devaient faire vite pour se trouver un refuge. Bazelaer avait préparé un déguisement et il habilla Grotius en maçon, puis le fit sortir à la hâte par la porte arrière.

Accompagné de la bonne, il s'empressa de traverser la place du marché animée pour rejoindre un bateau qui attendait de les transporter dans le Brabant. Par la suite, l'intrépide servante retourna à Lovestein et annonça la bonne nouvelle à Maria.

Chose incroyable, personne au château ne s'était rendu compte encore

Statue de Hugo Grotius, réalisée par Franciscus Leonardus Stracké en 1886 et installée sur la Grande Place du Marché (Grote Markt) de Delft

de l'absence du philosophe. C'est Maria qui informa les gardes de son évasion. Le gouverneur furieux la mit promptement en réclusion.

Grotius avait atteint Anvers et, peu après son arrivée dans cette ville, il envoya aux États généraux des Pays-Bas une lettre les assurant qu'il n'avait utilisé ni violence ni corruption durant son évasion. Il protesta solennellement de son innocence et les assura que la persécution dont il avait souffert ne diminuerait jamais son patriotisme.

Peut-être y avait-il eu un changement de politique envers Grotius durant son évasion, ou peut-être les autorités furent-elles simplement impressionnées par son ingénuité... mais une chose est sûre: quelques jours plus tard, Maria fut libérée et le joyeux couple fut réuni en France.

Ensemble en exil

Grotius et son épouse passèrent 10 ans en exil en France. Durant ce temps, il profita de la protection du roi Louis XIII, qui surnomma Grotius «le miracle de la Hollande». Ce dernier y écrivit son œuvre la plus importante, *De iure belli ac pacis* (Sur les lois de la guerre et de la paix).

Évasion de l'île du Diable

Henri « Papillon » Charrière avait été condamné à l'emprisonnement à vie et aux travaux forcés dans la tristement célèbre colonie pénitentiaire de la Guyane française. Après une série de tentatives d'évasion ingénieuses, il s'échappa finalement de la brutale île du Diable en flottant jusqu'au Venezuela sur un radeau en noix de coco et en traversant la jungle à pied.

Date	
1932 à 1945	
Contexte	
Emprisonnement (déclarait être innocent)	
Nature de l'épreuve	
Travaux forcés et détention solitaire	
Durée de l'épreuve	
14 ans	
Moyens de survie	
Radeau de noix de coco, marcher dans la jungle	
Nombre de survivants	
1	
Dangers	
Être capturé de nouveau, se noyer, maladie	
Équipement	
Noix de coco, bateaux volés	

Évasion de l'île du Diable

Henri Charrière est né le 16 novembre 1906 à Saint-Étienne-de-Lugdarès, dans le département de l'Ardèche, en France. Sa mère mourut quand il avait 10 ans. En 1923, alors âgé de 17 ans, il s'enrôla dans la marine française. Après deux ans de service, il commença une vie haute en couleur comme membre de la pègre de Paris. Charrière était surnommé Papillon, à cause du tatouage d'un papillon qu'il avait sur la poitrine.

Le 26 octobre 1931, Papillon fut accusé du meurtre d'un proxénète appelé Roland Legrand. Papillon prétendit qu'on avait monté une machination contre lui, mais il fut condamné à la prison à vie et à 10 ans de travaux forcés à purger dans la colonie pénitentiaire de Saint-Laurent-du-Maroni en Guyane française.

En 1852, Napoléon III avait établi la colonie pénitentiaire comme une sorte d'oubliette de l'Empire : un lieu où l'on pourrait mettre et oublier les criminels incorrigibles. Sur le continent, le camp principal de la colonie était entouré de marécages infestés de moustiques et d'une jungle clairsemée. Il y avait aussi trois prisons au large sur les îles Royale, Saint-Joseph et sur l'infâme île du Diable. Quoique ces îles prisons fussent situées à plusieurs kilomètres au large dans l'Atlantique et qu'il fût extrêmement difficile de s'en échapper, elles avaient un environnement plus sain, car elles étaient balayées par les alizés. Saint-Laurent-du-Maroni est resté en usage jusqu'en 1952.

> **« J'étais innocent du meurtre pour lequel le ministère public, quelques policiers et les douze bâtards du jury m'avaient envoyé aux travaux forcés. »**

Durant les 14 années suivantes, ces lieux deviendraient le cadre de vie de Papillon, années durant lesquelles sa vie serait déterminée par les conditions extrêmes de son emprisonnement et d'ingénieuses tentatives d'évasion.

Première évasion

À bord du navire pour l'Amérique du Sud, Papillon découvrit la vie brutale qui l'attendait à Saint-Laurent-du-

Maroni. Les conditions étaient bestiales et les prisonniers s'entretuaient souvent pour des rancunes mesquines et de piètres sommes d'argent. Papillon était résolu à s'évader le plus vite possible.

Dès qu'il arriva à la colonie, Papillon prétendit être malade. Il fut envoyé à l'infirmerie où il rencontra deux types, Joanes Clousiot et André Maturette, enthousiastes à l'idée de s'évader. Ils élaborèrent ensemble un plan pour assommer leurs gardiens arabes et escalader le mur. Ils se cacheraient alors dans la jungle avec un détenu qu'ils avaient soudoyé puis vogueraient vers la liberté dans une pirogue.

Ils s'occupèrent des gardiens comme prévu, mais Clousiot se cassa une jambe en sautant du mur et la pirogue était trop pourrie pour les amener bien loin. Papillon obtint un bateau de la lèproserie de l'île Pigeon, voisine. Les trois hommes suivirent le courant du fleuve Maroni et dérivèrent dans l'océan Atlantique. Loin de la colonie pénitentiaire, ils mirent alors le cap au nord-ouest et parcoururent plus de 1 600 km (1 000 mi) jusqu'à Trinidad.

Durant leur voyage, ils furent aidés par une famille britannique, l'évêque hollandais de Curaçao et quelques autres fugitifs français. Ils avaient prévu d'aller à Curaçao, puis au Honduras britannique. Toutefois, comme ils approchaient du littoral colombien, ils furent repérés. Ils n'avaient plus le vent dans les voiles et ils se retrouvèrent bientôt derrière les barreaux en Colombie.

Évasion d'une prison colombienne

Après avoir fait la connaissance d'un contrebandier local, Papillon réussit à s'échapper de la prison de Ríohacha et atteignit un établissement amérindien sur la péninsule de Guajira. Là, il atterrit dans un village de pêcheurs de perles où il gagna la confiance des habitants. Il vécut avec deux sœurs adolescentes et y amassa une provision de 572 perles. Toutefois, après quelques mois seulement dans ce paradis relatif, Papillon décida de le quitter en quête de vengeance.

> « L'eau qui entrait en plus de l'invasion de rats, de centipèdes et de minuscules crabes d'eau était ce qu'il y avait de plus révoltant, de plus déprimant qu'un être humain pouvait subir. »

Peu après avoir quitté le village, il fut dénoncé par une religieuse qui l'avait reconnu et on le jeta en prison à Santa Marta. Il fut enfermé 28 jours

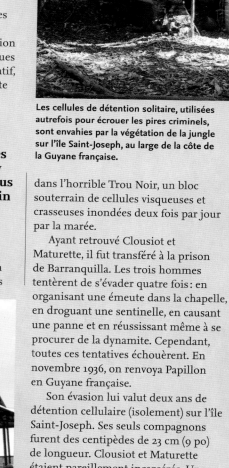

Les cellules de détention solitaire, utilisées autrefois pour écrouer les pires criminels, sont envahies par la végétation de la jungle sur l'île Saint-Joseph, au large de la côte de la Guyane française.

dans l'horrible Trou Noir, un bloc souterrain de cellules visqueuses et crasseuses inondées deux fois par jour par la marée.

Ayant retrouvé Clousiot et Maturette, il fut transféré à la prison de Barranquilla. Les trois hommes tentèrent de s'évader quatre fois : en organisant une émeute dans la chapelle, en droguant une sentinelle, en causant une panne et en réussissant même à se procurer de la dynamite. Cependant, toutes ces tentatives échouèrent. En novembre 1936, on renvoya Papillon en Guyane française.

Son évasion lui valut deux ans de détention cellulaire (isolement) sur l'île Saint-Joseph. Ses seuls compagnons furent des centipèdes de 23 cm (9 po) de longueur. Clousiot et Maturette étaient pareillement incarcérés. Une règle de silence strict fut brutalement appliquée dans les rangées de cellules minuscules. Des hommes devenaient fous ou se pendaient avec leur pantalon. Pris à recevoir des cigarettes et de minuscules morceaux de noix de coco d'un compagnon de prison amical, Papillon feignit l'amnésie pour éviter une punition. Il survécut à sa peine. Clousiot n'y arriva pas.

Cellules de la colonie pénitentiaire de Saint-Laurent-du-Maroni, en Guyane française

OCÉAN

ATLANTIQUE

HAÏTI

RÉPUBLIQUE
DOMINICAINE

PORTO
RICO
(É.-U.)

ÎLES
VIERGES
(R.-U.)

ANGUILLA
(R.-U.)

ÎLES
VIERGES

ANTIGUA ET
BARBUDA

JAMAÏQUE

GUADELOUPE (Fr.)

MARTINIQUE (Fr.)

3 EMPRISONNÉ
Les hommes se dirigent
vers la Colombie, mais sont
capturés et emprisonnés.

4 NOUVELLE ÉVASION
De nouveau, Papillon s'évade
et se dirige vers la péninsule de
Guajira, où il vit dans un village
amérindien de pêcheurs de perles.

2 PREMIÈRE ÉVASION
Avec deux autres prisonniers, il vogue
sur le courant du fleuve Maroni, dérivant
jusqu'à l'Atlantique en direction de Trinité.

Pointe
Gallinas

Péninsule de
la Guajira

Willemstad
Curaçao

Île de
Margarita

TRINITÉ ET TOBAGO

Santa Marta

Ríohacha

4

Barranquilla

3

Maracaibo

Valencia

8 **Caracas**

Tobago

2

Port of
Spain

Trinité

6 ÉVASION DE
L'ÎLE DU DIABLE
Il s'échappe de l'île du Diable
sur un radeau en noix de coco
et accoste à la Guyana.

Cartagena

5

Barquisimeto

Maracay

5 LE TROU NOIR
Il quitte le village, est pris et
envoyé à Santa Marta, puis
transféré à Barranquilla. De là, il
est extradé en Guyane française.

8 ENFIN LIBRE
Après un an dans d'atroces
conditions, il est relâché et
il s'établit à Caracas.

**Ciudad
Guayana**

Georgetown

Saint-
Laurent

1

El Dorado

7

GUYANA

VENEZUELA

Bogotá

7 DE NOUVEAU
EMPRISONNÉ
Il voyage via Georgetown jusqu'à El Dorado, au Venezuela,
où il est de nouveau incarcéré.

1 CONDAMNÉ
Papillon est condamné à la prison
à vie et à 10 ans de travaux forcés
dans la prison de Saint-Laurent-
du-Maroni en Guyane française.

C O L O M B I E

Cali

SURINAME

Maroni

Ko

GUYANE
FRANÇAISE

B R É S I L

KILOMÈTRES 0   200

MILLES 0   100   200

À sa libération, il fut transféré sur l'île Royale. Il fut prompt à tenter de s'évader de nouveau, mais il fut trahi par un indic (que Papillon poignarda à mort plus tard). Sa récompense fut huit ans de confinement, qui furent réduits à 19 mois quand un médecin intervint en sa faveur.

> **« Je n'aurais jamais dû croire ou imaginer qu'un pays comme... la France, la mère de la liberté dans le monde entier, ... pût posséder un établissement de répression aussi barbare que la prison de confinement solitaire de Saint-Joseph. »**

La « folle » évasion

On était en 1940 et les autorités en Guyane française décidèrent de soutenir le régime pro-nazi de Vichy. Ce qui signifiait que quiconque tenterait de s'évader serait exécuté.

Pour éviter un tel sort, Papillon feignit la folie et fut envoyé à l'asile sur l'île Royale. Il tenta de s'évader de l'asile avec un autre prisonnier, mais leur bateau s'écrasa sur les rochers. L'autre

Henri Charrière, dit « Papillon » (1906-1973)

Ci-dessus
Cellules de la prison de Papillon sur l'île du Diable, en Guyane française

Ci-dessus, à gauche
La prison de Saint-Laurent-du-Maroni en 1954

prisonnier se noya et Papillon faillit connaître le même sort.

Papillon se retrouva sur l'île du Diable, la prison la plus petite, mais réputée la plus à l'épreuve des évasions dans la colonie pénitentiaire. Par contre, en étudiant l'eau autour de l'île, Papillon dénicha une anse rocheuse entourée de hautes falaises qui offrait une possiblité d'évasion. Il découvrit que chaque septième vague était suffisamment forte pour transporter quelque chose sur l'eau assez loin au large pour qu'il dérivât vers le continent. Il fit la preuve de sa théorie en jetant des sacs de noix de coco dans l'océan.

Papillon introduisit un pirate nommé Sylvain dans son plan et ils se jetèrent dans le fracas des vagues avec des sacs de noix de coco sur lesquels flotter. Comme prévu, une forte vague les transporta au large dans l'Atlantique. Ils dérivèrent pendant des jours sous le soleil brûlant avec la chair de noix de coco pour toute nourriture. Ils furent finalement rejetés sur le continent. Toutefois, Sylvain quitta trop vite son sac de noix de coco et disparut dans les sables mouvants.

Papillon prit le bateau pour se rendre à Georgetown, en Guyana. Il aurait pu y vivre en homme libre, mais il continua vers le nord-ouest, vers le Venezuela. Il y fut de nouveau arrêté et emprisonné à El Dorado, une petite ville minière de la région de Gran Sabana. Pendant un an, il endura des conditions épouvantables, fréquemment menacé de corrections et soumis aux travaux forcés.

Finalement, le 18 octobre 1945, après 14 ans d'incarcération, il fut relâché. Papillon devint citoyen du Venezuela, épousa une femme du pays et ouvrit des restaurants à Caracas et Maracaibo. On le traitait comme une célébrité de second plan, qui apparaissait souvent à la télévision.

Il retourna en France en 1969, quand il publia ses mémoires, *Papillon*. Le livre se vendit à plus de 1,5 million d'exemplaires en France et Hollywood en tira un film mettant en vedette Steve McQueen, au grand dépit d'un ministre français qui attribua « le déclin moral de la France » à la minijupe et à Papillon.

Henri Charrière est décédé d'un cancer de la gorge à Madrid, en Espagne, le 29 juillet 1973.

Les évadés d'Alcatraz

La réputation de formidable île forteresse d'Alcatraz était méritée. Ses murs à pic gardaient en toute sécurité plus de 300 des plus dangereux criminels des États-Unis, au milieu de la baie de San Francisco. Puis, en juin 1962, trois hommes mirent en action un plan audacieux et ingénieux et réalisèrent ce qui est peut-être la seule évasion réussie de la prison qu'on appelait « le Rocher ».

Date
1962

Contexte
Incarcération à Alcatraz

Nature de l'épreuve
Enfermé sur une île pénitentiaire « à l'épreuve des évasions »

Durée de l'épreuve
Plusieurs années

Moyens de survie
Creuser un tunnel, grimper, ramer sur des radeaux

Nombre de survivants
3

Dangers
Noyade, détection par les gardiens, capture policière

Équipement
Coutellerie, objets courants, radeaux de fortune

Ci-DESSUS, À DROITE
Le Rocher est une petite île située au milieu de la baie de San Francisco, en Californie, aux États-Unis. Elle servit de phare, puis de forteresse militaire et, enfin, de prison.

Un itinéraire pour fuir du Rocher

De toutes les prisons du genre, Alcatraz était l'ultime prison anti-évasions. Elle était construite sur une île de roche broussailleuse à 2,4 km (1,5 mille) de la ville de San Francisco. La baie incurvée autour de l'île connaît une forte marée, son eau est froide même au plus chaud de l'été et ses profondeurs abritent 11 espèces de requins, dont le grand requin blanc.

Durant toutes ces années où elle a servi de prison, sa sécurité n'avait jamais été violée. Puis, en juin 1962, quatre hommes pensèrent avoir un plan qui réussirait là où tant d'autres avaient échoué. Trois d'entre eux pourraient bien y être parvenus.

Les évadés

Quatre hommes planifièrent l'évasion d'Alcatraz : Frank Morris, Allen West et les frères Anglin, Clarence et John. Ce n'étaient pas les personnages les plus héroïques qu'il y eut, mais la planification minutieuse, l'ingéniosité et l'incroyable audace de leur tentative d'évasion d'Alcatraz ont frappé l'imagination du monde entier.

John Anglin vint au monde le 2 mai 1930 à Donalsonville, en Georgie. Son frère Clarence vit le jour le 11 mai de l'année suivante. Jeunes hommes, ils travaillèrent ensemble sur des fermes en Georgie avant de se tourner vers la carrière plus lucrative de voleurs de banque. La police les captura en 1956 et tous deux écopèrent de sentences de 15 à 20 ans. Ils tentèrent de s'échapper plusieurs fois de leur première prison, le pénitencier d'Atlanta ; après des séjours à la prison d'État de Floride et au pénitencier fédéral de Leavenworth, ils furent expédiés à Alcatraz durant l'hiver de 1960-1961.

Frank Lee Morris (né à Washington, D.C., le 1er septembre 1926) était un garçon agité qui passa la majeure partie de ses jeunes années dans diverses familles d'accueil. Il n'avait que 13 ans quand il fut condamné pour son premier crime et, à la fin de son adolescence, son dossier criminel contenait une liste d'infractions variées allant de la possession de narcotiques jusqu'au vol à main armée.

Allen Clayton West (né vers 1929) était un spécialiste de la piraterie et un voleur d'autos. Il fut envoyé au pénitencier d'Atlanta, d'où il échoua à s'évader, ce qui lui valut un aller simple pour Alcatraz.

Planification de l'évasion

Frank Morris, Allen West ainsi que Clarence et John Anglin s'étaient rencontrés d'abord au pénitencier d'Atlanta. West fut le premier qu'on transféra à Alcatraz à la suite d'une tentative d'évasion. Durant les trois années suivantes, les autres le rejoignirent dans la prison à sécurité maximum. Ces quatre hommes ayant à leur actif plusieurs tentatives d'évasion, il n'est pas surprenant que le quatuor réunifié commençât bientôt à comploter pour trouver une issue hors du Rocher.

Bien sûr, ce qu'ils tentaient de faire était largement considéré comme impossible. Depuis le début jusqu'à 1962, 36 détenus avaient tenté de s'évader de l'île. Aucun n'avait réussi. Rien non plus ne laissait penser que Morris, West et les frères Anglin seraient ceux qui renverseraient la tendance. Toutes leurs tentatives antérieures dans des prisons à sécurité plus réduite avaient échoué.

S'ils devaient devenir les premiers hommes à vaincre le Rocher, tous les quatre savaient qu'ils devaient réaliser quelque chose de vraiment spécial. Ils avaient besoin d'un plan innovateur, audacieux et méthodique au plus haut point dans son exécution.

Alcatraz dressait plusieurs barrières redoutables entre un prisonnier qui s'évadait et sa liberté. D'abord, il fallait sortir de sa cellule. Ces boîtes sans fenêtre ne mesuraient que 1,5 x 2,7 m (5 x 9 pi) et avaient des murs de béton épais. En outre, le mur « avant » était en barres d'acier trempé. En 1934, la prison avait été rénovée et toutes les vieilles barres de fer avaient été remplacées par d'autres en acier « résistant aux outils », qui pouvait faire échec à une scie à métaux. Les gardes faisaient de fréquentes vérifications, même la nuit. La prison elle-même était construite sur du roc solide. Il n'y avait qu'un seul prisonnier par cellule.

Alcatraz était devenu une prison fédérale à sécurité maximum en 1933 et, durant les 29 années qui suivirent, elle accueillit certains des criminels les plus notoires des États-Unis, dont Al Capone, George « Machine Gun » Kelly, Mickey Cohen et Bumpy Johnson.

Même si un homme parvenait à quitter sa cellule, le problème suivant qui se posait, c'était de parvenir à sortir du bloc. Les cellules n'étaient aucunement en contact avec les murs extérieurs : chaque bloc de cellules formait une prison à l'intérieur de la prison. Ensuite, il y avait le petit problème du mur d'enceinte extérieur : un mur de 3 m (10 pi) en béton surmonté par une clôture coiffée de fil barbelé et surveillé par des gardes armés. Finalement, la plus importante barrière de toutes était une gracieuseté de Mère Nature : les profondeurs tourbillonnantes de la baie de San Francisco. Les eaux ici sont particulièrement traîtresses. L'eau est habituellement sous 16 °C (61 °F) et, avec le reflux de la marée, le courant se retire vers le Pacifique.

Les quatre hommes savaient qu'ils faisaient face à un défi quasi impossible, mais, se vouant sans réserve à leur projet, ils passèrent neufs longs mois à peaufiner leur plan avant que l'évasion ne devînt réalité.

Les préparatifs débutèrent vers septembre 1961. Les prisonniers étaient logés dans les cellules du Bloc B. Derrière ces cellules se trouvait un corridor de service de 0,9 m (3 pi) non gardé. En temps normal, y avoir accès eût été impossible, mais les prisonniers avaient noté que le béton autour des évents d'aération avait été endommagé par l'humidité.

Nuit après nuit, ils l'entaillèrent avec des outils de fortune – une cuillère de métal soudée avec l'argent d'une pièce de 10 cents et une perceuse électrique improvisée avec le moteur d'un aspirateur volé. Ils réalisèrent la majeure partie de leur excavation durant les heures de musique, alors que les accordéons couvraient leurs grattements. Ils utilisèrent de faux murs en carton peints imitant les grilles originales afin de dissimuler leur ouvrage. Ils volèrent aussi du savon, du papier de toilette, des imperméables distribués aux prisonniers, une tige de carborundum de l'atelier de la prison et des mèches de cheveux du « salon de coiffure » de la prison.

À la fin de mai 1962, Morris, West et les Anglin avaient réussi à traverser le mur de leurs cellules respectives. Ils firent leurs derniers préparatifs, rassemblèrent leur équipement et fixèrent une date. La nuit du 11 juin les verrait tenter de se montrer plus malins qu'Alcatraz.

Le plan en action

Les cellules étaient verrouillées depuis longtemps et la lumière était faible quand Frank Morris roula doucement hors de son lit pour la dernière fois. Il fouilla sous sa couchette et sortit la forme en papier mâché de sa propre tête qu'il avait fabriquée au cours des dernières semaines. Faite de savon et de papier de toilette broyés ensemble et

Photos d'identité judiciaire des trois seuls prisonniers ayant réussi à s'évader de l'île d'Alcatraz.
De gauche à droite : Clarence Anglin, John William Anglin et Frank Lee Morris.

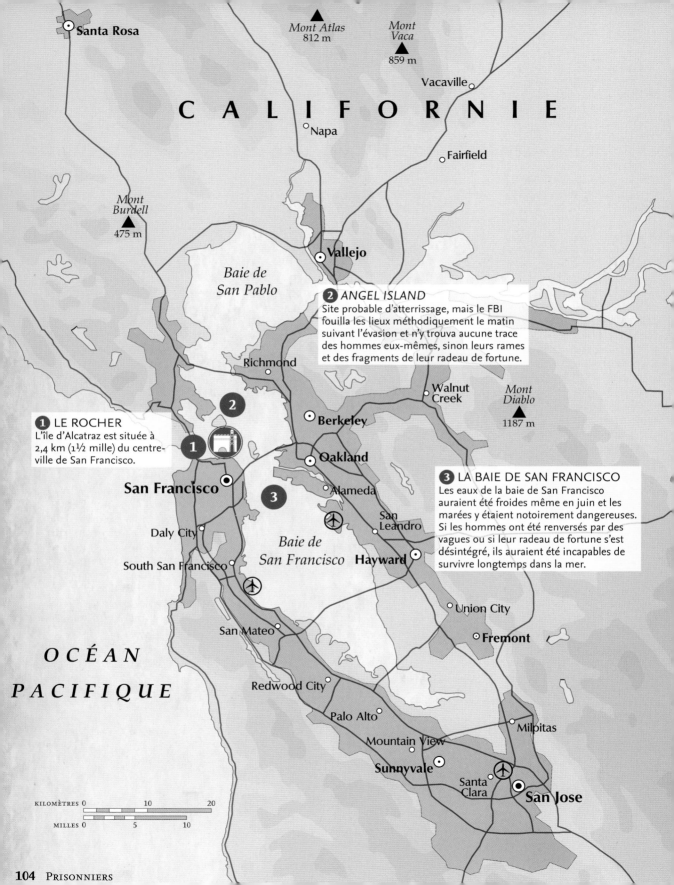

CALIFORNIE

Santa Rosa

Mont Atlas
812 m

Mont Vaca
859 m

Vacaville

Napa

Fairfield

Mont Burdell
475 m

Baie de San Pablo

Vallejo

Richmond

2 ANGEL ISLAND
Site probable d'atterrissage, mais le FBI fouilla les lieux méthodiquement le matin suivant l'évasion et n'y trouva aucune trace des hommes eux-mêmes, sinon leurs rames et des fragments de leur radeau de fortune.

2

Walnut Creek

Mont Diablo
1187 m

Berkeley

1 LE ROCHER
L'île d'Alcatraz est située à 2,4 km (1½ mille) du centre-ville de San Francisco.

1

Oakland

San Francisco

3

Alameda

San Leandro

3 LA BAIE DE SAN FRANCISCO
Les eaux de la baie de San Francisco auraient été froides même en juin et les marées y étaient notoirement dangereuses. Si les hommes ont été renversés par des vagues ou si leur radeau de fortune s'est désintégré, ils auraient été incapables de survivre longtemps dans la mer.

Daly City

Baie de San Francisco

Hayward

South San Francisco

Union City

Fremont

OCÉAN PACIFIQUE

San Mateo

Redwood City

Palo Alto

Milpitas

Mountain View

Sunnyvale

Santa Clara

San Jose

KILOMÈTRES 0   10   20

MILLES 0   5   10

modelés, elle était pourvue de vrais cheveux et assez ressemblante pour tromper le coup d'œil des gardes dans la pénombre de minuit. Il la coinça sous le bord de ses couvertures encore chaudes.

Ensuite, il s'agenouilla devant la grille d'aération qu'il enleva. Au cours des huit derniers mois, il avait gratté cette ouverture avec une cuillère et elle était désormais assez grande pour permettre le passage de son corps. Il se faufila dans l'ouverture agrandie, puis dans le corridor de service.

Une fois qu'il s'était glissé au-delà de tuyaux et de conduits, Morris passait par une bouche d'aération. Au cours des jours précédents, les hommes avaient enlevé les ailettes et le moteur du ventilateur. Seule une grille d'acier bloquait désormais le passage. Et, plus tôt, les prisonniers avaient enlevé les rivets de métal de la grille avec la tige de carborundum et les avaient remplacés par de faux rivets en savon. Ils avaient aussi utilisé l'espace pour fabriquer des gilets de sauvetage et un radeau gonflable avec plusieurs imperméables volés. Morris ramassa le tout et grimpa plus haut dans le puits d'aération.

Après ce qui dut être une lutte éreintante qui lui lacéra la peau dans des conditions des plus exiguës, Morris atteignit le point où le puits croisait le faîte du toit. Les lumières de San Francisco devaient scintiller avec une beauté particulière sur l'autre rive quand il se hissa sur le toit. L'air de la nuit d'été devait sentir spécialement bon tandis qu'il baissait les yeux sur les murs qui l'avaient retenu prisonnier si longtemps. Et, quand il aperçut ses vieux copains les Anglin monter le rejoindre, il dut ressentir une bouffée d'exaltation.

Toutefois, il y avait encore beaucoup de chemin à faire et… où était West ? Le quatrième membre de l'équipe n'était pas sur le toit. Avait-il été pris en quittant sa cellule ? Les gardiens avaient-ils déjà découvert leur plan ?

Morris et les frères Anglin firent sûrement une pause à ce point, attendant leur collègue. Néanmoins, quoiqu'il fût leur ami, ils savaient qu'ils devaient se presser pour avoir encore une chance de réussir.

Un des trous ayant servi à l'évasion, percé derrière la grille d'aération d'une cellule

Ce que les trois autres ignoraient, c'était que, plus bas dans sa cellule, West grattait furieusement sa grille de ventilation. Son faux mur avait commencé à glisser quelques jours auparavant et il avait utilisé du ciment pour le tenir en place. Malheureusement, le ciment avait pris et, quoique West eût entaillé le mur, ses compagnons étaient partis entre-temps.

Le lendemain de l'évasion, un homme prétendant s'appeler John Anglin téléphona à un avocat de San Francisco. Il voulait organiser une rencontre avec les marshals des États-Unis. L'avocat refusa d'aider l'homme, qui raccrocha. On n'a jamais su si cet homme était le vrai Anglin ou si ce n'était qu'un canular.

Pendant ce temps, le trio utilisa la hauteur du toit pour éviter la formidable clôture d'Alcatraz. Aucun garde ne les vit partir. Ensuite, ils détalèrent sur le sol rocailleux jusqu'à la côte nord-est de l'île, où ils déployèrent leurs radeaux d'évasion. En principe, les radeaux devaient être assez solides pour leur permettre de franchir les quelques kilomètres qui les séparaient de la réserve naturelle d'Angel Island. Cependant, comme les hommes n'avaient pas pu

les tester avant de s'en servir, quand ils s'embarquèrent pour la seule et unique fois, ils se lançaient vraiment dans l'inconnu.

Ont-ils réussi ?

Ce qui arriva après que les hommes se furent éloignés d'Alcatraz en pagayant demeurera probablement un secret à jamais. Leur plan consistait à voler des vêtements et une automobile sur le continent, mais on ne signala aucun vol de cette nature dans la région après leur évasion. Le FBI trouva des pagaies de contreplaqué et des morceaux du radeau sur Angel Island, mais ont-ils été amenés là par les hommes ou par la marée ? Si la mer a pris les hommes, elle les a pris complètement ; aucun corps ne fut jamais retrouvé. S'ils ont réussi à s'échapper, ils ont extrêmement bien brouillé leur piste.

Les hommes figurèrent 17 ans sur la liste des individus les plus recherchés par le FBI, jusqu'à la fermeture définitive du dossier en 1979. Le FBI croit que les hommes se sont noyés dans la baie de San Francisco.

West, le prisonnier qui ne s'est pas évadé, aida le FBI et les responsables de la prison, en leur donnant tous les détails du plan d'évasion. Il ne fut jamais accusé de tentative d'évasion d'Alcatraz et fut transféré l'année suivante.

Le détournement d'avion de Dan Cooper

En novembre 1971, par une nuit de tempête, un homme connu sous le nom de Dan Cooper détourna un Boeing 727 en route pour Seattle en utilisant une bombe dans sa mallette. Le FBI se plia à sa demande d'une rançon de 200 000 $ et de parachutes. Ensuite, Cooper échappa aux agents en sautant du jet à 3 000 m (10 000 pi) et à plus de 320 km/h (200 mi/h). C'est le seul détournement non résolu de l'histoire des États-Unis.

Date
1971

Contexte
Détournement d'avion

Nature de l'épreuve
Recherché par la police et les agents fédéraux

Durée de l'épreuve
18 heures

Moyens de survie
Sauter en parachute d'un Boeing 727

Nombre de survivants
1

Dangers
Se tuer en tombant, intervention policière

Équipement
Parachute, explosifs, sang-froid

À GAUCHE
Le Boeing atterrissant à Portland, en Orégon

CI-DESSUS, À DROITE
Les membres d'équipage du jet 727 détourné de la Northwest Airlines. L'agente de bord Tina Mucklow *(à droite)*, 22 ans, décrivit le pirate comme «pas nerveux». «Il semblait plutôt gentil et il n'a jamais été cruel ou déplaisant», déclara-t-elle. Le capitaine Bill Scott *(au centre)* a dit: «Nous avons appris qu'il n'était pas à bord quand nous sommes arrivés à Reno.» On voit aussi dans la photo le co-pilote Bill Rataczak *(à gauche)*.

Le détournement

Le vol 305 allait être un vol comme les centaines d'autres vols – peut-être les mille vols – que Florence Schaffner avait effectué comme agente de bord de la Northwest Orient Airlines. Un saut de 280 km (175 mi) depuis Portland, en Orégon, jusqu'à Seattle, dans le Washington, par une journée morose de la fin de novembre. Le lendemain serait le jour de l'Action de grâces et les passagers étaient de bonne humeur. Dans quelques heures, ils déboucheraient une bouteille de vin avec leurs proches et savoureraient l'esprit de la fête. Alors que l'avion montait dans les nuages, elle détacha sa ceinture et se leva de son strapontin près de la porte de l'escalier arrière. Encore quelques sourires, quelques repas et, à son tour, elle pourrait anticiper le jour de congé.

Aussi, quand l'homme habillé avec élégance assis dans le siège 18C lui glissa un bout de papier, elle le mit dans sa poche sans l'ouvrir. Le vol durait moins d'une heure et elle avait de nombreux passagers à servir. Par ailleurs, ce n'était pas la première fois qu'un homme d'affaires esseulé lui donnait son numéro de téléphone. Toutefois, quand l'homme se pencha plus près et lui murmura à l'oreille: «Mademoiselle, vous devriez lire la note. J'ai une bombe», Florence comprit que ce vol ne serait pas un vol de routine.

Elle regarda de nouveau l'homme. Il avait environ 45 ans, mesurait environ 2 m (6½ pi) et sa peau semblait inhabituellement bien bronzée pour ce temps de l'année. Il portait un complet sombre et un imperméable, une chemise blanche soigneusement repassée et une cravate noire avec une pince à cravate nacrée. Il portait des verres fumés noirs. Le registre des passagers révélerait qu'il s'appelait Dan Cooper.

Florence fouilla dans sa poche pour prendre la note. Elle lut: «J'ai une bombe dans ma mallette, je l'utiliserai si nécessaire. Je veux que vous vous assoyiez près de moi. Je détourne votre avion.» La note demandait aussi 200 000 $ en billets non marqués, un camion-citerne de kérosène et quatre parachutes prêts sur la piste quand l'avion toucherait le sol (à l'aéroport international de Seattle-Tacoma), sinon Dan Cooper ferait sauter l'avion en plein ciel.

Ne voulant pas alarmer les passagers, Florence se déplaça aussi calmement qu'elle le put vers le poste de pilotage et mit le capitaine, William Scott, au courant de la note. Il envoya un message radio à la tour de contrôle qui, en retour, alerta la police de Seattle et le FBI.

La prochaine étape consistait à découvrir si Dan Cooper bluffait. Le capitaine Scott demanda à Florence de retourner à la rangée 18 pour voir si la bombe existait bien. Elle se glissa dans un siège à côté du pirate de l'air, qui s'était déplacé vers un siège avec hublot, et lui demanda calmement : « De quelle bombe parlez-vous ? »

L'homme ouvrit la mallette et la referma très vite. Ce rapide aperçu permit à Florence de voir des cylindres rouges, des fils et une grosse batterie. Elle avait l'air assez vraie. Cooper exigea alors que l'avion n'atterrît pas avant que son argent et ses parachutes ne fussent prêts à Seattle. Florence transmit le message au poste de pilotage et le capitaine le transmit par radio à l'aéroport SEA-TAC.

Cooper avait abattu ses cartes et elles étaient bonnes. Comment les autorités réagiraient-elles ? Le FBI appela le président de la Northwest chez lui, à Minneapolis, et celui-ci prit une décision rapide : « Faites tout ce que l'homme demande. »

« Il semblait plutôt gentil. »

Ils le firent : ils utilisèrent des billets non marqués comme l'avait spécifié Cooper, mais ils jouèrent aussi quelques-uns de leurs atouts. Ils mirent dans la valise des billets de 1969, dont la plupart avaient un numéro de série débutant par un L, ce qui les rendait plus faciles à retrouver. Les agents utilisèrent aussi un appareil Recordak à microfilm pour photographier rapidement tous les 10 000 billets de 20 $.

Le FBI s'affairant et l'avion décrivant des cercles au-dessus de Seattle, Cooper était assis calmement dans son siège, savourant une cigarette. Il commanda aussi un bourbon avec soda auprès des agents de bord, qu'il offrit de payer.

Il était 17 h 24 quand le message disant que l'argent et les parachutes étaient en route arriva du contrôle du trafic aérien de l'aéroport. L'avion atterrit à Seattle 15 minutes plus tard.

Les passagers ignoraient ce qui se passait. Pour eux, le vol se déroulait comme à l'habitude, quoiqu'il fût un peu plus long que prévu. Cooper parut heureux de ne pas les alarmer et les laissa descendre. Mettant fin au vol le plus mémorable de sa vie, Florence Schaffner descendit aussi à Seattle.

Cooper insista pour garder à bord le capitaine Scott, le copilote William Rataczak, l'agente de bord Tina Mucklow et l'ingénieur de vol H.E. Andreson. Il demanda à la tour de contrôle d'envoyer de la nourriture fraîche pour l'équipage. Ensuite, il ordonna à Scott de déplacer lentement l'avion vers un coin éloigné de l'aéroport et de tamiser l'éclairage du poste de pilotage. Là, hors de la vue des policiers et hors d'atteinte de tout tireur d'élite, le passager du siège 18C attendit son argent.

L'évasion

Les lumières de la tour de contrôle de l'aéroport brillaient dans la pluie du ciel bleu-noir de novembre. Le vent s'était levé. La nuit allait être orageuse.

Dans le 727, Cooper devenait un peu nerveux. Le remplissage des réservoirs était trop lent ; il menaça alors de faire exploser son engin sur-le-champ à moins que l'équipe de ravitaillement n'accélérât le rythme.

Enfin, les phares d'un véhicule de la Northwest Orient balayèrent la piste. Un employé de la compagnie aérienne tremblant gravit l'escalier arrière et tendit l'argent et les parachutes à l'agente de bord Mucklow.

Le FBI fit paraître ce dessin d'artiste de « Dan Cooper », le pirate de l'air suspect, qui sauta en parachute du jet 727 de la Northwest Airlines après avoir encaissé une rançon de 200 000 $ à Seattle.

Le ravitaillement en carburant complété, Cooper vérifia la rançon et les parachutes, établit un plan de vol et rentra l'escalier arrière. Il ordonna ensuite à l'équipe de faire rouler lentement l'avion sur la piste et de se préparer pour le décollage. Destination : la ville de Mexico.

En dépit du déroulement sans anicroche de son plan jusqu'alors, les chances de réussir étaient de moins en moins favorables à Cooper. Le FBI avait assurément livré la rançon, mais on n'allait pas simplement le regarder s'envoler dans le soleil couchant avec l'argent. L'aéroport de Seattle-Tacoma grouillait d'agents. Des chasseurs F-106 de la US Air Force avaient décollé d'urgence pour prendre en filature le 727 quand il s'envola. Personne n'avait été assez fou à ce jour pour tenter même de sauter en parachute d'un avion de ligne en vitesse de croisière mais, si Cooper s'y risquait, les pilotes des chasseurs le verraient sauter et pourraient indiquer sa zone d'atterrissage.

Cooper ordonna au capitaine Scott de ne voler qu'à 170 nœuds (200 mi/h) et à 3 000 m (10 000 pi) d'altitude – l'altitude normale de croisière se situe entre 7 500 et 9 000 m (entre 25 000 et 37 000 pi) – pour minimiser les risques au moment de son saut. Toutefois, voler si bas et si lentement limitait l'autonomie de l'avion à seulement 1 600 km (1 000 mi). S'il ne sautait pas, ils devraient refaire le plein de carburant à Reno, où les autorités seraient sans doute prêtes à lui sauter dessus.

La météo jouait aussi contre lui ; une forte pluie balayait l'État du Washington. On était presque en décembre et le ciel au-dessus de la côte nord-ouest du Pacifique était loin d'être hospitalier.

Cooper dit au capitaine Scott de garder la cabine dépressurisée. Cela réduirait l'afflux d'air quand il ouvrirait la porte arrière pour tenter de fuir en parachute.

L'avion montait toujours dans les nuages de pluie quand Cooper se tourna vers Tina Mucklow, qui était assise à ses côtés, et lui dit de marcher jusqu'au poste de pilotage et d'y rester.

Tina obéit mais, en passant le rideau de la section des sièges de la première classe, elle regarda derrière. Cooper

L'agent du FBI Ralph Himmelsbach (*2e à droite*) questionne M. et Mme Harold Dwayne Ingram (*à gauche*) dans les bureaux du FBI où on annonça que Brian, le fils de 8 ans des Ingram, avait trouvé l'argent du détournement de Dan Cooper lors d'une sortie familiale sur la rive nord du fleuve Columbia.

semblait lier quelque chose à sa taille avec une corde. Quelques minutes plus tard, la lampe témoin d'alerte « porte ouverte » clignota. Elle n'indiquait pas une porte en particulier, mais l'équipage se doutait qu'il s'agissait de celle de l'escalier de la section arrière, sous la queue de l'avion et le moteur arrière. Le 727 était le seul avion à bord duquel un passager pouvait avoir accès à cet escalier.

> L'escalier du Boeing 727 n'était pas conçu pour se déployer en vol. Il opérait avec la gravité et quand Cooper l'ouvrit, l'escalier resta déployé jusqu'à l'atterrissage de l'avion.

À 20 h 10, après 24 minutes de vol vers le sud, le 727 franchit la rivière Lewis au sud-est du Washington, à environ 40 km (25 mi) au nord de Portland. En survolant la rivière, l'équipage nota que l'avion exécuta une « curieuse petite révérence ». Le pilote dut corriger sa trajectoire de vol.

L'escalier du Boeing 727 n'était pas conçu pour se déployer en vol. Il fonctionnait avec la gravité et, une fois que Cooper l'eût ouvert, l'escalier resta déployé jusqu'à l'atterrissage de l'avion.

Peut-être que Dan Cooper avait sauté dès que la porte s'était abaissée. Ou peut-être qu'il était resté quelques moments sur le seuil, fixant l'œil noir de la tempête et s'interrogeant sur les dangers que lui réservaient l'étape qu'il allait franchir. Personne ne le sait. Toutefois, ce qui est certain, c'est qu'il avait endossé un parachute, pris son argent et sauté dans la tourmente à 320 km/h (200 mi/h). Parfois, la chance joue en faveur du brave : la pluie était si forte que les pilotes des chasseurs F-106 qui suivaient l'avion ne le virent pas sauter.

On ne le revit jamais plus.

La chasse à l'homme

Un peu après 22 heures ce soir-là, le Boeing 727 atterrit à Reno avec son escalier arrière toujours déployé traînant sur la piste. Les agents du FBI fouillèrent l'avion de fond en comble et ne trouvèrent que deux des quatre parachutes, la cravate de Cooper avec sa pince à cravate nacrée et quelques empreintes de doigts près de son siège. Il avait pris les deux parachutes militaires et laissé derrière lui les deux parachutes sports plus manœuvrables.

Les enquêteurs connaissaient l'itinéraire de l'avion et ils avaient une idée approximative du moment où Cooper avait sauté : au moment de la

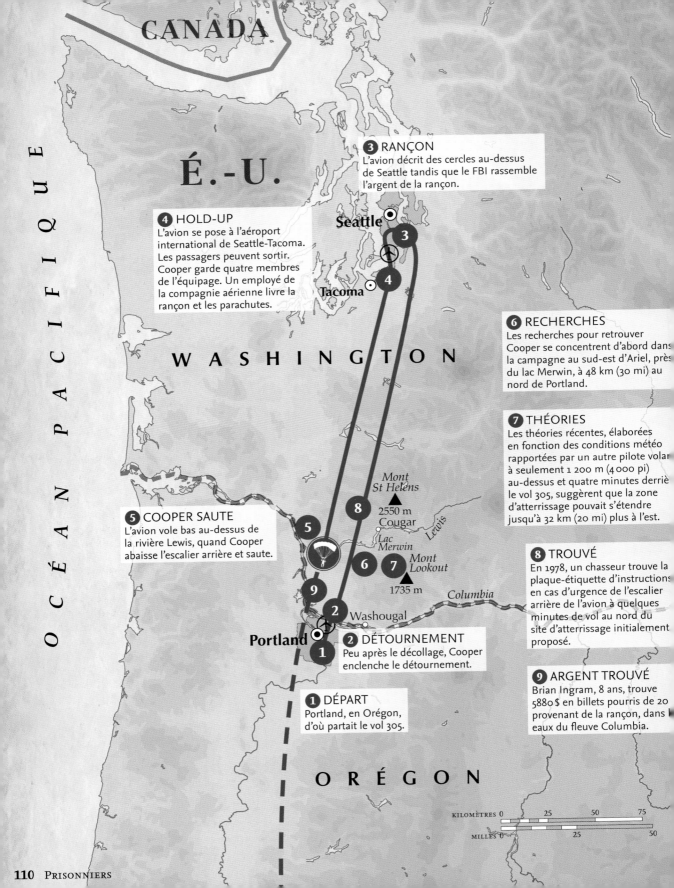

CANADA

É.-U.

3 RANÇON
L'avion décrit des cercles au-dessus de Seattle tandis que le FBI rassemble l'argent de la rançon.

4 HOLD-UP
L'avion se pose à l'aéroport international de Seattle-Tacoma. Les passagers peuvent sortir. Cooper garde quatre membres de l'équipage. Un employé de la compagnie aérienne livre la rançon et les parachutes.

Seattle

Tacoma

6 RECHERCHES
Les recherches pour retrouver Cooper se concentrent d'abord dans la campagne au sud-est d'Ariel, près du lac Merwin, à 48 km (30 mi) au nord de Portland.

7 THÉORIES
Les théories récentes, élaborées en fonction des conditions météo rapportées par un autre pilote volant à seulement 1 200 m (4 000 pi) au-dessus et quatre minutes derrière le vol 305, suggèrent que la zone d'atterrissage pouvait s'étendre jusqu'à 32 km (20 mi) plus à l'est.

WASHINGTON

Mont St Helens
2550 m
Cougar

Lac Merwin

Lewis

5 COOPER SAUTE
L'avion vole bas au-dessus de la rivière Lewis, quand Cooper abaisse l'escalier arrière et saute.

Mont Lookout
1735 m

8 TROUVÉ
En 1978, un chasseur trouve la plaque-étiquette d'instructions en cas d'urgence de l'escalier arrière de l'avion à quelques minutes de vol au nord du site d'atterrissage initialement proposé.

Columbia

Washougal

2 DÉTOURNEMENT
Peu après le décollage, Cooper enclenche le détournement.

Portland

9 ARGENT TROUVÉ
Brian Ingram, 8 ans, trouve 5880 $ en billets pourris de 20 provenant de la rançon, dans les eaux du fleuve Columbia.

1 DÉPART
Portland, en Orégon, d'où partait le vol 305.

ORÉGON

OCÉAN PACIFIQUE

KILOMÈTRES 0   25   50   75
MILLES 0   25   50

« révérence ». Par contre, comme l'avion se déplaçait à 90 m/s (300 pi/s) et que le temps était agité ce 24 novembre, même quelques secondes de doute sur le moment exact de son saut empêchaient de prédire son lieu d'atterrissage avec une précision de 100 %. Les policiers durent déployer un plus vaste filet, en fouillant minutieusement un territoire isolé de 73 km² (28 mi²). De la fin de 1971 jusqu'au printemps de 1972, le FBI organisa l'une des plus intenses chasses à l'homme de l'histoire du nord-ouest des États-Unis. Ses agents, travaillant en équipe avec la police locale et plus de 200 soldats de l'armée régulière, ratissèrent la campagne à pied, en bateau et en hélicoptère.

Ils ne trouvèrent aucune trace de Cooper, de ses parachutes, de son argent ou de sa mallette contenant la bombe.

Les enquêteurs transmirent aussi aux banques, compagnies de placements, entreprises et journaux les numéros de série des 10 000 billets de 20 $. Scotland Yard et d'autres organismes internationaux d'application de la loi étaient sur un pied d'alerte. La Nortwest Airlines offrit une récompense de 25 000 $ pour tout renseignement permettant de retrouver l'argent. Le *Oregon Journal* offrit 1 000 $ à la première personne qui identifierait le premier billet du butin.

Personne ne réclama jamais l'une ou l'autre récompense.

Les billets de 20 $ sérieusement décomposés ont été montrés aux journalistes, après que la vérification de leurs numéros de série eut démontré qu'ils étaient identiques à ceux versés au pirate de l'air Dan Cooper. L'argent partiellement enterré dans le sable fut trouvé par Brian Ingram, huit ans, sur la rive nord du fleuve Columbia.

Si Cooper avait survécu, pourquoi l'argent n'avait-il jamais refait surface ? Le FBI devenait de plus en plus enclin à résoudre les crimes financiers importants en remontant la piste des billets volés. Et ils bénéficiaient sûrement de la publicité pour les aider à découvrir des indices si on les avait dépensés. Si, par contre, il s'était tué en sautant, où était le corps ? Même s'il avait plongé dans un ravin ou un lac, un morceau des parachutes ou de l'argent aurait sûrement été découvert ?

Chaque piste menant à un cul-de-sac et aucun autre élément de preuve n'étant mis au jour, la piste se refroidit.

Ce ne fut pas avant la fin de 1978 qu'un indice significatif fit surface. Un chasseur trouva une fiche d'instructions de l'escalier arrière de l'avion détourné à seulement quelques minutes de temps de vol de la zone d'atterrissage prévue de Cooper. Cela réorienta une nouvelle série de recherches, mais rien d'autre ne fut découvert.

Puis, en février 1980, Brian Ingram, un garçonnet de huit ans, s'amusait lors d'un pique-nique familial au bord du fleuve Columbia quand il trouva 5 880 $ en billets de 20 $ pourris. Ils étaient attachés avec des bandes élastiques et se révélèrent être une part de la rançon versée neuf ans plus tôt.

Le FBI croyait que l'argent avait pu être entraîné dans le fleuve par un de ses affluents, plusieurs d'entre eux se trouvant dans la zone de largage. Cela renforça la conviction des agents que Cooper n'avait pas survécu au saut. Mais, si c'était le cas, pourquoi l'argent avait-il mis si longtemps avant de réapparaître ? La découverte ne semblait qu'approfondir le mystère.

Quand, en octobre 2007, le FBI annonça qu'il avait élaboré un profil partiel à partir de l'ADN de la cravate de Cooper, il semblait que la solution de l'affaire fût toute proche. Cependant, à ce jour, le profil n'a servi qu'à exclure certains des suspects les plus probables.

Mort ou vivant, Dan Cooper s'est échappé.

Des agents du FBI creusent le sable sur la rive nord du fleuve Columbia, où une partie de l'argent du détournement de Dan Cooper fut trouvée par la famille de Harold Dwayne Ingram.

La prise d'assaut de Fresnes

Lors d'un assaut parmi les plus éhontés de l'histoire, une équipe – qui avait tout d'un commando – bombarda les portes et les miradors d'une prison parisienne pour libérer son chef, Antonio Ferrara. Ensuite, débuta la chasse pour retrouver l'homme le plus recherché d'Europe.

Date
2003

Contexte
Évasion de prison

Nature de l'épreuve
Incarcération en isolement

Durée de l'épreuve
8 mois

Moyens de survie
Assaut de style commando

Nombre de survivants
1

Dangers
Tirs d'armes à feu, explosion, intervention d'autres groupes policiers

Équipement
AK-47S, lance-grenade, dynamite

Six voitures s'embrasèrent en éclairant la nuit dans une rue de la banlieue de Paris. Quelques résidents locaux endormis, réveillés par le bruit, impressionnés et craintifs, regardèrent les flammes se répandre. Quelque part, une radio crépitait en aboyant des ordres. Lointaines d'abord, les sirènes de police hurlaient en se rapprochant. Les voitures de pompier bringuebalaient dans les rues étroites. Il était 4 h du matin. Était-ce le début d'une émeute ? un accident chimique ? un assaut terroriste ?

Personne n'aurait pu deviner que c'était seulement une diversion.

Le grand petit homme

Le 12 octobre 1973, Antonio Ferrara vint au monde dans une famille pauvre, près de Naples, en Italie. Ses parents émigrèrent en France avec ses six frères et sœurs en 1983 et il grandit dans la banlieue parisienne de Choisy-le-Roi. Il quitta l'école à 16 ans et, après quelques mois à occuper des emplois subalternes, il commença sa vie de criminel.

Au milieu des années 1990, Ferrara était devenu un spécialiste du vol de véhicules blindés. Dans tout le milieu de la pègre française, il avait acquis une célébrité pour son talent à installer l'exacte quantité de dynamite requise pour faire sauter un fourgon blindé sans endommager les billets de banque à l'intérieur.

Lors d'un vol typique de ce genre, un véhicule blindé de la Valiance fut attaqué à Toulouse par un gang de huit à dix hommes équipés de kalachnikovs et de FAMAS (fusil d'assaut français). Le personnel du véhicule fut menacé, les hommes masqués firent rapidement sauter les portes et disparurent à bord de voitures rapides dans les rues d'un quartier populaire. On estime que Ferrara réussit avec succès environ 15 vols à mains armées de ce genre.

Il commença à se mêler aux cercles criminels les plus influents et cultiva une réputation de violence. S'élevant rapidement dans les rangs de la pègre, il devint membre d'un groupe d'experts en vols de banque surmommé «L'équipe de rêve» par la presse française et décrit comme «le gang le plus dangereux d'Europe» par l'Interpol.

La police en vint à reconnaître les signes distinctifs de ses techniques de vol et il devint l'un des voleurs les plus recherchés d'Europe. Il était aussi recherché pour une tentative de meurtre commise en 1996.

Ferrara était surnommé «El Niño» («petit garçon» en espagnol) – quoique probablement par ceux qui le connaissaient très bien seulement –, parce qu'il ne mesurait que 1,65 m (5 pi 5 po).

Jouer à police-bandits

Ferrara semblait avoir une aptitude à s'évader de prison. Il fut arrêté en 1997, mais il s'évada l'année suivante quand des complices le libérèrent durant une visite à l'hôpital. Après quatre années de cavale, il fut recapturé et, en janvier 2003, condamné à huit ans d'emprisonnement pour le vol à main armée de deux banques. Il fut envoyé à La Santé, la prison à sécurité maximum au centre de Paris.

Une chose qui rendait Ferrara particulièrement dangereux était son habileté à dénicher un garde ou un policier à l'intérieur qui fût facile à persuader. Lucien Aimé, ancien directeur de l'Office central de la Répression contre le Banditisme, disait que des bandits comme Ferrara étaient prêts à payer 2,5 millions de dollars (plus de 1,7 million d'euros) ou plus pour qu'on les aidât à s'échapper.

Ferrara n'était à La Santé que depuis un mois quand les responsables trouvèrent 0,5 kg (1 lb) de plastic et cinq détonateurs qu'on avait introduits clandestinement dans sa cellule. Cette petite cache lui mérita un transfert à Fresnes, supposée être l'une des prisons les plus sécuritaires d'Europe.

L'assaut contre la prison de Fresnes

Le 12 mars 2003, à 4 h 30 du matin, six hommes masqués et très lourdement armés se présentèrent en voiture devant les énormes portes de la prison de Fresnes.

Les hommes descendirent de l'auto; les gardes dans les miradors

Prison de La Santé *(au centre)*, à Paris

de la prison eurent le temps de voir qu'ils portaient des gants et des brassards de la police. Cependant, ce coup d'œil au déguisement astucieux qui fit taire leurs soupçons perdit aussitôt toute importance quand les hommes sortirent et pointèrent des bazookas et des AK-47 sur la prison.

Sans hésitation aucune, deux hommes mitraillèrent les miradors, ce qui obligea les gardes à foncer à l'abri et causa de graves dommages. Un autre membre de l'équipe tira des salves au bazooka et à l'AK-47, tandis que les autres utilisèrent des grenades propulsées pour faire un trou géant dans la lourde porte de la prison. De la dynamite et une autre grenade eurent raison de la deuxième porte intérieure blindée.

Entre-temps, Ferrara faisait sauter les barreaux de sa cellule. Il utilisa les explosifs fournis par son avocat Karim Achoui, qu'un garde corrompu lui avait passés dans une balle de tennis. Si Ferrara avait été dans sa cellule habituelle, il aurait été trop loin des portes de la prison pour s'évader. Toutefois, le soir précédent, il avait refusé qu'on fouillât sa cellule durant les rondes de routine.

Pour les gardes, cela avait été à mettre au compte de l'insolence particulière du fier hors-la-loi. Ils l'envoyèrent comme prévu se calmer dans l'aile de

confinement solitaire. Ce bâtiment était situé près de la porte arrière de la prison. Par conséquent, lorsque la dynamite fit sauter le mur de sa cellule, il fut capable de rejoindre aisément ses complices. Tous s'enfuirent rapidement de la prison à bord de leurs trois «voitures de police», sirènes hurlant et gyrophares clignotant. L'opération avait duré moins de 10 minutes.

Les équipes de policiers et de pompiers les plus près étaient toujours occupés par la diversion des six automobiles en flammes, ce qui donna au gang quelques cruciales minutes supplémentaires pour disparaître.

On pense que l'un des attaquants avait été blessé à un œil, mais aucun gardien ne fut touché lors de l'évasion. Les autorités décrivirent l'évasion comme «une opération de style militaire, utilisant des armes de guerre» et une «attaque précise au millimètre près».

Toutefois, l'opération n'était pas parfaite objectivement. Une arme de poing, un fusil d'assaut, un bâton d'explosif, des détonateurs et des traces de sang de l'œil blessé furent tous laissés derrière. Ferrara lui-même commit une erreur: il laissa son téléphone mobile dans sa cellule. Éventuellement, les policiers s'en serviraient pour les retrouver, lui et ses complices.

2 PARIS
Ferrara laisse sa marque distinctive lors d'attaques de fourgons blindés partout en France, dont Paris, Toulouse et Marseille.

7 ARRESTATION
Il est finalement capturé dans un bar du 12e arrondissement à Paris, pendant un coup monté clandestinement.

4 NOUVELLE ARRESTATION
Quatre ans plus tard, il est repris et envoyé à La Santé, une prison à sécurité maximum au centre de Paris.

5 TRANSFERT
Un mois plus tard, les gardiens de la prison trouvent des explosifs dans sa cellule et il est transféré à Fresnes.

1 CHOISY-LE-ROI
La banlieue parisienne de Choisy-le-Roi où Antonio Ferrara et sa famille s'établirent après avoir émigré d'Italie.

6 EN CAVALE
À la suite de son évasion spectaculaire de Fresnes, il s'enfuit dans le sud, présumément au sein de la pègre de Marseille.

3 ÉVASION
Après sa premières arrestation, il est envoyé à la prison de Fleury-Mérogis. Il s'échappe durant un examen médical.

8 RETOUR DERRIÈRE LES BARREAUX
Ferrara est finalement condamné à 17 ans de réclusion, dont il passe la plus grande partie en confinement solitaire à Fleury-Mérogis.

Fuite et re-capture

Ferrara s'enfuit dans le sud de la France, se jeta sous le couteau du chirurgien plasticien, et fit modifier spectaculairement ses traits dans le but de rester déguisé de façon définitive. Quoiqu'il se teignît les cheveux et qu'il changeât de résidence tous les soirs, sa liberté nouvellement retrouvée ne dura que quatre mois.

Nicolas Sarkozy, l'inflexible ministre de l'Intérieur, déclara Ferrara l'homme le plus recherché en France. Sarkozy, qui serait élu président de la France, organisa l'une des plus grandes chasses à l'homme de l'histoire française, faisant de la re-capture de Ferrara sa priorité personnelle.

Tandis que les mois s'écoulaient, les complices de Ferrara furent capturés l'un après l'autre. Au bout du compte, 14 d'entre eux furent traduits en justice.

Finalement, au début de la soirée du 10 juillet 2003, Ferrara entra dans un bar bondé du 12ᵉ arrondissement à Paris pour rencontrer un ami. Des touristes et des habitués se bousculaient pour une place dans l'atmosphère animée, tandis que le maître criminel s'assoyait avec un verre pour parler affaires.

Soudain, il fut cerné par les policiers. Presque chaque consommateur était un policier en civil – au total, 40

L'avocat français Karim Achoui *(au centre)* arrive au palais de justice de Paris, le 2 octobre 2008, avant le début du procès de son ancien client, Antonio Ferrara.

agents fondirent sur lui. C'était le point culminant d'une vaste opération clandestine et Ferrara fut arrêté. « Encore vous ? » se contenta-t-il de déclarer.

Le prix à payer

Le 14 décembre 2008, Antonio Ferrara, 35 ans, fut condamné à 17 ans de prison pour sa spectaculaire évasion de la prison de Fresnes. Plusieurs complices furent aussi condamnés, dont Karim Achoui, l'avocat qui avait fait passer des explosifs, qui hérita d'une sentence de sept ans.

La police française avait peut-être été en retard de deux pas sur Antonio Ferrara durant de nombreuses années, mais elle avait finalement pris la mesure de l'homme. Ferrara fut incarcéré à la prison de Fleury-Mérogis dans la banlieue sud de Paris. Quoique ce soit la plus grande prison d'Europe, avec 3 800 prisonniers, Ferrara est détenu seul dans une section de la prison spécialement construite pour lui. Il est demeuré en confinement solitaire depuis 2003. Vingt-trois gardes armés assurent une surveillance constante. Les cellules voisines restent vides pour éviter tout contact avec d'autres détenus. Il ne lui est pas permis de parler à quiconque, ni d'étudier ou de travailler. Il ne voit jamais la lumière du jour ; le petit corridor de 12 m (40 pi) dans lequel il fait de l'exercice est même couvert par une voûte de métal. Il prend sa douche devant des gardiens vêtus de gilets pare-balles et munis de gaz lacrymogène et de pistolets électriques. Chaque jour, il change de cellule et son ancienne cellule est fouillée. Il subit quotidiennement aussi une fouille corporelle complète. Il ne sera pas éligible à la liberté conditionnelle avant 2033.

Le palais de justice de Paris, le 31 août 2010, avant le début du procès en appel d'Antonio Ferrara et de sept autres personnes

GUERRE

L'homme qui aurait pu être roi

Le prince Bonnie Charles a pu être vaniteux et bête mais, après la défaite de Culloden, il s'avéra un homme d'une grande endurance et plein de ressources. Pendant cinq mois, il vécut dans les étendues sauvages des Highlands d'Écosse et brava les mers sauvages des Hébrides, réussissant à déjouer les forces regroupées de l'une des plus puissantes nations sur Terre.

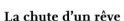

Date
1746

Contexte
Chef d'une rébellion qui a échoué

Nature de l'épreuve
Poursuivi par les troupes gouvernementales

Durée de l'épreuve
5 mois

Moyens de survie
Se cacher dans les étendues sauvages des Highlands d'Écosse, fuir par bateau

Nombre de survivants
1

Dangers
Capture, trahison, épuisement

Équipement
Prêt à toutes les ruses, loyauté

CI-DESSUS, À DROITE
Cairn commémorant la bataille de Culloden en 1746, lors de laquelle les troupes jacobites furent mises en déroute par les troupes gouvernementales, ce qui stoppa la campagne pour le pouvoir de la dynastie des Stuart.

La chute d'un rêve

Culloden fut un bain de sang. Dernière bataille rangée livrée en Angleterre, elle fut aussi l'une des plus inégales. Les hostilités débutèrent à 13 h, le 16 avril 1746, et, en moins de 40 min, les rangs disciplinés des Habits rouges avaient bravé la charge sauvage des Highlanders et l'avaient repoussée. Mousquets et mitrailles mirent en pièces les rebelles, puis les troupes gouvernementales commencèrent à massacrer blessés et vaincus sur la lande morne et détrempée par la pluie.

« ... les baïonnettes des soldats étaient tachées et couvertes du sang séché des rebelles jusqu'à la gueule de leurs mousquets. »

Et commença alors la fuite désespérée de l'homme qu'ils appelaient *Bonnie Prince Charlie*. Durant les cinq mois qui suivirent, ce dandy de 25 ans ferait preuve de courage, de ténacité et de ruse et il gagnerait la loyauté farouche de nombreux partisans, en dépit de sa tête mise à prix pour une énorme somme.

Le jeune prétendant

Charles Edward Stuart était le petit-fils de Jacques II et VII, le roi exilé d'Angleterre, d'Écosse et d'Irlande. Soutenu par la France, le «jeune prétendant» catholique lança une rébellion jacobite contre la domination protestante du roi George II en 1745.

Débarquant en Écosse de l'Ouest, il obtint le soutien des clans les plus importants, puis, marchant vers le sud, il prit Édimbourg et mit en déroute la seule armée gouvernementale en Écosse à la bataille de Prestonpans. Son armée, grandissant en taille et en confiance, s'aventura aussi loin au sud qu'à Derby, en décembre 1745.

Se fiant à de faux rapports disant qu'une armée gouvernementale s'assemblait au sud, le prince retraita vers le nord, ce qui donna aux Anglais le temps de rassembler une véritable armée. Commandées par le duc de Cumberland, fils de George II, les troupes rattrapèrent le jeune prétendant à Culloden. Charles Stuart n'avait pas vraiment de plan pour des renforts. Son armée se mourant dans la boue sous ses yeux, il s'enfuit avec quelques loyaux partisans.

Pour sa part, le gouvernement avait assurément un plan : capturer le prince et effacer toute trace de la rébellion. Il offrit une récompense de £30 000 (plus de 70 millions de dollars/50 millions d'euros aujourd'hui). Un prince ne pouvait voyager sans donner l'éveil, même dans un territoire aussi sauvage que les Highlands d'Écosse. Les gens le reconnaîtraient. Les gens le cacheraient. Et l'un d'eux serait sûrement tenté de s'enrichir par un simple mot.

Le prince se dirigea vers Fort Augustus, à l'extrémité sud-ouest du Loch Ness, où il s'attendait à trouver un rassemblement des clans. En route, il rendit visite à lord Lovat, chef du clan Fraser et homme rusé, surnommé Simon le Renard. Autrefois partisan de la cause jacobite, Lovat sentait que le vent avait tourné. Il accueillit apparemment le prince avec un verre de vin et le laissa reprendre sa route après deux autres verres.

Il n'y avait pas de rassemblement à Fort Augustus. Déçu, le prince et son petit groupe descendirent plus loin dans le Great Glen, puis s'enfoncèrent dans les étendues sauvages à l'ouest du Loch Lochy.

Encore aujourd'hui, c'est un territoire désolé ; c'était alors une étendue sauvage dénuée de pistes, ou presque. Les fugitifs durent abandonner leurs chevaux et continuer à pied. Dormant dans des bergeries isolées et se déplaçant de nuit, ils traversèrent les montagnes de Glenfinnan vers Arisaig et les plages du Loch nan Uamh sur la côte ouest. C'était là que, tout juste neuf mois plus tôt, le prince était arrivé à bord du brick français *Du Teillay*, prêt à revendiquer le trône.

Désormais, la seule route qui s'ouvrait à lui le ramenait en France, où il pourrait peut-être persuader les Français de monter une invasion à grande échelle. Entre-temps, ses alliés des Highlands devraient se débrouiller du mieux qu'ils le pouvaient.

Toutefois, il n'avait pas de navire. Les grands chefs de clans de l'île de Skye, les MacLeod et les MacDonald, avaient aussi vu que le vent tournait et laissèrent tomber le Prétendant. Avec tous les vaisseaux disponibles de la marine royale prêts à l'intercepter, l'avenir était sombre.

Toutefois, un élément crucial de désinformation s'était rendu jusqu'aux forces gouvernementales : selon certaines sources, le prince s'était enfui aux îles éloignées de Saint-Kilda, à 80 km (50 mi) au-delà des Hébrides extérieures dans l'Atlantique. Les navires de la flotte royale y mirent le cap, ce qui permit à Charles de quitter discrètement le continent pour les Hébrides extérieures.

Naviguer dans la tempête

Dans un minuscule bateau non ponté, avec une tempête qui se levait, le voyage depuis Arisaig vers les Hébrides extérieures devenait une épreuve terrifiante. Le capitaine du bateau était Donald MacLeod de Gualtergill, 68 ans, qui connaissait ces eaux aussi bien que quiconque.

Plus tard, le vieil homme déclara qu'il n'avait jamais navigué par pire tempête et que les passagers s'attendaient à ce que chaque vague les fracassât sur les rochers ou engloutît le bateau et les envoyât directement par le fond.

> **« J'aurais préféré affronter canons et mousquets plutôt que sombrer dans une telle tempête. »**

Néanmoins, ils traversèrent le détroit de Cuillin entre Skye et Rum et pénétrèrent dans le détroit du Minch, l'une des plus redoutables étendues d'eau des îles britanniques. Naviguant par vent sud-est, ils filèrent dans la tempête huit heures durant, dans une noirceur quasi totale. À l'aube, ils virent qu'ils étaient près de la côte de Benbecula, ayant distancé leurs poursuivants de 100 km (60 mi).

Le filet se resserre

Les deux mois suivants donnèrent lieu au jeu du chat et de la souris. L'amirauté sachant alors que le prince n'était pas à Saint-Kilda, les navires royaux retournèrent patrouiller les eaux autour des Hébrides extérieures, prêts à se jeter sur tout vaisseau français qui pourrait tenter d'emmener d'urgence le prince en sûreté. Un contingent d'Habits rouges avait aussi mis pied à terre à Barra, au sud, et montait vers le nord.

Statue du Bonnie Prince Charlie par Anthony Stones, à Derby, en Angleterre

Entre-temps, Donald MacLeod pilota Charles vers le nord, à Lewis et Harris, puis vers le sud de nouveau, dans les îles Uist et Benbecula, toujours avec une longueur d'avance sur leurs poursuivants.

> **« ... [le Prince était] maintenant poursuivi par au moins trois à quatre mille damnés chiens de meute, sur mer et sur terre, ne désirant que la capture et le sang noble de leur Prince. »**

Ce jeu mortel dura deux mois, jusqu'à ce qu'une stratégie nouvelle et audacieuse fût trouvée par le prince et ses conseillers.

Le prince en jupons

Flora MacDonald, jeune dame de l'île de Uist Sud, avait une servante irlandaise, Betty Burke. Le prince échangea ses beaux atours princiers contre la robe, les bas, les souliers et les jupons matelassés de Betty et monta à bord d'une minuscule chaloupe avec Flora et quatre rameurs.

Leur destination était Skye et ils se disaient que la hardiesse de leur plan faisait sa force : les forces gouvernementales ne pourraient se douter qu'une embarcation si petite et si peu gardée fût celle du prince. Le plan fonctionna. Quand un groupe de

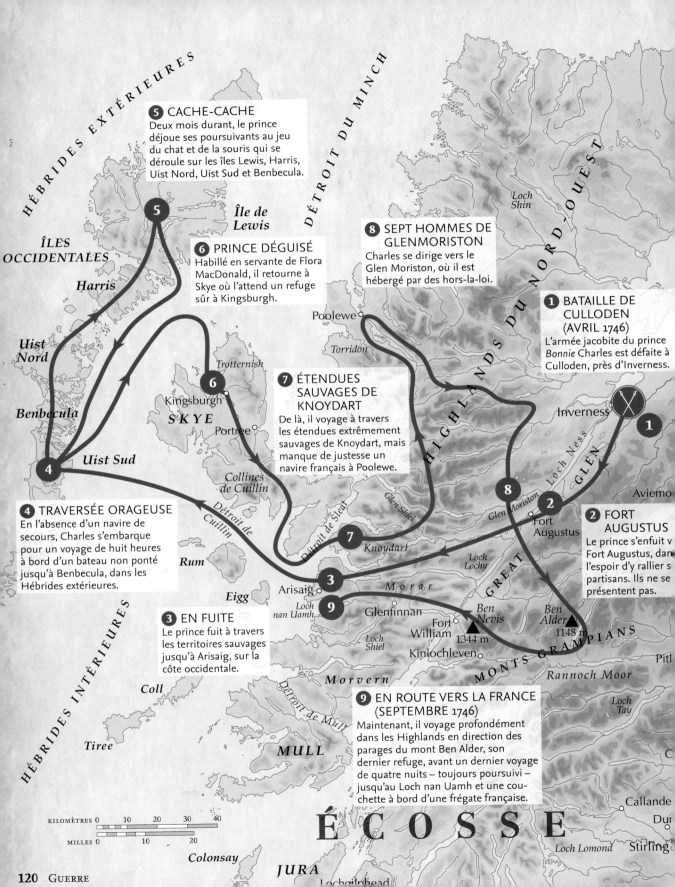

5 CACHE-CACHE
Deux mois durant, le prince déjoue ses poursuivants au jeu du chat et de la souris qui se déroule sur les îles Lewis, Harris, Uist Nord, Uist Sud et Benbecula.

6 PRINCE DÉGUISÉ
Habillé en servante de Flora MacDonald, il retourne à Skye où l'attend un refuge sûr à Kingsburgh.

8 SEPT HOMMES DE GLENMORISTON
Charles se dirige vers le Glen Moriston, où il est hébergé par des hors-la-loi.

1 BATAILLE DE CULLODEN (AVRIL 1746)
L'armée jacobite du prince *Bonnie* Charles est défaite à Culloden, près d'Inverness.

7 ÉTENDUES SAUVAGES DE KNOYDART
De là, il voyage à travers les étendues extrêmement sauvages de Knoydart, mais manque de justesse un navire français à Poolewe.

4 TRAVERSÉE ORAGEUSE
En l'absence d'un navire de secours, Charles s'embarque pour un voyage de huit heures à bord d'un bateau non ponté jusqu'à Benbecula, dans les Hébrides extérieures.

2 FORT AUGUSTUS
Le prince s'enfuit v Fort Augustus, dan l'espoir d'y rallier s partisans. Ils ne se présentent pas.

3 EN FUITE
Le prince fuit à travers les territoires sauvages jusqu'à Arisaig, sur la côte occidentale.

9 EN ROUTE VERS LA FRANCE (SEPTEMBRE 1746)
Maintenant, il voyage profondément dans les Highlands en direction des parages du mont Ben Alder, son dernier refuge, avant un dernier voyage de quatre nuits – toujours poursuivi – jusqu'au Loch nan Uamh et une couchette à bord d'une frégate française.

HÉBRIDES EXTÉRIEURES

DÉTROIT DU MINCH

Loch Shin

Île de Lewis

ÎLES OCCIDENTALES

Harris

HIGHLANDS DU NORD-OUEST

Poolewe

Torridon

Inverness

Aviemo

Uist Nord

Trotternish

Kingsburgh

SKYE

Portree

Collines de Cuillin

Glen Moriston

Fort Augustus

Benbecula

Uist Sud

Détroit de Cuillin

Glen Shiel

GREAT

GLEN

Loch Ness

Détroit de Sleat

Knoydart

Loch Lochy

Rum

Eigg

Arisaig

Morar

Ben Nevis

Ben Alder

Glenfinnan

Fort William

1344 m

1148 m

Loch nan Uamh

Kinlochleven

MONTS GRAMPIANS

Rannoch Moor

Loch Tay

HÉBRIDES INTÉRIEURES

Coll

Tiree

Détroit de Mull

Morvern

MULL

Callande

Dur

Loch Shiel

C

KILOMÈTRES 0   10   20   30   40

MILLES 0   10   20

ÉCOSSE

Colonsay

JURA

Pitl

Loch Lomond

Stirling

soldats les aperçut, ils ne réagirent pas comme des fugitifs, ce qui dissipa la méfiance des soldats. Leur combat principal avait plus à faire avec les conditions atroces de leur navigation. Pendant trois jours, ils ramèrent dans la brume, sous des vents violents et sur une mer déchaînée.

Skye n'était pas un refuge sûr: l'île grouillait d'Habits rouges. Flora et le prince furent forcés de passer par les zones les plus sauvages et marécageuses de la péninsule de Trotternish pour atteindre la maison des MacDonald de Kingsburgh, où ils trouvèrent un abri.

L'épouse de MacDonald fut vraiment surprise quand Miss Betty Burke apparut, visiblement non rasée, dans son hall d'entrée et l'embrassa avec gratitude.

La meute sur les talons

Le répit sur Skye fut bref. Au début de juillet, le prince fut forcé de traverser le dangereux détroit de Sleat vers le continent. Il n'y avait désormais rien de royal dans son allure. Il s'enfuit dans les Rough Bounds de Knoydart («frontière sauvage de Knoydart») qui, même à ce jour, est un territoire tout à fait sauvage. Dormant à la belle étoile dans la bruyère, protégé des éléments et des insectes par rien d'autre qu'un plaid, il se dirigea vers le nord au-delà des crêtes de Glen Shiel et des sommets escarpés de Torridon jusqu'à Poolewe, où un navire français s'était glissé

malgré le blocus pour le prendre à son bord. Il manqua le vaisseau de quelques heures.

Ensuite, sa chance tourna un peu. Quelques hommes ayant servi dans son armée et qui, depuis, étaient des marauders, l'abritèrent. Ces sept hommes de Glenmoriston cachèrent le prince dans une caverne haut dans les collines. La prime de £30 000 aurait résolu tous leurs problèmes, mais ils ne songèrent jamais à la réclamer.

Une duperie héroïque

C'est à peu près à cette période qu'un loyal jacobite appelé Roderick Mackenzie traversait le Glen Moriston. Les Habits rouges le prirent pour le prince et tirèrent sur lui. Mortellement blessé, le rusé et brave Mackenzie composa avec leur erreur en s'exclamant dans un dernier soupir: «Hélas, vous avez tué votre prince!» La tête coupée de Mackenzie fut envoyée à Fort Augustus, au duc de Cumberland, qui crut qu'il avait eu son homme. La duperie donna au vrai prince une marge de manœuvre vitale.

Charles fila vers le sud, chez des alliés près du mont Ben Alder. Ils le cachèrent dans une maison perchée dans un arbre, haut sur les flancs de la montagne, en contrebas d'une falaise à pic.

Finalement, le prince entendit qu'une frégate française avait été vue au large d'Arisaig. Avec quelques gardes loyaux, il fit une marche forcée

de quatre nuits à travers les marais et les versants de la traîtresse lande de Rannoch, pour contourner les contreforts de l'imposant mont Ben Nevis.

Le 19 septembre, ils atteignirent le Loch nan Uamh, l'endroit même où il avait mis pied à terre, 14 mois plus tôt, si plein d'espoir et de projets. Le fugitif royal, exténué et défait, monta à bord du vaisseau, ironiquement appelé *L'Heureux*, et, vers minuit, ils étaient au large, en route pour la France.

Un esprit rebelle écrasé

La prudence avec laquelle lord Lovat avait accueilli le prince avait été avisée, mais n'alla pas assez loin: il fut exécuté pour trahison sur la Colline de la Tour (Tower Hill), à Londres, l'année suivante. Il fut le dernier homme à être décapité en Angleterre.

D'autres sympathisants, nobles et hommes du commun, furent pendus ou emprisonnés dans les navires pénitenciers infects et pourris sur la Tamise. Plusieurs moururent dans des conditions épouvantables.

Les bateliers qui l'avaient aidé à s'échapper furent torturés jusqu'à ce qu'ils fissent des aveux.

> **«Trente mille livres!... Je n'aurais pu en jouir quarante-huit heures. Ma conscience n'aurait jamais été tranquille... Et même si on m'avait offert toute l'Angleterre et toute l'Écosse pour ma peine, je n'aurais jamais permis qu'on touche à un cheveu de sa tête si j'avais pu l'empêcher.»**
> **Donald MacLeod, le batelier, expliquant pourquoi il n'avait pas été tenté par l'énorme rançon.**

Flora MacDonald fut arrêtée, mais relâchée plus tard. Elle se maria et vécut à Skye, exception faite de cinq ans passés aux États-Unis, jusqu'à 1790.

Le prince essaya de persuader le gouvernement français de monter une seconde invasion, mieux préparée, mais ces plans n'aboutirent jamais. Le prince *Bonnie* Charles avait eu son moment de gloire. Durant les 40 années suivantes, il vécut une vie de déception un peu triste et noyée dans l'alcool.

Le monument Glenfinnan, sur la plage du Loch Shiel, fut érigé en 1815 en mémoire des soldats qui moururent pour la cause jacobite.

Le dernier des 16 000

Les 16 000 hommes, femmes et enfants qui quittèrent Kaboul savaient que leur voyage serait dangereux. Toutefois, ils n'anticipaient pas l'ampleur de la tragédie qui s'abbattrait sur eux. Ils moururent de froid dans les cols glacés et furent abattus par les membres de tribus afghanes hostiles. Un seul soldat, William Brydon, parvint en lieu sûr, à Jalalabad.

Date
1842

Contexte
Guerre

Nature de l'épreuve
Cerné par l'ennemi en Afghanistan

Durée de l'épreuve
7 jours

Moyens de survie
Combattre, s'enfuir à cheval

Nombre de survivants
1

Dangers
Être tué au combat, capture, épuisement, mourir de froid

Équipement
Fusil, épée, cheval

CI-DESSUS, À DROITE
Kaboul moderne, située à 1 800 m (5 900 pi) au-dessus du niveau de la mer dans une vallée étroite, coincée entre les montagnes de l'Hindu-Kuch le long de la rivière Kaboul

L'homme sur le cheval mourant

Les soldats britanniques derrière les remparts poussiéreux de Jalalabad regardaient avec stupéfaction le cheval exténué qui avançait péniblement dans leur direction. Son cavalier était quasi plié en deux sur sa selle. Du sang avait suinté sous son chapeau et couvrait son visage. Quand il fut plus près, ils purent distinguer son uniforme : c'était un Britannique aussi. Mais était-il vivant ?

Puis le cavalier descendit de sa monture, qui s'effondra pour ne plus respirer. L'homme bougea ses lèvres tuméfiées quelques secondes avant qu'un premier son en sortît. Finalement, d'une voix rauque, il déclara être l'aide-chirurgien Brydon, du 5e groupe d'infanterie indienne de l'armée du Bengale.

À ce moment, la consternation des soldats fut totale. Ce n'était pas Brydon lui-même qui était la cause de leur réaction, mais le fait qu'il ne fût accompagné d'aucun des 4 500 soldats indiens et britanniques, ni des 12 000 civils qui auraient dû se trouver avec lui.

L'idée folle d'Auckland

Depuis la défaite de Napoléon en 1812, la Grande-Bretagne voyait dans la Russie son plus grand ennemi. L'Inde, joyau de la couronne impériale, paraissait particulièrement vulnérable aux visées de l'ours russe. Lord Auckland, le gouverneur général de l'Inde, proposa un plan militaire audacieux : envahir l'Afghanistan et le tenir comme un État-tampon entre l'Inde et la Russie.

En 1839, comme prévu, une armée franchit le col de Khyber, atteignit Kaboul et chassa l'émir hostile Dost Mohammed Khan, qu'elle remplaça par un dirigeant plus sympathique aux intérêts britanniques.

Les envahisseurs commencèrent à s'installer, en établissant une garnison de 4 500 soldats indiens commandés par des officiers britanniques. Tout semblait bien se dérouler. Les soldats amenèrent leurs épouses et leurs familles à Kaboul.

Quand le major général William Elphinstone prit la direction de la garnison en 1841, son prédécesseur l'assura qu'il aurait la tâche facile : « Vous n'aurez rien à faire ici. »

Toutefois, les Afghans percevaient tout cela comme une invasion. Bientôt, leur riposte serait sérieuse.

Massacre

Les Britanniques furent trop confiants eu égard à leur situation. Ils avaient construit leur forteresse principale en terrain marécageux entouré de forts de montagne occupés par des Afghans. Leur principal dépôt de nourriture était à l'extérieur de la forteresse. Elphinstone était un mauvais commandant : miné par la goutte et le rhumatisme, il était aussi au bord de la folie.

La population afghane haïssait le gouvernement fantoche et tourna sa colère contre les Britanniques. Les soldats en patrouille étaient attaqués à une fréquence de plus en plus grande. Des tireurs embusqués commencèrent à faire feu sur la forteresse même.

Puis, le 2 novembre 1841, une foule prit d'assaut la Résidence britannique et y assassina le représentant adjoint officiel du gouvernement britannique, sir Alexander Burnes.

Elphinstone ne réagit pas. Il incomba au représentant, sir William Macnaghten, de tenter de négocier avec Akbar Khan, fils de l'émir chassé du pouvoir. Macnaghten dut s'attendre à ce que le climat fût glacial quand trois officiers et lui-même rencontrèrent Akbar, le 23 décembre. Mais il ne pouvait soupçonner ce qui était sur le point de se produire. Les hommes venaient tout juste de se saluer quand Akbar sortit un pistolet et abattit le représentant. Les officiers furent tués aussi.

> Les corps du représentant et des officiers furent découpés, puis leurs têtes et leurs membres furent paradés dans les rues de Kaboul.

Alors, même Elphinstone comprit qu'il fallait partir.

Un long chemin à parcourir

Dans les meilleures conditions, la route entre Kaboul et Jalalabad relevait de l'expédition. La route était en altitude, comptait de nombreux cols et, à la mi-hiver, beaucoup de membres de tribus afghanes hostiles grouillaient sur ses hauteurs ; bref, c'était se jeter dans la gueule du loup.

Pire encore, il n'y avait pas que des soldats de métier qui devaient faire le voyage de 140 km (90 mi), mais aussi 12 000 civils, dont des milliers de femmes et d'enfants.

Les Britanniques crurent qu'ils avaient conclu une entente avec les Afghans : ils laisseraient sur place leur artillerie à la condition qu'on garantît un sauf-conduit à leurs gens. Par contre, les Afghans n'avaient aucunement l'intention de tenir leur promesse ; ils voulaient envoyer un message que les grandes puissances comprendraient sans équivoque.

La mort dans les cols glacés

Il neigeait depuis trois semaines quand les 16 500 hommes, femmes et enfants de la garnison de Kaboul se mirent en route le 6 janvier 1842.

Ils avaient à peine franchi le portail que les attaques débutèrent. Des tireurs embusqués sur les remparts de Kaboul firent feu sur les derniers étrangers qui quittaient la ville.

La colonne ne franchit que 8 km (5 mi) ce jour-là et dut passer la nuit dans la neige. Des centaines de personnes moururent de froid.

Akbar Khan intensifia son assaut au col de Khoord Kaboul. Cette gorge de 8 km (5 mi) faisait des voyageurs des cibles faciles pour les tireurs afghans postés dans les hauteurs de chaque côté. Les soldats ripostèrent bravement, mais furent impuissants à empêcher la mort de 3 000 de leurs compatriotes. D'autres moururent de froid cette nuit-là.

Après cinq jours de carnage, Elphinstone accepta de se livrer lui-même en otage. Il crut peut-être que cela assurerait un sauf-conduit au reste de la colonne mais, dès le lendemain, le col de Jagdalak était bloqué, ce qui permit à des milliers de guerriers tribaux de tailler en pièces l'arrière-garde.

La route actuelle qui relie Jalalabad et Kaboul, en Afghanistan

HINDU KUCH

Tūnel-e Sālang

Bāzārak

AFGHANISTAN

Jabal as Sirāj

Charīkār

Maḥmūd-e Rāqī

Kachmund

❶ UN LONG CHEMIN À PARCOURIR
Le 6 janvier 1842, les 16 000 hommes, femmes et enfants de la garnison de Kaboul se mirent en route pour parcourir les 140 km (90 mi) jusqu'à Jalalabad.

❷ PIÉGÉS
Les voyageurs deviennent des cibles faciles au col de Khoord Kaboul, une gorge étroite longue de 8 km (5 mi).

❻ SEUL SURVIVANT
Brydon poursuit sa route jusqu'à Jalalabad, seul.

Mehtar Lām

Kaboul

Sarowbī

❶ **KABOUL**

❷

Jagdalak

❸

❺

❻ Jalālābād (Jalalabad)

Meydān Shahr

Kowt-e Ashrow

❸ MASSACRE
Le col de Jagdalak était bloqué, ce qui permit à des milliers de guerriers tribaux de tailler en pièces l'arrière-garde.

Gandamak

Sikaram
▲
4761 m

❹

❺ FATEHABAD
Ils atteignent Fatehabad, à 6 km (4 mi) de leur destination, mais cinq hommes sont tués.

Pol-e 'Alam

❹ LA DERNIÈRE BATAILLE
Vingt officiers et quarante-cinq soldats britanniques livrent une dernière bataille à Gandamak. Six officiers en réchappent et se dirigent vers Jalalabad.

Barakī Barak

PAKISTAN

Gardēz

Thal

KILOMÈTRES 0   20   40
MILLES 0   10   20

Khowst

William Brydon, l'unique survivant du massacre de Kaboul, atteint finalement Jalalabad.

Puis il n'y en eut plus qu'un seul

Vingt officiers et quarante-cinq soldats britanniques prirent position sur une butte broussailleuse recouverte de neige près de Gandamak. Ils frissonnaient tout en chargeant leurs fusils et fixant les baïonnettes. La mort approchait, ils en étaient certains, mais ils vendraient chèrement leur peau. C'était le matin du 13 janvier 1842 et ils constituaient tout ce qui restait des 16 500 personnes qui étaient parties de Kaboul. William Brydon était parmi eux.

Les Afghans les encerclèrent et, au début, il sembla qu'une issue pacifique fût possible, en assurant les assiégés qu'aucun mal ne leur serait fait. Puis les tireurs embusqués ouvrirent le feu. À mesure que tombaient les étrangers, les Afghans, s'approchant pour l'assaut final, déferlaient comme des vagues sur les soldats.

Les hommes furent vite fauchés et il ne resta plus bientôt que six officiers à cheval. Échangeant un coup d'œil et un cri, ils se rassemblèrent et éperonnèrent leurs montures éclaboussées de sang. En dépit de la situation, ils franchirent le cordon ennemi et filèrent comme le vent vers Jalalabad.

Quand ils atteignirent Fatehabad, à 6 km (4 mi) à peine de leur destination, les Afghans leur tombèrent dessus de nouveau. Cinq officiers furent abattus ; seul Brydon continua au galop.

Seul survivant

L'après-midi du 13 janvier, les troupes britanniques à Jalalabad attendaient impatiemment l'arrivée de leurs camarades de la garnison de Kaboul. Les hommes avaient probablement deviné que quelque chose de très mauvais s'était produit, mais rien n'aurait pu les préparer à l'ampleur du massacre.

Quand Brydon arriva sous les remparts de Jalalabad cet après-midi-là, il était presque mort lui-même. Il avait des blessures graves à un genou et à la main gauche, et une partie de son crâne avait été entaillée par une épée afghane. Le rembourrage de papier de son casque avait dévié une bonne part du coup, sauvant le vie de Brydon.

> **« La seule raison pour laquelle son cerveau était toujours dans sa tête, c'était parce que, plus tôt, il avait bourré son casque avec une copie du *Blackwood's Magazine* pour se protéger du froid intense. »**

Quoique Brydon fût le seul Britannique à terminer le voyage de Kaboul à Jalalabad, il n'était pas l'unique survivant. Un marchand grec, appelé Baness, atteignit Jalalabad deux jours après Brydon, mais il mourut le lendemain. Cinquante otages détenus par les Afghans furent libérés ultérieurement.

Pas encore en sûreté

Le col de Khyber, toujours aux mains des Afghans, isolait Jalalabad du reste de l'Inde britannique. Le mois suivant, un tremblement de terre dévasta les fortifications de la ville et Akbar Khan tenta d'achever la garnison.

Toutefois, les assiégés luttèrent farouchement et parvinrent même à contre-attaquer, en forçant Akbar Khan à regagner Kaboul. Enfin, des renforts arrivèrent de l'Inde, le 16 avril.

Les Britanniques retrouvèrent un peu de leur orgueil terni en envoyant une force importante à Kaboul, à l'automne. Ils délivrèrent quelques prisonniers, incendièrent la citadelle et le grand bazar.

Néanmoins, la nation la plus puissante du monde à l'époque s'était fait servir une dure leçon en Afghanistan.

Une vie paisible

Après avoir échappé de peu à la mort lors de la Mutinerie indienne de 1857, quand une balle érafla sa colonne vertébrale, Brydon conclut qu'il avait assez donné. Il quitta l'armée et se retira dans la tranquillité de l'Écosse du Nord. Il eut huit enfants et mourut paisiblement en 1873.

Retour dans la mère-patrie

Gunther Plüschow était un célèbre aviateur allemand de la Première Guerre mondiale. Il échappa d'abord aux Anglais en Chine et fuit à travers les États-Unis pour être finalement capturé à Gibraltar. Interné dans un camp de prisonniers de guerre en Angleterre, il devint le seul prisonnier de guerre allemand des deux Guerres mondiales à réussir à s'échapper du Royaume-Uni.

Date
1915

Contexte
Capturé par les Britanniques durant la Première Guerre mondiale

Nature de l'épreuve
Dans un camp de prisonniers de guerre, près de Derby

Durée de l'épreuve
4 semaines

Moyens de survie
Escalader une clôture, marcher en rase campagne, duperie

Nombre de survivants
1

Dangers
Être tué par balle, être re-capturé, mourir noyé

Équipement
Vêtements civils, articles de toilette, argent

Ci-dessus, à droite
Donington Hall, dans le Leicestershire, en Angleterre

Héros en cavale

Gunther Plüschow incarnait le superbe héros allemand jusqu'à la moelle. Grand, blond et musclé, il s'était fait un nom comme aviateur au début de la Première Guerre mondiale ; il opérait depuis la base navale d'Asie de l'Est à Tsingtau (Qingdao), une colonie allemande en Chine.

Tsingtau était assiégée par les Japonais et les Anglais et, le 6 novembre 1914, Plüschow tenta de s'évader de Chine par avion. Il s'écrasa dans une rizière, mais réussit à atteindre Shanghai. Un ami diplomate l'aida à obtenir de faux papiers et un billet sur un navire en partance pour San Francisco. En janvier 1915, il avait traversé l'Amérique jusqu'à New York, où il parvint à obtenir les documents de voyage pour un navire à destination de l'Italie.

Cependant, une tempête força le navire à faire escale à Gibraltar, où il fut arrêté par les soldats britanniques.

Emprisonnement imposant

Le 1er juillet 1915, Plüschow arriva au camp des officiers prisonniers de guerre à Donington Hall, dans le Leicestershire.

Quoique la vie des hommes s'y déroulât dans des conditions assez civilisées, la sécurité du camp était étroite. Il y avait deux clôtures de fer barbelé hautes de 2,7 m (9 pi) avec des réseaux de barbelés entre les deux et un périmètre intérieur de fil électrifié. Il y avait aussi une tour de garde, des projecteurs et un poste de garde qui protégeait la route principale. Derrière, s'étendait surtout la rase campagne. La ville et la station de chemin de fer les plus proches se trouvaient à plusieurs kilomètres de là.

> **« Il pensa : "Si j'ai pu entrer ici, je peux donc en sortir." »**

L'évadé accidentel

Plüschow ne planifia pas activement son évasion : il était étendu sur le dos sous le soleil estival quand il aperçut un jeune faon qui se frayait un passage à travers la clôture de fil de fer et l'idée d'une évasion surgit dans sa tête.

Le 4 juillet, Plüschow et Oskar Trefftz, un autre officier qui parlait anglais, passèrent à l'action. C'était une nuit orageuse et les hommes avaient délibérément choisi une section de clôture où les gardes avaient moins de chance de les apercevoir.

À 23 heures, une forte acclamation retentit dans la salle principale : ce signal codé les avertit que leurs collègues avaient réussi à duper l'appel de nuit. On ne se rendrait pas compte de leur absence avant le matin. Après le changement de garde suivant, Plüschow et Trefftz sortirent en rampant de leur couverture et s'approchèrent de la clôture électrique.

En utilisant une échelle de fortune et quelques planches, ils réussirent à franchir les clôtures au prix de quelques coupures et égratignures.

Les athlètes détalèrent au-delà du poste de garde, sautèrent des ruisseaux et franchirent des murs de pierre avant de décamper dans les bois.

Ils arrivèrent à une grand-route et, après que Trefftz eut déterminé la bonne direction en tâtant des mains un panneau de signalisation, ils entreprirent de marcher les 24 km (15 mi) jusqu'à Derby.

Clochard à Londres

Les hommes n'avaient ni faux papiers ni livrets de rationnement, que des vêtements civils, quelques articles de toilette et un peu d'argent. Ils se séparèrent et prirent des trains différents pour Londres.

Plüschow se rendit à la cathédrale Saint-Paul où ils avaient convenu de se retrouver, mais Trefftz ne se présenta pas. Le lendemain, les journaux confirmèrent qu'il avait été arrêté aux quais de Millwall ; ils donnaient aussi une description détaillée de Plüschow.

Il devait modifier rapidement son apparence. Plüschow ôta sa cravate et tendit son manteau dans un vestiaire de toilettes à la station Blackfriars. Le préposé demanda : « À quel nom ? » Plüschow répondit automatiquement en allemand *meinen* (« mine » en anglais – le mien). À moitié endormi, le préposé écrivit simplement Mr Mine sur le reçu.

Ensuite, Plüschow se barbouilla le visage et les cheveux d'un mélange de Vaseline, de suie et de poussière de charbon pour transformer son allure de blond aristocratique allemand en celle

d'un ouvrier ordinaire aux cheveux foncés.

Durant les trois semaines qui suivirent, vivant comme un clochard dans la capitale, il chercha l'occasion de voyager clandestinement sur un navire. Durant ses temps libres, il essaya de garder son esprit occupé en lisant des livres sur la Patagonie. Il passa aussi plusieurs nuits caché dans le British Museum.

Plüschow était si enhardi par son succès, qu'il avait même des photos souvenirs de lui-même prises sur les quais de Londres.

Toutefois, il commençait à manquer de temps et d'argent. Il devait quitter rapidement la Grande-Bretagne. Pour des raisons de sécurité, le départ des navires n'était pas annoncé publiquement, mais Plüschow entendit par hasard deux hommes parler d'un navire hollandais, le SS *Princess Juliana*, qui devait arriver à Tilbury.

Le passager clandestin

Il sauta dans un train pour le port d'Essex. Le SS *Princess Juliana* était dans le port, mais tous les quais étaient gardés.

Plüschow attendit la noirceur, puis plongea dans les courants violents de la Tamise. Son plan consistait à atteindre un bateau, puis à ramer jusqu'au paquebot amarré, mais la marée était trop forte et il fut rejeté sur la rive, exténué. Plüschow passa quatre jours et nuits supplémentaires à tenter d'atteindre le vaisseau avant d'être capable de voler un bateau, de dériver au-delà des gardes, de se hisser sur un câble d'amarrage et de ramper, exténué, dans un canot de sauvetage.

Le matin suivant, il se réveilla pour découvrir que le navire arrivait à Flushing, aux Pays-Bas. L'ancien officier naval glissa de sa cachette, se fondit dans la foule des passagers et disparut.

En quelques heures, il était de retour en Allemagne où, ironiquement, il fut d'abord arrêté comme espion. Cette erreur fut rapidement corrigée et, au bout de quelques semaines, Plüschow recevait la Croix de fer du Kaiser Guillaume II.

1 Plüschow est capturé par les Britanniques à Gibraltar et interné à Donington Hall, dans le Leicestershire.

2 Avec un autre officier, il gravit la clôture et s'enfuit à pied dans la campagne vers Derby.

3 Se séparant, les évadés prennent des trains différents pour Londres.

4 Son ami est capturé aux quais de Millwall, mais Plüschow se déguise en matelot. Il entend parler d'un navire hollandais attendu à Tilbury et s'y rend en train.

5 Après plusieurs tentatives, il monte furtivement à bord du SS *Princess Juliana* et atteint Flushing aux Pays-Bas, territoire neutre.

Sauve-qui-peut dans l'Europe nazie

Quand Léo Bretholz fuit la violence contre les Juifs dans la Vienne d'avant-guerre, il ne soupçonna pas qu'il passerait les sept années suivantes à déjouer les griffes des nazis. Il réalisa plusieurs évasions audacieuses et devint l'une des rares personnes qui réussirent à s'évader d'un train à destination d'Auschwitz.

Date
1938 à 1944

Contexte
Persécution en temps de guerre

Nature de l'épreuve
Juif en fuite dans l'Europe nazie

Durée de l'épreuve
7 ans

Moyens de survie
Traverser à la nage une rivière gelée, creuser un tunnel, traverser les Alpes, sauter d'un train en marche

Nombre de survivants
1

Dangers
Capture, exécution, trahison

Équipement
Faux papiers, déguisements, contacts clandestins

À GAUCHE
Entrée du camp d'extermination d'Auschwitz II-Birkenau

CI-DESSUS, À DROITE
Hitler à Vienne, en mars 1938

Violence à Vienne

Léo Bretholz avait dit à sa mère que la rivière serait peu profonde – « pas comme le Danube ». Lui-même, il n'avait cru qu'à demi ses paroles réconfortantes. Par contre, alors qu'il se tenait sur la rive de la Sauer et regardait vers le Luxembourg et la liberté, le danger réel de son évasion planifiée était désormais effroyablement clair. Une semaine de pluies abondantes avait transformé le cours d'eau en torrent bouillonnant. C'était presque l'hiver et l'eau était très froide. Mais il en était arrivé à un point de non-retour.

Tenant fermement la valise très abîmée qui contenait tous ses biens, Léo entra dans l'eau et nagea dans le courant.

La brusque montée de haine

Même si la Deuxième Guerre mondiale n'était pas encore déclenchée, en 1938, Vienne était un lieu difficile pour les Juifs. Léo Bretholz avait 17 ans et il avait vu même ses plus proches amis devenir des ennemis des Juifs et lui crier des insultes au visage. Les Chemises brunes faisaient des rafles dans les boutiques juives, les Jeunesses hitlériennes ricanaient en observant des femmes et des hommes juifs nettoyer les trottoirs et on avait mis le feu à la barbe de rabbins.

La mère de Léo savait qu'il était temps d'agir. Elle l'encouragea à contacter le Comité Ezra, un groupe qui aidait les Juifs d'Autriche et d'Allemagne à trouver refuge au Luxembourg. Comme l'oncle et la tante de Léo y vivaient, cela semblait un plan réalisable. L'inconvénient majeur était que Léo devrait partir seul : son père était mort en 1930 et sa mère devait rester pour s'occuper de ses deux sœurs, dont l'une était à l'hôpital.

> **Une semaine de pluies abondantes avait transformé le cours d'eau en torrent bouillonnant.**

Le Comité Ezra aida Léo à résoudre sécuritairement le voyage en train de 20 heures de Vienne à Trier en Allemagne de l'Ouest, près de la frontière du Luxembourg. Une fois rendu, il traversa la rivière Sauer à la nage, puis se hissa en sûreté sur la rive opposée avant de retrouver les membres de sa famille.

Ce ne fut que la première de plusieurs évasions audacieuses réussies par Léo.

La joie de rencontrer son oncle et sa tante fut de courte durée. Quelques jours plus tard, des gendarmes le défièrent dans un café et, quand il ne put produire de papiers en règle, ils le déclarèrent étranger illégal. Il ne fut pas arrêté, mais considéré comme *persona non grata* par les autorités du Luxembourg: il devrait partir.

Le calme avant la tempête

Le Comité Erza l'aida à se rendre à Anvers et, quoique la guerre eût été déclarée le 1er septembre 1939, la Belgique resta neutre, à l'origine. Léo profita d'une période de calme relatif en travaillant comme électricien. Toutefois, le 10 mai 1940, alors qu'il était dans un lit d'hôpital en attente d'être opéré pour une hernie, les Allemands déclenchèrent leur blitzkrieg contre les Pays-Bas.

Léo figurait parmi les centaines d'« étrangers illégaux » rassemblés et envoyés dans un camp d'internement à Saint-Cyprien, en France, près de la frontière espagnole. Toutefois, la France tomba bientôt aux mains des nazis et le gouvernement collaborationniste français commença à faire la vie dure aux Juifs.

La deuxième évasion de Léo

Léo et ses collègues ne tardèrent pas à s'inquiéter de ce que le gouvernement de Vichy ne suivît bientôt l'exemple nazi dans la persécution des Juifs. Léo décida de tenter sa chance en fuyant. Il s'évada du camp de Saint-Cyprien en creusant sous la clôture de fil barbelé.

Il retrouva un vieil ami qui lui conseilla d'aller à Luchon, dans les Pyrénées. Sur place, il s'enregistra comme réfugié et retrouva plusieurs autres visages familiers d'Anvers.

Par contre, les pires craintes des Juifs eu égard au gouvernement fran-

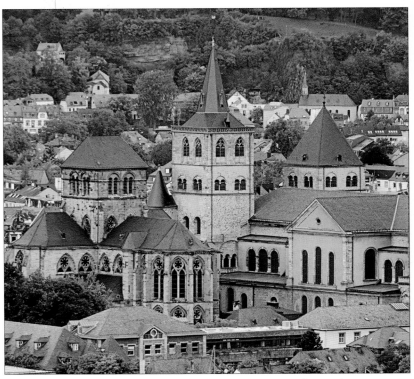

Trier, où Léo arriva après avoir fui Vienne et d'où il traversa la Sauer vers le Luxembourg.

çais commencèrent à se confirmer. Les autorités déplacèrent Léo et tous les autres Juifs de Luchon à Bagnères-de-Bigorre, dans les contreforts des Pyrénées. La nourriture y était restreinte et ils entendirent des histoires terribles de déportations massives vers l'est. Léo réussit à contacter des parents en Amérique et les supplia d'apporter leur aide par tous les moyens possibles.

Contrecarré par une nouvelle guerre

En novembre 1941, ses parents réussirent à lui procurer un véritable billet en or: un visa pour l'Amérique. Le 8 décembre 1941, Léo, plein d'espoir, se présenta au consulat des États-Unis à Marseille pour prendre son visa, mais ce fut pour apprendre que tout le traitement des visas avait été suspendu: l'attaque contre Pearl Harbor avait eu lieu la veille.

Des mauvaises nouvelles

De retour à Bagnères, Léo fut anéanti par les nouvelles de Vienne: sa mère, ses sœurs, sa grand-mère et deux de ses tantes avaient été déportées à Auschwitz. Il ne les reverrait plus jamais.

Le gouvernement de Vichy limitait désormais les Juifs à certains lieux. Léo comptait parmi ceux, nombreux, à qui on avait ordonné de vivre à Cauterets, une ville dans les montagnes au sud-ouest de Bagnères.

La nourriture n'était rien d'autre que de l'eau de chou rance qui donna à tous la diarrhée.

La persécution s'accrut. Les Juifs furent bientôt rassemblés et expédiés à Drancy, en banlieue de Paris, et de là, quoique personne ne sût exactement ce qui arrivait, il était clair qu'on n'entendait plus jamais parler de quiconque allait à l'est. Avec l'aide de ses amis, Léo parvint à obtenir de faux papiers lui établissant une identité française. Il s'associa à un homme appelé Albert Hershkowitz et, ensemble, ils préparèrent un autre plan d'évasion audacieux, cette fois dans le but de fuir vers la Suisse neutre.

En Suisse

Léo et Albert se rendirent jusqu'à Évian-les-Bains, sur le lac de Genève, où ils versèrent presque tout leur argent à un guide qui promit de les aider à fuir par les montagnes. Après 24 heures d'une marche exténuante, les pieds lacérés, en sang, ils arrivèrent à la frontière où la police frontalière leur fit rebrousser chemin.

Ils furent livrés à la police de Vichy et conduits au camp d'internement de Drancy. Léo l'ignorait, mais c'était son dernier arrêt avant Auschwitz.

L'enfer de Drancy

Les conditions à Drancy étaient épouvantables. Environ 7 000 Juifs, homosexuels et gitans y vivaient, à un moment ou un autre, avant d'être expédiés à Auschwitz. La nourriture n'était rien d'autre que de l'eau de chou rance qui donna à tous la diarrhée. Il y avait peu d'eau pour se laver et la literie se résumait à de la paille éparpillée sur le béton. La saleté était partout. La nuit, les enfants gémissaient en appelant leur mère.

Les autorités du camp connaissaient la raison de tout cela, même si les détenus l'ignoraient : chaque personne dans le camp n'était qu'à un train d'une mort certaine.

Tout ce que Léo savait, c'était qu'il devait s'évader.

Sauter de l'Express d'Auschwitz en marche

Le 5 novembre 1942, on dit à Léo de rassembler ses affaires. Comme des centaines d'autres internés, on lui rasa la tête, puis on les rassembla comme un troupeau dans un camion. À la gare de chemin de fer, ils furent entassés dans des wagons à bestiaux, 50 personnes par wagon, 20 wagons au total. Il y avait peu de nourriture et pas d'eau. Un seau unique servait de latrines. En peu de temps, le plancher fut inondé de déchets et de vomissures.

Léo et un ami, Manfred Silberwasser, s'attaquèrent aux barreaux de l'une des fenêtres. Des gens les supplièrent d'arrêter : on les tuerait ou tous les autres seraient tués à leur place. D'autres insistèrent pour dire qu'ils avaient raison d'essayer. Après des heures passées à gratter, les doigts en sang, ils réussirent enfin à déplacer les barreaux. Léo et Manfred firent leurs adieux à leurs amis de Drancy, grimpèrent dans la nuit et se cramponnèrent au toit du train sous les rafales dans l'obscurité. Quand le train ralentit dans une courbe, ils sautèrent.

> **Après des heures passées à gratter, les doigts en sang, ils réussirent enfin à déplacer les barreaux.**

Des balles sifflèrent au-dessus de leur tête – des gardes devaient les avoir vus sauter. Le train commença à ralentir et des cris retentirent dans la nuit. Léo et Manfred déguerpirent. Peut-être que, le train ayant un horaire à respecter, les gardes ne pouvaient les rechercher longtemps. Peut-être se sont-ils simplement mis à couvert et ont-ils plongés au bon moment. Quoi qu'il en soit, ils réussirent. Léo et Manfred entendirent enfin les bruits de leurs poursuivants s'estomper. Le train reprit son voyage. Ils avaient échappé à leur voyage vers les chambres à gaz.

Finalement, ils trouvèrent refuge dans un village où le prêtre les accueillit pour la nuit. Celui-ci les confia à l'un de ses collègues qui les abrita aussi et fit preuve d'une bonté et d'un courage immense en leur donnant deux billets de train pour Paris. Rendus là, ils restèrent deux semaines chez la tante de Léo, Erna, et réussirent à obtenir de nouveaux faux papiers. Léo prit le nom de Marcel Dumont. Les deux semaines chez tante Erna furent une bénédiction après les privations de Drancy, mais il était trop risqué pour eux de rester à Paris.

Léo – ou plutôt « Marcel » – et Manfred prirent un train vers le sud. Après avoir traversé la Loire, Manfred s'en fut rencontrer son frère en Dordogne, tandis que Léo cherchait à retourner à Bagnères. Malheureusement, jouant de malchance, Léo fut repris par la police.

Alors que les officiers l'escortaient vers la prison, ils s'arrêtèrent dans un café. Léo demanda à utiliser les toilettes et s'échappa promptement par la fenêtre. Toutefois, sa liberté fut de courte durée ; il fut re-capturé

Léo trouva refuge à Anvers jusqu'en mai 1940.

Mer du Nord

ROYAUME-UNI

PAYS-BAS
AMSTERDAM

LONDRES

LA HAYE

2 Les autorités l'obligent à quitter le territoire et, finalement, il se retrouve en sécurité à Anvers, où il travaille.

7 Léo est emprisonné dans l'enfer de Drancy, le dernier arrêt avant Auschwitz. Il est entassé dans un train en partance pour sa destination finale, mais il parvient à déloger les barreaux d'une fenêtre et à grimper hors du wagon.

BRUSSELS
BELGIQUE
LUXEMBOURG
LUXEMBOURG

Mainz
Sarrebruck

Kiel
Schwerin
Hambourg
Bremen
Düsseldorf
Erfurt
Magdebourg

BERLIN
Potsdam

ALLEMAGNE

PRAGUE
RÉP. TCHÈQU

Szczecin
Gorzów
Wielkopol
Poznań

POLOGN

Wrocław

Dresde

9 De nouveau, il s'échappe d'un train avant de se diriger vers Paris. Cette fois, il adopte un profil bas et passe la fin de la guerre à Limoges, où il travaille dans un réseau de résistants juifs. Après la guerre, il émigre aux États-Unis.

PARIS

Châlons-en-Champagne

1 Léo fuit la violence anti-sémite à Vienne, prend le train jusqu'à Trier en Allemagne de l'Ouest, puis traverse la rivière Sauer à la nage pour se réfugier au Luxembourg.

Linz
Munich
Salzbourg
Innsbruck

VIENNE

AUTRICHE

Graz
Klagenfurt

FRANCE

Limoges
Clermont-Ferrand
Dijon
Besançon
BERNE
SUISSE

Lyon

6 Léo obtient de faux papiers et s'enfuit à Évian-les-Bains sur le lac de Genève d'où il traverse les montagnes, mais pour être refoulé à la frontière suisse.

LIECHTENSTEIN

SLOVÉNIE
LJUBLJANA
Trieste
Venise
ZAGREB

Bordeaux

8 Il s'enfuit à Paris, puis se dirige vers le sud, mais il est capturé de nouveau et envoyé dans un camp de travail à Septfonds.

Turin
Gênes

Montpellier
Toulouse

Marseille

ANDORRA
ANDORRA
LA VELLA

3 Les nazis envahissent les Pays-Bas et la Belgique en 1940 et Léo est envoyé dans un camp d'internement à Saint-Cyprien, en France.

MONACO

Bologne
SAN
MARINO
Florence

SAN MARINO

CROATIE

Mer Adriat

Perugia
L'Aquila

ITALIE

Ancône

Campobasso

Barcelone

4 Il creuse un tunnel et se rend à Luchon, dans les Pyrénées.

Corse
Ajaccio

ROME

Naples

Poter

5 Les mesures sévères contre les Juifs s'intensifient et les autorités déplacent Léo et tous les autres Juifs de Luchon à Bagnères-de-Bigorre.

Îles Baléares

Palma de
Mallorca   Majorque

Mer
Tyrrhénienne

Sardaigne

Cagliari

KILOMÈTRES 0   100   200
MILLES 0   50   100

Catan

et sauvagement battu, ce qui aggrava son hernie toujours non traitée. Léo fut condamné à un mois d'isolement cellulaire, qu'il passa en grande partie à l'agonie.

Une autre évasion

Il fut finalement transféré de la prison à un camp de travail à Septfonds, où il passa ses jours à casser des roches, travail absurde, humiliant et épuisant. Son compagnon d'évasion, Manfred, avait évité la prison et parvint à reprendre contact avec Léo ; il lui promit de nouveaux papiers s'il réussissait à s'échapper.

En moins d'un mois, la chance sourit à Léo. Avec d'autres détenus, il devait être transféré à un camp sur la côte atlantique pour aider à construire des fortifications. Dès qu'il fut sur le train, Léo nota que les gardiens restaient sur la plateforme ; il fit sauter une fenêtre du côté opposé du wagon et s'enfuit en suivant les rails.

Manfred, tenant parole, lui fournit un nouveau certificat de naissance et, pour Noël, Léo était de retour chez sa tante à Paris.

De là, il partit pour Limoges, où il se joignit à un groupe de la résistance juive appelé La Sixième, ainsi nommé en référence aux collaborateurs nazis de la Cinquième colonne. Dans cette organisation, Léo contribua à fabriquer des faux papiers, aider des évadés et réunir des familles dispersées. Avec sa bravade habituelle, il accomplit une bonne part de son travail sous l'uniforme de l'organisation paramilitaire pour la jeunesse de Vichy, les Compagnons de France.

Y échapper de peu une dernière fois

Léo mena sa dangereuse double vie jusqu'en mai 1944 quand il vint à deux doigts d'être découvert désastreusement. Son hernie, qui requérait une opération avant même le début de la guerre, s'étranglait désormais. À un moment, Léo marchait dans le parc ; la minute suivante, il était prostré sur un banc du parc, à l'agonie. Il s'évanouit sous la douleur et ne se rappela rien d'autre jusqu'à ce qu'il reprît conscience à l'hôpital, le lendemain matin.

Wagon de chemin de fer utilisé pour le transport des prisonniers vers le camp d'extermination Auschwitz II-Birkenau

Un passant avait appelé une ambulance et Léo avait été opéré, ce qui lui avait sauvé la vie. De cela, Léo était reconnaissant. Par contre, il savait aussi qu'on avait presque certainement découvert qu'il était juif : le chirurgien aurait vu qu'il était circoncis.

> **Une religieuse au visage sévère apparut et le fixa. Léo savait que ses pires craintes s'étaient réalisées.**

Alors qu'il rougissait de douleur et de panique, une religieuse au visage sévère apparut et le fixa. Léo savait que ses pires craintes s'étaient réalisées. Puis la religieuse sourit gentiment et se présenta ; sœur Jeanne d'Arc assura Léo que, aussi longtemps qu'il resterait dans son unité, son secret serait bien gardé.

Le silence bienveillant de la religieuse lui sauva la vie sans aucun doute et, vers la fin de mai, Léo était assez remis pour quitter l'hôpital. La semaine suivante, l'invasion du jour J marqua un point tournant dans le destin de l'Allemagne nazie.

En août, la résistance de Limoges organisa un assaut massif contre les forces d'occupation allemandes et captura la garnison en entier. Léo continua son travail avec La Sixième et, quand la fin de la guerre arriva, il profita de la récompense qu'il avait cherchée depuis si longtemps : la liberté. Léo se vit une fois encore accorder un visa pour les États-Unis et, en janvier 1947, il s'embarqua pour New York.

Sous-marin de poche et malaria

Freddy Spencer Chapman personnifia un mélange très britannique de courage, de détermination et d'excentricité. Durant près de trois ans et demi pendant la Deuxième Guerre mondiale, il survécut à d'incroyables privations dans la jungle redoutable de Malaisie derrière les lignes ennemies. Là, il partagea son temps entre le dynamitage de convois japonais et l'observation de la faune rare.

Date
1941 à 1945

Contexte
Survivre et s'échapper
en temps de guerre

Nature de l'épreuve
En territoire ennemi occupé
dans la jungle malaisienne

Durée de l'épreuve
3 ans et 5 mois

Moyens de survie
Tactiques, ruses, sous-marin
de poche

Nombre de survivants
1

Dangers
Maladie, mourir de faim,
manœuvres ennemies

Équipement
Armes, explosifs, habileté
à survivre

Ci-dessus, à droite
Freddy Spencer Chapman (*à l'extrême gauche*),
naturaliste, aventurier et héros ignoré de la
Deuxième Guerre mondiale

L'âme d'un survivant...

Pour beaucoup de gens, survivre est inné. Dans quelques rares circonstances, ces individus extraordinaires se révèlent et posent des actes presque trop exceptionnels pour qu'on y croie. Sans aucun doute, le lieutenant-colonel Frederick « Freddy » Spencer Chapman comptait parmi les plus grands de ces combattants hors du commun.

Il passa les trois dernières années et demie de la Deuxième Guerre mondiale derrière les lignes ennemies, dans la jungle de Malaisie. Sur un terrain parmi les plus denses et les plus infestés de maladies de la planète, où un homme peut avoir marché toute une journée et n'avoir franchi que moins d'un mille, Chapman se chargea des forces d'occupation japonaises avec un étalage quasi surnaturel de détermination et d'effort militaire créateur.

En deux semaines, deux collègues et lui firent sauter 15 ponts de chemin de fer, dérailler sept trains et détruisirent au moins 40 véhicules militaires. Chapman conçut ses propres bombes, sa favorite étant un morceau de bambou rempli de gelignite qu'il laissait sur la grand-route comme un débris de la jungle. Durant cette quinzaine sauvage, il utilisa 455 kg (1 000 lb) d'explosifs, 100 grenades, et fit entre 500 et 1 500 victimes ennemies. Chapman découvrit plus tard que le commandant japonais avait envoyé 2 000 soldats pour affronter son trio, en croyant que la jungle grouillait de 200 commandos australiens hautement entraînés.

Ses évasions et ses fuites sont remarquables parce qu'elles durèrent des années. Presque tous les jours, soit il souffrait d'une horrible fièvre de la jungle, soit on lui tirait dessus, soit il se cachait avec la guérilla chinoise, soit il traquait des patrouilles japonaises. Très souvent, il faisait tout cela en même temps.

Chapman incarnait aussi le véritable excentrique britannique. En dépit de tous les sabotages qu'il effectua, des périls auxquels il échappa et des maladies dont il souffrit, il s'assurait de consacrer beaucoup de temps à son passe-temps : l'observation des oiseaux.

... et d'un naturaliste

Imaginez James Bond mais, plutôt que d'avoir l'*alter ego* d'un playboy comme pendant de sa personnalité d'agent secret, il avait celle d'un naturaliste. L'homme que vous avez à l'esprit est Freddy Chapman.

Tandis que Freddy était occupé à combattre la malaria, à faire sauter des ponts et dérailler des trains, à tuer des soldats ennemis par centaines et à entraîner des insurgés locaux, il prenait aussi des notes détaillées sur la faune aviaire locale et collectait des graines de plantes pour les envoyer aux Jardins de Kew.

> **« Le colonel Chapman n'a jamais attiré l'attention des médias ni eu la renommée qui furent le lot de ses prédécesseurs. »**

Il avait un amour profond de la nature et de la faune, acquis durant son enfance dans le Lake District (région des Lacs). Et il n'allait pas laisser une guerre se mettre en travers de sa passion. Comme il le dit si magnifiquement : « Je ne vois pas pourquoi on permettrait aux Japonais de me déranger. »

Un dur à cuire

La mère de Freddy Chapman mourut peu après sa naissance et son père fut tué durant la Première Guerre mondiale. Freddy fut élevé par un vieux pasteur et son épouse en bordure de la région des Lacs, dans le comté de Cumbrie.

Chapman était un dur à cuire jusqu'à faire preuve de témérité dès son jeune âge. Dans ses loisirs, il se faisait quelques shillings en chassant et pêchant à la barbe des garde-chasse locaux. Il encourageait ses camarades de classe à le frapper sur la tête avec une batte de cricket « pour tester sa résistance ».

À l'université de Cambridge, Chapman consacra plus d'efforts à escalader les flèches des bâtiments la nuit qu'à étudier. Après des études qui lui valurent un diplôme universitaire en géographie, il se joignit à l'expédition British Arctic Air Route de 1930-1931 et à l'expédition Greenland de 1932-1933 comme expert en ski et naturaliste. Ce fut là qu'il perfectionna ses habiletés de survie. Il mena une équipe de trois hommes à travers la calotte glaciaire désolée du Groenland, le premier Européen à le faire depuis Nansen. Il perdit plusieurs ongles de doigt et d'orteil, et il survécut plus de 20 heures dans un kayak en peau de phoque durant une violente tempête en mer. Il trouva aussi le temps d'apprendre l'inuktitut et d'engendrer un fils illégitime avec une femme de la région.

Avant d'aller en Écosse pour une brève période d'accalmie, en 1938, comme professeur de géographie et d'activités de plein air à l'école de Gordonstoun (où le prince Philip fut l'un de ses élèves), Chapman réussit même à faire la première ascension du mont Chomo Lhari dans l'Himalaya. Ce pic de 7 134 m (23 400 pi) est si dangereux qu'il ne fut pas escaladé de nouveau avant 1970.

Il prit aussi des notes détaillées sur des oiseaux inhabituels, récolta des graines séchées et pressa plus de 600 plantes intéressantes.

Vie dans la jungle en temps de guerre

Vers 1939, Chapman désirait presque la guerre. Comme il l'écrivit au début de son autobiographie, *La jungle est neutre* :

« Au début de l'été 1939... alors que j'étais un enseignant responsable d'un groupe d'enfants à l'école de Gordonstoun, dans le Morayshire, il devint évident, même pour moi – qui semblais rarement avoir le temps de lire un journal – que la guerre approchait... »

La connaissance du terrain de Chapman était admirable et il passa les premiers mois de la guerre en Écosse, où il transmettait son expertise à des soldats spécialisés. Un de ses collègues à l'époque était David Stirling, qui deviendrait le fondateur du SAS (Special Air Service), les forces spéciales britanniques.

En 1941, Chapman fut envoyé à Singapour. Il proposa l'organisation de groupes de « stay-behind » : des soldats qui opéreraient comme une guérilla si la péninsule malaise et Singapour tombaient aux mains des Japonais. Ses officiers supérieurs se moquèrent de lui à la seule idée qu'un tel évènement pût se produire. Quand cela se produisit, ils demandèrent aussitôt à Chapman de donner suite à son plan, mais le court délai lui laissa beaucoup moins de temps de préparation qu'il aurait voulu. Singapour tomba en 1942. Chapman disparut dans les montagnes, où il ne compta pratiquement que sur ses propres moyens. Il n'en sortit pas avant mai 1945.

> **« Durant trois des quatre jours depuis mon évasion, je me suis déplacé avec acharnement, ne prenant presque pas de repos, de l'aube jusqu'au crépuscule. »**

Malgré tous les sabotages qu'il réussit durant ces années, la vie de Chapman fut une vie de privations insoutenables. Il était quasi continuellement victime de la malaria, de la fièvre bilieuse hémoglobinurique, du béribéri ou de quelque autre fièvre de la jungle et, à un moment donné, il passa 17 jours dans le coma. Il s'en rendit compte seulement par l'absence de notes dans son journal. Des ulcères suppurants dus aux morsures de sangsues et aux blessures couvraient son corps. À un certain point, la fièvre fut si grave qu'il dut s'attacher la bouche pour arrêter ses dents de claquer, afin de ne pas donner sa position à une patrouille japonaise.

Sa connaissance de la nature fut le secret de sa survie. Il croyait que « la jungle était neutre ». Elle ne cherchait

THAÏLANDE

MER DE
CHINE
MÉRIDIONALE

PERLIS

Alor Setar

KEDAH

Péninsule malaise

Kota Bharu

Pinang

PINANG

George
Town

Kuala Terengganu

3 RIVIÈRE CHEMOR
Lieu de la capture de Chapman
par les Japonais

KELANTAN

TERENGGANU

2 TANJUNG MALIM
Région où Chapman exerça
ses deux semaines extrêmes
de sabotage.

3

2

M A L A I S I E

5

PERAK

Teluk Intan

1

P A H A N G

Kuantan

5 PANGKOR LAUT
Petite île au large de
Pangkor, d'où Chapman
s'échappa à bord du sous-
marin de poche.

1 SUNGEI SEMPAN
Premier camp derrière
les lignes japonaises

SELANGOR

KUALA LUMPUR

Klang

PUTRAJAYA

4 BATU PUTEH
Séjour d'un an de Chapman
avec la guérilla chinoise

**NEGERI
SEMBILAN**

Seremban

4

MELAKA

Melaka

DÉTROIT DE MALACCA

JOHOR

INDONÉSIE

Johor Bahru

SINGAPOUR

SINGAPOUR

Tanjungpina

KILOMÈTRES 0   50   100   150
MILLES 0   50   100

pas à avoir sa peau personnellement et il n'était donc pas nécessaire de se mettre dans tous ses états ; de beaucoup, il était préférable de maintenir un état d'esprit résolu, peu importe les défis à relever. De même, il y avait des avantages à tirer des régions sauvages, mais ils n'étaient pas mis là par une bienveillante providence dans le but de le récompenser. Chapman sentait que cette vision calme et raisonnable était de la plus haute importance pour garantir que sa santé physique et sa volonté de vivre fussent renforcées chaque jour. Il l'exprima plus philosophiquement : « Il n'y a pas de bon ou de mauvais ; seule la pensée rend les choses ainsi. »

Une évasion des plus courtoises

En 1944, épuisé par la malaria, Chapman marcha par erreur dans un camp japonais. Il fut aussitôt arrêté. Beaucoup d'hommes auraient abandonné à ce point, mais pas Chapman.

Pour faire la conversation (et, peut-être, bonne impression), Freddy demanda à l'officier japonais s'il savait ce qu'il était advenu de deux Japonais qu'il avait connus à Cambridge : le prince Hashisuka, l'ornithologue, et Kagami, le skieur. Que Chapman ait été délibérément engageant ou pas, l'officier fut sincèrement flatté par les mots gentils utilisés par Chapman à l'égard de ses compatriotes. Il donna à l'Anglais plus de riz et de poisson salé qu'il ne pouvait en manger, s'excusa de ne pas avoir de whisky et, comme Chapman l'exprima lui-même, « il ne montra aucune inclination à faire quoi que ce fût d'aussi fruste que me lier les mains ».

Chapman s'installa parmi ses ravisseurs dans une grande tente fixée avec sécurité par des piquets avec un grand feu brûlant devant l'ouverture. D'abord, il songea à foncer simplement dans la jungle tandis qu'il se soulageait dehors. Toutefois, les sentinelles japonaises le suivaient de si près qu'il était incapable de courir, ou même de laisser la nature suivre son cours, et elles se méfiaient trop de lui pour qu'il eût de nouveau cette idée. Ensuite, il essaya de mettre le feu aux vêtements de l'officier avec

Le sous-marin HMS *Statesman* sur lequel Freddy réalisa son ultime évasion.

sa pipe (qu'il avait eu la permission de garder) pour s'échapper à la faveur du chaos qui suivrait, mais le courant d'air n'était pas suffisant pour enflammer les braises de tabac qu'il avait répandues.

Finalement, il donna un spectacle convaincant en vomissant et demanda de s'éloigner un peu plus de la chaleur du feu. Dans la pénombre, au fond de la paroi inclinée de la tente, il put relâcher le bas de la toile en prétendant s'étirer et se retourner dans son sommeil.

« Nous avons pris un bain, rasé nos barbes et nos moustaches, envoyé nos vêtement chinois à l'incinérateur et bu de grandes quantités de gin rose. »

Il releva largement la toile, ce qui libéra les piquets et créa un vide assez grand pour qu'il se précipitât dans la jungle.

Bien qu'il n'eût jamais douté qu'il s'évaderait, Chapman ressentit une pointe de regret d'avoir agi ainsi : il se dit qu'on jugerait ses manières très grossières.

Par la suite, il passa plus d'un mois à vivre comme un sauvage dans la jungle, en évitant les nombreuses patrouilles japonaises lancées à sa recherche, avant de se joindre à un groupe chinois de guérilla.

Rescapé par un sous-marin de poche

Chapman retrouva deux membres de la Force 136, John Davis et Richard Broome, mais, à cause des incessantes attaques japonaises, ils restèrent isolés au sein de la guérilla communiste jusqu'au début de 1945. Finalement, avec l'aide des communistes chinois de Malaisie, ils réparèrent leur radio et prirent contact avec leur quartier général à Colombo.

Déguisés en ouvriers chinois, ils firent à pied un incroyable trajet de 97 km (60 mi) dans la jungle du continent jusqu'à l'île de Pangkor, au large de la côte malaise occidentale. Là, ils prirent contact avec la marine et réussirent à s'échapper de la Malaisie occupée dans un sous-marin de poche, le HMS *Statesman*.

Entrer dans l'histoire en canot

Dans l'un des raids les plus audacieux de la Deuxième Guerre mondiale, douze commandos partirent en canot pour remonter un fleuve sur 97 km (60 mi), afin de faire sauter des navires loin en France occupée par les Allemands. Malgré le succès, ils durent affronter une mer déchaînée, les sentinelles ennemies, la trahison et une terrifiante fuite à pied. Deux hommes seulement en revinrent.

Date
1942-1943

Contexte
Mission en temps de guerre

Nature de l'épreuve
Effectuer un raid de commandos en territoire ennemi

Durée de l'épreuve
2 mois et demi

Moyens de survie
Remonter le fleuve en canot, fuir à pied

Nombre de survivants
2

Dangers
Capture, exécution, noyade, hypothermie, trahison

Équipement
Canot, mines-ventouses, rations, autres équipements de commando

Problèmes au pays du vin

En 1942, le port pittoresque de Bordeaux était une épine dans le pied des Alliés. Les navires marchands y apportant des milliers de tonnes de matières brutes précieuses, dont des huiles, du caoutchouc brut et de la nourriture, le port était une base d'approvisionnement importante pour l'armée allemande. Les U-boots utilisaient aussi la région comme base. Ainsi, les vaisseaux allemands n'avaient pas à s'engager dans la Manche, ce qui les gardait hors d'atteinte de la Royal Navy. Il fallait s'occuper du cas de Bordeaux.

Un plan audacieux

Un raid de bombardement aurait probablement réussi, mais aurait causé un grand nombre de pertes civiles dans ce qui était un pays allié sous occupation. Ce plan fut abandonné.

Bordeaux n'est pas ouvert sur l'océan, ce qui excluait une attaque en règle par des navires de guerre. Par contre, sa géographie inhabituelle présentait une autre faille dans ses défenses. Peut-être qu'une petite équipe de commandos pourrait approcher du port en remontant l'estuaire sinueux de la Gironde.

Ils pourraient poser des mines sur autant de vaisseaux que possible, et couler ou endommager assez de navires pour bloquer le port avec les décombres. En gardant petit l'effectif du groupe d'assaut et en préservant un élément de surprise, ils pourraient réussir et fuir par la terre ferme.

C'est ainsi que le major Herbert « Blondie » Hasler présenta l'idée de l'opération Frankton.

Les héros des coquilles de noix

Le premier problème consistait à trouver comment faire remonter la Gironde aux hommes jusqu'à Bordeaux. Le fleuve serait sous bonne garde. Un bateau à moteur attirerait aussitôt l'attention. Toutefois, peut-être qu'un vaisseau mû par la force humaine, se déplaçant dans le noir, pourrait passer furtivement devant les sentinelles. Dans ce cas, le problème était que le voyage était de 97 km (60 mi) – une énorme distance à pagayer, surtout vers l'amont d'un fleuve.

Ci-dessus, à droite
En canot en eaux libres

Les hommes choisis devraient être les plus robustes parmi les plus robustes. Même alors, ils devraient subir une intense formation spécialisée pour la mission.

> « Ils devraient pagayer intensément quatre nuits et passer les jours à se cacher en territoire ennemi. »

Douze commandos issus des fusiliers marins britanniques furent sélectionnés pour l'opération Frankton. Comme les canots qu'ils allaient utiliser avaient été surnommés « coquilles de noix » les 12 hommes seraient désormais connus comme les « Héros des coquilles de noix ».

Le pire début imaginable

Le soleil était couché depuis longtemps le 7 décembre 1942 quand le sous-marin HMS *Tuna* fit surface à 16 km (10 mi) de l'embouchure de l'estuaire de la Gironde. Quelques minutes plus tard, l'équipage ouvrit son écoutille, sortit dans la nuit froide et commença à extraire six canots pliants Mark II.

Les canots semi-rigides mesuraient 4,6 m (15 pi) de long, leurs flancs étaient en toile et le fond, plat. Chaque embarcation devait transporter deux hommes, huit mines-ventouses, deux grenades à main, des rations et de l'eau pour six jours, un filet de camouflage, une torche électrique et d'autres équipements de combat. Les hommes portaient aussi un pistolet Colt .45 et un couteau de combat.

Comme on passait l'un des canots – *le Cachalot* – par l'écoutille du sous-marin, il fut accidentellement troué. Les deux fusiliers qui devaient y prendre place, Fisher et Ellery, en pleurèrent de dépit. Toutefois, ce trou dans le canot leur sauva probablement la vie.

Dans les eaux ennemies

Il ne restait plus que cinq canots, dont les noms de code étaient *Catfish, Conger, Coalfish, Cuttlefish* et *Crayfish*. « Blondie » Hasler dirigeait la mission depuis le *Catfish*, dans lequel il pagayait avec le fusilier Bill Sparks. L'embouchure anguleuse de la Gironde est notoirement dangereuse et, comme les hommes tournaient dans le fleuve,

ils frappèrent un violent courant de marée. Des vagues de 1,5 m (5 pi) giflèrent les proues et trempa les hommes jusqu'aux os. Le canot *Conger* fut submergé et coula dans les eaux turbulentes.

Le *Cuttlefish* chavira aussi. Son équipage, le lieutenant John MacKinnon et le fusilier James Conway, s'accrocha aux autres canots et fut remorqué jusqu'à la rive. Incapables désormais de participer à la mission plus avant, les deux hommes partirent à pied pour l'Espagne.

En route vers l'amont

Le groupe du raid comptait maintenant six commandos dans trois canots. Après avoir esquivé trois frégates allemandes placées comme poste de contrôle sur le fleuve, ils franchirent 32 km (20 mi) durant les cinq heures de noirceur qu'il leur restait et mirent pied à terre près de Saint-Vivien-de-Médoc.

Malheureusement, l'équipage du *Coalfish*, le sergent Samuel Wallace et le fusilier Jock Ewart, servait d'arrière-garde ; les hommes furent découverts à l'aube près du phare de la Pointe de Grave et arrêtés.

Le groupe du raid ne comptait plus que deux canots : le *Catfish* de Hasler et Sparks et le *Crayfish* du fusilier William Mills et du caporal Albert Laver. Ils avaient encore de nombreux kilomètres à franchir et, désormais, les Allemands pourraient les attendre.

Ayant capturé deux des commandos, les Allemands savaient maintenant qu'une mission quelconque était en cours, même si leurs prisonniers ne livrèrent que peu d'information lors des interrogatoires. Les patrouilles le long du fleuve furent intensifiées.

Néanmoins, les commandos ne furent pas détectés dans la nuit du 8 au 9 décembre et ils pagayèrent 35 km de plus (22 mi) en six heures. Ils couvrirent 24 km (15 mi) la nuit suivante et, en dépit d'un fort reflux de la marée la nuit du 10 au 11 décembre, il étaient désormais en mesure de frapper.

Avec la marée si forte, Hasler décida de se cacher un jour de plus et de procéder à l'étape finale de la mission dans la nuit du 11 au 12 décembre.

Le major Herbert « Blondie » Hasler *(à gauche)* et le caporal Bill Sparks *(à droite)* visitent l'église anglaise de Saint-Nicolas à Bordeaux pour un service commémoratif dédié aux Héros des coquilles de noix, le 3 avril 1966.

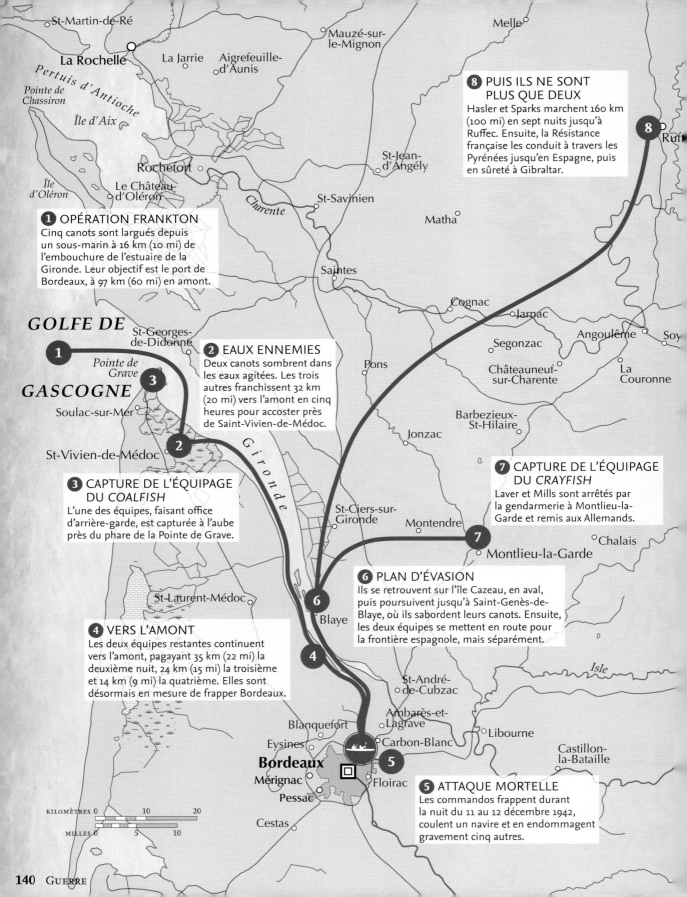

8 PUIS ILS NE SONT PLUS QUE DEUX
Hasler et Sparks marchent 160 km (100 mi) en sept nuits jusqu'à Ruffec. Ensuite, la Résistance française les conduit à travers les Pyrénées jusqu'en Espagne, puis en sûreté à Gibraltar.

1 OPÉRATION FRANKTON
Cinq canots sont largués depuis un sous-marin à 16 km (10 mi) de l'embouchure de l'estuaire de la Gironde. Leur objectif est le port de Bordeaux, à 97 km (60 mi) en amont.

2 EAUX ENNEMIES
Deux canots sombrent dans les eaux agitées. Les trois autres franchissent 32 km (20 mi) vers l'amont en cinq heures pour accoster près de Saint-Vivien-de-Médoc.

3 CAPTURE DE L'ÉQUIPAGE DU *COALFISH*
L'une des équipes, faisant office d'arrière-garde, est capturée à l'aube près du phare de la Pointe de Grave.

7 CAPTURE DE L'ÉQUIPAGE DU *CRAYFISH*
Laver et Mills sont arrêtés par la gendarmerie à Montlieu-la-Garde et remis aux Allemands.

6 PLAN D'ÉVASION
Ils se retrouvent sur l'île Cazeau, en aval, puis poursuivent jusqu'à Saint-Genès-de-Blaye, où ils sabordent leurs canots. Ensuite, les deux équipes se mettent en route pour la frontière espagnole, mais séparément.

4 VERS L'AMONT
Les deux équipes restantes continuent vers l'amont, pagayant 35 km (22 mi) la deuxième nuit, 24 km (15 mi) la troisième et 14 km (9 mi) la quatrième. Elles sont désormais en mesure de frapper Bordeaux.

5 ATTAQUE MORTELLE
Les commandos frappent durant la nuit du 11 au 12 décembre 1942, coulent un navire et en endommagent gravement cinq autres.

KILOMÈTRES 0   10   20

MILLES 0   5   10

Silence mortel

À 21 heures, les deux canots glissèrent sur les eaux calmes du fleuve, sous un ciel clair. Après une autre heure à pagayer, ils étaient à l'intérieur de l'enceinte du port. Les commandos se mirent à l'ouvrage.

Hasler et Sparks placèrent huit mines-ventouses sur quatre navires dans la section ouest des quais. Une sentinelle sur le pont de l'un des bateaux perçut un mouvement et braqua sa torche sur eux, mais les hommes restèrent immobiles et le filet de camouflage cacha parfaitement le bateau.

Laver et Mills placèrent huit autres mines-ventouses munies de détonateurs réglés à huit minutes sur deux navires marchands dans le bassin sud.

Les commandos quittèrent le port à 0 h 45 min.

> « Huit minutes plus tard, des flammes léchaient le ciel au-dessus de Bordeaux et une volée d'explosions roula sur l'océan alors que *Crayfish* et *Catfish* s'enfuyaient avec la marée. »

L'évasion

Les hommes ne virent ni n'entendirent les mines-ventouses exploser, mais ils savaient tout de même que leur mission était réussie. Bientôt, chaque centimètre de campagne grouillerait d'Allemands à leur recherche. La partie la plus dangereuse du raid ne faisait que commencer.

Les quatre hommes se retrouvèrent sur l'île Cazeau, puis ils continuèrent vers l'aval du fleuve jusqu'avant l'aube, quand ils mirent pied à terre près de Saint-Genès-de-Blaye, juste au nord de Blaye, et coulèrent leurs canots.

Les deux équipages continuèrent alors à pied, chacun de son côté. Les Allemands s'attendaient à ce qu'ils fissent route directement vers le sud, vers la sécurité relative de l'Espagne. Le plan prévoyait plutôt d'aller vers le nord, d'établir le contact avec la Résistance française, puis de prendre la direction du sud.

Hasler avait estimé qu'ils attireraient moins l'attention des gens de la région s'ils s'arrêtaient à l'extérieur des villes

Un monument commémorant l'opération Frankton surplombe l'estuaire de la Gironde, à Saint-Georges-de-Didonne, en France.

qu'ils traversaient et s'ils mémorisaient leurs cartes avant d'y entrer, afin de les traverser avec aisance comme s'ils avaient des raisons de se trouver là.

Puis ils furent deux

Laver et Mills ne purent se rendre qu'à Montlieu-la-Garde, où ils furent arrêtés par la gendarmerie et remis aux Allemands.

Hasler et Sparks franchirent 160 km (100 mi) en sept nuits et atteignirent la ville de Ruffec le 18 décembre 1942. Là, ils prirent contact avec la Résistance française qui les cacha dans une ferme durant 18 jours. On les guida ensuite à travers les Pyrénées jusqu'en Espagne.

Finalement, le 23 février 1943, un message parvint en Angleterre disant que Hasler et Sparks étaient en sécurité à Gibraltar. Hasler retourna chez lui en avion le 2 mars et Sparks revint par mer plus tard.

Le sort de leurs compagnons

L'équipage du *Conger*, le caporal George Sheard et le fusilier David Moffat, réussirent finalement à atteindre le rivage mais, ayant passé trop de temps

dans l'eau excessivement glacée, ils périrent d'hypothermie.

Le sergent Samuel Wallace et le fusilier Jock Ewart furent exécutés le 11 décembre dans une sablière au cœur d'un boisé au nord de Bordeaux.

MacKinnon et Conway échappèrent à leurs poursuivants durant quatre jours, mais ils furent trahis et remis aux Allemands à l'hôpital La Réole, à 48 km (30 mi) au sud-est de Bordeaux. Comme le caporal Laver et William Mills, ils furent exécutés par la Gestapo.

Un sacrifice exemplaire

La mission réussit à couler un navire et à en endommager cinq autres. Ces dommages perturbèrent gravement l'utilisation du port de Bordeaux.

> « [Ce fut] le raid le plus courageux et le plus imaginatif de tous les raids jamais réalisés par les hommes des Opérations inter-armées. »

Winston Churchill déclara que le raid des Coquilles de noix avait aidé à écourter de six mois la Deuxième Guerre mondiale.

L'incroyable odyssée de Jan Baalsrud

Jan Baalsrud était un commando de la Deuxième Guerre mondiale dont la mission clandestine fut trahie. Après avoir tué un agent de la Gestapo et s'être enfui au fin fond enneigé de la Norvège, il passa 18 jours recroquevillé dans un trou de neige. Forcé d'amputer neuf de ses orteils, il passa finalement en Suède, en traversant un lac gelé.

Date
1943

Contexte
Une mission de commando compromise par la Gestapo

Nature de l'épreuve
Pourchassé par des soldats allemands dans le nord de la Norvège

Durée de l'épreuve
2 mois

Moyens de survie
Se cacher dans un trou de neige, traverser à pied un plateau couvert de neige, s'amputer soi-même

Nombre de survivants
1

Dangers
Capture, hypothermie, gangrène

Équipement
Skis, traîneau, canif, aide de la Résistance locale

Erreur sur la personne

Les commandos attendirent jusqu'à la tombée de la nuit avant d'amorcer l'étape suivante de leur mission. Ensuite, Sigurd Eskeland quitta leur bateau de pêche et se glissa sur la rive pendant que les autres prenaient des positions de guet et attendaient son retour.

Eskeland se rendit à la boutique locale où il devait rencontrer leur contact, un sympathisant de la Résistance locale. Cet homme avait accepté de les aider dans leur mission et de galvaniser les efforts de résistance locaux.

Malheureusement, le commerçant auquel Eskeland se présenta connaissait le nom de leur contact, mais n'avait pour lui aucune sympathie. C'était le mauvais type. Paniqué, il refusa d'aider et, tandis qu'Eskeland se hâtait de retourner au bateau, il transmit son signalement à la Gestapo.

On était le 28 mars 1943 et le quatuor de commandos norvégiens était venu d'Écosse pour faire sauter une tour de contrôle aérien stratégique dans leur patrie occupée par les Allemands. Ils étaient loin dans le nord glacial, un territoire hostile d'îles rocheuses et de fjords à pic dont les rares habitants endurcis parvenaient à survivre de la mer et du peu de terre qui n'était pas pris dans les glaces.

Eskeland rejoignit le bateau mais, le lendemain, les Norvégiens virent une canonnière allemande à moteur patrouiller dans la baie. Leur mission était terminée. Cependant, ils pouvaient toujours sauver leur peau.

En cavale

Ils fixèrent un détonateur à action lente aux huit tonnes d'explosifs, destinés à détruire la tour de contrôle aérien, pour envoyer plutôt *The Brattholm* au fond du fjord.

Ensuite, les Norvégiens prirent la fuite dans une petite embarcation, mais les artilleurs allemands la firent sauter. Les commandos plongèrent donc dans les eaux glaciales arctiques et nagèrent vers la rive. Ils l'atteignirent mais, comme ils cherchaient à s'accrocher aux rochers couverts de neige, les Allemands tuèrent trois d'entre eux. Un seul homme, Jan Baalsrud, s'enfuit, mais toujours en grand danger : gelé, trempé et ayant perdu une botte, il se retrouva au fond d'un ravin de neige pentu de 60 m (200 pi) avec quatre Allemands qui lui tiraient dessus.

Baalsrud se précipita derrière un rocher et dégaina son pistolet. Il tira, tua l'officier en chef de la Gestapo et blessa un autre soldat. Il saisit l'occasion et escalada la pente, les tirs s'enfonçant dans la neige autour de lui.

Il atteignit le sommet et plongea derrière un autre rocher. Les Allemands n'étaient plus visibles et, pendant une seconde, il crut s'en être tiré indemne. Puis il baissa les yeux et découvrit que le gros orteil de son pied sans botte avait été à moitié coupé par une balle.

Les Alpes de Lyngen, chaîne de montagnes à l'est de Tromsø, dans le nord de la Norvège

Évasion

Baalsrud était sur une minuscule île au large ; l'ennemi serait bientôt partout et il devait la quitter. Pendant les quelques heures suivantes, il boitilla à travers son intérieur glacé vers sa côte sud. Il pouvait voir une autre île à l'est, mais il n'y avait qu'une façon de l'atteindre. Baalsrud entra dans l'eau et nagea 183 m (200 verges) dans l'océan Arctique extrêmement froid.

Alors qu'il se hissait sur la rive, des frissons secouant son corps, il vit deux fillettes s'approcher. Leur mère et une voisine l'entrèrent dans la maison et l'abritèrent pour la nuit. À l'aube, elles risquèrent leur vie pour l'amener à la rame à Ringvassøya, une île voisine plus grande.

Des habitants compatissants de l'île le firent passer de maison en maison pendant les six jours suivants, mais Baalsrud savait que sa chance tirait à sa fin. Il devait se rendre sur la terre ferme, puis traverser le haut plateau enneigé pour entrer en Suède neutre.

Perdu dans la tempête

Le 5 avril, Baalsrud prit pied sur le continent. L'étape suivante de son plan consistait à atteindre Lyngenfjord à l'est. Il était en skis, ce qui faciliterait son voyage, mais il devait néanmoins traverser les Alpes glacées de Lyngen, hautes de 900 m (3 000 pi).

Il était haut dans les collines quand une tempête s'abattit et Baalsrud se perdit totalement. Souffrant de cécité des neiges, ravagé par les engelures et délirant, il se traîna désespérément dans les monts gelés pendant quatre jours.

Enfin, il tituba dans une maison du minuscule village de Furuflaten. Il reçut du secours aussitôt d'une femme et de ses deux enfants. Il recruta aussi un allié important : le frère de la femme se nommait Marius Grönvold ; fermier et journaliste à temps partiel, il avait exactement les connexions dont Baalsrud aurait besoin pour continuer son voyage.

Grönvold passa quatre jours à aider Baalsrud à récupérer, mais le commando avait beaucoup souffert dans les montagnes et ne pourrait continuer seul. Par contre, c'était beaucoup trop dangereux de rester sur place.

Deux semaines à l'Hôtel Savoy

La nuit du 12 avril, Grönvold et quelques autres patriotes firent passer clandestinement Baalsrud sur une civière au-delà de la garnison allemande et de l'autre côté du fjord, jusqu'à une humble cabane de bois à Revdal. Baalsrud baptisa sa nouvelle maison l'Hôtel Savoy.

Pendant deux jours, il récupéra seul, puis Grönvold revint avec un plan.

Quand Baalsrud pourrait marcher, ils iraient dans le village voisin de Mandal où des collègues l'aideraient à gravir le plateau de 900 m (3 000 pi) derrière Revdal. De là, il restait à marcher 40 km (25 mi) à travers les hautes terres exposées jusqu'en Suède. Pas facile, mais possible.

Malheureusement, Grönvold ne put revenir à la cabane pendant une semaine, à cause d'une autre tempête. Entre-temps, l'état de Baalsrud périclita vite.

> **« Après cinq jours, il ne pouvait que penser qu'il était condamné à rester étendu dans la cabane désolée jusqu'à ce que l'empoisonnement le tuât ou jusqu'à ce qu'il dépérît et mourût de faim. »**

Ses pieds blessés et gelés s'empoisonnèrent. Noircis, ses orteils commencèrent à « suppurer un liquide qui sentait mauvais ». À peine conscient, Baalsrud sortit son canif et fit sortir une substantielle quantité de sang.

Ce fut ainsi que le trouva Grönvold le 21 avril. Il était évident que Baalsrud devait être hospitalisé et le plus vite possible. Et, comme il ne pouvait pas gravir le plateau lui-même, on devrait l'y amener.

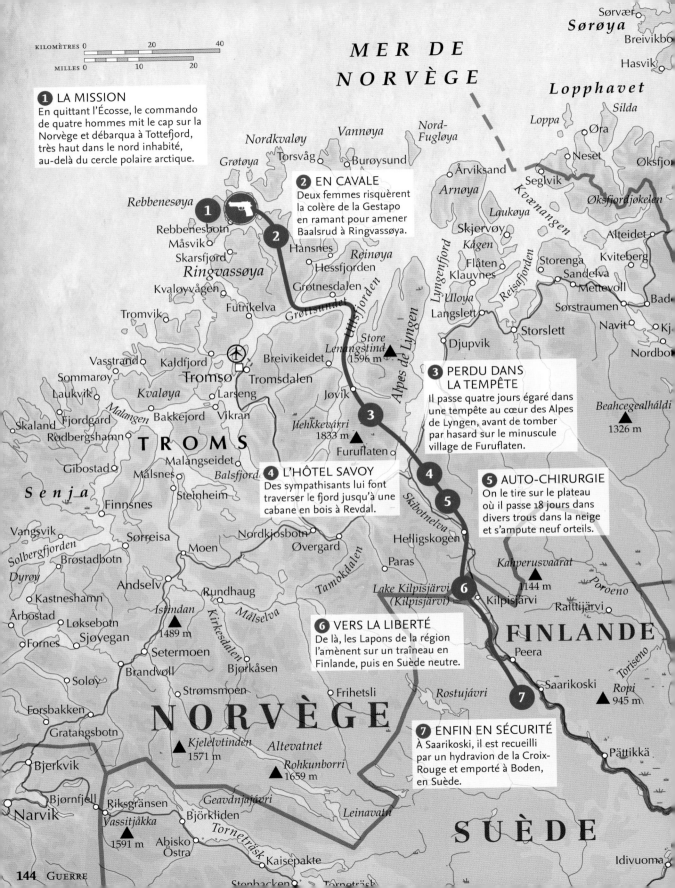

MER DE NORVÈGE

Lopphavet

1 LA MISSION
En quittant l'Écosse, le commando de quatre hommes mit le cap sur la Norvège et débarqua à Tottefjord, très haut dans le nord inhabité, au-delà du cercle polaire arctique.

2 EN CAVALE
Deux femmes risquèrent la colère de la Gestapo en ramant pour amener Baalsrud à Ringvassøya.

3 PERDU DANS LA TEMPÊTE
Il passe quatre jours égaré dans une tempête au cœur des Alpes de Lyngen, avant de tomber par hasard sur le minuscule village de Furuflaten.

4 L'HÔTEL SAVOY
Des sympathisants lui font traverser le fjord jusqu'à une cabane en bois à Revdal.

5 AUTO-CHIRURGIE
On le tire sur le plateau où il passe 18 jours dans divers trous dans la neige et s'ampute neuf orteils.

6 VERS LA LIBERTÉ
De là, les Lapons de la région l'amènent sur un traîneau en Finlande, puis en Suède neutre.

7 ENFIN EN SÉCURITÉ
À Saarikoski, il est recueilli par un hydravion de la Croix-Rouge et emporté à Boden, en Suède.

TROMS

Senja

NORVÈGE

FINLANDE

SUÈDE

La traversée du plateau glacial

Quatre jours plus tard, Grönvold et trois autres hommes sanglèrent Baalsrud, qui délirait toujours, à un traîneau et le hissèrent à 900 m (3 000 pi), jusqu'au sommet de la montagne recouverte de neige. Ils y avaient rendez-vous avec l'équipe de Mandal. Mais il n'y avait personne.

La Gestapo devait avoir capturé leurs collègues; le voyage à pied prenait fin. Néanmoins, ils ne pouvaient ramener Baalsrud au bas de la montagne : les patrouilles nazies le découvriraient bientôt. Ils devaient le déposer dans le meilleur abri creusé possible et le confier aux éléments, jusqu'à ce qu'un nouveau plan fût conçu.

Grönvold et ses amis l'abritèrent du vent derrière un rocher et érigèrent un muret de neige autour de lui. Toujours sur le traîneau, Baalsrud fut enveloppé dans deux couvertures et mis dans un sac de couchage en toile. Puis ils lui remirent les quelques rations qu'ils avaient et partirent.

Quoique Baalsrud fût enterré vivant, immobile dans un froid trou de neige, il était protégé des sautes d'humeur extrêmes de la température qui faisait rage autour. Il resta étendu dans sa pièce de glace pendant quatre ou cinq jours, frissonnant et malade, mais vivant.

Les hommes de Mandal avaient été retardés parce que les troupes alle-mandes avaient choisi ce même matin pour débarquer dans leur ville. Quand, deux jours plus tard, ils réussirent enfin à monter en douce sur le plateau, ils ne purent trouver Baalsrud : la neige fraîche le recouvrait complètement.

Une semaine complète passa avant que Grönvold ne pût revenir sur le plateau. Comme il n'y avait toujours aucun signe du commando, ils durent creuser pour essayer de trouver Baalsrud. Ils le trouvèrent.

Il était étendu, pâle et cireux, dans son tombeau de glace. « Il est mort », dit Grönvold. « Je ne suis pas mort, idiot », répondit le cadavre.

Pendant les sept jours qui suivirent, des équipes de Mandal commencèrent à le hisser vers la frontière. Toutefois, le mauvais temps qui persistait les força à le laisser de nouveau dans un trou de neige, seul sur le plateau.

Auto-chirurgie

Entre-temps, l'état de ses orteils avait empiré. La gangrène s'était développée et, s'il laissait aller les choses, elle gagnerait son pied. Baalsrud décida qu'il devait amputer ses propres orteils. Il sortit de sa poche son canif et se mit au travail, tranchant tous ses orteils, sauf un. Du brandy était son seul anesthésique et il scella les moignons sanglants avec de l'huile de ricin.

« Il avait encore son canif et il lui restait un peu de brandy. Avec le brandy comme anesthésique et le canif comme scalpel... il commença à couper soigneusement [ses orteils], un à un. »

L'opération arrêta la gangrène, mais la santé de Baalsrud était aussi fragile qu'un glaçon. Au total, il avait passé 18 jours sur le dos, dans un trou, au milieu des terres inhabitables du plateau.

Sur la glace, vers la liberté

Finalement, le 31 mai, il s'éveilla pour voir un Lapon qui l'observait attentivement. Des rennes étaient tout autour. Ses contacts à Mandal avaient négocié une entente avec la tribu locale de Samis pour transporter Baalsrud de l'autre côté de la frontière finlandaise et, de là, à travers la Finlande jusqu'en Suède neutre.

Cependant, tout échoua presque au dernier obstacle. Quand ses sauveteurs atteignirent le lac Kilpisjärvi, ils refusèrent d'abord de traverser la glace incertaine. La Suède s'étendait sur la rive lointaine, mais les hommes ne voulaient pas se risquer. Puis une patrouille allemande en skis apparut, ouvrit le feu et l'histoire de Baalsrud connut un acte final spectaculaire : les Lapons, le renne et son traîneau, tous glissèrent à toute allure sur la glace gémissante vers la sécurité de la Suède.

Conséquences

Baalsrud fut amené d'urgence à un hôpital suédois, où les médecins dirent que son auto-amputation avait sans aucun doute sauvé son pied. Il eut besoin de sept mois de convalescence avant de s'envoler vers l'Angleterre. Plus tard, il retourna en Écosse, où il aida à l'entraînement d'autres commandos norvégiens.

Le 25 juillet de chaque année, des randonneurs se rassemblent à Tromsø pour suivre la route de l'évasion de Baalsrud : une marche de neuf jours en son honneur.

Le lac Kilpisjärvi, en Finlande

La Grande évasion

En mars 1944, 78 prisonniers de guerre Alliés s'évadèrent par un tunnel du Stalag Luft III. La planification et la hardiesse incroyable de l'évasion mirent Hitler dans l'embarras. Soixante-treize prisonniers furent repris, desquels cinquante furent fusillés. Cinq hommes rejoignirent le monde libre. C'est l'une des évasions en temps de guerre les plus célèbres de l'histoire.

Date
1944

Contexte
Détenus comme prisonniers de guerre

Nature de l'épreuve
Dans le Stalag Luft III

Durée de l'épreuve
Des mois ou des années selon les individus

Moyens de survie
Tunnels

Nombre de survivants
78

Dangers
Être découverts par les gardes, effondrement de tunnel, suffocation, être tué

Équipement
Outils improvisés, planification méticuleuse, documents contrefaits

CI-DESSUS, À DROITE
Camp de prisonniers de guerre Stalag Luft III, dirigé par la Luftwaffe et réservé aux aviateurs, jusqu'à sa libération le 29 avril 1945

Le camp

Le Stalag Luft III ouvrit le 21 mars 1942 et fut d'abord dirigé par la Luftwaffe à titre de camp de prisonniers pour les officiers de la RAF (Royal Air Force) et de l'aéronavale britannique. Plus tard, il fut agrandi, pour accepter officiers et sous-officiers d'autres services et nationalités.

Il offrait un impressionnant éventail d'installations sportives et récréatives, de même qu'une bibliothèque. Les prisonniers bâtirent un théâtre où ils produisirent des spectacles. Ils diffusèrent des nouvelles et de la musique sur une station radio et publièrent deux journaux.

Pourtant, en dépit de la décence relative de la vie du camp, il était du devoir de tout prisonnier de s'échapper.

Le plan principal

L'idée de s'évader du Stalag Luft III vint du chef d'escadron Roger Bushell. Au printemps de 1943, il présenta un plan d'une hardiesse sans précédent au Comité d'évasion. Bushell voulait creuser simultanément trois tunnels plutôt qu'un : même si l'un des tunnels était découvert, les Allemands ne soupçonneraient probablement pas qu'on en creusait deux autres.

Trois tunnels permettraient aussi l'évasion de plus d'hommes. Bushell croyait possible de faire évader 200 hommes, plus de dix fois le nombre de toute tentative antérieure. Tous les hommes porteraient des vêtements civils et auraient de faux papiers, méticuleusement contrefaits.

Le Comité approuva le plan audacieux et Bushell, ou « Big X » selon son nom de code, amorça l'organisation de la Grande évasion.

Les problèmes

Le camp de prisonniers avait été conçu délibérément pour empêcher le creusement de tunnels. Il était situé sur un terrain au sol jaune et sablonneux qui pouvait être décelé facilement si quelqu'un en jetait sur le sol de surface plus foncé. Ce sable léger rendait aussi plus difficile la construction d'un tunnel aux structures solides.

Les baraques des prisonniers s'élevaient à plusieurs centimètres au-dessus du sol, ce qui permettait aux gardiens de déceler plus aisément les tunnels. Aussi, les Allemands avaient installé autour du périmètre des microphones sismiques qui détecteraient tout bruit de creusement.

> **« Les jours de tous ceux présents dans cette pièce sont comptés. En fait, nous devrions tous être morts ! La seule raison pour laquelle Dieu nous a alloué un peu plus de temps, c'est pour faire vivre l'enfer aux Boches... »**

Bushell avait la tâche de trouver l'équipement et d'organiser la main-d'œuvre pour creuser vraiment les tunnels. En outre, il y avait le constant et sérieux problème de sécurité : garder trois importants projets de construction absolument secrets pour les nombreux gardiens qui patrouillaient constamment le camp.

La construction des tunnels
Les trois tunnels reçurent les noms de code « Tom », « Dick › et « Harry ». *Tom* était situé dans un coin sombre de l'entrée de l'un des bâtiments. *Dick* commença sous un puisard de drainage dans une salle de toilette, tandis que l'entrée de *Harry* était cachée sous un poêle.

Les hommes creusèrent profondément – allant jusqu'à 9 m (30 pi) sous la surface. Cela empêcherait les microphones sismiques de capter les vibrations. Les tunnels étaient aussi étroits que possible, seulement 0,6 m (2 pi) de diamètre, pour minimiser la quantité de terre à déplacer. Toutefois, plusieurs pièces plus grandes furent creusées sous le sol, pour abriter la pompe à air, un atelier et le bois pour chaque galerie. Les prisonniers renforcèrent les parois sablonneuses avec du bois récupéré de leurs lits, entre autres sources.

Plus de 600 prisonniers au total travaillèrent à la construction des tunnels.

Beaucoup d'autres matériaux furent dérobés et ré-affectés pour aider le projet d'évasion. Les boîtes de conserve « Klim », dans lesquelles la Croix-Rouge distribuait du lait en poudre, s'avérèrent particulièrement polyvalentes. On les transforma en outils pour creuser, en bennes pour la terre, en chandeliers ; elles servirent aussi à construire un système de ventilation dans les trois tunnels. On utilisa des boîtes de conserve Klim, des bâtons de hockey, des lames de lit et des sacs à dos pour fabriquer des pompes alimentant en air les hommes qui creusaient.

Il semblait n'y avoir aucune limite à l'ingéniosité. Les prisonniers écumaient leur soupe, pour utiliser le gras comme cire à chandelle, et tiraient les fils de vieux vêtements, pour en faire des mèches. Chaque tunnel fut pourvu d'un éclairage électrique et d'un système de wagons sur rails pour évacuer plus rapidement les déblais. On utilisait aussi le chemin de fer pour atteindre le bout des tunnels.

Entre-temps, les faussaires réussirent à persuader certains gardiens amicaux de leur prêter des horaires de trains, des cartes et beaucoup de documents officiels. Les prisonniers obtinrent des vêtements civils en soudoyant le personnel allemand avec des cigarettes, du café et du chocolat.

Le problème de l'évacuation
On pouvait éparpiller une partie du sable à la surface. Les prisonniers transportaient les déblais dans des pochettes faites avec de vieilles chaussettes suspendues au bas de leurs jambes de pantalon. Endossant alors des manteaux longs pour cacher les bourrelets, ils déambulaient calmement dans le camp, relâchant leur chargement à l'aide d'une ficelle. Leur démarche un peu maladroite leur valut le surnom de « pingouins ». Plus de 200 *pingouins* firent environ 25 000 voyages.

Les prisonniers déversèrent aussi le sable dans les petits jardins qu'ils étaient autorisés à cultiver. Durant le travail, *Dick* s'effondra en partie et fut sacrifié ; il devint un lieu où déverser la terre et ranger les cartes, les faux documents de voyage et les vêtements civils.

Il était inévitable que le doute surgît chez les Allemands et, en septembre 1943, des gardiens cachés dans la forêt environnante virent les pingouins prendre du sable de la baraque où *Tom* était situé. Ils découvrirent le tunnel. La Gestapo visita aussi le camp et transféra aussitôt 19 des principaux suspects au Stalag VIIIC.

En guise de précaution, Bushell ordonna l'arrêt du travail dans le dernier tunnel, *Harry*. Il reprit en janvier 1944. Bushell, qui avait prévu s'échapper durant le beau temps de l'été, ordonna que la tentative eût lieu dès le tunnel prêt. *Harry* fut enfin terminé en mars.

L'extrémité du tunnel Harry, montrant combien la sortie était près de la clôture du camp.

Neubrandenburg

Szczecinek

Zalew
Szczeciński

Police

② PILOTES NORVÉGIENS
Bergsland et Müller atteignirent
la Suède neutre en bateau.

Neustrelitz

Prenzlau

② Szczecin

Stargard Szczeciński

Wałcz

Gryfino

*Jezioro
Miedwie*

Piła

**④ RÉSISTANCE
HOLLANDAISE**
Les Lambrec retournèrent
aux Pays-Bas et se joignirent
à la Résistance hollandaise.

Schwedt
an der Oder

Chodzież

Schorfheide

④

Eberswalde-
Finow

Odra

Oranienburg

**Gorzów
Wielkopolski**

Puszcza Natecka

Strausberg

Warta

P O L O G N E

BERLIN

Poznań

Potsdam

Fürstenwalde

Frankfurt
an der Oder

Międzyrzecz

Lub

Fläming

Luckenwalde

Eisenhüttenstadt

Świebodzin

Kościan

Odra

A L L E M A G N E

Guben

Zielona Góra

Gosty

Cottbus

Forst

Leszno

① STALAG LUFT III
Le camp était situé près de la
ville de Sagan, dans la province
allemande de Basse-Silésie,
aujourd'hui Zagan, en Pologne.

Finsterwalde

Żary

① Żagań

Spremberg

Rawicz

Senftenberg

Weißwasser

Polkowice

Riesa

Hoyerswerda

Lubin

Döbeln

Meißen

③ PILOTE HOLLANDAIS
Van der Stok se dirigea en
France via Dresde et, finalement,
il trouva refuge dans un consulat
britannique en Espagne.

Legnica

Bolesławiec

③

Dresde

Görlitz
Zgorzelec

Jawor

Wrocław

Freital

Freiberg

Pirna

Jelenia
Góra

CHEMNITZ

Zittau

Kamienna
Gora

Świebodzice

Děčín

Świdnica

Ústí nad
Labem

Liberec

Jablonec
nad Nisou

Česká Lípa

RÉPUBLIQUE TCHÈQUE

Teplice

KILOMÈTRES 0   20   40   60

Most

Litoměřice

MILLES 0   10   20   30

Trutnov

Ramper vers la liberté

Le plan prévoyait l'évasion de 202 hommes. Ils étaient divisés en deux groupes de 101 hommes chacun. Surnommé les « délinquants à répétition », le premier groupe comprenait les hommes qui s'étaient déjà évadés, qui parlaient l'allemand et les 70 hommes qui avaient le plus travaillé dans les tunnels. Leur place était assurée.

Dans le deuxième groupe, dit des « durs à cuire », on dut tirer à la courte paille pour déterminer sa composition. Bushell pensait que ces hommes avaient peu de chance de réussir, car leur connaissance limitée de l'allemand les obligerait à voyager de nuit. Ils ne reçurent que les faux papiers et l'équipement le plus élémentaire.

Le commandant du camp fut horrifié par la fusillade des 50 évadés par la Gestapo et autorisa les prisonniers à ériger un mémorial. Il existe toujours aujourd'hui.

Une nuit sans lune était essentielle pour maximiser les chances de fuite des hommes. Le ciel dégagé leur mit les nerfs en boule durant une semaine, jusqu'à ce que, le vendredi 24 mars 1944, l'évasion reçut le « feu vert » : les hommes choisis entrèrent dans la baraque 104.

Revers

Malheureusement, c'était le mois de mars le plus froid depuis 30 ans et la trappe de *Harry* était gelée, ce qui retarda le départ du groupe d'une heure

et demie. Quand le premier homme sortit du tunnel, il découvrit qu'il n'avait pas atteint la forêt comme prévu. Il aboutissait un peu avant l'orée de la forêt et près d'un mirador.

Plutôt qu'un homme s'échappant à la minute, ils ne furent plus que 10 à l'heure à prendre la fuite.

Mais le pire était encore à venir. Un raid aérien des Alliés, provoquant une panne dans le camp, éteignit les lampes du tunnel. Puis une section du tunnel s'effondra et dut être réparée.

Malgré ces problèmes, 78 hommes réussirent à ramper dans *Harry* vers la liberté.

Puis, à 4 h 55, les gardiens aperçurent le 79e homme qui sortait du tunnel.

Départ difficile

Plusieurs évadés avaient prévu prendre un train de nuit mais, dans la noirceur, ils furent incapables de trouver l'entrée de la gare. Ils se retrouvèrent coincés sur la plateforme jusqu'à l'aube et furent repris.

Ceux qui avaient fui dans la campagne firent face à un obstacle encore plus difficile. Une neige épaisse – profonde de 1,5 m (5 pi) par endroits – les obligea à quitter la protection des bois et des champs et à utiliser les routes, ce qui permit aux Allemands lancés à leurs trousses de les repérer plus facilement.

Après l'évasion

Tous les évadés, sauf cinq, furent capturés. Hitler ordonna d'abord de les fusiller tous, avec le kommandant du camp, son architecte et les gardes de service.

Le kommandant Friedrich Wilhelm von Lindeiner-Wildau du Stalag Luft III

Finalement, 50 prisonniers furent exécutés, seuls ou par paires. Roger Bushell fut abattu par la Gestapo près de Sarrebruck, en Allemagne.

Après la guerre, plusieurs officiers de la Gestapo, responsables de l'exécution des évadés, furent exécutés ou emprisonnés à la suite des procès de Nuremberg.

Les cinq qui ont réussi

Per Bergsland et Jens Müller, deux pilotes norvégiens, prirent un train jusqu'à Stettin en Allemagne (aujourd'hui Szczecin, en Pologne). Ils y rencontrèrent deux marins suédois qui les introduisirent dans le port à l'insu des autorités et sur un navire à destination de Gothenburg, où ils contactèrent le consulat britannique.

Le pilote hollandais Bram van der Stok franchit plusieurs postes de contrôle en bluffant et voyagea, via Dresden, vers la Belgique. Il traversa ensuite en France, avant de trouver la sécurité d'un consulat britannique, en Espagne.

Ryone et Mikail Lambrec, membres de la Résistance hollandaise, retournèrent aux Pays-Bas et rejoignirent leurs camarades dans la clandestinité.

Monument à la mémoire des « Cinquante » aviateurs alliés exécutés après la « Grande évasion »

Par le Toit du monde

Quand l'alpiniste Heinrich Harrer s'évada d'un camp de prisonniers de guerre en Inde, il se dirigea vers l'Himalaya plutôt que la plaine. Son voyage l'amena au-delà des montagnes les plus redoutables du monde et à travers son pays le plus secret, avant d'atteindre enfin la cité d'or de ses rêves, Lhassa.

Date
1939 à 1946

Contexte
Capturé par les forces britanniques en Inde

Nature de l'épreuve
Détenu dans un camp de prisonniers de guerre ; en cavale dans le Tibet hostile

Durée de l'épreuve
6 ½ ans

Moyens de survie
Marcher dans l'Himalaya

Nombre de survivants
2

Dangers
Être capturé, être expulsé, mourir de faim, hypothermie, être assassiné

Équipement
Équipement d'évasion, vêtements et biens d'un voyageur pauvre

À GAUCHE
Kailash, le mont sacré, au Tibet

CI-DESSUS, À DROITE
Rivière dans la vallée de Spiti, dans l'Himachal Pradesh

De grandes ambitions

Heinrich Harrer était un champion de ski de l'équipe olympique allemande et un habile alpiniste qui devint, en 1938, l'un des premiers hommes à escalader la meurtrière face nord de l'Eiger dans les Alpes (3 970 m).

Cet exploit prodigieux lui valut une place dans l'expédition de 1939 conduite par Peter Aufschnaiter au mont Nanga Parbat, invaincu, dans l'Himalaya.

Il y avait eu quatre tentatives antérieures sur cette montagne de 8 126 m (26 660 pi). Toutes avaient échoué, au prix de nombreuses vies. Harrer et ses collègues trouveraient une nouvelle voie jusqu'au sommet et s'attaqueraient au sommet l'année suivante.

Toutefois, il y avait de l'orage dans l'air en Europe et l'Inde contrôlée par les Britanniques était l'endroit où ne pas être si l'on était allemand. Au début de septembre 1939, la guerre débuta. Aufschnaiter, Harrer et les autres membres de l'expédition furent appréhendés par les forces indiennes.

Prisonniers en Inde

Ils furent internés dans le plus gros camp de prisonniers de guerre de l'Inde à Dehra Dun, en Uttarakhand. Ce camp était divisé en sept sections, chacune entourée d'une double clôture de fil de fer barbelé. Deux autres réseaux barbelés cernaient le camp. Sans arrêt, des gardes patrouillaient l'espace entre les réseaux.

Harrer jura aussitôt de s'évader. Pour lui, le rempart déchiqueté de l'Himalaya au nord-est offrait plus de promesses que l'Inde, où il aurait besoin d'argent et d'un anglais parfait pour éviter la capture. Après plusieurs tentatives d'évasion ratées, il se joignit à un groupe de six autres prisonniers de guerre qui pensaient comme lui et ils commencèrent à comploter une évasion « tout-ou-rien ».

L'évasion

Harrer savait qu'il devait se garder en forme pour la tentative et il s'entraîna sans relâche sous la pluie comme sous le soleil brûlant. De peine et de misère, il amassa tout l'argent et les provisions qu'il pouvait, glanant des objets utiles comme une boussole, une montre, des souliers et même une petite tente d'alpiniste.

Le 29 avril 1944, Harrer et quatre autres prisonniers, Aufschnaiter, Bruno Treipel, Hans Kopp et Sattler, se noircirent le visage avec du maquillage, se rasèrent la tête et coiffèrent un turban. Deux autres hommes s'habillèrent en officiers anglais et, prétendant être une équipe indienne de réparation des barbelés, les hommes passèrent la porte principale du camp.

> **« J'étais couvert d'égratignures et d'ecchymoses et, à cause de ma lourde charge, je perçai les semelles de mes nouveaux souliers de tennis en une seule nuit. »**

En route pour le Tibet

Les deux «officiers» montèrent à bord d'un train à destination de Calcutta et rallièrent l'armée japonaise en Birmanie. Les cinq autres se dirigèrent vers la frontière du Tibet. En théorie, c'était un pays neutre et il devrait leur offrir un refuge.

Kopp, Aufschnaiter, Treiper et Sattler prirent la route principale, mais Harrer partit seul, en voyageant la nuit et dormant le jour.

Pendant plus de deux semaines, Harrer évita tout contact humain. Son itinéraire l'amena dans les vallées isolées de Jumna et d'Aglar et il se retrouva souvent face à des animaux sauvages, dont de gros félins et un ours agressif qu'il parvint à effrayer avec un bâton. La seule fois où il croisa une femme du pays, il s'échappa en escaladant le pic Nag Tibba de 3 022 m (9 915 pi).

> **« Alors que j'errais dans la grisaille de l'aube, je me suis retrouvé face à mon premier léopard. »**

Le 10 mai, il tomba sur ses quatre collègues à Nelang. Ils n'avaient pas été découverts, mais leur voyage avait été éprouvant. Scattler redescendait maintenant avec le mal des montagnes, abandonnant sa tentative d'évasion. Il accorda deux jours d'avance à ses collègues avant de se livrer.

Pour leur plus grande frustration, les quatre autres évadés se perdirent bientôt. Harrer et Aufschnaiter durent gravir une montagne de 5 500 m (18 000 pi) seulement pour voir où ils étaient. Forcés de rebrousser chemin, ils payèrent leur erreur de trois jours de délai et de l'essentiel de leurs rations.

Néanmoins, après sept jours de marche presque constante, ils atteignirent le col de Tsang Chok-la, à 5 896 m (19 350 pi), qui formait la frontière entre l'Inde et le Tibet.

Fugitifs en pays inconnu

Aucun Anglais ne pouvait désormais les arrêter, mais leur objectif final, les lignes japonaises, se trouvait à des milliers de kilomètres en Birmanie. Pour l'atteindre, ils devraient voyager durant des mois à travers les montagnes et les plaines fouettées par le vent du Tibet. Peu d'étrangers avaient pénétré à l'intérieur de ce pays et on le connaissait à peine. Les Tibétains feraient-ils preuve d'hospitalité envers eux ? Les Allemands ignoraient leur langue et n'avaient que peu d'argent.

Leur entrée dans cet étrange territoire ne fut pas cordiale. Les hauteurs désolées des montagnes et les vallées désertes les exposèrent à des températures extrêmement froides et ils furent bientôt exténués et près de mourir de faim.

Le Tibet était resté isolé grâce à son éloignement géographique, mais aussi à cause de son réseau administratif extrêmement efficace. Il était impossible de survivre dans ce territoire rigoureux sans commercer et recevoir de l'aide des gens du pays. Même le plus minuscule village avait soit un moine en chef, soit un chef séculier qui leur demanderait leur sauf-conduit.

Les premiers Tibétains qu'ils croisèrent se méfiaient des étrangers et refusèrent de commercer avec eux. Finalement, ils durent recourir à l'intimidation même pour un simple achat de viande.

Les Allemands se rendirent aussi loin que Shangtse avant que le moine en chef ne leur refusât la permission de continuer plus loin. Il rejeta leur demande d'asile. Il fut interdit aux villageois de leur vendre des fournitures ou de leur offrir l'hospitalité. Ils n'eurent d'autre choix que de retourner en Inde via le col de Shipki.

Le 9 juin 1944, hélas, ils étaient de retour à la frontière indienne – le territoire de l'ennemi. Ils réalisèrent qu'il était tout simplement impossible à un étranger de vivre au Tibet sans permis. Pour atteindre leur but, ils devraient faire preuve de plus de sagesse.

« Le Toit du monde » à Lhassa-Xining, au Tibet

De nouveau au Tibet

Les hommes jurèrent bientôt d'essayer encore. Ils croyaient que les fonctionnaires qu'ils avaient rencontrés n'avaient pas l'autorité pour décider de leur cas ; s'ils pouvaient seulement s'adresser à un magistrat assez important, il pourrait leur accorder le refuge qu'ils recherchaient.

Les quatre hommes se séparèrent en paires pour accroître leurs chances. Aufschnaiter et Treipel descendirent la route commerciale qui bordait le Sutlej. Harrer et Kopp remontèrent vers l'Himalaya en traversant la vallée de Spiti et en se faisant passer pour des pèlerins en route pour le mont sacré Kailash.

Le 17 juin, trop exténué pour aller plus loin, Treipel s'acheta un cheval et repartit vers les terres basses. Harrer et Kop se joignirent de nouveau à Aufschnaiter.

Après cinq jours de marche à longer le haut Indus, le trio atteignit Gartok. Ils y rencontrèrent le vice-roi local et, quoiqu'il leur défendît de voyager vers l'intérieur du Tibet, il leur donna un permis jusqu'à la frontière du Népal. Cette précieuse concession s'accompagnait d'un droit à des serviteurs et à des yaks.

Ils se mirent en route le 13 juillet et traversèrent des semaines durant des terres désertes. Ils étaient mal préparés pour l'alternance de températures glaciale et brûlante : la nuit, leur tente se couvrait de neige qui fondait au matin. Enfin, ils atteignirent Gyabnak, la limite de leur permis.

Deux hauts fonctionnaires les convoquèrent alors dans le village suivant, Tradün. En chemin, ils eurent une vue magnifique des merveilles que cette terre des plus mystérieuses pouvait contenir : les tours dorées d'un monastère brillant au soleil et, au-delà, les hautes parois glacées du Dhaulagiri, de l'Annapurna et du Manaslu.

Toute la population de Tradün était dans la rue pour voir par elle-même ces hommes étranges. Les fonctionnaires n'arrivaient pas à croire qu'ils étaient des prisonniers de guerre allemands, mais acceptèrent d'envoyer leur demande de séjour au Tibet à des autorités supérieures à Lhassa. On

Palais du Potala et stupas bouddhiques à Lhassa, au Tibet

leur donna de généreuses provisions de farine, de riz et de tsampa, un repas en poudre qui formait la base de l'alimentation locale.

Pendant trois longs mois, ils attendirent que leur demande traversât le vaste intérieur du pays, fût considérée et que le verdict revînt. Entre-temps, Kopp en eut assez : il partit tenter sa chance au Népal. Des sept qui s'étaient évadés du camp d'internement, cinq s'étaient rendus au Tibet et, de ces cinq, il ne restait plus que Aufschnaiter et Harrer.

> « Nous étions les seuls alpinistes du groupe et, par conséquent, les mieux préparés. physiquement et mentalement pour la vie solitaire et exigeante dans ce territoire désolé. »

Le 17 décembre 1944, la réponse arriva : leur demande avait été rejetée. Harrer et Aufschnaiter furent forcés de partir pour le Népal.

Par contre, c'était désormais l'hiver et la température était extrêmement froide. Le thermomètre ne quitta jamais sa marque de -30 °C (-22 °F) le plus bas qu'il pût indiquer. Après sept jours et nuits épouvantables, ils atteignirent Dzonga le jour de Noël 1944. Une neige épaisse empêcha leur progression durant un mois.

Le 19 janvier, ils repartirent de nouveau et, après une autre semaine de marche difficile, ils atteignirent le magnifique village de Kyirong.

Le village du bonheur

Il est probable que Aufschnaiter et Harrer aient été les premiers Européens à visiter Kyirong. Ce mot signifie «Village du bonheur» et Harrer tomba amoureux de sa situation en montagne et de ses pittoresques maisons de bois. Toutefois, aussi beau que fût l'endroit, ils étaient de nouveau coincés. Les fonctionnaires tibétains étaient désireux de les repousser au Népal, où ils seraient livrés aux Britanniques – ce qui avait été le sort de Kopp.

Même le fait que la guerre eût pris fin durant l'été de 1945 ne modifia pas leur désir d'éviter le Népal : après la Première Guerre mondiale, les Britanniques avaient gardé les camps de prisonniers de guerre en fonction durant deux ans et les fugitifs ne voulaient pas tomber entre leurs mains, même maintenant.

La Birmanie n'était plus le refuge concret tant espéré ; le Tibet était devenu leur but spirituel et Lhassa, capitale et cœur intérieur de ce pays magique, avait pris le contrôle de leur imagination.

Harrer et Aufschnaiter résolurent de partir pour la frontière comme promis

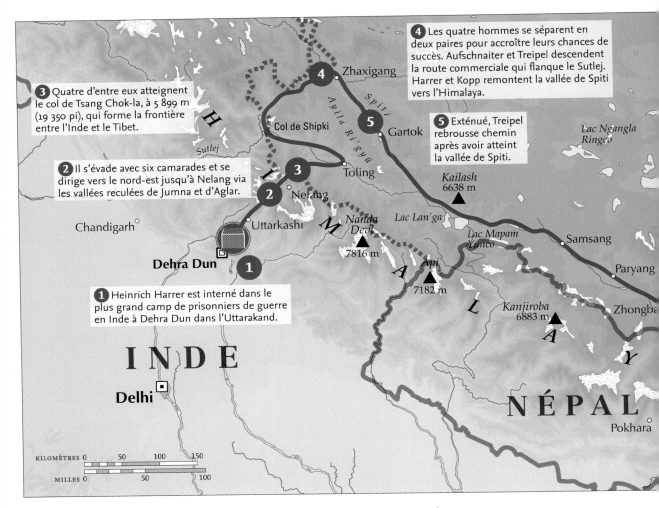

4 Les quatre hommes se séparent en deux paires pour accroître leurs chances de succès. Aufschnaiter et Treipel descendent la route commerciale qui flanque le Sutlej. Harrer et Kopp remontent la vallée de Spiti vers l'Himalaya.

3 Quatre d'entre eux atteignent le col de Tsang Chok-la, à 5 899 m (19 350 pi), qui forme la frontière entre l'Inde et le Tibet.

5 Exténué, Treipel rebrousse chemin après avoir atteint la vallée de Spiti.

2 Il s'évade avec six camarades et se dirige vers le nord-est jusqu'à Nelang via les vallées reculées de Jumna et d'Aglar.

1 Heinrich Harrer est interné dans le plus grand camp de prisonniers de guerre en Inde à Dehra Dun dans l'Uttarakand.

Zhaxigang
Col de Shipki
Gartok
Toling
Nelang
Uttarkashi
Chandigarh
Dehra Dun
Sutlej
Spiti
Ayila Ri'gyu
Lac Ngangla Ringco
Kailash 6638 m
Lac Lan'ga
Nanda Devi 7816 m
Lac Mapam Yunco
Api 7182 m
Samsang
Paryang
Kanjiroba 6883 m
Zhongba

INDE

Delhi

NÉPAL

Pokhara

KILOMÈTRES 0   50   100   150
MILLES 0   50   100

à leurs hôtes, puis de changer de direction et de marcher vers le nord-est, vers l'intérieur du Tibet. Ils approcheraient de Lhassa par la plaine de Changthang, au nord-ouest. Ce serait plus ardu que l'habituelle route des pèlerins, mais ils éviteraient les centres administratifs.

Ils préparèrent une cache de réserves à 19 km (12 mi) sur la route qu'ils prendraient. L'hiver approchait mais, ne pouvant rester plus longtemps, ils devraient courir le risque. Aufschnaiter partit le premier; toutefois, les villageois devinrent méfiants et Harrer ne put partir. Il força finalement son chemin à travers les protestations.

Détour vers la mort

Ils avancèrent régulièrement même s'ils transportaient 36 kg (80 lb) de ravitaillement chacun et devaient se déplacer dans le noir sous une faible lumière. Ils traversèrent doucement des ponts de glace enjambant des gorges sans fond. Quinze degrés de frimas refroidissaient l'air de leurs poumons quand ils devinrent probablement les premiers Européens à traverser le col de Chakhyungla à 4 876 m (16 000 pi). Ils étaient désormais si profondément dans l'arrière-pays qu'ils osèrent voyager de jour.

À cette époque, Harrer et Aufschnaiter avaient l'air si sauvages et hâlés qu'ils pouvaient se faire passer pour des Indiens et commercer avec les gens du pays pour des provisions. Cependant, ils devaient toujours éviter les routes principales autant que possible. Après avoir entrevu la masse imposante de l'Everest, ils décidèrent de s'engager dans des territoires si hostiles que les nomades du pays tentèrent de les dissuader d'y aller. Le chemin prévu les conduirait dans le territoire des Khampas, des voleurs notoirement violents.

Ils ignorèrent ces avertissements et, en fait, ils marchèrent droit dans un tel camp de bandits. Les Khampas tentèrent de les séparer pour les voler plus aisément, mais les Allemands les intimidèrent effrontément et quittèrent rapidement le campement. Ils s'échappèrent en empruntant une route d'évasion si rude que même les robustes Khampas cessèrent de les suivre.

La dernière étape de leur fuite vers Lhassa fut le trajet le plus éprouvant qu'Harrer eût jamais enduré. La température tournait constamment autour de -40 °C (-40 °F) et leurs mains et leurs pieds furent rigidifiés par le froid. Harrer fut victime d'une sciatique parce qu'ils dormaient sans cesse sur le sol gelé dur. Quand ils mangeaient,

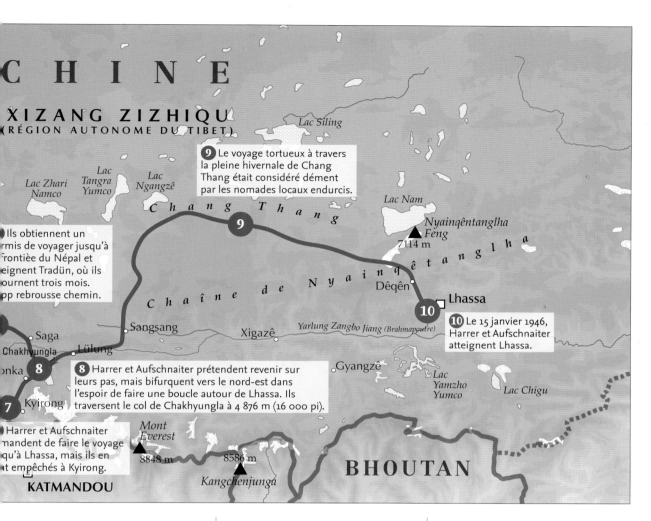

CHINE

XIZANG ZIZHIQU
(RÉGION AUTONOME DU TIBET)

Lac Síling

9 Le voyage tortueux à travers la pleine hivernale de Chang Thang était considéré dément par les nomades locaux endurcis.

Lac Zhari Namco *Lac Tangra Yumco* *Lac Ngangzê* *Lac Nam*

9

C h a n g   T h a n g

Nyainqêntanglha Feng
7114 m

Ils obtiennent un rmis de voyager jusqu'à frontièe du Népal et eignent Tradün, où ils ournent trois mois. pp rebrousse chemin.

C h a î n e   d e   N y a i n q ê t a n g l h a

Dêqên

10 ☐ Lhassa

Sangsang   Xigazê   *Yarlung Zangbo Jiang (Brahmapoutre)*

10 Le 15 janvier 1946, Harrer et Aufschnaiter atteignent Lhassa.

Saga
Chakhyungla   Lülung

nka   **8**

7   Kyirong

8 Harrer et Aufschnaiter prétendent revenir sur leurs pas, mais bifurquent vers le nord-est dans l'espoir de faire une boucle autour de Lhassa. Ils traversent le col de Chakhyungla à 4 876 m (16 000 pi).

Gyangzê

Lac Yamzho Yumco   *Lac Chigu*

Harrer et Aufschnaiter mandent de faire le voyage qu'à Lhassa, mais ils en t empêchés à Kyirong.

Mont Everest
8848 m   8586 m

KATMANDOU

Kangchenjunga   **BHOUTAN**

---

leurs cuillères se collaient à leurs lèvres et ils devaient, pour la retirer, se déchirer la peau.

« … une soirée dans une tente chaude était plus importante que si, dans la sécurité de nos foyers, on nous avait donné une voiture de course comme cadeau du Nouvel An. »

Finalement, ils atteignirent la grand-route relativement passante de Tasam. Avec Lhassa à 15 jours de marche devant eux, ils s'introduisirent dans les rangs d'une caravane officielle, bluffant de nouveau à propos de leur identité.

Le 15 janvier 1946, ils entreprirent leur dernière étape. Depuis leur départ de Kyirong, ils avaient marché 70 jours et s'étaient reposés cinq jours. Puis, comme ils traversaient lentement une large vallée, ils tournèrent un coin et aperçurent les toits dorés du Potala, la résidence d'hiver du Dalaï Lama et le bâtiment le plus célèbre de Lhassa. C'était tout ce à quoi ils avaient rêvé et plus encore.

Invité par la royauté

Ils avaient plus l'air de brigands de Chang Thang que d'Européens et ils s'attendaient vraiment à être placés en garde à vue par les gardiens à la porte de Lhassa. Toutefois, à leur grande surprise, ils purent entrer dans la ville sans être arrêtés.

C'était quasi comme si s'être rendus si loin les plaçait au-dessus de tout soupçon. Même des Européens barbus n'étaient pas suspects parce que, jusqu'alors, aucun n'avait réussi à entrer à Lhassa sans laissez-passer. Muets de soulagement, de respect et de gratitude, ils s'aventurèrent dans les rues les plus intérieures de la Cité interdite.

Au début, les gens du pays, alarmés, les chassèrent. Quand ils tombèrent littéralement d'épuisement, les Tibétains virent leurs pieds abîmés et se calmèrent, leur apportèrent du thé au beurre et d'autres rafraîchissements. Et alors, Harrer et Aufschnaiter entendirent qu'on s'adressait à eux dans un anglais parfait. Un vieux noble tibétain les observait. Il les enmena chez lui et, pour la première fois en sept ans, ils se retrouvèrent devant un repas cuit sur un poêle.

Le début d'une plus grande aventure

Harrer devint l'ami et le tuteur du 14e Dalaï Lama, alors âgé de 11 ans, qui l'avait aperçu avec son télescope dans les rues au pied du palais.

Évasion d'un goulag sibérien

En 1945, le prisonnier de guerre allemand Cornelius Rost fut envoyé dans un goulag sibérien. Face à une vie insupportable de raclées, de privation de nourriture et de travaux forcés dans une mine de plomb, il s'évada. Au cours des trois années suivantes, il brava le sauvage pays russe et le danger perpétuel d'être repris durant son épique voyage de retour de 13 000 km (8 000 mi).

Date
1949 à 1952

Contexte
Un prisonnier de guerre allemand envoyé dans un goulag sibérien

Nature de l'épreuve
Emprisonné dans une mine de plomb en Sibérie, évadé en solo dans la Russie stalinienne

Durée de l'épreuve
3 ans

Moyens de survie
Marcher, skier, vivre en nomade, faire de l'auto-stop

Nombre de survivants
1

Dangers
Capture, trahison, mourir de faim, hypothermie

Équipement
Quelques provisions, des skis et un pistolet au début, puis plus rien

À GAUCHE
La côte enneigée près du cap Dejnev dans la péninsule de Tchoukotka, le point le plus oriental du continent asiatique

CI-DESSUS, À DROITE
Le paysage montagneux de la péninsule de Tchoukotka, en Sibérie

L'incroyable voyage

Certaines évasions paraissent si incroyables qu'elles défient l'entendement. Des années durant, Cornelius Rost dut composer avec des gens qui doutaient de son histoire. Pouvait-il vraiment s'être échappé du camp de travaux forcés d'un goulag et avoir marché 13 000 km (8 000 mi) dans la Russie stalinienne? Si oui, pourquoi avoir changé son nom en Clemens Forell dans le livre relatant ses prouesses?

La vérité, c'est qu'il semble bien que Rost ait réalisé son voyage épique et que son changement de nom donne plus de crédibilité à son récit: il a défié l'une des dictatures les plus puissantes et les plus impitoyables de l'histoire et il a vécu pour raconter son exploit. Il était naturel qu'il eût peur des représailles.

Les soldats oubliés

À la fin de la Deuxième Guerre mondiale, 20 000 soldats vaincus furent piégés en Union soviétique, pays enclin à exiger vengeance pour ses millions d'hommes tombés au combat.

Cornelius Rost était l'un de ces soldats malchanceux. Capturé par les Russes en 1944, il fut détenu comme un prisonnier de guerre normal durant un an. Puis il fut condamné à 25 ans de travaux forcés dans une mine de plomb, dans un coin perdu et glacé de la Sibérie.

En octobre 1945, il comptait parmi 3 000 prisonniers qui furent chargés dans des wagons à bestiaux à la gare de Moscou pour le voyage vers le cap de l'Est (cap Dejnev), juste au sud du cercle polaire arctique, sur le détroit de Béring.

> Le voyage jusqu'au goulag dura près d'un an. Plus de la moitié des hommes qui l'entreprirent moururent: d'épuisement, de malnutrition ou de dysenterie. Beaucoup moururent de froid.

Leur destination était incroyablement lointaine – si lointaine, en fait, que le voyage dura presque un an à bord de wagons à bestiaux, de traîneaux tirés par des chevaux et, finalement, de traîneaux à chiens. Seulement 1 236 hommes l'atteignirent, soit moins de la moitié de ceux qui étaient partis.

Le bout du monde

Les prisonniers vivaient dans la mine de plomb même, dans des grottes éclairées par une seule ampoule. Les gardes les obligeaient brutalement à travailler dur pendant 12 heures par jour. Tout ce qu'ils avaient pour soutenir leurs efforts, c'était du pain, des pommes de terre et un gruau d'orge à l'eau.

Une fois par semaine, si nous étions chanceux, nous pouvions voir le soleil pendant une heure. Si les hommes ne mouraient pas d'épuisement, ils étaient certains de succomber à l'intoxication au plomb.

La sentence de 25 ans de Rost n'était qu'une question de rhétorique ; il mourrait bien avant.

C'était une existence quasi au-delà du supportable. Rost sut qu'il serait bientôt émacié et épuisé. Et, malgré qu'il fût cerné de toutes parts par des centaines de kilomètres de désert gelé, il se dit que, en fin de compte, il valait mieux tenter de fuir.

Il s'évada presque dès son arrivée. Toutefois, quand il fut porté manquant, les gardes réduisirent les rations de ses compatriotes prisonniers à presque rien. Quand ils reprirent Rost, 11 jours plus tard, ils le firent courir entre les rangs des hommes quasi mourants de faim. Ses compatriotes le battirent à tel point qu'il faillit en mourir.

Trois autres années s'écoulèrent avant que Rost ne trouvât une autre occasion de s'échapper.

L'évadé substitut

Le médecin du camp était un compatriote allemand qui avait utilisé sa position privilégiée pour élaborer un plan d'évasion. Il avait mis de côté une carte, de la nourriture, de l'argent, des vêtements, une paire de skis et, chose remarquable, un pistolet.

Par la suite, il s'auto-diagnostiqua et, par malheur, découvrit qu'il avait un cancer. Il ne pouvait pas mettre son plan à exécution. Il demanda à Rost de prendre sa place, à la condition qu'il prît contact avec son épouse en Allemagne, une fois libre.

Le 30 octobre 1949, le médecin détourna l'attention des gardes assez longtemps pour que Rost se glissât hors de l'hôpital. Au cours des trois années suivantes, il serait en cavale dans un territoire sauvage, soumis à une dictature encore plus impitoyable.

Dans l'est glacé

Son plan était simple : aller vers l'ouest aussi loin et aussi vite que possible. Il était certain qu'on se lancerait à sa poursuite, mais Rost croyait que, s'il pouvait creuser un écart de 320 km (200 mi) entre le goulag et lui, les gardes abandonneraient probablement les recherches. Cela accompli, il pourrait se diriger vers le sud, en Mongolie.

Rost se fixa un objectif quotidien exigeant d'au moins 32 km (20 mi), quoiqu'il dépassa souvent 48 km (30 mi), un exploit remarquable dans un territoire aussi sauvage que la Sibérie.

Par ailleurs, même si le vent glacial et le sol gelé exigeaient le maximum de sa résistance, l'environnement le protégeait aussi : il y avait très peu de gens dans la région.

Vivre comme un nomade

Néanmoins, il prit bien soin d'éviter tout contact humain. Comme il n'osait pas faire de feu, le peu de nourriture qu'il avait était gelé dur. Un mois entier s'écoula avant qu'il ne croisât deux gardiens nomades de rennes. Rost était convaincu qu'ils le tueraient ou le dénonceraient, mais il semble que les hommes se sentaient plus de choses en commun avec le fugitif qu'avec Moscou. L'accueillant à leur campement, ils s'occupèrent de lui pendant près de trois mois.

L'hiver avec les gardiens de troupeaux de rennes s'avéra inestimable pour acquérir des habiletés pratiques.

Rost apprit comment survivre dans le fin fond de la Sibérie : comment pêcher et chasser ; comment s'improviser une tente ; la façon d'allumer un feu avec de la mousse.

Il apprit aussi l'importance de l'aide des autres. Toutefois, la nécessité même de chercher cette confiance l'exposerait au danger tout autant qu'elle lui apporterait du secours.

Les orpailleurs

Rost passa deux mois supplémentaires avec un autre groupe de gardiens de rennes. Puis, en juin 1950, il rencontra trois autres fugitifs : des Russes qui s'étaient échappés de prison pour tenter de survivre de la chasse en hiver et de la prospection d'or en été.

Il allia son destin au leur durant un an, adoptant même le nom russe de Pyotr Jakubovitsch. Utilisant des batées pour récolter de l'or, les hommes travaillaient en équipe 12 heures/jour de juin à octobre. C'était un travail éprouvant mais, l'automne venu, ils avaient accumulé un petit tas de poussière d'or, qu'ils divisèrent en parts égales.

Les jours raccourcissant, les hommes volèrent six rennes pour tirer leurs

Ruines du goulag dans la péninsule de Tchoukotka, en Sibérie

traîneaux et se dirigèrent vers la plaine pour chasser des animaux à fourrure. Il était peut-être inévitable que l'envie et la mort fussent des compagnes si proches d'hommes dans une telle situation et, comme on pouvait s'y attendre, elles parvinrent à mettre de nouveau le monde de Rost sens dessus dessous.

Laissé pour mort

L'un des collègues de Rost, un homme appelé Grigori, avait une pépite d'or qu'il avait chipée pendant ses travaux forcés dans une mine d'or. Ses collègues découvrirent la pépite et un combat mortel s'ensuivit, dont Grigori et Rost sortirent vivants. L'homme avait paru fou dès le départ; désormais, il était aussi très paranoïaque.

Cinq jours plus tard, Grigori vola aussi l'or de Rost et le poussa du haut d'une falaise, le laissant pour mort.

Rost faillit mourir, mais il fut secouru de nouveau par de sympathiques gardiens de troupeaux. Ils soignèrent ses blessures et l'aidèrent à récupérer avant de le remettre sur son chemin avec un de leurs huskys, que Rost appela Willem.

C'était l'été de 1951 et Rost avait quitté la mine de plomb depuis 20 mois. Toutefois, il était toujours très loin de chez lui : même la frontière avec la Mongolie se trouvait à 1 280 km (800 mi) de là.

Néanmoins, en croisant de plus en plus de signes de la civilisation, il sut qu'il devait se forger une couverture. Il prétendit être un Letton qui avait purgé sa sentence de huit ans dans un camp de travaux forcés et à qui on avait ordonné de se rendre à Tchita, une ville près de la Mongolie. Cela expliquait sa méconnaissance de la langue russe et sa condition physique peu reluisante.

Sur les rails

Son histoire parut acceptable à des bûcherons qui avaient un chargement de billots à expédier à Tchita. Ils offrirent à Rost d'escorter le chargement et lui délivrèrent même un permis de circuler. Plutôt que de descendre à Tchita, Rost resta à bord du train jusqu'à la fin de la ligne, à Oulan-Oude,

où la chance joua de nouveau en sa faveur : un camionneur chinois ivre lui offrit une place à bord de son véhicule jusqu'à la frontière mongole.

Une fois sur place, sa chance le quitta. La frontière était fortifiée et infranchissable. Un garde suspicieux abattit Willem et, une fois de plus, Rost dut prendre ses jambes à son cou.

Au cours des semaines suivantes, il connut une existence précaire : se cachant le jour et se glissant dans des wagons de chemin de fer la nuit, il volait de la nourriture quand il le pouvait.

Il était évident qu'il avait besoin d'un allié sympathique pour réaliser des progrès significatifs dans sa traversée de la vaste Union soviétique. Il rencontra un ouvrier forestier dont le père était un Autrichien capturé par les Russes en 1914. L'homme reconnut aussitôt l'accent allemand de Rost. Par contre, plutôt que de le livrer aux autorités, il l'aida à tracer un itinéraire jusqu'à la frontière avec l'Iran, distante de quelque 2 400 km (1 500 mi).

Un faux pas

Au début de 1952, Rost avait atteint Novokazalinsk, à l'est de la mer d'Aral, au Kazakhstan. Il vécut brièvement avec les membres d'un mouvement clandestin local qui promirent de le faire sortir en cachette du pays en allant vers le nord pour contourner la mer Caspienne, puis de l'introduire en Iran via le Caucase. Pourtant, Rost flaira un piège, quitta le groupe et se dirigea vers le sud par ses propres moyens, la route la plus directe vers l'Iran.

Ce fut une mauvaise décision. Rost passa les cinq mois suivants à faire la route vers le sud à pied, mais en vain. Il perdit beaucoup trop de poids, devint tout à fait épuisé et, au bout du compte, il dut rebrousser chemin.

En juin, il retourna à Novokazalinsk et décida que, cette fois, il ferait confiance aux clandestins. Il passa de maison sûre en maison sûre en route vers le nord-ouest, vers Ouralsk, puis sud-ouest jusqu'à Ourda. En novembre, il avait atteint le Caucase.

Alors qu'il approchait du but, les risques s'accrurent. Désormais, il traversait des régions plus populeuses, ce qui augmentait d'autant les risques

d'être capturé par la police. Quoiqu'il fût à des milliers de kilomètres du goulag, Rost était toujours dans la Russie de Staline et, s'il était pris, il serait arrêté comme espion allemand et renvoyé là-bas.

Même quand ses compagnons clandestins lui dirent qu'ils avaient traversé la rivière gelée qui marquait la frontière avec l'Iran, Rost resta convaincu qu'il serait pris.

Pourtant, l'incroyable histoire s'était faite vérité : il était parvenu à s'échapper de l'Union soviétique.

Dernier coup de dés

Trois jours plus tard, il se trouvait dans la ville la plus proche, Tabriz. Il entra dans le poste de police et y raconta son histoire. C'était si incroyable qu'ils le prirent pour un espion soviétique et l'arrêtèrent.

Rost fut conduit à Téhéran, où il subit des semaines d'interrogatoire quotidien. Il resta fidèle à son récit, mais les Iraniens, eux, restèrent persuadés qu'il s'agissait d'un espion.

L'oncle de Rost avait déménagé dans la Turquie voisine avant la guerre. Rost supplia ses ravisseurs d'amener l'homme à Téhéran afin qu'il l'identifiât comme Allemand. Les Iraniens acceptèrent et, une semaine plus tard, l'oncle de Rost entra dans sa cellule.

Il semble que le destin avait gardé en réserve un dernier et cruel revers pour Rost : il était si épuisé et émacié par ses années d'errance que son oncle ne le reconnut pas.

Toutefois, il avait apporté un album de photographies qui avait appartenu à la mère de Rost. Celui-ci lui dit de regarder un portrait particulier de sa mère. Il affirma que, dans une autre vie, il avait écrit au verso la date d'anniversaire de sa mère : le jour où il lui avait offert la photographie.

Les officiers iraniens retirèrent le portrait de l'album et le retournèrent. « 18 octobre 1939 » était inscrit au verso.

Rost fut relâché et s'envola avec son oncle jusqu'à Ankara. Puis il continua jusqu'à Munich, via Athènes et Rome.

Il entra dans sa ville natale le 22 décembre 1952, près de trois ans et 13 000 km (8 000 mi) après s'être mis en route.

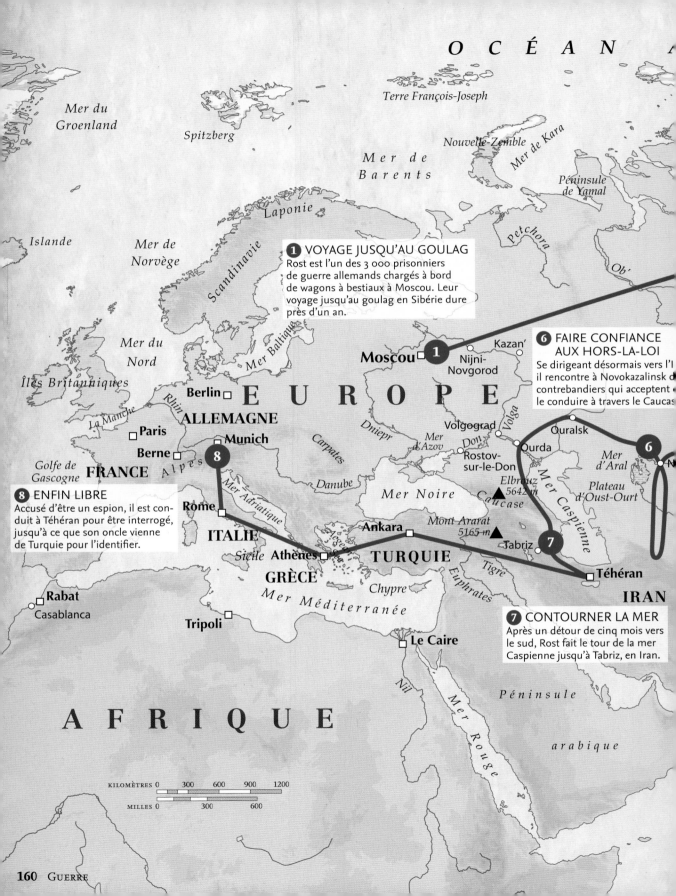

OCÉAN A

Mer du Groenland

Spitzberg

Terre François-Joseph

Nouvelle-Zemble

Mer de Kara

Péninsule de Yamal

Mer de Barents

Islande

Mer de Norvège

Laponie

Scandinavie

Petchora

Ob'

Mer du Nord

Mer Baltique

E U R O P E

Kazan'

Moscou

Nijni-Novgorod

① VOYAGE JUSQU'AU GOULAG
Rost est l'un des 3 000 prisonniers de guerre allemands chargés à bord de wagons à bestiaux à Moscou. Leur voyage jusqu'au goulag en Sibérie dure près d'un an.

⑥ FAIRE CONFIANCE AUX HORS-LA-LOI
Se dirigeant désormais vers l'I[...]
il rencontre à Novokazalinsk de[...]
contrebandiers qui acceptent [...]
le conduire à travers le Caucas[...]

Îles Britanniques

Berlin

E U R O P E

ALLEMAGNE

Rhin

Paris

Berne

Munich

⑧

FRANCE

Golfe de Gascogne

Alpes

Carpates

Dniepr

Danube

Volgograd

Don

Mer d'Azov

Volga

Ouralsk

Ourda

Rostov-sur-le-Don

Mer d'Aral

⑥

N

Plateau d'Oust-Ourt

La Manche

Mer Adriatique

⑧ ENFIN LIBRE
Accusé d'être un espion, il est conduit à Téhéran pour être interrogé, jusqu'à ce que son oncle vienne de Turquie pour l'identifier.

Rome

ITALIE

Sicile

Athènes

Mer Égée

Ankara

TURQUIE

Mer Noire

Elbrouz 5642 m

▲ *Caucase*

Mont Ararat 5165 m ▲

Mer Caspienne

Tabriz

⑦

GRÈCE

Mer Méditerranée

Chypre

Tigre

Euphrates

Téhéran

IRAN

Rabat

Casablanca

Tripoli

⑦ CONTOURNER LA MER
Après un détour de cinq mois vers le sud, Rost fait le tour de la mer Caspienne jusqu'à Tabriz, en Iran.

Le Caire

Nil

Mer Rouge

Péninsule arabique

A F R I Q U E

KILOMÈTRES 0 300 600 900 1200

MILLES 0 300 600

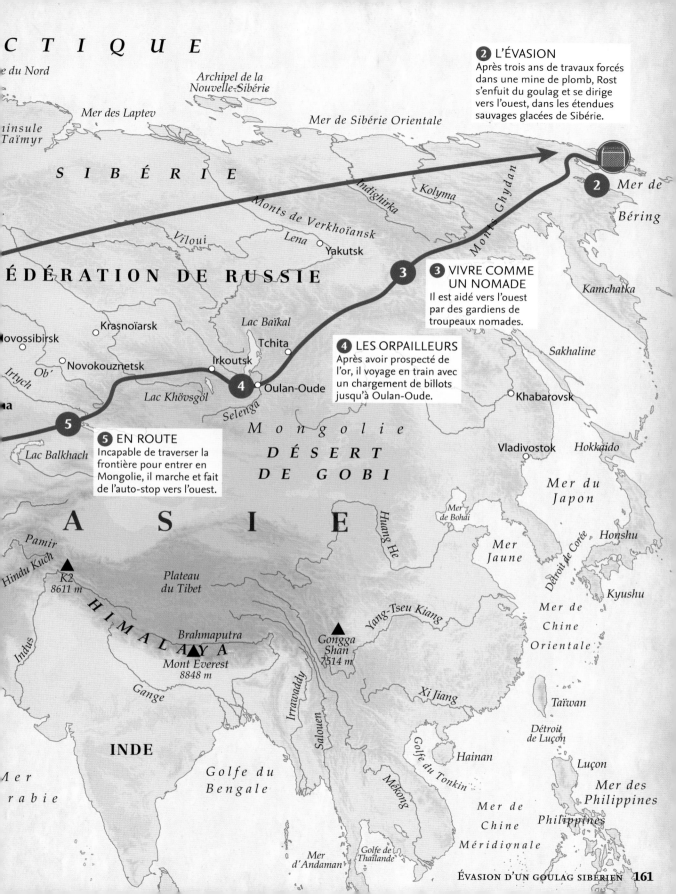

CTIQUE

e du Nord

Archipel de la Nouvelle-Sibérie

Mer des Laptev

Mer de Sibérie Orientale

insule Taïmyr

SIBÉRIE

Indighirka

Kolyma

Monts Ghydan

2 L'ÉVASION
Après trois ans de travaux forcés dans une mine de plomb, Rost s'enfuit du goulag et se dirige vers l'ouest, dans les étendues sauvages glacées de Sibérie.

2 *Mer de*

Béring

ÉDÉRATION DE RUSSIE

Monts de Verkhoïansk

Viloui

Lena

○ *Yakutsk*

3

Kamchatka

3 VIVRE COMME UN NOMADE
Il est aidé vers l'ouest par des gardiens de troupeaux nomades.

Lac Baïkal

○ *Krasnoïarsk*

Tchita

○ *Sakhaline*

4 LES ORPAILLEURS
Après avoir prospecté de l'or, il voyage en train avec un chargement de billots jusqu'à Oulan-Oude.

ovossibirsk

Ob'

○ *Novokouznetsk*

○ *Irkoutsk*

4 ○ *Oulan-Oude*

Lac Khövsgöl

○ *Khabarovsk*

Irtych

ma

Selenga

5

5 EN ROUTE
Incapable de traverser la frontière pour entrer en Mongolie, il marche et fait de l'auto-stop vers l'ouest.

Lac Balkhach

Mongolie

DÉSERT DE GOBI

○ *Vladivostok*

Hokkaïdo

Mer du Japon

A S I E

Huang He

Mer de Bohai

Mer Jaune

Honshu

Pamir

Hindu Kuch

▲ *K2*
8611 m

Plateau du Tibet

Yang-Tseu Kiang

Détroit de Corée

Kyushu

H I M A L A Y A

Brahmaputre

▲ *Mont Everest*
8848 m

▲ *Gongga Shan*
7514 m

Mer de Chine Orientale

Indus

Gange

Irrawaddy

Salouen

Xi Jiang

Taïwan

INDE

Golfe du Bengale

Mékong

Hainan

Golfe du Tonkin

Détroit de Luçon

Luçon

Mer des Philippines

Mer rabie

Mer d'Andaman

Golfe de Thaïlande

Mer de Chine Méridionale

Philippines

Les six évasions de « Farra le para »

Quand le capitaine Anthony Farrar-Hockley fut capturé durant la guerre de Corée, il consacra toute sa considérable intelligence, sa bravoure et son ingéniosité à s'évader. Il s'échappa six fois et, malgré les trajets incroyablement rudes, la frustration d'être repris et les tortures écœurantes qu'il subit, il n'abandonna jamais sa quête de liberté.

Date
1951 à 1953

Contexte
Capturé par les Chinois durant la guerre de Corée

Nature de l'épreuve
Plusieurs infâmes camps de prisonniers

Durée de l'épreuve
28 mois

Moyens de survie
Creuser des tunnels, percer des murs, s'évader à pied, nager dans des eaux glacées et plus

Nombre de survivants
1

Dangers
Action ennemie, exécution, maladie, épuisement, torture

Équipement
Uniforme militaire, quelques outils et de l'équipement volés

À GAUCHE
Pyongyang, la capitale de la Corée du Nord

CI-DESSUS, À DROITE
Pont de la Liberté enjambant la rivière Imjin, entre la Corée du Nord et la Corée du Sud

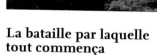

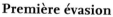

La bataille par laquelle tout commença

La bataille de la rivière Imjin fut un conflit essentiel de la guerre de Corée. Le 22 avril 1951, les forces de la République populaire de Chine attaquèrent les positions des Nations Unies en aval de la rivière Imjin dans une tentative de réaliser une percée et reprendre Séoul, la capitale de la Corée du Sud.

Durant trois jours de combats intensifs, les hommes du régiment du Gloucestershire opposèrent une résistance farouche qui perturba gravement l'offensive chinoise. Le capitaine Anthony Farrar-Hockley était au nombre des nombreux héros de la bataille. Après les pertes effarantes subies par sa compagnie, il aida ses hommes à se retrancher et à tenir encore pendant quelque temps. Néanmoins, ils furent encerclés, épuisèrent leurs munitions et, après une lutte corps à corps à la baïonnette, Farrar-Hockley organisa une retraite ordonnée. Il fut l'un des derniers à quitter la position et fut capturé.

Le capitaine Anthony Farrar-Hockley commença aussitôt à planifier son évasion.

Première évasion

Il profita de la première occasion, alors que leurs ravisseurs les forçaient à marcher vers le nord. En traversant à gué la rivière Imjin au sud de Ch'un'on, il se glissa discrètement dans l'eau.

« Quand je refis surface, environ 30 verges en aval, je m'attendais plus ou moins à entendre le bruit des tirs et les cris des gardes venant vers moi. »
Extrait de *The Edge of the Sword* de A. Farrar-Hockley

Durant les sept heures suivantes, il se déplaça mi-nageant, mi-rampant le long de la rivière peu profonde mais glacée.

« Mes vêtements étaient détrempés et mes bottes pleines d'eau. Je commençai à couler : je réalisai que je me noyais. »

Au matin, deux soldats chinois l'aperçurent, il resta immobile et rigide, la mâchoire pendante pour feindre la rigidité cadavérique. Son stratagème, combiné à son état vraiment gelé, fonctionna et les hommes repartirent.

Farrar-Hockley avait maintenant 16 km (10 mi) à marcher pour retourner aux lignes britanniques. Comme c'était trop pour se laisser flotter sur la rivière de plus en plus rapide, il commença à traverser les rizières et la colline couverte de broussailles. Il se vêtit d'un sac de riz trouvé par terre et se couvrit le visage de boue pour ressembler à un paysan. Quand il fut interpellé par une sentinelle chinoise, il bluffa avec les quelques mots de coréen qu'il connaissait et continua son chemin. Par malheur, il n'était qu'à 550 m (600 verges) des lignes quand il croisa un soldat de l'armée nord-coréenne qui ne se laissa pas tromper.

Deuxième évasion

Après une marche forcée de plusieurs jours vers Pyongyang, Farrar-Hockley réussit à s'éclipser sans bruit du camp la nuit, avec deux autres prisonniers anglais.

Ils se cachèrent dans un monastère avec une famille coréenne sympathisante jusqu'à ce qu'il fût découvert par les Chinois, caché dans un hangar à outils.

Il fut ligoté avec un nœud coulant autour du cou et les mains dans le dos. Toutefois, il prit soin de ne pas trahir ses deux compatriotes toujours cachés dans le monastère. Il réussit même à laisser échapper une expression codée alors qu'il passait devant leur cachette, les informant que les Chinois ne les avaient pas repérés.

Malheureusement, Farrar-Hockley avait laissé ses bottes derrière et la longue marche vers le nord sur les routes cailloutuses qu'il devait désormais subir déchira ses pieds presque aux os.

Il fut conduit dans un camp de l'armée chinoise à Munha-ri, au sud de Sunch'on. Un de ses pieds enfla très dangereusement et Farrar-Hockley accepta de laisser ses camarades l'«opérer».

> **« Doug se mit au travail avec une lame de rasoir Schick; et j'ai le regret de vous dire que j'ai beaucoup juré. »**
>
> Extrait de *The Edge of the Sword* de A. Farrar-Hockley

Les conditions dans cette prison étaient abominables. Les hommes avaient rarement la permission de se laver, souffraient de plus en plus de dysenterie et de fièvres. Ils avaient peu de nourriture; il leur était souvent interdit d'aller aux latrines et on leur refusait tout traitement médical.

C'est là que Farrar-Hockley reçut sa première dose d'endoctrinement politique. Les Chinois croyaient qu'ils pouvaient «éduquer» leurs captifs à devenir des révolutionnaires marxistes. Farrar-Hockley était d'un avis différent.

Graduellement, cependant, son pied guérit et s'évader fut bientôt en tête de liste de ses pensées.

Troisième évasion

Après trois mois, on les obligea à faire route vers le sud 10 jours durant; ce faisant, ils traversèrent les routes accidentées de Pyongyang, la capitale nord-coréenne.

Leur nouveau chez-soi était le quartier général d'une compagnie de l'armée et, si ça se trouve, les conditions y étaient pires.

> **« La seule façon que quatre d'entre nous puissent se coucher en même temps… consistait à accepter que jambes et hanches se chevauchent, à accepter à tour de rôle d'avoir les jambes sur le dessus… »**
>
> Extrait de *The Edge of the Sword* de A. Farrar-Hockley

Ils étaient dans un camp militaire, loin à l'intérieur des lignes ennemies, et la sécurité était moins stricte qu'elle n'aurait dû l'être. Farrar-Hockley détecta bientôt une occasion et, avec un collègue, Duncan, il s'échappa du camp, au plus profond de la nuit.

Durant trois nuits, ils burent dans des ruisseaux boueux et mangèrent du maïs cru en se déplaçant constamment. Ils furent presque emportés en traversant une rivière, mais ils continuèrent et trouvèrent refuge auprès d'une famille sympathisante qui leur offrit à déjeuner.

Toutefois, alors qu'ils s'abritaient pour manger leur maïs bouilli, cinq soldats passèrent tout près. Duncan opta pour le sauve-qui-peut, mais trébucha sur une racine et tomba. Farrar-Hockley réussit à s'enfuir, mais réalisa que Duncan avait été capturé sans ses vêtements chauds. Sachant qu'il mourrait de froid sans eux, il se livra lui-même au quartier général local.

Quatrième évasion

On les enferma dans des bunkers creusés au flanc d'une colline, dont les portes étaient barricadées par des barils de pétrole. Farrar-Hockley commença aussitôt à creuser un tunnel dans le plancher de terre du bunker. Après avoir évité de justesse d'être repéré, il creusa son issue au cours de plusieurs nuits et se sauva vers l'est, vers la mer.

Le lieutenant-colonel Anthony Farrar-Hockley (*à gauche*) avec le major Anthony Ward-Booth (*à droite*) durant des opérations militaires

Ce fut vraiment tout un effort; quasi sans arrêt, il dut traverser des rivières à la nage et se frayer un chemin à travers des rizières boueuses. Son pied coupé s'était ré-infecté et il souffrait d'une vilaine amygdalite. Il commençait aussi à souffrir de jaunisse.

Il ne pouvait parcourir que 10 km (6 mi) au plus par jour et la campagne grouillait de soldats et de dépôts d'armes. Malgré tout, il réussit à marcher sans être repéré durant 15 jours et arriva finalement en vue de la côte.

Par contre, son pied avait éclaté en une masse de chairs à vif et il était si malade et exténué qu'il perdit connaissance en traversant un champ. Il se réveilla dans la maison de terre d'une famille coréenne. Malgré le nombre effarant de soldats dans la région et le châtiment potentiel auquel ils s'exposaient en le cachant, ils le ramenèrent à un semblant de santé.

> **« Je restai dans cette maison six jours de plus, durant lesquels ils me nourrirent et me soignèrent comme si j'étais un des leurs. »**
> Extrait de *The Edge of the Sword* de A. Farrar-Hockley

La mer, et probablement un navire, n'était qu'à un kilomètre environ. Mais juste comme Farrar-Hockley avait décidé de tenter le coup, un soldat nord-coréen buta sur lui. Après une poursuite serrée dans un champ de maïs, il fut coincé par plus de soldats.

Cinquième évasion

D'abord, il fut conduit dans une prison policière brutale dont les prisonniers vivaient dans d'atroces conditions et la peur constante d'être battus.

Par la suite, on le transféra dans un camp d'interrogatoire, qui possédait son propre lot de désagréments. La ration quotidienne ne consistait qu'en millet bouilli et une soupe claire dans laquelle ne flottait qu'un haricot. Cette maigre allocation alla en diminuant, les geôliers usant souvent de la faim comme technique d'interrogatoire. Les hommes, mis aux travaux forcés, construisaient des abris et vidaient les latrines du camp à la main, après quoi on leur refusait l'autorisation de se laver.

L'hiver approchait: il faisait extrêmement froid la nuit et les vêtements de Farrar-Hockley se réduisaient à des guenilles, ou presque. Il avait prévu s'évader au printemps, mais décida alors de partir plus tôt.

Il s'échappa avec deux camarades, Ron et Jack, en découpant un trou dans le mur de clayonnage et de terre de leur cellule. Ils réussirent à voler des vêtements matelassés et, courant dans la nuit, parcoururent 19 km (12 milles) avant l'aube. Leur but était la côte nord de Namp'o.

Néanmoins, une fois de plus, sa bravoure ne fut pas récompensée. Une sentinelle l'aperçut et le mieux que Farrar-Hocley put faire, ce fut de marcher vers l'homme et d'occuper son attention tandis que les deux autres s'échappaient.

> **« Il [soldat chinois]… me dit quelques mots en ce que je crus être du russe élémentaire, et je répliquai chaleureusement en charabia, terminant mes mots aussi souvent que possible en « ski », « sh », « ish » et « off ». »**
> Extrait de *The Edge of the Sword* de A. Farrar-Hockley

Torture

Il fut amené à Pyongyang et interrogé, les Chinois exigeant qu'il révélât où Ron et Jack étaient. Farrar-Hockley refusa et les Chinois perdirent finalement patience.

Ils l'amenèrent dans un corridor et ouvrirent une porte d'acier doublement blindée avec un épais isolant au centre. Derrière se trouvait une cellule carrée en béton. Des cordes pendaient depuis des anneaux de métal au plafond. Il y avait d'autres anneaux dans le mur de gauche et un baril d'eau se trouvait devant le mur de droite. Au centre de la pièce, il y avait une minuscule chaise, comme celle d'un enfant, et d'autres cordes sur celle-ci. Le plancher et les murs étaient noircis par des éclaboussures de sang séché.

> **« En ôtant ma chemise et mon maillot infects et minables, je savais que j'étais dans une salle de torture. »**
> Extrait de *The Edge of the Sword* de A. Farrar-Hockley

Farrar-Hockley fut dévêtu jusqu'à la taille et ligoté à la chaise. Une botte sur sa poitrine le renversa sur le béton. Il fut aspergé avec quelques louches d'eau glacée et on le gifla sur la bouche avec une serviette. On versa d'autre eau glacée sur cette dernière. Comme la serviette détrempée adhérait à son visage et qu'il prenait quelques respirations vitales, l'eau entra dans ses narines, sa bouche et ses poumons. Plus il respirait, plus l'eau entrait et moins il absorbait d'air. Ce cycle sauvage de respirations de plus en plus brèves le fit vite paniquer. Totalement incapable de bouger, il n'avait jamais eu aussi peur de sa vie. Il se noyait et sut avec certitude que la mort viendrait bientôt. Finalement, par bonheur, il perdit conscience. Il avait simplement subi ce qu'on appelle une « simulation de noyade ».

Il revint à la réalité… et à la douleur vive. Ses tortionnaires l'avaient ramené à la vie en lui appliquant une cigarette allumée dans le dos. L'eau coulait de sa bouche et de son nez.

Ils lui demandèrent où étaient ses collègues. Il refusa de le leur dire. Ils répétèrent la procédure. Il ressentit la même terreur et l'angoisse de la mort. Encore, il se sentit dans l'impossibilité de respirer. Encore, il refusa de leur dire quoi que ce fût. Trois fois, ils répétèrent la torture et, toujours, Farrar-Hockley refusa de les informer. Exténué et souffrant atrocement, il fut jeté dans une cellule sombre, pieds et poings liés.

Ce fut le premier jour.

La procédure recommença les deuxième, quatrième et sixième jours de son internement. À ce moment-là, on lui donnait du maïs, mais pas d'eau. Il n'était pas autorisé à utiliser les latrines et, comme il avait contracté une entérite, ses vêtements furent bientôt horriblement souillés. Avec un humour des plus noirs, Farrar-Hockley nota que cela ne chassait pas la vermine de leurs repas.

Le septième jour de sa routine de torture, juste comme il croyait ne plus pouvoir en endurer davantage, un de ses geôliers entra et lui annonça: « Vous êtes très chanceux. Demain, vous serez fusillé. »

CHINE

7 CAPTURÉ DE NOUVEAU
Il est conduit dans une infâme prison coréenne à Sinuiju, puis à un centre d'interrogatoire près de Pyongyang.

11 SIXIÈME ÉVASION
Durant ses séjours aux camps de Changsong et de Pyoktong, il tente de s'évader une sixième fois et son septième plan est trahi avant qu'il ne puisse le mettre à exécution.

Fleuve Yalu

Pyŏktong

CORÉE DU NORD

Dandong
(Andong)

Sinuiju

Hamhŭ

10 MARCHE FORCÉE
Après un bref séjour dans un camp de prisonniers de guerre dans une vieille mine de charbon à Kang Dong, il subit une marche presque mortelle de 322 km (200 mi) vers le nord, en novembre.

Chŏngju

Sinanju

Rivière Taedong

Sunch'ŏn

9 TORTURÉ
Il est capturé et conduit au quartier général de la police à Pyongyang, où on le torture sept jours durant. Il refuse de trahir ses compatriotes.

4 CAPTURÉ
Repris, il est conduit à un camp dans le nord, à Munha-ri.

Yangdok

Wŏnsa

GOLFE DE

PYONGYANG
(Pyongyang)

Kangdong

Rivière Imjin

8 CINQUIÈME ÉVASION
Cette fois, il taille un trou dans le mur et s'enfuit avec deux compatriotes, en direction de la côte au nord de Namp'o.

Songnim

Namp'o

Sariwŏn

1 BATAILLE DE LA RIVIÈRE IMJIN
Le capitaine Farrar-Hockley est capturé à la bataille de la rivière Imjin en avril 1951.

Cho-do

CORÉE

Namch'on

2 PREMIÈRE ÉVASION
Il s'échappe de la colonne de prisonniers au sud de Ch'un'on, mais il est repris bientôt.

6 QUATRIÈME ÉVASION
Capturé près de Nam-ch'on, il est jeté dans un trou creusé au flanc d'une colline. Il creuse un tunnel et s'échappe en marchant vers l'ouest, atteignant presque la côte. Il est secouru par une famille locale avant d'être repris.

5 TROISIÈME ÉVASION
Après trois mois, ils passent au sud de Pyongyang dans un nouveau camp d'où Farrar-Hockley s'évade pour la troisième fois.

Kŭmch'ŏn

Ch'un'on

Kaesŏng

12 LIBRE !
Quand la guerre prend fin durant l'été 1953, Farrar-Hockley est conduit vers le sud en train et rapatrié près de Kaesong.

Koyang

Ŭijŏngbu

Kuri

SÉOUL

3 DEUXIÈME ÉVASION
Il s'enfuit de nouveau près d'Uijongbu et se cache dans un monastère.

KILOMÈTRES 0   25   50
MILLES 0   15   30

CORÉE DU SU

Sixième évasion

Comme annoncé, Farrar-Hockley fut sorti le lendemain pour voir une file de soldats armés – c'était la fin. Il vit aussi Ron et Jack. Toutefois, à leur stupéfaction, ils s'en tirèrent avec une mise en garde : essayez encore de vous enfuir et vous serez fusillés. Ils traversèrent ensuite Pyongyang jusqu'à une vieille mine de charbon transformée en camp de prisonniers de guerre.

De là, ils durent subir une marche de 322 km (200 mi) vers le nord dans des conditions hivernales avec peu de vêtements. Farrar-Hockley était dans un état épouvantable à cause des tortures, il n'avait pas de souliers et ses pieds étaient gelés dur. Incapable de marcher, il finit par tomber dans le coma ; il en sortit grâce à ses collègues qui le frictionnaient pour donner un peu de chaleur à son corps. Il était au nombre des chanceux : d'autres hommes moururent en route de la dysenterie, du béribéri ou simplement d'épuisement.

Même une fois rendus au nouveau camp de prisonniers à Changsong, pour beaucoup d'entre eux, il était déjà trop tard.

> « Il mourait presque une personne par jour ; des hommes dont les corps squelettiques avaient été affamés ou maltraités au-delà de la capacité à réagir à l'amélioration des conditions. »
>
> Extrait de *The Edge of the Sword* de A. Farrar-Hockley

Farrar-Hockley mit longtemps à se rétablir. Au début, il pouvait à peine se tenir debout, mais il se força à faire quelques pas, qu'il augmenta de cinq chaque jour.

Bientôt, il faisait partie d'une équipe d'évasion de huit hommes. Ils rassemblèrent autant d'objets volés et quémandés qu'ils le purent. Un des hommes réussit même à fabriquer une boussole. Ils cachèrent ce matériel dans un champ de maïs près duquel ils passaient en allant chercher de l'eau. Toutefois, ils furent aperçus par une sentinelle et Farrar-Hockley fut placé en isolement cellulaire.

Vue du sud vers le nord de la zone démilitarisée entre la Corée du Nord et la Corée du Sud

Trahison

Vers Noël 1952, sa condamnation en isolement cellulaire signifiait qu'il avait raté la « saison d'évasion » estivale. La mi-hiver avait déjà été exclue : les conditions étaient trop rudes pour des hommes affaiblis comme eux. Par contre, ils étaient désormais un peu plus forts.

Farrar-Hockley et trois autres hommes planifièrent de s'échapper en février le long du fleuve Yalu gelé.

Toutefois, la nuit de la tentative, comme ils mettaient la dernière main aux préparatifs, les Chinois les découvrirent. La coïncidence était trop évidente. Les hommes durent admettre l'impensable : ils avaient été trahis par un des leurs.

Ce fut un fait très difficile à avaler pour Farrar-Hockley, tandis qu'on le laissait dans une chiotte en vêtements légers pendant deux jours et deux nuits au cours desquels il neigea sans arrêt.

Dernières étapes vers la liberté

Après s'être remis des engelures subies dans cette épreuve, Farrar-Hockley et les autres hommes du camp amorcèrent une nouvelle étape de leur captivité. Les Chinois commencèrent à sembler moins sûrs d'eux ; une impression de nervosité, voire de peur, se manifestait dans certains de leurs agissements. Ils donnèrent plus de rations aux hommes et leur demandèrent de dire à la Croix-Rouge qu'ils avaient été bien traités. La raison de leur malaise était simple : la paix approchait.

À l'été 1953, les belligérants de la guerre de Corée avaient conclu une trêve. Les combats cessèrent et la zone démilitarisée coréenne fut établie au 38e parallèle, la bande de terre de 248 x 4 km (155 x 2,5 mi) qui sépare maintenant la Corée du Nord et la Corée du Sud.

La bravoure de Farrar-Hockley n'avait peut-être pas eu pour résultat une évasion réussie, mais elle l'avait indubitablement gardé en vie assez longtemps pour voir ce jour. Le 17 août 1953, ses compagnons et lui quittèrent l'enceinte de leur prison pour toujours. Ils furent conduits à une gare et retournèrent bientôt, dans le confort d'un train, au sud de la rivière Imjin, une zone qu'ils avaient défendue avec tant de détermination.

Farrar-Hockley passa quelques jours dans un camp de rapatriement où il retrouva des visages familiers. Puis, le 31 août 1953, il descendit de l'arrière du camion dans lequel il était, laissa son sac et ses maigres biens derrière, et il marcha dans la lumière du soleil de cette très chaude journée.

Un soldat américain lui tapa dans le dos en lui disant : « Bienvenue en Liberté. »

Ce récit est un bref compte-rendu des évènements dans *The Edge of the Sword*, par Anthony Farrar-Hockley, publié chez Pen & Sword Military. Reproduit avec l'autorisation.

À travers les champs d'exécution

Dith Pran était un interprète cambodgien qui risqua sa vie pour aider un journaliste des États-Unis à couvrir l'arrivée des Khmers rouges à Phnom Penh en 1975. Par la suite, il endura quatre ans de torture et de famine aux mains du régime meurtrier avant de marcher vers la liberté dans la jungle déchirée par la guerre.

Date
1975

Contexte
Génocide

Nature de l'épreuve
Dans un camp de travaux forcés

Durée de l'épreuve
4 ½ ans

Moyens de survie
Tromperie, marcher dans une zone de guerre

Nombre de survivants
1

Dangers
Exécution, torture, mourir de faim, épuisement

Équipement
Aucun

La vie d'interprète

Pran est né le 27 septembre 1942 à Siemreab, au Cambodge, près du complexe du temple d'Angkor Vat, destination maintenant populaire auprès des randonneurs. La région faisait alors partie de l'Indochine française, occupée par les Japonais.

Le père de Pran était un haut fonctionnaire des travaux publics et le garçon bénéficia d'une bonne éducation. Il apprit le français à l'école et étudia l'anglais par lui-même. En 1960, il devint interprète auprès de l'armée des États-Unis, poste qu'il occupa cinq ans, jusqu'au départ des soldats du Cambodge. Il travailla ensuite pour une équipe de cinéma britannique et dans l'industrie du voyage.

Pris dans les tirs croisés de la guerre civile

En 1970, les États-Unis étaient encore profondément impliqués dans le conflit du Viet Nam voisin. Avec leur appui, le dictateur Lon Nol s'empara du pouvoir au Cambodge. S'opposant au pouvoir de Nol se dressaient les Khmers rouges, groupe communiste récent partisan de la ligne dure. Bientôt, la guerre civile déchira le Cambodge.

Le tourisme disparut quasi en une nuit et Pran déménagea avec sa famille dans la capitale pour chercher un emploi. Il commença à travailler avec des journalistes et, en 1972, il devint l'interprète personnel et l'ami intime de Sydney Schanberg, reporter du *New York Times*.

Au cours des quelques années qui suivirent, les Khmers rouges devinrent toujours plus puissants et impitoyables. Au printemps 1975, les États-Unis s'étaient retirés du Viet Nam et le Cambodge devint de plus en plus instable. Phnom Penh menaçant de tomber d'un jour à l'autre, les États-Unis commencèrent à évacuer leurs ressortissants.

Le 12 avril, le personnel de l'ambassade des États-Unis quitta Phnom Penh. Avec de plus en plus de Khmers rouges assoiffés de sang sur le seuil, des milliers de Cambodgiens voulaient aussi désespérément partir. Pran parvint à faire monter dans un camion des États-Unis son épouse et ses quatre enfants, mais décida de rester derrière pour aider Schanberg à couvrir l'évènement.

Schanberg et Pran pensaient que, une fois que les Khmers rouges auraient pris Phnom Penh, il y aurait au moins une sorte de paix. Quelle erreur ! Prendre le contrôle n'était que la première étape de la stratégie des Khmers rouges vers une révolution sociale qui se définirait par des atrocités à une échelle épouvantable.

Une intervention salutaire

Quand les soldats des Khmers rouges prirent la capitale, ils perpétrèrent pillages, viols et meurtres sans discernement dans les rues. Schanberg et Pran étaient au nombre des journalistes observant le désordre dans un hôpital quand une escouade de soldats s'arrêta. Les soldats menacèrent les hommes et les forcèrent à monter dans un véhicule blindé. Schanberg et ses collègues occidentaux obtempérèrent, mais Pran se mit à débattre avec véhémence avec les militaires. Schanberg pensa d'abord que Pran discutait parce qu'il refusait de monter dans le camion.

Plus tard, les journalistes furent relâchés et Schanberg découvrit combien ils avaient été près de mourir : les soldats avaient enlevé les Occidentaux

Crânes de victimes des Khmers rouges d'un charnier de Choeung Ek, les champs d'exécution près de Phnom Penh, au Cambodge

pour les fusiller. Pran avait risqué sa tête en refusant de monter dans le camion – son intervention leur avait sauvé la vie.

Il était évident que Schanberg devait partir. Il essaya de faire sortir Pran en falsifiant un passeport allemand mais, à la dernière minute, le Khmer rouge vit le stratagème et Pran demeura derrière tandis que son ami retournait chez lui.

Année zéro

Sous le leadership extrême de Pol Pot, les Khmers rouges commencèrent à implanter une planification sociale d'une envergure et d'une brutalité incroyables. Leur but était de transformer le Cambodge en une société agraire, sans classes, en forçant la population urbaine à entrer dans des communes agricoles. Le pays s'isola internationalement et effaça tout signe de l'influence occidentale. Les gens qui portaient des lunettes, du parfum, du maquillage ou même des montres furent exécutés. Les enseignants, marchands, médecins et autres membres des classes éduquées furent aussi tués. Les écoles, hôpitaux, banques et industries furent tous fermés et la monnaie et le système financier, abolis. Toutes les religions furent bannies et toute propriété privée confisquée.

Le nouveau régime s'appela le Kampuchéa démocratique. Il décréta que 1975 était « l'année zéro ».

Pour éviter l'exécution, Pran se déclara paysan. Il changea sa façon de parler, en réduisant son vocabulaire et adoptant un accent inculte. Il dissimula tout signe attestant qu'il avait connu des Américains et prétendit avoir été chauffeur de taxi. Il jeta le peu d'argent qu'il avait, ainsi que sa chemise et son pantalon occidentaux, et endossa plutôt l'accoutrement simple d'un paysan. C'était une attitude qu'il devrait conserver chaque minute de chaque jour des quatre prochaines années et demie.

Les estimations varient, mais il est probable qu'entre 1,5 et 2 millions de Cambodgiens furent tués par les Khmers rouges, soit environ de 30 à 40 % de la population.

Vivre un mensonge

Pran se joignit à une ferme de travaux forcés à 32 km (20 mi) de Siemreab. D'autres villageois et lui durent exécuter des tâches harassantes dans les rizières, souvent 12 heures par jour, sans pause. La nuit, ils étaient endoctrinés aux valeurs politiques du nouvel État. Plusieurs de ses collègues furent exécutés, souvent avec une pioche croisée pour économiser les balles.

Leur ration de nourriture n'était que d'une cuillère à soupe de riz par jour. Les gens mouraient constamment de

Tombe collective des victimes des champs d'exécution à Choeung Ek, au Cambodge

LAOS

THAÏLANDE

Nakhon
Ratchasima
(Korat)

Buriram

Ubon
Ratchathani

Pakxé

Menam Khong
(Mékong)

4 LES CHAMPS D'EXÉCUTION
Finalement, il marche 96 km (60 mi)
à travers les «champs d'exécution» et
la jungle piégée jusqu'à la liberté en
Thaïlande.

3 FERME DE TRAVAUX FORCÉS
Il travaille sur une ferme de travaux
forcés à 32 km (20 mi) de Siemreab.

Mékong

Angkor Wat

Siemreab

Bătdâmbâng

1 SIEMREAB
Dith Pran débute comme
interprète à Siemreab près
des temples d'Angkor Vat.

C A M B O D G E

Chanthaburi

Lac
Tonlé Sap

Kompong
Cham

PHNOM PENH

2

Choeung Ek

2 PHNOM PENH
Il travaille avec le journaliste
Sydney Schanberg quand les
Khmers rouges s'emparent
du pouvoir en 1970.

Tây Ninh

Thu
Dâu Môt

Biên Hoa

Hô Chi Mi
(Saïgon)

Tân
An

My Tho

Vung T

G O L F E

D E

T H A Ï L A N D E

Long Xuyên

Rach Gia

Cân
Thơ

Vinh
Long

Bên Tre

Tra Vinh

V I E T N A M

Soc Trăng

Embouchure du Mékong

Ca Mau

Bac Lieu

KILOMÈTRES 0   50   100   150

MILLES 0   50   100

faim. Pran et les autres villageois en étaient réduits à manger de l'écorce, des serpents, des insectes, des escargots et des rats. On les forçait parfois à manger la chair des défunts récents.

À une occasion, Pran tenta une sortie furtive pour manger du riz cru. Il fut pris. Les gardes le firent battre sévèrement par les villageois et l'abandonnèrent blessés dans une tempête.

Malgré les raclées quotidiennes, le travail harassant et la privation de nourriture systématique, Pran survécut.

Sydney Schanberg reçut un prix Pulitzer en 1976 pour son reportage sur le Cambodge, prix qu'il accepta au nom de son ami Pran.

Entre-temps, à New York, Schanberg aidait la famille de Pran qui était rendue aux États-Unis. Le reporter contacta aussi des intermédiaires dans les camps frontaliers en Thaïlande pour faire circuler des photographies de son ami disparu. Toutefois, des années durant, il n'eut aucune nouvelle de Pran. Une rumeur circulait à l'effet qu'il avait été jeté en pâture aux alligators, ce qui était faux. C'était son frère qui avait subi ce sort.

Les Vietnamiens reprennent le contrôle

En janvier 1979, le Viet Nam était devenu une nation communiste unifiée et le leadership cambodgien paranoïaque craignait son pouvoir. Pol Pot ordonna une action militaire préventive ; c'était justement le prétexte que les Vietnamiens attendaient. Ils envahirent le Cambodge et chassèrent les Khmers rouges du pouvoir.

Pran revint à Siemreab et découvrit que sa ville natale avait été dévastée. Les puits avaient été remplis de crânes et d'os ; les champs autour de la ville étaient devenus d'énormes tombes collectives ; 50 membres de sa famille avaient été tués.

Les Vietnamiens le nommèrent chef du village mais, quand ils découvrirent ses liens avec les États-Unis, Pran sut qu'il devait essayer de s'échapper.

Stupa commémoratif rempli de crânes des victimes de Choeung Ek, à Phnom Penh

Marcher vers l'ouest

Le 29 juillet 1979, Pran amorça sa marche vers la Thaïlande à travers les « champs d'exécution » et la jungle. Son voyage couvrit 96 km (60 mi) à travers des pièges, des bombes qui n'avaient pas explosé et les escarmouches qui perduraient entre les troupes vietnamiennes et les Khmers rouges. Ses deux compagnons sautèrent sur une mine.

Exténué et quasi mort de faim, Pran franchit une crête le 3 octobre et vit une tente de la Croix-Rouge à l'orée de la jungle sous lui. En moins d'une semaine, il était dans les bras d'un Sydney Schanberg fou de joie qui avait pris l'avion pour rejoindre son ami en Thaïlande.

Conséquences

Pran déménagea aux États-Unis où il retrouva sa famille. Il dénicha un emploi au *New York Times* comme photojournaliste et devint citoyen des États-Unis en 1986. Il mourut d'un cancer du pancréas en 2008, à l'âge de 65 ans.

Dith Pran et Sydney Schanberg à New York, le 28 novembre 1984

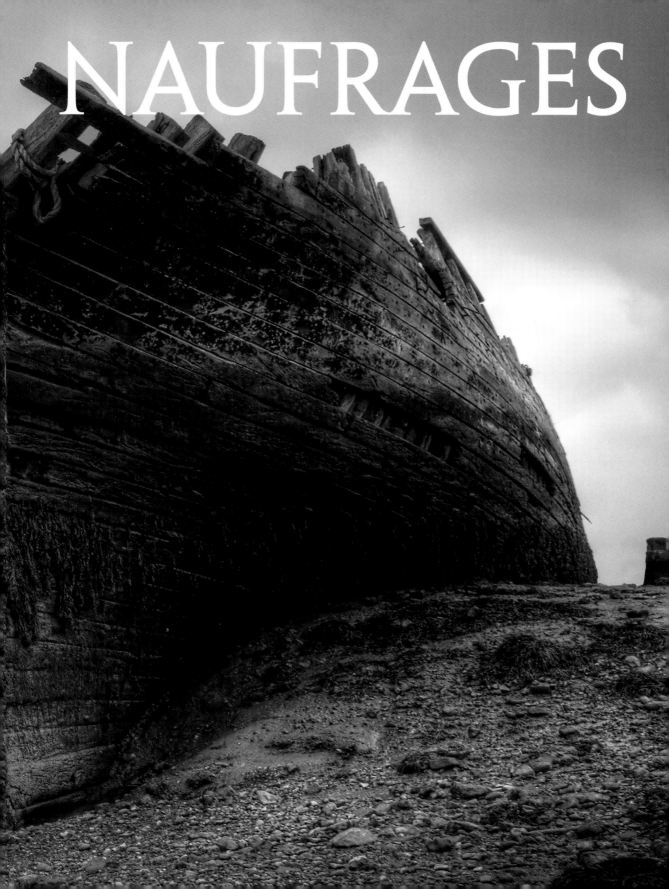

NAUFRAGES

Les épreuves du *Wager*

En 1740, le commodore George Anson conduisit une escadre de huit vaisseaux dans une mission pour s'emparer d'une partie des possessions de l'Espagne dans le Pacifique. Les marins furent décimés par la maladie et battus par les tempêtes et, quand un vaisseau s'échoua, son équipage fit face à un véritable cauchemar pour survivre sur le littoral sauvage de la Patagonie.

Date
1740 à 1744

Contexte
Voyage en mer

Nature de l'épreuve
À bord de vaisseaux bondés et infestés par la maladie ; naufrage sur une plage

Durée de l'épreuve
Plusieurs années, selon le marin

Moyens de survie
Naviguer à bord de canots de sauvetage, marcher dans la jungle, se déplacer en canot

Nombre de survivants
10 % des équipages d'origine

Dangers
Noyade, mutinerie, meurtre, mourir de faim, déshydratation, maladie

Équipement
Quelques provisions du navire, petites embarcations

CI-DESSUS, À DROITE
Le cap Horn, en Amérique du Sud

Voyage d'orgueil et de convoitise

On était en 1739 et la Grande-Bretagne enviait les richesses que l'Espagne soutirait de son empire du Nouveau Monde : l'argent du Pérou et du Mexique, les objets de luxe de Manille, le sucre, le tabac, les teintures et les épices des Caraïbes.

L'Angleterre avait la puissance maritime, mais non les accords commerciaux ; il fallait passer à l'action. Malheureusement pour les 1 900 membres d'équipage et soldats recrutés pour l'aventure du commodore Anson, ce serait un plan d'action miné par la convoitise et une piètre planification, qui conduirait à la mort, à la misère, au meurtre et au désastre.

La mission de George Anson était pour le moins ambitieuse. Il commanderait six vaisseaux de guerre dans les eaux traîtresses du cap Horn et, de là, remonterait la côte ouest de l'Amérique du Sud pour prendre Callao au Pérou (le port qui desservait Lima) et, si possible, prendre aussi Lima. Il devait ensuite s'emparer de Panama, tout en capturant, si possible, tout riche galion,

et diriger une révolte péruvienne contre la puissance coloniale espagnole.

Il avait une escadre de six vaisseaux de guerre : le *Centurion* (400 membres d'équipage), le *Gloucester* (300), le *Severn* (300), le *Pearl* (250), le *Wager* (120) et le *Tryal* (70). Deux autres bateaux, l'*Anna* et l'*Industry*, transporteraient le ravitaillement et les fournitures.

Pour atteindre ses objectifs, Anson aurait aussi le support modeste de 500 soldats additionnels. Comme il n'y avait pas de soldats réguliers disponibles, les 500 furent recrutés parmi les invalides de l'hôpital de Chelsea. Des hommes trop malades, blessés ou vieux pour le service actif. Quand ces soldats entendirent les détails de la mission proposée, ceux en mesure de courir le firent promptement. Seulement 259 s'embarquèrent, beaucoup sur des civières, et les effectifs furent comblés par de nouvelles recrues chez les fusiliers marins, la plupart n'ayant jamais tiré un seul coup de fusil.

La maladie devient endémique

L'escadre quitta l'Angleterre le 18 septembre 1740 et, connaissant aussitôt des contretemps, atteignit finalement Madère le 25 octobre. Après trois jours au large à transférer des fournitures, l'*Industry* fit demi-tour le 20 novembre.

« À ce moment-là, la nourriture avait commencé à pourrir et les vaisseaux étaient infestés de mouches. »

Les navires étaient bondés et le typhus se développa dans ces conditions chaudes, humides et insalubres. Les hommes furent aussi victimes de la dysenterie.

L'escadre atteignit l'île de Santa Catarina au large de la côte du Brésil le 21 décembre et les malades furent débarqués. Anson ordonna alors de nettoyer les navires de fond en comble. Les zones de logement sous le pont furent récurées, puis on alluma des feux à l'intérieur avec les écoutilles fermées, afin que la fumée tue les rats et autres vermines. Finalement, tout fut lavé à grande eau avec du vinaigre.

Le mât principal du *Tryal* avait besoin de réparations, qui durèrent près d'un mois, beaucoup plus que ce qu'Anson avait prévu. Pendant tout ce temps, les hommes étaient coincés sur la rive, dans des tentes improvisées et à la merci des insectes. Bientôt, la malaria s'ajouta à la liste des maladies qui les décimaient. Le *Centurion* perdit

28 hommes durant l'escale et, quand on reprit la mer le 18 janvier 1741, le nombre de malades ramenés à bord avait grimpé de 80 à 96.

Peu après que les bateaux eurent amorcé le passage du cap Horn, le 7 mars 1741, ils essuyèrent une autre violente tempête. Combattant des vents violents et des vagues énormes alors qu'ils étaient affaiblis par le typhus et la dysenterie, les équipages durent aussi affronter l'horreur du scorbut. Un homme, blessé à la bataille de la Boyne 50 ans plus tôt et qui avait complètement récupéré depuis, vit ses blessures se réouvrir et un os brisé se fractura de nouveau. Au cours des semaines que prit le passage du cap Horn et celles qui le suivirent aussitôt, ils moururent par centaines de maladies diverses.

« La vie ne vaut pas d'être vécue au prix de telles épreuves. »

Le naufrage du *Wager*

L'escadre fut dispersée après la traversée du cap Horn. Tous les vaisseaux devraient faire face à d'autres épreuves, mais les hommes à bord du *Wager* affrontèrent probablement les pires.

Le capitaine, David Cheap, avait été malade durant la plus grande partie du voyage et se trouvait sous le pont quand la tempête dispersa l'escadre près de Cap noir. Il dirigea alors par erreur le

navire dans une grande baie qui bloqua leur passage vers le nord. Pendant que le navire luttait pour faire demi-tour avec seulement 12 hommes en état de service, une grosse vague s'écrasa sur lui. Cheap tomba d'une échelle et se disloqua une épaule. Le chirurgien lui donna de l'opium et il se retira dans sa cabine.

Plutôt que de prendre le commandement, le lieutenant Baynes se mit à boire. Le *Wager* fut projeté contre les rochers et la discipline se dégrada complètement quand l'équipage puisa lui-même dans l'alcool et les armes.

Des 300 marins et soldats d'origine, 140 étaient encore en vie sur la plage. Cheap essaya de garder le contrôle, mais les hommes, furieux, le blâmaient pour la perte du navire et leur affreuse situation. Ils rescapèrent un peu de nourriture du naufrage, mais c'était désormais l'hiver et les hommes étaient peu protégés de la pluie et des vents cinglants. Cheap ne fit qu'empirer les choses en faisant feu sur un marin ivre et en lui refusant tout traitement. Sa victime agonisa atrocement durant deux semaines avant de mourir, lui mettant à dos plusieurs de ses derniers partisans.

Ils mourraient tous éventuellement s'ils restaient sur place ; leur seul espoir était de reprendre la mer dans les canots de sauvetage qui n'avaient pas été endommagés. Le charpentier-menuisier du navire se mit à allonger la chaloupe et à ajouter un pont afin qu'elle pût embarquer la plupart des hommes.

Toutefois, on ne s'entendait pas sur la destination et une mutinerie couvait. Cheap tenait à se diriger vers le lieu de rendez-vous, l'île de Soccoro au large de la côte du Mexique, pour retrouver Anson. Le canonnier John Bulkeley pensait que leur seul choix viable était de mettre le cap à 640 km (400 mi) au sud, vers le dangereux détroit de Magellan, puis de remonter vers le nord jusqu'au Brésil. Il convainquit la moitié des hommes de se joindre à lui.

Cheap essaya de se gagner des partisans en les soudoyant avec de l'alcool mais, quand la chaloupe modifiée fut prête, le 9 octobre 1741, Bulkeley le mit aux arrêts en l'accusant de meurtre.

Le *Centurion* au large du cap Horn, en Amérique du Sud

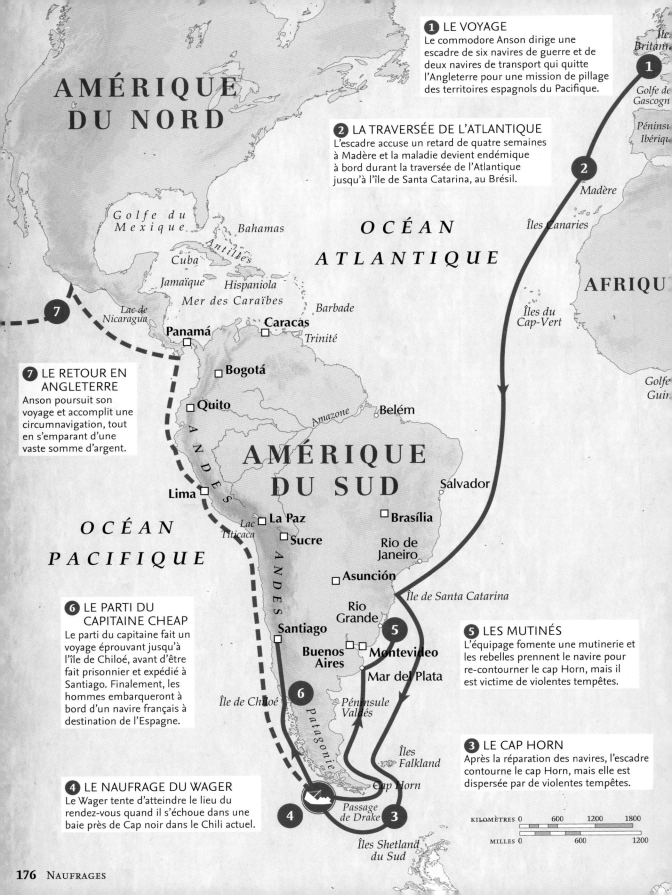

1 LE VOYAGE
Le commodore Anson dirige une escadre de six navires de guerre et de deux navires de transport qui quitte l'Angleterre pour une mission de pillage des territoires espagnols du Pacifique.

2 LA TRAVERSÉE DE L'ATLANTIQUE
L'escadre accuse un retard de quatre semaines à Madère et la maladie devient endémique à bord durant la traversée de l'Atlantique jusqu'à l'île de Santa Catarina, au Brésil.

7 LE RETOUR EN ANGLETERRE
Anson poursuit son voyage et accomplit une circumnavigation, tout en s'emparant d'une vaste somme d'argent.

6 LE PARTI DU CAPITAINE CHEAP
Le parti du capitaine fait un voyage éprouvant jusqu'à l'île de Chiloé, avant d'être fait prisonnier et expédié à Santiago. Finalement, les hommes embarqueront à bord d'un navire français à destination de l'Espagne.

5 LES MUTINÉS
L'équipage fomente une mutinerie et les rebelles prennent le navire pour re-contourner le cap Horn, mais il est victime de violentes tempêtes.

3 LE CAP HORN
Après la réparation des navires, l'escadre contourne le cap Horn, mais elle est dispersée par de violentes tempêtes.

4 LE NAUFRAGE DU WAGER
Le Wager tente d'atteindre le lieu du rendez-vous quand il s'échoue dans une baie près de Cap noir dans le Chili actuel.

AMÉRIQUE DU NORD

AMÉRIQUE DU SUD

OCÉAN ATLANTIQUE

OCÉAN PACIFIQUE

AFRIQU

Golfe de Gascogn

Péninsu Ibériqu

Madère

Îles Canaries

Îles du Cap-Vert

Golfe Guir

Golfe du Mexique

Bahamas

Cuba

Jamaïque

Antilles

Hispaniola

Mer des Caraïbes

Barbade

Trinité

Lac de Nicaragua

Panamá

Caracas

Bogotá

Quito

Amazone

Belém

Lima

La Paz

Lac Titicaca

Sucre

Brasília

Salvador

Rio de Janeiro

Asunción

Île de Santa Catarina

Rio Grande

Santiago

Buenos Aires

Montevideo

Mar del Plata

Péninsule Valdés

Île de Chiloé

Patagonie

Îles Falkland

Cap Horn

Passage de Drake

Îles Shetland du Sud

ANDES

KILOMÈTRES 0 600 1200 1800
MILLES 0 600 1200

Quatre jours plus tard, la chaloupe modifiée, désormais baptisée *Speedwell*, mettait cap au sud avec 59 hommes à bord sous le commandement du lieutenant Baynes. Derrière, suivait un cotre embarquant 12 hommes, une barge avec 10 et une autre petite embarcation avec Cheap, un lieutenant et le chirurgien.

Environ 12 hommes avaient fui le camp (pour éviter les fréquentes punitions de Cheap) et furent laissés sur l'île.

Toutefois, d'autres tempêtes frappèrent les bateaux et on perdit le cotre. Les hommes de la barge décidèrent de tenter leur chance avec le capitaine Cheap ; les mutins s'éloignèrent à bord du *Speedwell*, les abandonnant à leur sort.

Les mutinés

Le *Speedwell* était le plus gros des bateaux, mais cela joua contre les mutinés : il était trop dangereux d'accoster pour trouver de la nourriture. Les hommes durent risquer leur vie et nager dans l'eau glacée pour exécuter cette tâche. Ils se chamaillèrent au sujet de la navigation, des courants et de la température, et ils mirent un mois à atteindre l'Atlantique. Et plusieurs hommes moururent.

Le 14 janvier 1742, le *Speedwell* entra dans la baie Freshwater, dans ce qui est aujourd'hui la ville touristique de Mar del Plata. Huit hommes nagèrent jusqu'au rivage et trouvèrent de l'eau douce et des phoques. En se retournant vers la mer, ils virent le bateau partir sans eux. Bulkeley affirma que c'était le vent ; les hommes savaient qu'on les avait abandonnés pour économiser des rations.

Le *Speedwell* atteignit finalement les eaux portugaises du Rio Grande, le 28 janvier. Seulement 30 hommes étaient encore en vie et ils n'étaient qu'à peine plus que des squelettes.

Les huit hommes abandonnés à la baie de Freshwater passèrent un mois à manger de la viande de phoque avant de se mettre en route pour Buenos Aires, à 480 km (300 mi) plus au nord. Après quelques tentatives de voyage ratées, deux marins tuèrent deux de leurs collègues et s'enfuirent avec les fusils, les pierres à feu et autres équipements. Les quatre survivants furent plus tard réduits à l'esclavage par les indigènes.

Côte pacifique de l'île de Chiloé, au Chili, en Amérique du Sud

Le parti de Cheap

Entre-temps, le capitaine Cheap découvrit que les déserteurs étaient revenus au camp, ce qui le chargeait d'un groupe de 19 hommes. Ils essayèrent de ramer le long du littoral, mais la pluie battante, les coups de vent violents et les vagues énormes leur donnèrent beaucoup de mal. Un des bateaux coula et un homme se noya. Il était impossible que le bateau embarquât tous les survivants ; ils débarquèrent donc quatre marins, auxquels ils laissèrent des mousquets pour se défendre. Avec un autre mort durant le voyage, ils n'étaient plus que 13 désormais.

Un indigène local accepta de les guider le long de la côte vers l'île de Chiloé en échange de leur bateau une fois sur place. Cependant, trois autres hommes moururent en route et six des marins volèrent le bateau ; on ne les revit plus jamais. Cela laissa Cheap avec trois officiers et l'indigène, qui accepta de les conduire en canot en échange de leur seul bien, un mousquet.

Ils arrivèrent à l'île de Chiloé pour être faits prisonniers par les Espagnols. Ils furent finalement amenés à Santiago, la capitale, où ils furent relâchés sur parole. Ils y restèrent jusqu'à la fin de 1744, alors que trois d'entre eux montèrent à bord d'un bateau français en route pour l'Espagne.

Des 300 hommes originellement à bord du *Wager*, 29 membres d'équipage et sept fusiliers retournèrent en Angleterre.

Retour en Angleterre

Tandis que les hommes du *Wager* affrontaient leur destin, Anson continuait son voyage, traversant le Pacifique et capturant de nombreux navires, dont un galion qui transportait 1 313 843 pièces de huit (grosses pièces d'argent aussi appelées « dollars ») et 35 682 livres d'argent en lingots.

Des 1 900 hommes qui partirent dans l'escadre d'origine, seuls 188 retournèrent en Angleterre.

Anson devint célèbre et fut invité à rencontrer le roi. Des foules énormes vinrent voir le trésor qu'il avait pris à l'ennemi quand on le parada dans les rues de Londres.

Il garda personnellement les trois huitièmes des £91,000 (près de 209 millions de dollars ou 150 millions d'euros aujourd'hui) en guise de prime et il gagna £719 (environ 160 000 dollars ou 115 000 euros aujourd'hui) comme capitaine du voyage de trois ans et neuf mois. Un marin aurait gagné environ £300 en part de prise (environ 65 000 dollars ou 47 000 euros aujourd'hui), soit l'équivalent de 20 ans de salaire.

Plus tard, Anson devint amiral.

Après la mutinerie

Quand Fletcher Christian abandonna à la dérive, avec peu de provisions, le capitaine Bligh et 18 loyaux marins dans la minuscule chaloupe bondée du *Bounty*, il savait qu'il les condamnait à mort. Néanmoins, dans un exploit remarquable de navigation, Bligh les guida à travers 3 618 milles nautiques (6 700 km) de mers dangereuses pour arriver en sécurité, 47 jours plus tard.

Date
1789

Contexte
Mutinerie

Nature de l'épreuve
À la dérive dans une chaloupe

Durée de l'épreuve
47 jours

Moyens de survie
Capacités de navigation exceptionnelles, discipline

Nombre de survivants
18

Dangers
Noyade, mourir de faim, être tué par les indigènes

Équipement
Quelques réserves, une boussole, un quadrant

Une histoire peu familière

L'histoire de la mutinerie du *Bounty* nous est familière : le vaillant second Fletcher Christian conduit l'équipage dans une mutinerie justifiée contre le brutal capitaine Bligh. Toutefois, la vérité est à la fois moins simple et plus intéressante, et elle comprend un chapitre fascinant souvent omis : les dons de navigateur du capitaine Bligh conduiront la chaloupe abandonnée à la dérive à travers 3 618 milles nautiques (6 700 km/4 165 mi) d'océan vers la sécurité.

Le voyage de départ

Le 23 décembre 1787, le *Bounty* quitta l'Angleterre pour Tahiti (alors appelée « Otaheite »), en mission pour aller y chercher des arbres à pain et les transporter aux Antilles. Au cap Horn, l'équipage affronta des conditions épouvantables qui bloquèrent sa progression. Logiquement, Bligh fit demi-tour et entreprit le tour du monde par l'autre bord, mettant le cap à l'est, vers le cap de Bonne-Espérance, puis traversant l'océan Indien. Après 10 mois en mer, le *Bounty* atteignit Tahiti le 26 octobre 1788.

Tout est pour le mieux

Pendant cinq mois, tout alla bien. Bligh et son équipage récoltèrent 1 015 arbres à pain et les rangèrent en sûreté sur le *Bounty*.

> « J'avais un navire en parfait ordre et bien approvisionné, avec tout le nécessaire tant pour le service que la santé. »

Le 4 avril 1789, le *Bounty* était chargé, ses provisions refaites et en bonne condition. Il était prêt à partir pour l'Angleterre. Par contre, la moitié de son équipage ne l'était pas.

Tenté par le paradis

Bligh a eu longtemps la réputation d'un partisan d'une discipline stricte, mais cela a pu être exagéré avec le temps. Il était certainement caustique et n'endurait pas volontiers les idiots, mais il était brave au combat et c'était un marin exceptionnel. Il était aussi vraiment indulgent si on le compare à d'autres officiers de la marine britannique quand il fallait punir des hommes rétifs.

CI-DESSUS, À DROITE
Plage tropicale à Tahiti

Il avait autorisé l'équipage à vivre à terre avec les Tahitiens et les hommes avaient peut-être un peu trop apprécié l'hospitalité tropicale. Les marins arboraient des tatouages du pays ; plusieurs étaient tombés amoureux des femmes de l'île.

Bligh lui-même écrivit dans son livre de bord : « Il est certainement vrai qu'il ne pourrait y avoir d'effet sans cause mais, ici, il est également certain qu'aucune cause ne pourrait justifier un tel effet. Toutefois, on pourrait bien entendu se demander quelle pourrait être la raison d'une telle révolte, en réponse à quoi je ne peux que supposer que, idéalement, ils se sont assurés d'une vie plus heureuse parmi les Otaheitans qu'ils ne pourraient en avoir une en Angleterre, ce qui, lié à quelque aventure féminine, a le plus de chance d'avoir été la cause majeure de toute l'affaire. »

Révolte au paradis

À l'aube, le 28 avril 1789, Fletcher Christian (d'abord premier maître, il fut promu lieutenant par Bligh à l'aller) passa à l'action : il rassembla un groupe armé et se saisit de Bligh pendant qu'il dormait. La mutinerie était bien planifiée : Christian avait aussi placé des gardes devant les cabines des officiers qui seraient, il le savait, loyaux au capitaine. Ne portant que sa chemise de nuit, Bligh fut traîné sur le pont à la pointe des baïonnettes.

> **« Christian... avec plusieurs autres, entra dans ma cabine tandis que je dormais et, me saisissant, pointant des baïonnettes sur ma poitrine, m'attacha les mains derrière le dos et menaça de me tuer sur-le-champ si je prononçais un seul mot. »**

Bligh admonesta Christian pour son infamie et demanda à l'équipage de réfléchir, en vain. Les mutinés eurent bientôt le contrôle des armes du navire et Bligh fut mis dans la chaloupe avec cinq autres officiers. Treize autres hommes se joignirent volontairement à leur capitaine.

Le groupe de 19 hommes fut alors laissé à la dérive à 30 milles nautiques (56 km/35 mi) de Tofua, une île minuscule appelée Tonga aujourd'hui. Avec 19 hommes à bord, la minuscule embarcation – longue de seulement 7 m (23 pi) – s'enfonçait tant que les plats-bords n'étaient qu'à quelques centimètres au-dessus de l'eau. Quatre autres marins avaient voulu se joindre à Bligh, mais il n'y avait plus de place.

Un des hommes avait réussi à ramasser des vêtements pour Bligh. Comme provisions, ils avaient 16 morceaux de porc, 13 bouteilles de vin, cinq pintes (5 ½ l) de rhum, 68 kg (150 lb) de pain et 106 litres (28 gal) d'eau ; assez pour quelques jours.

Christian leur permit de prendre quatre sabres d'abordage, mais pas d'armes à feu. Il refusa d'accéder à la demande de Bligh qui voulait ses cartes et son équipement de navigation.

Hostilité additionnelle

Le groupe du capitaine mit le cap aussitôt sur Tofua en quête de provisions. Toutefois, les indigènes furent hostiles et, après quelques jours, ils réalisèrent que les Anglais n'avaient pas d'armes. Lançant un assaut en règle, ils attaquèrent l'équipage avec des bâtons et des pierres. Ils tuèrent un marin et blessèrent presque tous les autres, les forçant à rembarquer en hâte dans leur bateau et fuir au large. Les indigènes continuèrent la poursuite en canots, lançant des pierres aux marins avec une douloureuse précision. Ce fut seulement à la tombée de la nuit qu'ils purent s'échapper tout à fait.

Le capitaine à la rescousse

Les hommes supplièrent Bligh de les ramener chez eux et, désormais, leur vie était littéralement entre ses mains : lui seul avait les connaissances et l'habileté pour les ramener en sûreté. Heureusement pour eux, Bligh était un marin exceptionnel. Il s'était joint à la Royal Navy à l'âge de sept ans comme garçon de cabine et avait navigué avec le capitaine Cook durant son troisième voyage dans le Pacifique en 1776, sous le tutorat duquel il avait perfectionné ses talents de navigateur.

Le capitaine parla franchement de leurs chances : à moins d'atteindre le plus proche avant-poste européen, qui se trouvait à Timor, à 3 618 milles nautiques (6 700 km/4 165 mi), ils mourraient certainement.

Bligh était le seul à savoir combien ce serait difficile. Le voyage serait ardu et leur situation était plus désespérée qu'avant : ils avaient perdu une partie de leurs provisions dans leur fuite pêle-mêle. Bligh fit jurer solennellement à

Des rochers déchiquetés bordent Bounty Bay (la baie du Bounty), sur l'île de Pitcairn.

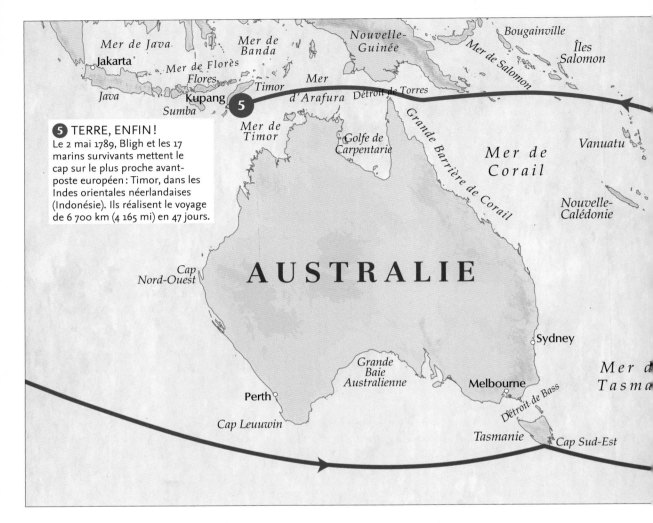

5 TERRE, ENFIN!

Le 2 mai 1789, Bligh et les 17 marins survivants mettent le cap sur le plus proche avant-poste européen : Timor, dans les Indes orientales néerlandaises (Indonésie). Ils réalisent le voyage de 6 700 km (4 165 mi) en 47 jours.

l'équipage de se contenter d'une ration d'à peine une once (28 g) de pain et 142 ml (¼ de chopine) d'eau par jour.

Naviguer à l'aveuglette

Avec le serment frais à leur mémoire, il mit le cap sur Timor sur un océan qui était alors peu connu. Bligh avait un quadrant et une boussole, mais Christian avait pris ses cartes, ses tableaux, ses instruments et sa montre. Les seules choses qui faisaient écran à leur mort certaine, c'était le talent de navigateur de Bligh, sa connaissance de la mer et sa mémoire de la région dans laquelle ils se trouvaient à cause de son étude antérieure des cartes.

Bligh les engagea cap ouest-nord-ouest et, quasi aussitôt, ils affrontèrent des vents furieux et des pluies abondantes. Des vagues énormes mena-çaient constamment d'inonder la chaloupe et les hommes durent écoper pour leur vie. En vue des îles Fidji, ils décidèrent de ne pas s'arrêter : sans armes, Bligh avait peur qu'ils ne fussent massacrés à leur arrivée. En effet, ils furent poursuivis par des indigènes qu'ils crurent être des cannibales.

Terre, enfin !

Le 28 mai, ils aperçurent la côte septentrionale – alors inhabitée – de l'Australie, la dépassèrent par le nord le 4 juin, puis mirent le cap sur Timor.

Les hommes étaient maintenant heureux de la discipline de fer de Bligh : bien qu'ils eussent frôlé le seuil de la mort, sans sa prévoyance et le rationnement strict, ils auraient déjà franchi le pas. Ils aperçurent la terre le 12 juin et, deux jours plus tard, Bligh mena la chaloupe dans le port de Kupang dans les Indes orientales néerlandaises (aujourd'hui l'Indonésie). Quoique gravement sous-alimentés, chaque homme qui s'était enfui de Tofua débarqua vivant. Le voyage avait duré 47 jours et ils avaient franchi 3 618 milles nautiques (6 700 km/4 165 mi).

« Peut-être n'avait-on jamais vu une collection plus misérable d'être vivants. »

Hors de la poêle à frire...

Entre-temps, les mutinés essayèrent de s'établir sur l'île de Tubuai mais, après avoir subi durant trois mois les assauts des féroces indigènes, ils retournèrent à Tahiti. La plupart des mutinés déci-dèrent d'y rester.

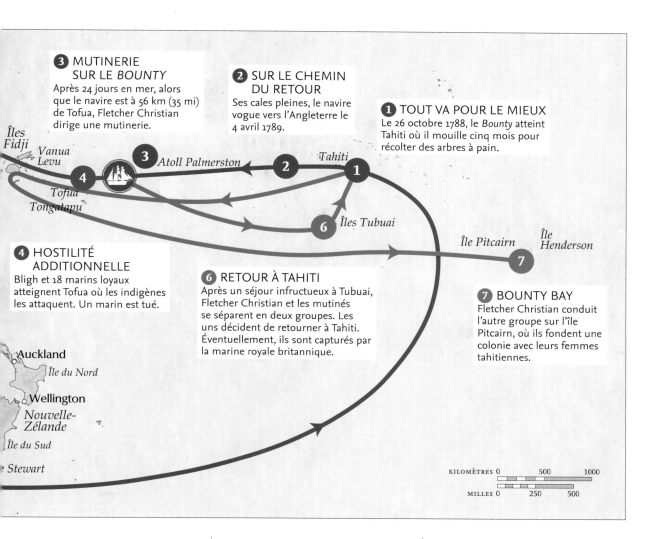

3 MUTINERIE SUR LE *BOUNTY*
Après 24 jours en mer, alors que le navire est à 56 km (35 mi) de Tofua, Fletcher Christian dirige une mutinerie.

2 SUR LE CHEMIN DU RETOUR
Ses cales pleines, le navire vogue vers l'Angleterre le 4 avril 1789.

1 TOUT VA POUR LE MIEUX
Le 26 octobre 1788, le *Bounty* atteint Tahiti où il mouille cinq mois pour récolter des arbres à pain.

Îles Fidji
Vanua Levu
Atoll Palmerston
Tahiti
Tofua
Tongatapu
Îles Tubuai
Île Pitcairn
Île Henderson

4 HOSTILITÉ ADDITIONNELLE
Bligh et 18 marins loyaux atteignent Tofua où les indigènes les attaquent. Un marin est tué.

6 RETOUR À TAHITI
Après un séjour infructueux à Tubuai, Fletcher Christian et les mutinés se séparent en deux groupes. Les uns décident de retourner à Tahiti. Éventuellement, ils sont capturés par la marine royale britannique.

7 BOUNTY BAY
Fletcher Christian conduit l'autre groupe sur l'île Pitcairn, où ils fondent une colonie avec leurs femmes tahitiennes.

Auckland
Île du Nord
Wellington
Nouvelle-Zélande
Île du Sud
Stewart

KILOMÈTRES 0 500 1000
MILLES 0 250 500

Fletcher Christian embarqua les huit hommes d'équipage restants, six Tahitiens, onze Tahitiennes et un bébé, et prit la mer sur le *Bounty*. Ils passèrent en vue des îles Fidji et des îles Cook, mais ils craignirent que la Royal Navy ne les y découvrît. Désespérant de trouver un refuge sûr, le 15 janvier 1790, ils redécouvrirent l'île Pitcairn qui avait disparu des cartes marines de la Royal Navy et ils s'y installèrent. Pour éviter d'être repérés et ne pas être tentés de s'évader, ils incendièrent le navire le 23 janvier 1790 dans ce que l'on appelle aujourd'hui Bounty Bay. La colonie de Pitcairn démarra bien mais, en 1793, un conflit éclata entre les mutinés et les Tahitiens qui avaient navigué avec eux. Fletcher Christian et quatre autres marins furent tués par les Tahitiens, qui furent tous tués à leur tour, certains par les veuves des mutinés assassinés. En 1808, quand un navire américain mouilla à l'île Pitcairn, un seul marin, neuf femmes et quelques enfants étaient toujours vivants.

Parmi les mutinés établis à Tahiti, 14 furent capturés plus tard par la Royal Navy. Quatre périrent dans un naufrage sur le chemin du retour vers l'Angleterre. Des autres, quatre furent acquittés (les hommes qui avaient voulu se joindre à Bligh dans la chaloupe bondée), trois furent condamnés, mais plus tard acquittés, et trois furent pendus.

Le retour des hommes loyaux

Bligh et ses loyaux marins furent accueillis à Kupang où la plupart d'entre eux se remirent de leur épreuve, quoique cinq hommes moururent, surtout de la malaria, dans les quelques mois qui suivirent.

Bligh débarqua en Angleterre le 15 mars 1790, deux ans et onze semaines après son départ. En octobre 1790, il fut honorablement acquitté par la cour martiale qui enquêtait sur la perte du *Bounty*. Pour lui, la mutinerie représenta à peine plus qu'un contretemps dans son illustre carrière. Il commanda 11 autres navires, devint gouverneur de la Nouvelle-Galles du Sud (État d'Australie) et, finalement, fut promu au grade de vice-amiral.

En 1791, il fit un deuxième voyage pour transporter des arbres à pain de Tahiti; ce voyage fut un succès et l'arbre à pain est toujours un aliment populaire dans les Antilles, de nos jours.

Naufrage, esclavage et sable brûlant

Le 28 août 1815, le brigantin américain *Commerce* s'échoua sur la côte occidentale du Sahara. Ses onze hommes d'équipage survécurent mais, mis à mal par les conditions brutales du désert et réduits à l'esclavage par des tribus hostiles, ils livrèrent une bataille féroce pour survivre qui meurtrit leur chair et anéantit presque leur moral.

Date
1815

Contexte
Naufrage sur le littoral saharien

Nature de l'épreuve
Réduits en esclavage par les nomades, piégés dans le désert

Durée de l'épreuve
2½ mois

Moyens de survie
Naviguer, marcher, voyager à dos de chameau

Nombre de survivants
7

Dangers
Capture, déshydratation, meurtre, mourir de faim, insolation

Équipement
Un peu d'équipement au début; plus tard, rien

À GAUCHE
Désert du Sahara, Sahara occidental

CI-DESSUS, À DROITE
Essaouira, une vieille ville portugaise au Maroc

Lieux de commerce

On était au début de mai 1815 et le capitaine James Riley du brick américain *Commerce* était prêt pour l'aventure.

La guerre de 1812 contre les Britanniques avait grandement perturbé son habituelle entreprise de transport transatlantique, mais elle était enfin terminée. Il était temps de se remettre à l'ouvrage et de gagner de l'argent; ses 10 membres d'équipage et lui avaient des familles à nourrir.

Ils larguèrent les amarres à Middletown au Connecticut et naviguèrent vers la Nouvelle-Orléans pour prendre un chargement de farine et de tabac. De là, ils traversèrent l'Atlantique en six semaines, arrivèrent à Gibraltar, où ils vendirent leur cargaison, et prirent un chargement de brandy, de vin et de dollars espagnols (aussi appelés « pièces de huit »).

Leur plan consistait maintenant à descendre la côte de l'Afrique occidentale vers les îles du Cap-Vert pour acheter du sel. Avec un peu de chance et un bon vent, ils seraient de retour en Nouvelle-Angleterre pour le temps des récoltes, les poches pleines à craquer de leurs salaires.

Cependant, comme ils passaient au large de Rabat, au Maroc, une brume épaisse enveloppa le navire. Riley ne pouvait voir la terre ou naviguer. Il fut forcé de juger leur progression à l'estime : déterminer leur position actuelle et utiliser ensuite la vitesse du navire pour calculer leur nouvelle position, une technique faussée par les courants ou les vents forts.

Le 28 août, les nuages s'ouvrirent assez longtemps pour que Riley fît un relevé d'observations. Horrifié, il découvrit qu'ils étaient à 190 km (120 mi) plus au sud qu'il ne le pensait. Était-il possible qu'ils se soient accidentellement faufilés dans un canal de 80 km (50 mi) de long dans la sombre nuit brumeuse, ratant totalement Tenerife et sa chaîne de montagnes de 3 600 m (12 000 pi)?

En fait, ils étaient beaucoup plus à l'est, plus près de la côte occidentale africaine, et prisonniers du fort courant des Canaries. C'était une section très dangereuse de la côte : à cap Bojador seulement, il y avait eu 30 naufrages connus entre 1790 et 1806.

C'était une nuit sombre, sans lune. La mer était forte et le vent, violent. Ils sondèrent 219 m (120 lieues), mais

Riley gardait pourtant l'impression que quelque chose n'allait pas. Puis, à 9 h, il entendit un rugissement qui lui tordit les entrailles : des récifs. Une violente secousse à rendre malade renversa chaque marin sur le pont. Ils étaient emportés vers les rochers : le pire cauchemar de tout marin.

Les vagues s'écrasaient sur le pont, inondant le navire, et ils frappèrent les rochers, le vaisseau se coinçant rapidement. Ils eurent tout juste le temps de charger des provisions, de l'eau, des cartes et les instruments de navigation de Riley dans un canot de sauvetage, puis l'équipage se précipita vers la rive.

Avec l'aube, le temps se calma. Riley évalua leur situation. Les 11 hommes d'équipage étaient saufs. Ils avaient de la nourriture, de quoi boire, des outils et 2 000 dollars espagnols. Le canot de sauvetage avait été endommagé, mais ils pouvaient le réparer, attendre une mer plus calme et partir en quête d'un navire ami.

Sur les entrefaites, ils virent un homme s'approcher d'eux sur le sable. Ses cheveux et sa barbe étaient emmêlés et ses yeux, farouches. Il n'avait pas l'air amical du tout.

Pillards

Les tribus arabes, les Sahraouis qui vivaient une vie rude dans ce territoire impitoyable, croyaient que les épaves leur appartenaient de droit. Les marins racontaient de nombreuses histoires à leur sujet : ils subjuguaient les chrétiens infidèles qui étaient échoués ; ils brûlaient ce qu'ils ne voulaient pas de l'épave et réduisaient ensuite l'équipage à une vie d'esclavage dans les conditions les plus brutales qu'on pût imaginer. C'était ainsi que les choses se passaient dans le désert.

L'homme sauvage s'approcha et commença à piller l'épave. La tentation de le repousser était forte, mais il ne ferait que revenir avec d'autres. Ils le laissèrent prendre quelques biens. Il partit, mais revint bientôt avec d'autres gens d'allure sauvage… trop nombreux pour que les marins se battent.

Les marins durent regarder, désespérés et impuissants, tandis que les Sahraouis pillaient leurs biens et brûlaient leurs cartes et leurs instruments.

Tandis que les pillards étaient occupés, l'équipage essaya de s'échapper dans le canot de sauvetage endommagé. Les Sahraouis réussirent à capturer un homme. Le capitaine s'offrit en échange du prisonnier, puis fonça à son tour vers la liberté. Sans trop savoir comment, les 11 se retrouvèrent dans le canot, sur la mer.

La vie à bord

Les dommages à l'embarcation les obligèrent à écoper l'eau sans arrêt. N'ayant que des voiles improvisées, ils étaient à la merci du courant. Ils essaieraient de prendre le large, où ils pourraient rencontrer un autre navire, mais l'océan était vaste et leurs chances seraient minces.

Les marins avaient réchappé un cochon, le seul animal à être sorti vivant du naufrage, et, après trois jours de dérive, ils le tuèrent. Ils en burent le sang et mangèrent sa viande, sa peau et même ses os. L'implacable soleil africain leur faisait à tel point craindre de mourir de soif, qu'ils remplirent d'urine leurs bouteilles d'eau et de vin vides.

Ils essuyèrent d'autres tempêtes aux vents si forts qu'ils poussaient de hautes vagues par-dessus le canot. Seul l'écopage constant les garda à flot.

Ils mêlèrent de l'urine et de l'eau et sirotèrent le mélange. Certains des hommes n'avaient presque pas de vêtements et le soleil les brûla si gravement que leur peau se détachait par couches. Leur peau était aussi à vif à cause de la friction du bois et de l'eau salée. Le canot tombait en morceaux sous l'assaut des vagues.

Après quatre jours, ils n'avaient pas vu un seul autre navire et ils s'entendirent pour retourner vers la côte plutôt que de faire face à une noyade certaine.

Quatre autres jours plus tard, ils accostaient sur une minuscule plage adossée à une falaise. Ils n'avaient plus que du porc salé, quelques bouteilles

Caravane de chameaux dans le paysage de l'impitoyable désert du Sahara

d'eau et d'urine et un peu d'argent. L'urine avait plus de valeur pour eux que l'argent.

La falaise qui délimitait la côte était quasi infranchissable. Après un jour de marche et d'escalade, ils n'avaient franchi que 6,4 km (4 mi).

« Aucun être humain n'a jamais vécu un jour de voyage plus difficile. »

Finalement, ils se hissèrent au sommet de la falaise pour contempler une plaine nue sans arbres ni broussailles à perte de vue. Ils étaient sur la frange occidentale du Sahara, le plus grand désert du monde. Il s'étendait devant eux sur 4 830 km (3 000 mi) jusqu'à la mer Rouge et s'étirait sur 1 930 km (1 200 mi) de la savane du Sahel, au sud, jusqu'aux monts Atlas, au nord.

Quand Riley et ses hommes atteignirent le désert, l'urine partagée qu'ils buvaient était passée douze fois dans leur corps.

Ils aperçurent enfin un feu de camp. Après avoir attendu jusqu'au crépuscule afin de ne pas alarmer qui que ce fût outre mesure, ils traversèrent une dune massive et virent une tribu arabe autour d'un puits. Exténués, ils se jetèrent docilement aux pieds de la tribu.

Les Arabes arrachèrent leurs vêtements et se battirent férocement pour ces nouveaux biens, se blessant les uns les autres avec leurs cimeterres. Les hommes étaient désormais les esclaves des Oulad Bou Sbaa, une tribu du désert notoirement belliqueuse.

Buvant à l'abreuvoir à bovins, ils ingurgitèrent environ 2,5 l (½ gal) d'eau verte sans souffler. Ils furent aussitôt la proie de la diarrhée et de violentes crampes. Pour la première fois depuis des jours, ils commencèrent à suer.

« Notre peau semblait vraiment cuire comme de la viande sur un feu. »

Ils étaient maintenant affamés à en devenir fous, mais leurs nouveaux

maîtres n'avaient rien à leur offrir. Les nomades arabes mangeaient rarement de la nourriture solide. Leur nourriture principale était du zrig – du lait de chamelle coupé d'eau – et 0,7 l (1 ½ chop) par jour était la seule nourriture à laquelle des esclaves pouvaient s'attendre.

Un rude voyage

L'équipage était maintenant réparti entre différents maîtres et ils entreprirent une longue chevauchée brutalement douloureuse à dos de chameau jusqu'au puits suivant. On leur avait arraché leurs vêtements et leur peau blanche était nue sous le soleil brûlant du Sahara.

« Je cherchais une roche avec l'intention, si je pouvais en trouver une libre et assez grosse, de me faire éclater le crâne avec elle. »

Les Bou Sbaa les forcèrent à dormir hors de leurs tentes, à découvert sur le sol pierreux. Le second était si gravement brûlé que l'intérieur de ses jambes « pendait en lambeaux de chair déchiquetée et irritée ».

Ils progressèrent vers le sud-est, dans le désert, durant plus d'une semaine, couvrant 48 km (30 mi) par jour, mais ne trouvèrent pas d'eau. Même les nomades s'en ressentaient. Ils mangèrent quelques racines et des herbes, mais leur eau s'épuisait et le lait des chamelles commençait à manquer.

Riley se piquait la jambe avec une épine pour ne pas perdre le fil du temps. Le 18 septembre, les Bou Sbaa tinrent un yemma, ou conseil tribal. Ils décidèrent de retourner au puits près de la mer. Ils ne pouvaient pas trouver d'eau où ils se trouvaient. Les marins étaient sur le point de refaire le voyage de 320 km (200 mi).

Ils souffrirent alors comme jamais auparavant. Ils tentèrent de manger les minuscules escargots du désert, mais leur corps ne contenait pas assez d'eau pour les digérer. La seule chose qu'ils pouvaient boire était l'urine des chameaux. À un moment donné, deux des hommes dévorèrent goulûment un kyste de l'un des chameaux. Déséquilibrés mentalement par la faim, d'autres

en furent réduits à arracher avec leurs dents des morceaux de leur propre chair qui pelait de leurs bras et à la manger.

Le marchand du désert

Riley fut vendu à un homme appelé Sidi Hamet pour deux dollars de biens. À ce point, Riley pouvait se faire comprendre en arabe et, comme il parlait à Hamet de la famille qu'il avait laissée derrière lui, ses yeux se remplirent de larmes. Les hommes endurcis du désert ne pleuraient pas, mais Riley vit que ses mots avaient aussi touché Hamet. Riley perçut une lueur d'espoir.

Le capitaine raconta à son nouveau maître un audacieux mensonge. Il lui dit qu'il avait un ami à Essaouira, la plus grande des villes de quelque importance, qui lui verserait une rançon de 100 dollars espagnols pour sa personne. En fait, il ne connaissait personne là-bas.

Hamet fut tenté – il devait une grossse sommet d'argent à son impitoyable beau-père, le cheik Ali. Hamet accepta d'essayer de rançonner Riley, mais il le prévint qu'il lui couperait lui-même la gorge s'il découvrait qu'il lui mentait. Il entreprendrait un dangereux voyage en allant à Essaouira avec des esclaves blancs : pendant 1 300 km (800 mi), ils seraient vulnérables aux bandits et aux seigneurs de la guerre, et aux cheiks qui exigeraient un tribut pour le transport des chrétiens.

Riley persuada aussi Hamet d'acheter quatre de ses marins. Il promit que son ami consul les rachèterait aussi. Hamet utilisa tout son argent pour ce faire. Son tout dernier achat fut un vieux chameau qu'il abattit pour nourrir les marins durant le voyage à Essaouira.

Toutefois, les marins ne reçurent pas beaucoup de viande. La tradition du désert était que chacun pouvait prendre part au festin. Quand le reste de la tribu fondit sur la carcasse, Riley et les autres durent se contenter d'un peu de sang et d'un liquide tiré du rumen du chameau. Le rumen est le premier estomac de l'animal, qui contient la soupe verte et grumeleuse à moitié digérée que le chameau aurait régurgité plus tard pour ruminer.

OCÉAN ATLANTIQUE

Îles Selvagens (Portugal)

itinéraire prévu

ÎLES CANARIES (Espagne)

Islas Canarias

La Palma
Lanzarote
Tenerife
Fuerteventura
Gomera
Gran Canaria
El Hierro

❶ LIEUX DE COMMERCE
Le 28 août 1815, le brigantin américain *Commerce*, en route vers les îles Canaries, se perd dans la brume et échoue au cap Bojador.

❸ LA VIE À BORD
Les hommes s'échappent et font route vers le sud à bord d'une embarcation qui prend l'eau, et survivent plus d'une semaine en mer avec peu de rations.

❷ LES PILLARDS
L'équipage survit, mais est volé sur la rive par la tribu locale de Sahraouis.

Cap Bojador
Boujdour
Aoufist
°Bu Craa
EL AAIÚN
°Dawra

❹ TERRE EN VUE !
Ils accostent au cap de Barbas, sur la rude côte du Sahara.

Skaymat
Rabt Sbayta
Dakhla

SAHARA OCCIDENTAL

❻ LE MARCHAND DU DÉSERT
Le capitaine promet une rançon à son maître s'ils atteignent Essaouira, dans le nord.

Cap de Barbas
Cap Corbeiro

Adrar Soruf

❺ UN VOYAGE EFFRAYANT
Après des jours de marche épouvantables, ils atteignent un puits et sont réduits à l'esclavage par des nomades.

□ Zouérat

Bîr Mogreïn

Sebkhet Iguetti

Sebkhet Oumm ed Droûs Telli

Sebkhet Oumm ed Droûs Guebli

°Aïn Ben Tili

°Atonyia

Al Mahbas

T i g u e s m

❽ LE RETOUR CHEZ SOI
Finalement, cinq hommes réduits à l'état de squelettes ambulants atteignent Essaouira le 7 novembre.

MAROC
Safi □
Essaouira
°Ouna
°Tamana
Agadir □
Biougra
Tiznit
Ifni
°Bou Izaka
□ Guelmine
Djebel C
Zagora°
Cap Draa
Tan-tan

Cap Juby
Tarfaya

❼ LA LONGUE ROUTE JUSQU'À ESSAOUIRA
Au cours des deux mois suivants, à la merci de leurs ravisseurs, ils voyagent à dos de chameau et à pied à travers les sables brûlants.

El Ḥammâmi

DÉSERT DU SAHARA

Maqteïr

□ Nouâdhibou
°Cansado
Tmeïmîchat
°Tichla
Choûm

MAURITANIE

KILOMÈTRES 0 50 100 150
MILLES 0 50 100

Sidi Hamet devait partager plus qu'un repas : désormais, tous les nomades savaient qu'il avait des esclaves et ce qu'il avait l'intention d'en faire.

La longue route jusqu'à Essaouira

On était le 27 septembre, presque un mois après le naufrage. Hamet quitta les Bou Sbaa qui retournaient sur la côte et il s'engagea vers l'est, plus profondément dans le désert pour éviter d'autres humains, autant que possible.

Quoique Hamet eût affiché quelques sentiments envers Riley, il était toujours un homme du désert qui traitait durement ses esclaves. Ce ne fut qu'après plusieurs jours de chevauchée éprouvante qu'ils trouvèrent d'autre eau.

> « Ce qu'il y avait de chair sur nos postérieurs, ainsi qu'à l'intérieur de nos cuisses et de nos jambes, était si battu et, littéralement, réduit en pièces, qu'il en restait à peine. »

Les chameaux n'avaient pas bu depuis 20 jours et chaque bête absorbait 227 l (60 gal). Ils auraient besoin d'eau : alors qu'Hamet tournait vers le nord-ouest, le désert passa de la désolation rocailleuse aux dunes hautes de centaines de mètres.

En moins de trois jours, où ils avaient pu avoir toute l'eau qu'ils désiraient, Riley et ses quatre hommes d'équipage étaient secs à l'os de nouveau. Une tempête de vent de deux jours les pulvérisa jusqu'à les rendre fous, le sable fouetté les aveuglant presque et réduisant leur peau brûlée par le soleil à une masse sanguinolente.

On était maintenant à la mi-octobre et ils marchaient dans un sable aussi chaud que des braises. Riley s'effondra un soir dans un état presque comateux. Il s'éveilla vers minuit pour entendre un autre ouragan qui fonçait sur eux. Finalement, à sa plus grande surprise, il réalisa que c'était la mer. Ils étaient revenus près de la côte, aux environs du cap Bojador, où leurs malheurs avaient commencé. Hamet les poussa à continuer.

Un des marins mangea des mauvaises herbes malgré la mise en garde de Riley et s'empoisonna. Il traîna derrière et des pillards le battirent : ils devaient aller vite pour éviter les bandits qui rôdaient dans cette région. En cours de route, le frère de Hamet allait exécuter l'homme, Riley intervint et le poussa, enflammant sa colère.

Hamet arrêta la tuerie et calma son frère. Il respectait la hardiesse de Riley et ses sentiments pour ses hommes.

> « Certains de mes camarades, comme si leur goût s'était modifié par les longues privations, déclarèrent que la viande avariée était nettement meilleure que la viande fraîche. »

Ils atteignirent Wednoon où Hamet donna aux hommes une portion du rayon de miel qu'il avait acheté. Ils engloutirent le miel, le rayon de cire et même les jeunes abeilles qui étaient encore dans les alvéoles, des larmes de joie coulant sur leurs joues creuses.

Ils devaient ensuite traverser le territoire du notoire Sidi Hashem, un suzerain avide qui exigeait un tribut des pillards. C'était une terre de bandits et de coupe-gorge.

Une bande de voleurs les harcela comme prévu, mais ils survécurent à la rencontre. Hamet devint convaincu qu'Allah était avec Riley et il commença à voir le capitaine encore plus favorablement.

Une ruse nécessaire

Quand ils ne furent plus qu'à quelques jours d'Essaouira, Hamet fit écrire à Riley une lettre à son ami le consul pour lui demander sa rançon. Non seulement Riley ne connaissait pas l'homme, mais le consul était un Anglais et Riley, un Américain ; les deux nations n'avaient fait la paix que récemment.

Le seul avantage que possédait Riley, c'était qu'aucun des hommes autour de lui ne pouvait lire ses mots. Mettant son cœur et son âme dans la lettre, il supplia le consul inconnu de l'aider et laissa le problème de sa nationalité dans le vague.

Toutefois, si Hamet portait la lettre au consul, il devait quitter les marins. Quoiqu'ils fussent si proches du salut, ce fut le moment que choisit l'intrigant cheik Ali pour arriver et exiger son propre dû pour les hommes.

Cela exigea beaucoup de manœuvres, de contre-manœuvres et d'effronteries éhontées de la part de Sidi Hamet et de ses alliés pour dissuader son puissant beau-père et obtenir la rançon qui vaudrait aux marins leur liberté.

> Après deux mois de marche, les hommes étaient si exténués qu'ils pouvaient à peine se tenir debout.

Un jour, Riley, émacié, contourna une colline et leva les yeux vers les murs et les tours irréels d'une ville sur une péninsule basse au loin. Au mouillage, un peu à l'extérieur de la ville, se trouvait un brigantin, l'Union Jack battant à son mât. Dix mois plus tôt, voir ces couleurs aurait enragé les Américains. Cette fois, ils tombèrent à genoux et pleurèrent de joie.

Alors que les marins étaient à terre, hébétés, regardant la scène pittoresque, un gentilhomme anglais dans une redingote à queue immaculée marcha vers eux et tendit la main. C'était le consul William Willshire. « Venez mes amis, allons en ville », dit-il.

Le retour chez soi

Riley et ses quatre compagnons atteignirent Essaouira le 7 novembre. Ils voguèrent vers Gibraltar, puis les États-Unis. Riley retrouva sa famille le 19 mars 1816.

Deux autres marins du Commerce furent finalement rançonnés par des maîtres arabes différents et prirent aussi le chemin du retour.

On n'entendit plus jamais parler des quatre autres hommes.

Riley écrivit un best-seller sur leurs exploits et les survivants devinrent célèbres. Il y eut toutefois un prix lourd à payer. Quand Riley sortit du désert, son poids était tombé de 109 kg (240 lb) à seulement 41 kg (90 lb) et tous les hommes souffrirent de problèmes de santé pendant le reste de leurs jours. Deux marins moururent moins de deux ans après leur retour à la maison.

La baleine et le Pacifique

En 1820, l'équipage du baleinier *Essex* abandonna le navire après que, dans le Pacifique, une énorme baleine l'eut frappé de plein fouet. Pendant près de trois mois, ils dérivèrent dans des embarcations non pontées avec peu de provisions. Ravagés par la faim et la folie, ils furent réduits au cannibalisme dans leur effort pour survivre à cet horrible voyage avant d'atteindre enfin la côte du Chili.

Date
1820

Contexte
Bateau coulé par une baleine

Nature de l'épreuve
Échoués sur une île déserte ; à la dérive dans des embarcations non pontées

Durée de l'épreuve
90 à 95 jours

Moyens de survie
Cannibalisme

Nombre de survivants
8

Dangers
Noyade, mourir de faim, déshydratation, être tué et mangé

Équipement
Un peu d'équipement du navire, des armes

Dur labeur au large

L'industrie de la chasse à la baleine était une part essentielle de la vie au 19e siècle. L'huile de baleine fournissait le combustible à lampe et la cire des chandelles, et le blanc de baleine avait de nombreux usages pharmaceutiques. La chasse à la baleine offrait un revenu financier important aux hommes qui n'avaient pas de scrupules culturels à tuer des cétacés.

Par contre, c'était une vie extrêmement rude.

> Les hommes savaient qu'ils auraient à affronter des dangers presque quotidiennement : mers imposantes, vents violents et icebergs voraces.

L'industrie américaine de la chasse à la baleine était basée à Nantucket, au Massachusetts, mais les eaux les plus riches en baleines se trouvaient dans le Pacifique Sud. Ce qui signifiait que les hommes devaient affronter un voyage périlleux de 6 500 milles nautiques (12 000 km/7 460 mi) à travers les océans Atlantique Nord et Sud, puis contourner le notoire cap Horn avant même que le travail ne commençât. Quand l'*Essex* quitta Nantucket, ils avaient accepté de ne plus voir leur famille durant deux ans et demi.

Ce qu'ils ne pouvaient pas anticiper, c'étaient les tortures et les souffrances que l'une des bêtes, qu'ils tuaient habituellement en toute impunité, leur infligerait.

La baleine qui riposta

Pour l'époque, l'*Essex* était un petit baleinier, quoiqu'il eût été récemment réarmé. Il mesurait 27 m (87 pi) de long, pesait 238 tonnes et était commandé par le capitaine George Pollard jr, alors âgé de 28 ans. Il quitta Nantucket le 12 août 1819.

L'*Essex* n'avait quitté le port que depuis deux jours quand il fut presque coulé par un grain violent, ce que l'équipage perçut comme un mauvais présage. Il atteignit le cap Horn le 18 janvier 1820, mais il lui fallut cinq semaines pour traverser ces eaux dangereuses et atteindre l'océan Pacifique.

CI-DESSUS, À DROITE
Cachalot soufflant au large

Une fois là, le voyage alla bien au début, les hommes chassant avec succès jusqu'au 20 novembre. En ce jour fatidique, l'*Essex* trouva un groupe de cachalots et les hommes les abattaient un à un quand l'impensable se produisit. Une des baleines, une énorme créature, beaucoup plus grosse que la moyenne (qu'on estima de la même longueur que l'*Essex*), se détacha du groupe et se retourna contre le navire.

Elle fonça violemment dans le baleinier et il y eut le craquement fatidique du bois qui éclate. Les marins s'étalèrent sur le pont. Le capitaine tenta de réagir, mais il contrôlait à peine le navire. Entre-temps, la baleine s'était retournée et nageait de nouveau rapidement vers eux. Son dos puissant s'écrasa une deuxième fois contre la coque et le vaisseau fit une sale embardée. Le coup fut si violent que les hommes surent aussitôt qu'ils étaient condamnés.

Les 20 marins s'empilèrent dans trois baleinières plus petites avec les quelques maigres effets qu'ils purent ramasser dans leur fuite. En moins de 10 minutes, l'*Essex* avait chaviré, mais l'équipage parvint à en tirer des provisions avant que, finalement, il ne sombrât.

Le capitaine estima qu'ils étaient à 2 000 milles nautiques (3 700 km/2 300 mi)

à l'ouest de l'Amérique du Sud. Il pensa qu'ils pourraient faire le voyage en 56 jours. Le rationnement de leurs provisions pour un tel voyage leur donnait à chacun quelques dizaines de grammes de pain, un petit biscuit dur et environ 0,25 litre d'eau par jour. Cela constitue environ le tiers de la portion de nourriture et la moitié de la ration d'eau minimales requises pour un adulte en santé.

Néanmoins, le 30 novembre, les embarcations avaient franchi environ 770 km (480 mi) et les provisions duraient. Les hommes étaient affamés et fatigués, mais le moral était bon et Pollard avait grand espoir qu'ils survivent au voyage.

Le 20 décembre, les hommes débarquèrent sur l'île déserte d'Henderson qui, aujourd'hui, fait partie du territoire britannique des îles Pitcairn.

Un lieu rocheux difficile
Au début, il sembla que l'île Henderson serait le refuge qui les sauverait. On y trouvait des oiseaux, du poisson et de la végétation. Les hommes découvrirent même une petite source d'eau douce. Ils mangèrent d'abord relativement bien et refirent leur force après le choc du naufrage.

Par contre, l'île Henderson n'est longue que de 10,4 km (6,5 mi) et large

de 5,6 km (3,5 mi), et, à Noël, ils avaient épuisé ses ressources naturelles. Il n'y avait aucune raison pour que d'autres navires fassent escale dans l'île ; les hommes savaient qu'ils devaient repartir pour survivre.

Dix-sept des vingt membres d'équipage de l'*Essex* décidèrent de remonter dans leurs baleinières. Trois hommes restèrent pour tenter leur chance sur Henderson.

Dériver avec la mort
Les rations étaient maintenant réduites de moitié et les hommes étaient gravement affamés et déshydratés. L'excès de sodium dans leur corps provoquait un effet terrible. Ils étaient minés par la diarrhée, leur peau se couvrit de furoncles suppurants et des œdèmes affectèrent leurs membres. Ils souffraient de pertes de conscience et leur comportement devint bizarre et, quand ils en avaient l'énergie, violent. Ils se volaient de la nourriture les uns aux autres.

Le 10 janvier 1821, l'équipier Matthew Joy fut le premier homme à mourir. D'autres suivirent bientôt. Les six premiers à périr furent cousus dans leurs vêtements et glissés par-dessus bord.

La nuit du 28 janvier, les trois bateaux se séparèrent. L'un d'eux, avec trois hommes à bord, ne fut jamais revu.

Plage de l'île Henderson, dans les îles Pitcairn

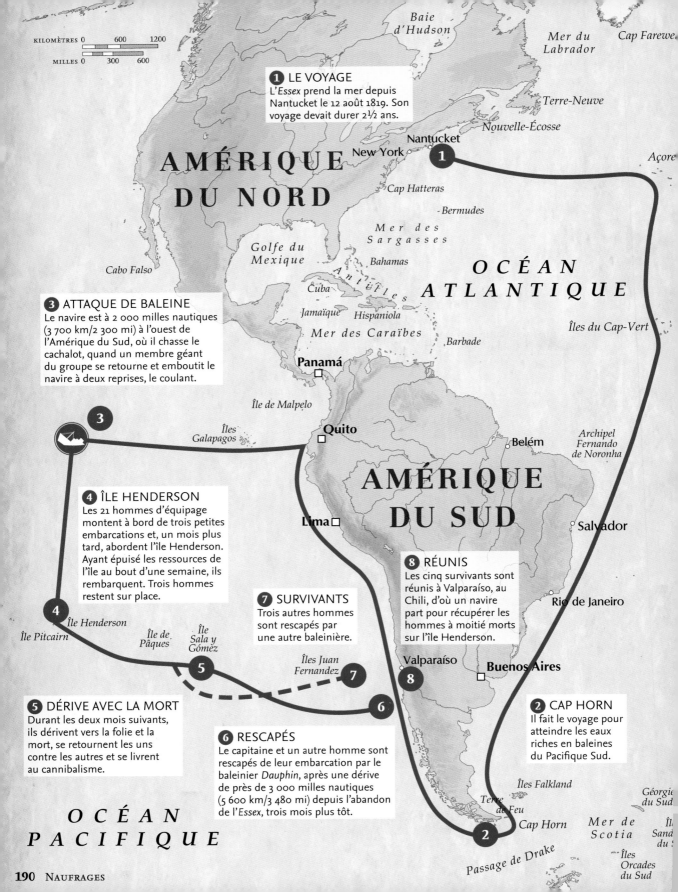

① LE VOYAGE
L'*Essex* prend la mer depuis Nantucket le 12 août 1819. Son voyage devait durer 2½ ans.

③ ATTAQUE DE BALEINE
Le navire est à 2 000 milles nautiques (3 700 km/2 300 mi) à l'ouest de l'Amérique du Sud, où il chasse le cachalot, quand un membre géant du groupe se retourne et emboutit le navire à deux reprises, le coulant.

④ ÎLE HENDERSON
Les 21 hommes d'équipage montent à bord de trois petites embarcations et, un mois plus tard, abordent l'île Henderson. Ayant épuisé les ressources de l'île au bout d'une semaine, ils rembarquent. Trois hommes restent sur place.

⑦ SURVIVANTS
Trois autres hommes sont rescapés par une autre baleinière.

⑧ RÉUNIS
Les cinq survivants sont réunis à Valparaíso, au Chili, d'où un navire part pour récupérer les hommes à moitié morts sur l'île Henderson.

⑤ DÉRIVE AVEC LA MORT
Durant les deux mois suivants, ils dérivent vers la folie et la mort, se retournent les uns contre les autres et se livrent au cannibalisme.

⑥ RESCAPÉS
Le capitaine et un autre homme sont rescapés de leur embarcation par le baleinier *Dauphin*, après une dérive de près de 3 000 milles nautiques (5 600 km/3 480 mi) depuis l'abandon de l'*Essex*, trois mois plus tôt.

② CAP HORN
Il fait le voyage pour atteindre les eaux riches en baleines du Pacifique Sud.

Baie d'Hudson · *Mer du Labrador* · *Cap Farewe...* · *Terre-Neuve* · *Nouvelle-Écosse* · Nantucket · New York · *Cap Hatteras* · *Bermudes* · *Açore...*

AMÉRIQUE DU NORD

Golfe du Mexique · *Mer des Sargasses* · *Cabo Falso* · *Bahamas* · *Cuba* · *Antilles* · *Jamaïque* · *Hispaniola* · *Mer des Caraïbes* · *Barbade*

OCÉAN ATLANTIQUE

Îles du Cap-Vert

Panamá · *Île de Malpelo* · *Îles Galapagos* · Quito · *Archipel Fernando de Noronha* · Belém

AMÉRIQUE DU SUD

Lima · Salvador · *Barbade* · Rio de Janeiro

Île Henderson · *Île Pitcairn* · *Île de Pâques* · *Île Sala y Gómez* · *Îles Juan Fernandez* · Valparaíso · **Buenos Aires**

Îles Falkland · *Géorgie du Su...* · *Terre de Feu* · Cap Horn · *Mer de Scotia* · *Îl... Sand... du S...* · *Passage de Drake* · *Îles Orcades du Sud*

OCÉAN PACIFIQUE

KILOMÈTRES 0 600 1200
MILLES 0 300 600

Ceux qui vivaient toujours savaient qu'ils pouvaient se trouver à des jours, sinon des semaines de la terre ferme. Le peu de nourriture qu'ils avaient s'épuiserait bientôt.

Quand un autre homme mourut, le capitaine Pollard ordonna que son corps restât dans la baleinière.

Le corps de leur équipier serait le prochain repas des hommes.

La plus horrible loterie

Trois autres hommes étaient morts et avaient été mangés avant le 1er février, quand les survivants manquèrent encore de nourriture. Ils faisaient maintenant face à une crise impensable. Dans le bateau de Pollard, quatre hommes étaient en vie : Brazillai Ray, Charles Ramsdell, le capitaine et le jeune cousin de Pollard, Owen Coffin. Du fond de leur désespoir, les hommes décidèrent qu'à moins de sacrifier l'un d'entre eux, ils connaîtraient tous une mort lente qui s'éterniserait.

Ils acceptèrent de tirer au sort pour déterminer qui donnerait sa vie pour la survie de ses compagnons.

Chaque homme avait une chance sur quatre de tomber sur le point noir. L'homme qui le sortit du sac fut le mal nommé Owen Coffin (coffin signifiant « cercueil », en anglais).

Poussant l'horreur plus loin, Coffin fut témoin de ce que les trois autres hommes firent un autre tirage pour savoir qui l'exécuterait. L'horrible tâche incomba à l'ami de Coffin, Charles Ramsdell. Il abattit Coffin. Les restes du garçon furent consommés par Pollard, Ray et Ramsdell.

Peu après, Ray mourut à son tour. Pour la suite de leur abominable séjour dans la baleinière, Pollard et Ramsdell survécurent en rongeant les os de Coffin et de Ray.

Des squelettes et des os

Le 23 février 1821, le baleinier *Dauphin* de Nantucket scrutait l'horizon en quête de gibier quand il aperçut la minuscule embarcation. Son capitaine

Illustration de A. Burnham Shute pour le roman *Moby Dick* de Herman Melville

ordonna de naviguer jusqu'à elle. Les marins y virent les deux survivants.

L'*Essex* avait sombré depuis 95 jours et les hommes étaient si confus qu'ils n'avaient même pas remarqué la masse du *Dauphin* naviguant sur leur flanc.

Le *Dauphin* trouva deux hommes squelettiques accroupis dans leur embarcation, parmi une pile d'os humains rongés.

Le brigantin marchand britannique *Indian* recueillit l'autre baleinière. Trois hommes y étaient toujours en vie ; eux aussi avaient eu recours au cannibalisme pour survivre. Les cinq hommes furent réunis au port de Valparaíso, au Chili, où ils parlèrent aux

fonctionnaires des trois hommes qu'ils avaient laissés sur l'île Henderson. Ces marins furent rescapés le 5 avril 1821, plus morts que vivants.

Huit hommes survécurent pour raconter l'histoire du baleinier *Essex*. Six furent perdus ou immergés dans l'océan. Sept furent mangés.

Un fait aussi étrange qu'une fiction

Le second Owen Chase écrivit un compte-rendu du désastre, *Narrative of the Most Extraordinary and Distressing Shipwreck of the Whale-Ship Essex*. Servant aussi sur un baleinier, le fils de Chase prêta sa copie de l'histoire de son père à un jeune homme qu'il rencontra en mer. Ce jeune marin était Herman Melville et l'histoire vraie de l'*Essex* inspira son roman *Moby Dick*.

Le capitaine adolescent

À la fin de 1893, William Shotton, âgé de 18 ans, était troisième officier sur le *Trafalgar* quand son capitaine et d'autres officiers moururent de fièvre lors d'un voyage des Indes orientales néerlandaises vers l'Australie. Seul homme à bord ayant une quelconque formation en navigation, Shotton prit le commandement et pilota le navire ravagé par la maladie sur 5 200 km (3 220 mi), jusqu'en lieu sûr.

Date
1893

Contexte
Décès des officiers supérieurs causé par une mystérieuse fièvre

Nature de l'épreuve
À bord d'un bateau ravagé par la maladie sur l'océan Indien

Durée de l'épreuve
50 jours

Moyens de survie
Matelotage première classe

Nombre de survivants
18

Dangers
Maladie, mutinerie, naufrage, tempêtes

Équipement
Équipement du navire, quelques principes de navigation

Seul à la barre

L'un après l'autre, la terrifiante maladie s'empara des officiers du *Trafalgar*. Une fièvre intense ravageait leur corps et ils perdaient vite la tête, dans certains cas en moins d'une heure, et mouraient invariablement peu après.

Pour l'équipage de 23 hommes, vivre dans la promiscuité du ventre d'un navire, ce dut être une épreuve épouvantable que de voir ses camarades mourir et savoir que, selon toutes probabilités, on serait le prochain. Pour William Shotton, ce fut pire : il était responsable du navire et il n'avait que 18 ans.

Un bateau solide

Le *Trafalgar* fut construit à Glasgow en 1877, un quatre-mâts en fer qui fut plus tard converti en barque de 1 768 tonnes. Il mesurait 82,8 m (271,5 pi) de long, était large de 12 m (39,5 pi) et avait besoin d'un équipage de 24 membres pour le manœuvrer, de même que d'un capitaine et de trois officiers.

Quand, durant l'été de 1893, le *Trafalgar* quitta New York avec une cargaison de kérosène, ce n'était qu'un voyage de plus pour son équipage expérimenté. Mais rien ne pouvait avoir préparé les hommes à ce qui se produirait à leur destination de Jakarta (alors appelée Batavia), dans les Indes orientales néerlandaises, maintenant partie de l'Indonésie.

Le port de la mort

Jakarta était alors entourée de marécages et avait la réputation d'être infestée de maladies. Alors qu'on déchargeait la cargaison, l'équipage reçut l'ordre de ne pas aller à terre. En dépit de cette précaution, le capitaine Edgar tomba bientôt malade, atteint d'une maladie virulente appelée « fièvre de Java ». Sa condition se détériora dans l'heure et l'officier en chef, M. Richard Roberts, se rendit à la rame au stationnaire hollandais pour demander une aide médicale. Il était trop tard pour sauver leur capitaine.

Quand il revint trois heures plus tard, le capitaine était mort.

Le capitaine Edgar fut enterré dans le cimetière de Jakarta le lendemain, le commis aux vivres et six membres d'équipage assistant au service célébré à la hâte. Ce n'était qu'un avant-goût des horreurs mortelles encore à venir.

CI-DESSUS, À DROITE
Le *Trafalgar*

Plusieurs hommes commencèrent à se plaindre de malaises, mais le nouveau capitaine, Richard Roberts, se dit qu'il y avait peu de chance que les hommes se rétablissent dans un lieu si infect. Roberts était un jeune homme ayant toutes les raisons de vivre : il s'était marié juste avant que le navire quittât Cardiff lors de la première étape du voyage. Il décida qu'ils devaient partir pour l'Australie dès que possible. Le bateau prit la mer le 29 octobre 1893 avec les 23 membres d'équipage en proie à l'appréhension et à la terreur.

Un voyage vers l'âge adulte

Ils avaient à peine quitté Java qu'un marin succomba à la fièvre et mourut. Le capitaine Roberts fut le suivant à tomber malade. Il ne reverrait jamais sa jeune épouse.

M. Norwood, le capitaine en second, était aussi malade à ce moment-là et, quoiqu'il parût se rétablir un peu au début, il s'affaiblit de nouveau, perdit la raison et mourut le 21 novembre. Le deuxième lieutenant, qui était sorti des rangs de l'équipage, était pire que nul.

L'entière responsabilité du fonctionnement du navire reposa sur un garçon de dix-huit ans seulement.

Le commandement du navire incombait désormais au jeune William Shotton. Il n'avait que tout récemment complété son apprentissage et mérité d'être en service comme troisième officier, surtout à cause de sa connaissance théorique de la navigation.

Le seul autre homme à bord qui avait une connaissance vague et l'assurance pour prendre le contrôle de la barque était un fabricant de voiles nommé Hugh Kennedy. Pendant que Shotton prenait un peu de repos après ses longues et difficiles heures de service, Kennedy pilotait nerveusement le navire.

Un marin fut aussi transféré au pont de dunette pour monter la garde par intermittence, quoiqu'il s'y connût très peu en navigation.

Shotton faisait face à une redoutable tâche. La terreur du reste de l'équipage confinait les hommes à l'inaction et à des velléités de mutinerie. Shotton les affronta avec intrépidité.

> **« ... la réalité était que, si jeune et inexpérimenté qu'il fût, lui seul pouvait les mener à bon port. »**

Alors qu'ils traversaient l'océan Indien, le cuisinier tomba malade et mourut, cinquième victime de la traversée. Le moral de l'équipage plongea encore plus bas. Melbourne était toujours à des centaines de kilomètres de distance et l'idée de l'atteindre semblait sans espoir. Cependant, Shotton ne perdit jamais courage ; il affronta l'équipage mécontent et, avec Kennedy comme allié inattendu, il apprit comment manœuvrer un navire de façon pratique. Parallèlement, Shotton sentit que certaines peurs des hommes étaient basées sur des superstitions. Il installa une lampe dans la cabine que les hommes croyaient hantée, ce qui les alarmait et détournait leur attention. Son courage grandissant, il rejeta leur demande de mettre le cap sur Fremantle et se dirigea vers Melbourne.

Dans la gueule de la tempête

À la mi-décembre, ils aperçurent la côte australienne et Shotton espérait qu'ils croiseraient un autre vaisseau. Toutefois, comme ils n'en virent aucun, il décida donc d'aller à terre pour déterminer leur position.

Il n'avait pas sitôt découvert celle-ci comme étant tout juste au large de Port Fairy, dans l'État de Victoria, qu'un violent vent d'ouest se leva. Shotton raisonna qu'il n'y avait qu'une seule façon de survivre à la violence de la tempête et c'était de la précéder. Il ordonna à tous les hommes disponibles de monter sur le pont, raccourcit graduellement la voile à mesure que le vent gagnait en violence et, pendant plusieurs heures de suspense, le bateau fuit devant la tempête.

Le *Trafalgar* fut assailli par d'énormes vagues et fouetté par des vents fous : le hunier et le hunier fixe principal furent arrachés des ralingues.

Enfin, le vent diminua un peu et la mer se calma ; Shotton prit sa chance et dirigea le navire vers la côte de Victoria. Il pilota le navire dans l'entrée du détroit de Bass et amena les marins en sûreté à Port Phillip, environ une semaine avant Noël.

Un héros modeste

L'histoire de ses exploits fit la une des journaux dans le monde entier et le gouvernement de l'État de Victoria offrit à Shotton une montre et une chaîne en or en hommage à sa bravoure. Plus tard, il reçut aussi la médaille d'argent de la Lloyd's.

Néanmoins, Shotton parut étonné qu'une aussi grande attention fût accordée à ses exploits. Il la supporta avec modestie ; après tout, il n'avait fait que son devoir.

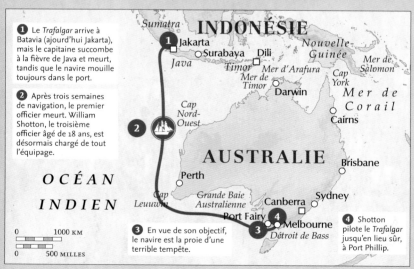

1 Le *Trafalgar* arrive à Batavia (ajourd'hui Jakarta), mais le capitaine succombe à la fièvre de Java et meurt, tandis que le navire mouille toujours dans le port.

2 Après trois semaines de navigation, le premier officier meurt. William Shotton, le troisième officier âgé de 18 ans, est désormais chargé de tout l'équipage.

3 En vue de son objectif, le navire est la proie d'une terrible tempête.

4 Shotton pilote le *Trafalgar* jusqu'en lieu sûr, à Port Phillip.

Sumatra — **INDONÉSIE** — **1** Jakarta — Surabaya — Dili — *Nouvelle-Guinée* — *Java* — Timor — *Mer d'Arafura* — *Mer de Timor* — Darwin — *Cap York* — *Mer de Salomon* — **Mer de Corail** — Cairns — *Cap Nord-Ouest* — **AUSTRALIE** — Brisbane — Perth — *Grande Baie Australienne* — Sydney — Canberra — Port Fairy — Melbourne — *Détroit de Bass* — **OCÉAN INDIEN** — *Cap Leeuwin*

0   1000 KM
0   500 MILLES

Tous rescapés

Une fois leur navire, l'*Endurance*, broyé par les glaces, Ernest Shackleton et cinq autres hommes naviguèrent 1 300 km (800 mi) sur les mers les plus sauvages de la planète pour trouver de l'aide. Affrontant des ouragans et des vagues de 18 m (60 pi), ils réalisèrent un périple qui reste l'un des plus incroyables voyages en bateau non ponté jamais accompli.

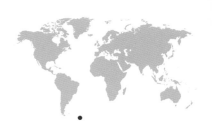

Date
1914 à 1916

Contexte
Naufrage

Nature de l'épreuve
Bloqués dans l'Antarctique

Durée de l'épreuve
19 mois

Moyens de survie
Voyage en mer
et marche forcée

Nombre de survivants
28

Dangers
Noyade, mourir de froid,
mourir de faim

Équipement
Canots de sauvetage, un peu de
nourriture et de combustible

Ci-dessus, à droite
**Le navire d'Ernest Shackleton, l'*Endurance*,
piégé par les glaces**

L'*Endurance*

Il n'y a probablement jamais eu de navire qui ait reçu un nom plus significatif que l'*Endurance* de sir Ernest Shackleton. Quand il quitta la Géorgie du Sud, le 5 décembre 1914, pour la première étape de l'Imperial Trans-Antarctic Expedition, l'équipage était prêt pour une rude aventure. Ils allaient traverser le continent le plus extrême de la planète. Ils pouvaient à peine soupçonner tout ce qu'il leur faudrait endurer. Ou de l'héroïsme dont ils feraient preuve pour revenir tous sains et sauf chez eux.

Shackleton menait l'équipage à la baie de Vahsel, le point exploré le plus au sud de la mer de Weddell à 77°49' S. Là, il débarquerait un petit groupe, puis préparerait la traversée transcontinentale.

Toutefois, le malheur frappa avant que leur but fût atteint. La banquise s'épaississait avec chaque kilomètre gagné vers le sud et, le 14 février 1915, l'*Endurance* fut immobilisé par un étau de glace.

Il n'y avait rien à faire, sinon s'asseoir et attendre que, durant les huit mois suivants, la dérive des glaces ramenât le navire vers le nord. Puis, le 27 octobre, la glace arrêta de jouer avec les hommes et broya l'*Endurance*. Le navire sombra le 21 novembre, laissant le groupe échoué sur la glace en mouvement.

> **« Nous savions que ce serait la chose la plus difficile que nous ayons jamais entreprise, car l'hiver antarctique s'était installé et nous étions sur le point de traverser l'une des pires mers du monde.**

Ils ne traverseraient pas l'Antarctique, mais l'aventure que le continent leur imposa allait s'avérer en tout point aussi incroyable que ce qu'ils avaient planifié.

Premiers pas vers la sécurité

Désormais, la priorité de Shackleton se résumait à ceci : sauver la vie des 27 membres de son équipage.

En théorie, ils pouvaient marcher sur la banquise jusqu'à la terre la plus proche pour se diriger ensuite à un port que l'on savait visité par les navires. Toutefois, la glace était trop fragmentée et dangereuse pour qu'on la traversât. Le groupe établit le « Camp Patience » sur une banquise plane et attendit que la dérive les conduisît plus au nord, vers les eaux franches.

Trois autres mois passèrent. Puis, le 8 avril 1916, la glace se morcela suffisamment pour leur permettre de mettre à la mer leurs trois canots de sauvetage. Durant sept jours périlleux, ils naviguèrent et ramèrent sur des mers houleuses et de dangereuses glaces morcelées, pour atteindre le refuge temporaire de l'île de l'Éléphant le 15 avril.

Ils étaient sur la terre ferme, mais leur avenir paraissait sombre. L'île de l'Éléphant n'était sur aucune route maritime et elle était trop éloignée de leur itinéraire prévu pour leur donner une chance d'être rescapés. Quoique l'île eût de l'eau douce et une ample provision de phoques et de manchots pour la nourriture et le combustible, l'implacable hiver antarctique approchait à grands pas. Les hommes n'avaient pour tout chez-soi qu'une étroite plage de galets constamment balayée par les vents violents et les blizzards. Une tente avait déjà été détruite et les autres couchées. Plusieurs hommes étaient mentalement et physiquement épuisés. D'une manière ou d'une autre, ils devaient trouver du secours.

Shackleton décida d'entreprendre l'un des plus audacieux voyages en mer de l'histoire. Ils navigueraient dans le meilleur de leurs canots de sauvetage jusqu'aux stations baleinières de la Géorgie du Sud. Le problème était que cette île se situait à 800 milles nautiques (1 500 km/920 mi) dans l'océan Austral, l'une des plus furieuses étendues d'eau de la planète.

Le voyage en bateau non ponté

L'équipage du canot de Shackleton s'aventurerait dans un monde battu par les tempêtes, où les vents constants propulsent des vagues continues – les redoutables vagues scélérates du cap Horn – qui atteignent souvent une hauteur de 18 m (60 pi) du creux à la crête.

> **« On sentit notre bateau être soulevé et propulsé vers l'avant tel un bouchon de liège dans le déferlement des vagues. »**

Ils prirent le plus solide des trois canots, le *James Caird* (nom de l'un des commanditaires de l'expédition), et demandèrent au menuisier-charpentier du bateau de le renforcer. Il éleva les bords du canot de sauvetage de 6,9 m (22,5 pi) de long et ajouta un pont de fortune en bois et toile. Il fixa aussi un grand mât et un mât d'artimon avec des taille-vent et un foc, scella l'embarcation avec des peintures à l'huile, des mèches à lampe et du sang de phoque. Finalement, une tonne (1 016 kg) de lest fut ajoutée pour réduire le risque de chavirer.

Leur cible était extrêmement petite et ils avaient toutes les chances de rater l'île. Les talents de navigateur du capitaine de l'*Endurance*, Frank Worsley, seraient essentielles pour atteindre la Géorgie du Sud. Worsley était un Néo-Zélandais qui avait aiguisé ses dons de navigateur au sein des minuscules îles isolées du Pacifique Sud.

Le 24 avril 1916, Shackleton, Worsley et quatre autres hommes poussèrent le *James Caird* dans les difficiles eaux grises qui martelaient l'île de l'Éléphant. Ils avaient de la nourriture pour un mois, deux tonneaux d'eau de 70 l (18 gal), dont l'un fut endommagé lors du chargement et absorba de l'eau de mer, deux poêles Primus, de la paraffine, du pétrole, des chandelles, des sacs de couchage et quelques « chaussettes de rechange ».

Le vent soufflait modérément du sud-ouest, mais Shackleton ordonna à Worsley de mettre le cap franc nord pour éviter les champs de glace. En route, la houle se leva. Au crépuscule, à 45 milles nautiques (83 km/52 mi) de l'île de l'Éléphant, ils naviguaient sur une grosse mer, avec des vents de force 9.

Ils fonctionnaient en deux équipes de trois hommes : un à la barre, un autre aux voiles et le troisième à l'écopage. Ce fut difficile dès le départ : les vêtements des hommes avaient été conçus pour faire du traîneau dans le froid sec de l'Antarctique, mais n'étaient pas imperméables. L'eau de mer glacée râpait leur peau à vif. La seule façon de se reposer était de se blottir ensemble dans le minuscule espace couvert des étraves.

Le travail de Worsley était difficile au point d'être impossible. Pour naviguer avec précision au sextant, il avait besoin de faire des visées du soleil. Toutefois, celui-ci était rarement visible et, quand il l'était, le fort roulis et le tangage du canot rendaient l'exactitude difficile.

Après deux jours, Worsley les situa à 128 milles nautiques (237 km/147 mi) au nord de l'île de l'Éléphant. Ils étaient hors de danger des glaces flottantes, mais ils se trouvaient désormais dans le très dangereux passage de Drake, une étendue d'océan où d'énormes vagues déferlantes balaient le globe, libres de tout obstacle terrestre. Shackleton mit alors le cap directement sur la Géorgie du Sud.

Mise à l'eau du *James Caird* depuis la plage de l'île de l'Éléphant, le 24 avril 1916. Ce fut dans cet espace extrêmement exigu que six hommes vécurent sur mer durant 17 jours.

Punta
Arenas **CHILI**

Îles Falkland

*Géorgie
du Sud*

Cap Horn

*Île de
l'Éléphant*

*Îles
Sandwich
du Sud*

*Îles Shetland
du Sud*

*Îles
Orcades
du Sud*

*Péninsule
Antarctique*

**MER DE
WEDDELL**

ANTARCTIQUE

1000 KM

600 MILLES

KILOMÈTRES 0   200   400

MILLES 0   100   200

OCÉAN AUSTRAL

Stromness

*Géorgie
du Sud*

*Îles
Sandwich
du Sud*

**1 DÉCEMBRE 1914
– FÉVRIER 1915**
L'*Endurance* quitte la
Géorgie du Sud et vogue
vers la mer de Weddell.

4 AVRIL – MAI 1916
Dans un canot de sauvetage mâté, Shackleton
et cinq hommes parcourent 800 milles nautiques (1 500 km/920 mi) jusqu'en Géorgie du
Sud, prouesse extraordinaire de navigation
et d'endurance humaine. Une fois rendus, ils
doivent encore marcher 36 heures dans l'île
inexplorée pour atteindre la sécurité de la
station baleinière de Stromness.

*Passage
de Drake*

*Îles Orcades
du Sud*

5 SEPTEMBRE 1916
Trois mois plus tard, l'équipage
entier de l'*Endurance* est rescapé sur
l'île de l'Éléphant et amené au Chili.

**M E R   D E
W E D D E L L**

Île de l'Éléphant

*Îles Shetland
du Sud*

3 NOVEMBRE 1915 – AVRIL 1916
Le navire est finalement broyé par les glaces et
sombre. Shackleton et ses hommes dérivent sur
un floe puis, à la voile et à la rame, ils atteignent
l'île de l'Éléphant en canots de sauvetage.

*Ba
Se*

*Plate-f
glacia
Riiser-L*

*Île
Lyddan*

*Plate-forme
glaciaire
de Brunt*

2 FÉVRIER - OCTOBRE 1915
L'*Endurance* est pris dans les glaces
et dérive durant huit mois.

Détroit de Bransfied

Terre de Graham

Péninsule Antarctique

*Plate-forme
glaciaire
de Larsen*

*Côte de
Caird*

*Terre de
Coats*

*Côte de
Luitpold*

*Terre de
Palmer*

*Île
Alexandre 1er*

*Plate-forme glaciaire
de Ronne*

*Île
Berkner*

*Plate-forme
glaciaire de
Filchner*

Après cinq jours de navigation, ils avaient franchi 238 milles nautiques (441 km/274 mi), mais le temps se gâtait affreusement. Les grosses vagues menaçaient d'inonder le canot et seul l'écopage continu le gardait à flot. La température devint si froide que les embruns gelaient sur l'embarcation et que le poids supplémentaire menaçait de la faire chavirer. À tour de rôle, les hommes durent ramper sur le pont ballotté pour casser à la hache la glace sur le pont et le gréement.

Pendant deux jours entiers, le vent fut trop fort pour qu'on pût hisser la voile. Néanmoins, les hommes continuèrent et, le 6 mai, ils n'étaient plus qu'à 115 milles nautiques (213 km/132 mi) de la Géorgie du Sud. Toutefois, ces deux semaines de labeur constant dans d'atroces conditions les avaient épuisés. Deux hommes étaient particulièrement faibles, tandis qu'un troisième s'était effondré, incapable de remplir quelque tâche que ce fût.

> **« Les moments chaleureux furent ceux où nous recevions chacun notre tasse de lait chaud durant les longues et éprouvantes veilles nocturnes. »**

Le lendemain, Worsley pensa qu'ils étaient près du but, mais il prévint Shackleton qu'ils pouvaient être à quelques kilomètres d'écart. S'ils étaient trop au nord, ils pourraient être poussés complètement au-delà de l'île par les furieux vents du sud-ouest. Cependant, ils aperçurent bientôt des algues et des oiseaux, dont des cormorans qui aiment la terre et, tout juste après midi, le 8 mai, ils virent la terre. Worsley était tombé en plein dans le mille et il avait accompli l'un des plus extraordinaires exploits de navigation de l'histoire maritime.

Toutefois, quoiqu'ils fussent si près de la fin de leur voyage, la grosse mer interdit un accostage immédiat. Durant 24 heures atroces, ils furent forcés d'attendre au large dans « l'un des pires ouragans qu'aucun d'entre nous avait jamais connus ». Les vagues traîtresses menaçaient de les jeter sur la rive rocheuse de la Géorgie du Sud

Croix en mémoire de sir Ernest Shackleton, à Hope Point, sur la baie Cumberland Est, en Géorgie du Sud

ou, à 8 km (5 mi) de la côte, sur l'île Annenkov aussi dangereuse.

Finalement, le 10 mai, Shackleton comprit que les hommes les plus affaiblis de l'équipage ne pourraient supporter un jour de plus à bord. Ils devaient accoster, nonobstant les conditions dangereuses. Ils trouvèrent une zone aussi abritée que possible, à Cave Cove près de l'entrée de la baie du Roi Haakon, et, après plusieurs essais presque fatals, le *James Caird* toucha terre.

Ils se trouvaient sur la côte sud-ouest inhabitée. Les stations baleinières étaient situées à 150 milles nautiques (280 km/170 mi) en suivant la côte. Le plan de Shackleton avait été de faire le tour de l'île en canot, en serrant la côte. Toutefois, il comprit que leur embarcation ne ferait pas un tel voyage, ni les deux hommes à bout de forces. Après avoir récupéré quelques jours, il décida de traverser l'île à pied et d'obtenir de l'aide à Stromness. Toutefois, personne n'avait jamais traversé l'intérieur de la Géorgie du Sud auparavant.

Où aucun homme n'a jamais mis le pied

Tôt le 18 mai, Shackleton, Worsley et le marin Tom Crean quittèrent leurs trois collègues abrités sous le *James Caird* renversé sur la grève et se mirent en marche.

Comme ils n'avaient pas de carte, ils durent s'improviser une route à travers les chaînes de montagnes et les glaciers. N'ayant aucun équipement de camping, ils ne s'arrêtèrent tout simplement

pas. Ils marchèrent de façon continue 36 heures durant avant d'atteindre la station baleinière de Stromness.

À leur arrivée, ils étaient au bord de l'épuisement total, leurs visages ravagés par l'exposition au soleil et au vent, leurs doigts et orteils engourdis par les engelures. Les marins norvégiens durent être renversés de voir, comme l'écrivit Worsley, « un terrible trio d'épouvantails » entrer dans leur dortoir.

Plus tard le même jour, le 19 mai, les baleiniers dépêchèrent un bateau à moteur à la baie du Roi Haakon recueillir les trois autres hommes du *James Caird*. Toutefois, l'hiver antarctique s'était installé et plus de trois mois s'écoulèrent avant que Shackleton ne pût secourir les 22 hommes laissés sur l'île de l'Éléphant. Enfin, le 3 septembre 1916, tous les hommes qui s'étaient embarqués sur l'*Endurance* atteignirent le refuge sûr de Punta Arenas au Chili.

> **« ... le voyage du *James Caird*... est à classer parmi les plus grands voyages en bateau jamais réalisés. »**

Deux ans plus tard, Shackleton revint en Antarctique à la tête d'une autre expédition. Le 5 janvier 1922, il mourut subitement d'une crise cardiaque en Géorgie du Sud.

En 1919, le *James Caird* fut ramené de la Géorgie du Sud jusqu'en Angleterre. Il est exposé depuis à Dulwich College, l'ancienne école de Shackleton.

3 150 kilomètres d'océan

Quand le cargo à vapeur britannique *Trevessa* coula dans l'océan Indien en juin 1923, les 44 hommes d'équipage partirent à la dérive dans deux canots de sauvetage non pontés. À la voile et à la rame, les hommes entreprirent de franchir 2 700 km (1 700 mi) pour les amener à terre et, 26 jours plus tard, 34 survivants accostaient aux îles Maurice.

Date
1923

Contexte
Naufrage

Nature de l'épreuve
Dans des embarcations non pontées sous le soleil tropical

Durée de l'épreuve
23 et 26 jours

Moyens de survie
Naviguer à la voile, ramer à l'occasion

Nombre de survivants
34

Dangers
Noyade, mourir de faim, déshydratation, exposition au soleil

Équipement
Rations pour quelques jours, rames

L'énorme tempête

Les 44 hommes à bord du navire marchand *Trevessa* étaient des marins expérimentés. Ils avaient traversé et re-traversé les grands océans maintes fois. Nombre d'entre eux avaient participé aux combats navals de la Grande Guerre, qui avait pris fin seulement cinq ans plus tôt. Toutefois, la tempête qui engloutit leur navire dans l'océan Indien le 3 juin 1923 était telle qu'aucun d'eux n'en avait vu auparavant.

Une lourde cargaison de métal

Le navire avait pris un chargement de concentrés de zinc à Fremantle, en Australie, et était en route vers Durban, en Afrique du Sud, avant de mettre le cap sur l'Europe. Il avait franchi 2 150 km (1 340 mi) et se trouvait au centre-sud de l'océan Indien quand la tempête frappa. Des vagues énormes, s'écrasant sur le cargo, martelaient les ponts et inondaient la cale.

L'eau qui entrait dans la cale inonda bientôt la cargaison. Les concentrés de zinc avaient la consistance du béton liquide et les pompes de cale étaient incapables d'évacuer l'eau qui entrait.

Malgré le travail acharné des ingénieurs pour nettoyer la cale, la bataille était perdue d'avance.

Le *Trevessa* commença à piquer rapidement du nez.

Un leader naturel

Le capitaine Cecil Foster était le type d'homme qu'on voudrait dans une telle situation. Ayant été à bord d'un bateau qui avait été torpillé et coulé durant la Guerre, il avait déjà l'expérience d'une situation semblable. Il était aussi quelqu'un qui, naturellement, gardait son sang-froid, et qui en imposait sous pression ; même si son bateau sombrait visiblement sous lui, il pouvait prendre des décisions courageuses et audacieuses qui, au bout du compte, sauveraient la vie de ses hommes.

Les exploits de guerre de Foster lui avaient enseigné la valeur du lait en conserve, qu'il avait vu sauver de nombreux naufragés. Dans les minutes mouvementées avant que le *Trevessa* ne coulât, il ordonna à son commis des vivres d'emporter du lait concentré plutôt que de la viande en conserve dans les canots de sauvetage.

Le vapeur de 5 000 tonnes coula en moins de trois heures. À 2 h 15, le 4 juin 1923, les 40 membres d'équipage étaient à la dérive sur l'océan Indien. La vitesse du naufrage impliquait qu'ils avaient disposé de très peu de temps pour attraper quoi que ce fût d'utile. Beaucoup, ayant été tirés de leur lit et hissés sur le pont, avaient à peine de vêtements.

À la dérive dans des embarcations non pontées

Les deux canots de sauvetage à clin étaient longs de 8 m (26 pi), larges de 2,4 m (8 pi) et avaient un seul mât gréé d'un taille-vent. Le capitaine Foster prit la charge de l'un des bateaux avec 20 hommes à bord.

Le lieutenant commandait les 24 autres hommes dans le second canot.

Foster avait réussi à envoyer un message de détresse par radio, mais il savait qu'ils ne pouvaient compter être secourus. Ils devaient mettre le cap sur la terre.

Le choix avisé du capitaine consistait à viser les îles Maurice. Les vents, la pluie pour l'eau potable et la température seraient plus favorables, et les chances de croiser d'autres navires seraient meilleures.

Ils n'avaient que 3,3 l (7 chopines) d'eau par homme, 550 biscuits et deux caisses de lait concentré. Ils avaient des cigarettes, du tabac, des cartes et des sextants, mais ni radio ni boussole qui fonctionnaient. La latitude fut déterminée avec les sextants et ils gouvernèrent avec les étoiles et le soleil.

Comme il n'y avait pas de temps à perdre, le capitaine Foster ordonna aux hommes de se mettre en route vers l'ouest sans plus tarder et, aussitôt, il imposa à tous un rationnement strict.

Des bateaux qui se séparent dans la nuit

Le capitaine et le lieutenant tentèrent de naviguer ensemble mais, le bateau du capitaine ayant une plus grande voile, il était plus rapide et, après six jours de mer agitée, le bateau du lieutenant commença à tirer de l'arrière. Bientôt, chaque bateau se retrouva seul dans son cercle d'océan infini.

Au début, le moral des hommes fut remarquablement élevé : ils avaient tous survécu au naufrage et disposaient d'une modeste réserve de rations. Néanmoins, à mesure que les jours se transformèrent en semaines et que la nourriture et l'eau diminuèrent, les hommes durent endurer un mal constant.

Le navire avait coulé à la latitude des calmes tropicaux et les hommes subissaient les températures extrêmes. De grosses vagues menaçaient de submerger le canot complètement. Souvent aussi, ils étaient soudainement encalminés et forcés de ramer dans la brûlante chaleur tropicale. Les hommes souffraient de graves insolations et d'irritation due à l'eau salée que le fait de ramer empirait. Ils commencèrent à mourir.

Le soleil brutal, les embruns salés et les éléments prélevaient tous leur tribut et, le dix-septième jour, deux hommes dans le canot du capitaine étaient morts.

Le second bateau

Le bateau du lieutenant connut encore plus de tragédies. Une violente tempête jeta l'ingénieur par-dessus bord et ils furent incapables de le retrouver.

Quatre hommes délirèrent tant, sous le coup de la déshydratation, qu'ils ignorèrent l'avis des autres et burent de l'eau salée. Des études ont démontré que siroter de petites quantités d'eau salée peut parfois s'avérer bénéfique en situation de survie. Il semble toutefois que les quatre hommes en burent trop : ils moururent rapidement.

Au-delà du récif, en lieu sûr

Malgré les souffrances que subissaient les hommes, le capitaine Foster maintint une discipline rigide qui, indubitablement, sauva beaucoup de vies. Le 26 juin, soit 23 jours après le naufrage, le capitaine aperçut la terre. Alors, le destin joua un dernier tour aux hommes : un dangereux récif de corail s'étendait entre eux et les sables de l'île Rodrigues.

Toutefois, le secours vint de pêcheurs qui les pilotèrent en sécurité à travers le corail jusqu'à la plage bénie.

Les hommes dans le canot du lieutenant souffrirent trois jours additionnels avant de débarquer à Bel-Ombre, sur l'île Maurice. Ces hommes étaient à l'extrême limite de l'endurance : un membre de l'équipage mourut deux heures seulement avant que la terre ne fût aperçue et les autres étaient si exténués qu'on dut les transporter à terre. Un autre marin mourut peu après leur arrivée.

Néanmoins, des 44 hommes qui étaient montés à bord des canots, 34 avaient survécu. Ils avaient franchi 2 700 km (1 700 mi) et étaient demeurés plus de trois semaines dans des embarcations non pontées, sous le soleil brûlant des tropiques.

Le retour à la maison

Quand, en août 1923, les survivants atteignirent le port de Gravesend, en Angleterre, ils furent accueillis en héros. Le capitaine Foster et le lieutenant reçurent la médaille d'argent de la Lloyd's pour leur maîtrise de la navigation et leur courage, et ils furent reçus par le roi et la reine au palais de Buckingham.

Après l'enquête sur la perte du *Trevessa*, chaque canot de sauvetage britannique transporta 450 g (1 lb) de lait concentré par passager. Les canots de sauvetage de certains types de navire furent aussi équipés de radios d'urgence.

AFRIQUE

Maldives

Singapour

Sumatra

Mombasa

Bornéo

Mer de Java

Jakarta

Java

Comores

Canal de Mozambique

Madagascar

Maurice

Île Rodrigues

La Réunion

AUSTRALIE

Durban

Perth

Fremantle

OCÉAN INDIEN

4 Après 23 et 26 jours d'exposition au soleil tropical, les canots touchent terre à l'île Rodrigues et à l'île Maurice. Trente-quatre membres de l'équipage survécurent.

3 Les 44 hommes d'équipage montent à bord de deux canots de sauvetage et mettent le cap sur l'île Maurice, à 2 700 km (1 700 mi) à l'ouest.

2 Il est à 2 150 km (1 340 mi) de Fremantle quand il coule durant une violente tempête.

1 Le *Trevessa* est en route depuis Fremantle en Australie vers l'Europe via Durban en Afrique du Sud.

0   1000 KM
0   500 MILLES

Les deux survivants

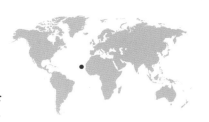

Torpillés par un bateau de guerre allemand, seulement sept des quarante et un membres de l'équipage de l'*Anglo Saxon* survécurent dans le canot de sauvetage. Cinq autres hommes mourraient, ce qui ne laisserait que deux êtres se cramponnant à la vie tandis qu'ils dérivaient sur 4 345 km (2 700 mi) dans l'Atlantique pour compléter l'un des plus longs voyages qui soit dans une embarcation non pontée.

Date
1940

Contexte
Torpillé par un bateau
de guerre allemand

Nature de l'épreuve
À la dérive dans un canot
de sauvetage

Durée de l'épreuve
70 jours

Moyens de survie
Dériver dans un canot de
sauvetage, manger des
créatures de la mer

Nombre de survivants
2

Dangers
Noyade, mourir de faim,
déshydratation, insolation,
folie

Équipement
Quelques provisions au début;
plus tard, rien

Torpillés et abandonnés à une mort certaine

C'était l'été 1940 et la bataille de l'Atlantique faisait rage. Les navires et les sous-marins de guerre britanniques et allemands rivalisaient pour le contrôle des voies navigables internationales essentielles. Les navires marchands étaient des proies rêvées et, tard dans la soirée du 21 août, le tramp britannique *Anglo Saxon* eut le malheur d'être aperçu par hasard par un raider allemand. C'était la fin du voyage du navire britannique, mais seulement le début d'un incroyable périple de survie pour deux membres de l'équipage. Ils dériveraient sur plus de 4 345 km (2 700 mi) et passeraient 70 jours à flot, tandis que leurs camarades mourraient à côté d'eux.

À la dérive

Le tramp à vapeur britannique *Anglo Saxon* de 5 595 tonnes et manœuvré par 41 hommes transportait un plein chargement de charbon gallois et filait à bonne allure vers l'Argentine.

Toutefois, au large de la côte occidentale de l'Afrique, le 21 août 1940, il fut aperçu par le raider allemand *Widder*. Le capitaine Ruchteschell, commandant du *Widder*, savait qu'il pouvait faire sauter l'*Anglo Saxon*, mais il décida d'attendre la nuit tombée pour attaquer, afin de maximiser l'effet de surprise.

À 20 h 08, quelques minutes avant que la lune ne se levât, le capitaine Ruchteschell ordonna à ses hommes de passer à l'action. Il lança son navire dans une course pour intercepter le navire britannique qui ne se doutait de rien et, quand il fut à 2 300 m (2 500 verges), il ordonna de faire feu. Les obus de gros calibre du *Widder* détruisirent aussitôt le canon du pont du cargo et mit le feu à ses munitions. L'Allemand s'approcha alors à 550 m (600 verges) et, balayant les ponts avec des balles de mitrailleuse incendiaires, tua plusieurs marins. Décidant de régler vite son compte au navire endommagé, Ruchteschell lança une torpille. Elle toucha la cible et l'*Anglo Saxon* se retrouva bientôt sous les vagues grises de l'Atlantique.

Ci-dessus, à droite
Île d'Eleuthera dans les Caraïbes, aux Bahamas

Deux grands canots de sauvetage et un plus petit furent mis à la mer. Le *Widder* tira sur les hommes des grands canots et les tua. Le plus petit canot dériva hors de la vue des Allemands.

Sept hommes dans un bateau
Le petit canot avait à bord sept des quarante et un hommes d'équipage. Certains marins avaient subi des blessures durant l'attaque et l'un d'eux en mourut le 1er septembre. Un autre homme blessé s'affaiblit et glissa par-dessus bord quelques jours plus tard.

Les seules rations pour les cinq hommes restants se résumaient à quelques boîtes d'eau et des biscuits durs.

Même avec un rationnement strict, les provisions du canot de sauvetage ne pouvaient durer que quelques jours.

Ils ne virent aucun bateau et le courant les fit dériver loin des Canaries, la terre la plus proche. Ils étaient déportés dans l'Atlantique.

La folie s'installe
Les jours devenant des semaines pour les hommes dans le canot, leur corps et leur esprit commencèrent à se détériorer.

Les rations étaient épuisées. Ils ne voyaient toujours pas de bateau ou de terre. Leur choix se résumait désormais à mourir de soif ou à devenir fou en buvant l'eau de mer. Deux hommes choisirent plutôt de sauter par-dessus bord.

> **« Deux hommes ne purent supporter la tension plus longtemps et, après un pacte de suicide, sautèrent par-dessus bord. »**

Le dernier homme qui mourut devint fou et ils le perdirent aussi par-dessus bord.

Le 24 septembre, seuls Robert Tapscott et Roy Widdicombe étaient toujours en vie. Ils continueraient de s'accrocher à la vie en dépit des épreuves les plus pénibles durant un autre mois.

Ils possédaient quelque chose que leurs camarades n'avaient pas : un optimisme inébranlable. Comme ils l'écrivirent dans le livre de bord :

> **« Il ne restait ni eau ni biscuits, mais on a toujours l'espoir de toucher terre. »**

Les rations de la nature
Tout ce que les hommes avaient à manger et à boire était un peu d'eau

de pluie qu'ils pouvaient recueillir, des algues à la dérive et quelques petites créatures marines qu'ils pelletaient dans le canot. Ce serait leur seul menu des 37 jours à venir.

En s'affaiblissant, ils se disputèrent méchamment. À un certain point, ils songèrent au suicide. Ils furent aussi victimes d'un violent ouragan qui dura trois jours entiers.

Pourtant, le mercredi 30 octobre, un fermier appelé Martin travaillait dans ses champs sur l'île d'Eleuthera aux Bahamas quand il jeta un coup d'œil sur la plage tout près. À sa grande surprise, il vit un canot de sauvetage et, complètement épuisés sur le sable à côté, deux hommes.

Il courut chercher du secours et les naufragés furent bientôt transportés par avion à l'hôpital de Nassau. Quoiqu'ils eussent perdu un pourcentage alarmant de leur masse musculaire et qu'ils fussent près du délire à cause de la soif et de la faim, ils se rétablirent rapidement.

La traversée de l'océan
Des sept survivants de l'*Anglo Saxon*, seuls Robert Tapscott et Roy Widdicombe survécurent pour atteindre les Bahamas. Ils s'étaient battus contre les éléments pour survivre dans une petite embarcation non pontée durant plus de 70 jours, en accomplissant l'un des plus longs voyages en canot de sauvetage de l'histoire maritime, soit environ 4 345 km (2 700 mi).

Conséquences tragiques
Trois mois plus tard, Roy Widdicombe retournait chez lui sur le SS *Siamese Prince* quand il fut torpillé par le sous-marin allemand *U-69*. Tout l'équipage périt. Robert Tapscott devint le seul survivant du naufrage de l'*Anglo Saxon*.

Une bien piètre justice
Après la guerre, le capitaine Ruchteschell fut conduit devant le tribunal : le seul capitaine d'un raider armé à faire face à une cour. Robert Tapscott était présent pour témoigner de ce que le *Widder* avait ouvert le feu sur les canots de sauvetage alors qu'ils s'éloignaient de l'*Anglo Saxon* qui étaient en train de sombrer.

Ruchteschell fut condamné à 10 ans de prison et mourut en détention.

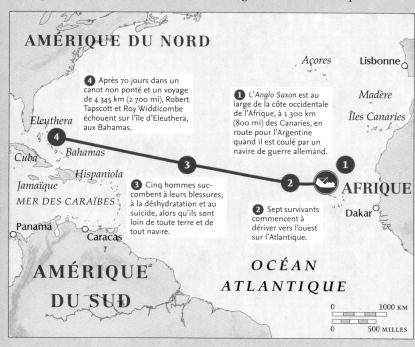

AMÉRIQUE DU NORD

4 Après 70 jours dans un canot non ponté et un voyage de 4 345 km (2 700 mi), Robert Tapscott et Roy Widdicombe échouent sur l'île d'Eleuthera, aux Bahamas.

Eleuthera

Cuba

Bahamas

Hispaniola

Jamaïque

MER DES CARAÏBES

Panamá

Caracas

AMÉRIQUE DU SUD

Açores

Lisbonne

Madère

Îles Canaries

1 L'*Anglo Saxon* est au large de la côte occidentale de l'Afrique, à 1 300 km (800 mi) des Canaries, en route pour l'Argentine quand il est coulé par un navire de guerre allemand.

3 Cinq hommes succombent à leurs blessures, à la déshydratation et au suicide, alors qu'ils sont loin de toute terre et de tout navire.

2 Sept survivants commencent à dériver vers l'ouest sur l'Atlantique.

AFRIQUE

Dakar

OCÉAN ATLANTIQUE

0   1000 KM

0   500 MILLES

Le voyage le plus long

Quand le bateau de Poon Lim fut torpillé par un U-boot nazi, il se retrouva seul dans un radeau de sauvetage sur l'Atlantique Sud. Il dériva pendant plus de quatre mois, en mangeant des goélands et en buvant du sang de requin pour survivre. Son voyage constitue la plus longue durée de survie en mer à bord d'un radeau de sauvetage.

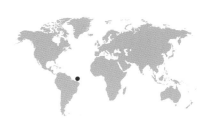

Date
1942 – 1943

Contexte
Naufrage

Nature de l'épreuve
À la dérive, seul dans un radeau de sauvetage

Durée de l'épreuve
133 jours

Moyens de survie
Attraper des poissons et des oiseaux, dériver sur l'Atlantique

Nombre de survivants
1

Dangers
Noyade, mourir de faim, déshydratation, être abattu par les Allemands

Équipement
Quelques rations, un radeau de sauvetage

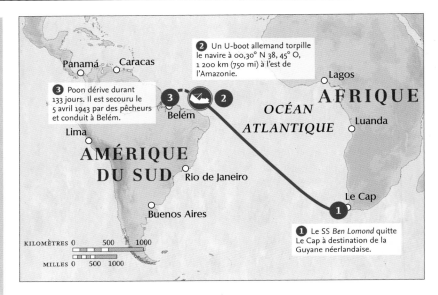

2 Un U-boot allemand torpille le navire à 00,30° N 38, 45° O, 1 200 km (750 mi) à l'est de l'Amazonie.

3 Poon dérive durant 133 jours. Il est secouru le 5 avril 1943 par des pêcheurs et conduit à Belém.

1 Le SS *Ben Lomond* quitte Le Cap à destination de la Guyane néerlandaise.

PANAMÁ · CARACAS · LAGOS · AFRIQUE · BELÉM · OCÉAN ATLANTIQUE · LUANDA · LIMA · AMÉRIQUE DU SUD · RIO DE JANEIRO · LE CAP · BUENOS AIRES

KILOMÈTRES 0 500 1000
MILLES 0 500 1000

Le naufragé

On était le 23 novembre 1942 et l'Atlantique Sud était un lieu à risque. Des U-boots allemands patrouillant ces eaux « cueillaient » les navires marchands alliés voyageant seuls, sans escorte. Dans le cas de Poon Lim, commis de bord chinois de 24 ans sur un cargo britannique, une telle rencontre le jetterait dans une situation de survie d'une intensité sans précédent.

Le SS *Ben Lomond* était en route depuis Le Cap, en Afrique du Sud, vers la Guyane néerlandaise avec 55 membres d'équipage. Le bateau était armé, mais lent, et naviguait seul plutôt qu'en convoi. Quand le sous-marin allemand *U-172* l'aperçut à 1 200 km (750 mi) à l'est de l'Amazonie, il devait avoir l'air d'une cible bien facile. Le U-boot torpilla le navire.

La majeure partie de l'équipage fut tuée sur le coup. Les quelques survivants cherchèrent désespérément à sauver leur vie. Poon Lim saisit un gilet de sauvetage et sauta par-dessus bord juste avant l'explosion des chaudières du bateau. Le cargo commença aussitôt son dernier voyage jusqu'au fond de l'Atlantique.

Poon Lim nagea sur place, en gardant désespérément sa tête au-dessus des vagues. Il savait qu'il devait vite trouver un radeau de sauvetage. Il en aperçut un qui ballottait sur les vagues et son cœur se réjouit quand il vit que certains de ses camarades s'y cramponnaient. Mais l'embarcation fut prise par un courant et dériva.

> Des 55 membres de l'équipage du SS *Ben Lomond*, 11 hommes survécurent au naufrage. Dix furent secourus ; Poon partit seul à la dérive.

Après deux heures à patauger, Poon aperçut finalement un autre radeau à une centaine de mètres environ. Il nagea dans sa direction et se hissa à bord.

Chez soi au milieu de l'océan

Le radeau de sauvetage en bois mesurait

2,4 m² (8 pi²). Il était pourvu de quelques boîtes de biscuits, d'une cruche de 40 l (11 gal) d'eau, de chocolat, d'un sac de morceaux de sucre, de fusées de détresse, de deux pots fumigènes et d'une torche électrique. Poon estima qu'en se rationnant à quelques gorgées d'eau et deux biscuits le matin et le soir, il serait capable de survivre un mois.

Au cours des semaines suivantes, alors que Noël approchait puis passait et que 1942 devenait 1943, Poon se garda en vie en grignotant et sirotant ses rations.

À bout, mais pas fini

Sa nourriture et son eau diminuant, Poon savait qu'il lui fallait un nouveau plan de survie. Il prit la toile qui couvrait son gilet de sauvetage et l'utilisa comme réceptacle pour recueillir l'eau de pluie.

Ensuite, il se fabriqua de l'équipement de pêche. En démontant la torche électrique, il trouva un fil qui pouvait servir d'hameçon. Pendant des jours, il façonna la minuscule pièce de métal, en utilisant la cruche d'eau comme marteau. Ses réserves étaient attachées au radeau avec un bout de corde ; il pouvait le dénouer et l'utiliser comme ligne à pêche. Il sortit un clou des planches du radeau et l'utilisa pour défaire la boîte métallique de rations. En utilisant son soulier comme marteau, il façonna un morceau de métal en couteau rudimentaire.

Ses précieux biscuits serviraient d'appât. Par contre, Poon n'en avait plus beaucoup. Et, si le poisson ne mordait pas assez vite, son appât tournerait en bouillie dans l'eau et serait gaspillé.

Il fit plusieurs essais, puis un poisson mordit finalement à son leurre et il le lança dans le radeau. Ensuite, il le vida avec son couteau improvisé et en mangea la chair. Les viscères devinrent des appâts pour son prochain repas.

Poon savait qu'il devait demeurer physiquement en forme pour rester sain d'esprit. Par mer calme, il commença un régime de natation deux fois par jour, pour étirer ses muscles à l'étroit. Il n'était pas un nageur sûr et il lui fallut beaucoup de courage pour quitter son refuge et s'aventurer dans les profondeurs, ses yeux fouillant l'eau attentivement pour détecter les requins.

Un régime alimentaire équilibré

Poon devint habile à attraper du poisson. Il laissait les filets cuire au soleil pour en améliorer le goût. Toutefois, vers la fin de janvier, il aperçut des goélands et décida de varier quelque peu son menu.

Il récolta des algues qui s'étaient accrochées sous le radeau et les modela en nid d'oiseau. Ensuite, il disposa quelques morceaux de poisson cuit parmi les plus odorants pour les attirer. Finalement, un des goélands s'approcha. Poon resta totalement immobile dans le radeau. Le goéland se posa et commença à attaquer le repas. Poon saisit l'oiseau par le cou. Il se défendit férocement, mais Poon en eut finalement raison. Il le coupa en quartiers, but son sang et mangea sa chair et ses organes.

Une grosse tempête frappa, qui gâta son poisson et pollua son eau. Poon devint épuisé et gravement déshydraté. Il devait attraper quelque chose de gros. Sa prochaine proie serait l'un des requins qui tournaient fréquemment autour de son radeau. Il utilisa les restes de son dernier goéland comme appât. Pendant quelque temps, les requins l'encerclèrent avec méfiance. Puis l'un d'eux engloutit l'appât. Mesurant plusieurs pieds de long, il mordit l'air et tressauta furieusement quand Poon le hissa dans le radeau. Finalement, il le matraqua à mort avec sa cruche d'eau.

Poon but le sang du requin. Il trancha aussi les nageoires et les laissa sécher au soleil, un mets raffiné qu'il avait souvent apprécié à la maison.

Les bateaux qui passent

Deux fois, il fut douloureusement près d'être rescapé. Un cargo passa et, pour la plus grande joie de Poon, il vit que l'équipage l'avait aperçu. Mais le navire poursuivit sa route.

Des avions d'une patrouille de la marine des États-Unis le virent aussi et l'un d'eux jeta une bouée dans l'eau. Par un cruel détour du destin, une tempête souffla et le repoussa loin du repère.

Il fit une autre rencontre plus sinistre encore. Un U-boot passa, ses mitrailleurs utilisant les goélands comme cibles d'exercice. Poon pensa que les Allemands pourraient s'exercer sur lui aussi, mais l'équipage choisit de l'abandonner à son sort.

Poon continua donc à dériver, en inscrivant les jours avec des encoches dans le bord du radeau.

À travers l'Atlantique

Au début d'avril, Poon nota que la couleur de l'eau avait changé. Elle n'avait plus le bleu-noir de l'océan profond, elle était plus claire et plus verte. Plus d'oiseaux volaient au-dessus de sa tête et des algues flottaient tout autour. Puis, le 5 avril 1943, après 133 jours à bord du radeau de sauvetage, Poon Lim vit une petite voile à l'horizon. Il ne lui restait plus de fusées de détresse ; il enleva donc frénétiquement sa chemise et l'agita, en sautant sur place si violemment que le radeau en chavira presque.

La voile se dirigea vers lui. C'était un minuscule bateau de pêche brésilien. Les trois pêcheurs étonnés donnèrent à Poon de l'eau et des haricots secs. Ils démarrèrent ensuite leur moteur et mirent le cap vers la terre. Trois jours plus tard, ils accostèrent à Belém à l'embouchure du fleuve Amazone, au Brésil.

« J'espère que personne n'aura jamais à briser ce record. »

Personne n'a jamais survécu aussi longtemps en radeau que Poon Lim sur l'Atlantique.

Retour d'un héros

Poon avait perdu 9 kg (20 lb) durant son épreuve, mais il était capable de marcher sans aide. Après quelques semaines de récupération dans un hôpital au Brésil, il retourna en Grande-Bretagne via Miami et New York.

Le roi George VI lui présenta la Médaille de l'Empire britannique, la plus haute distinction accordée à un civil. La Royal Navy incorpora ses techniques de survie dans les manuels qu'ils mirent à bord des radeaux de sauvetage de leurs navires. Ses employeurs lui donnèrent une montre en or.

Après la guerre, Poon Lim émigra aux États-Unis, où, finalement, il obtint sa citoyenneté. Il s'installa à Brooklyn où il mourut le 4 janvier 1991.

Cinq jours dans des eaux impitoyables

Le USS *Indianapolis* quitta San Francisco le 16 juillet avec une cargaison mortelle : l'uranium enrichi pour la bombe atomique qui serait larguée sur Hiroshima. Toutefois, après avoir livré sa cargaison, le navire fut coulé par un sous-marin japonais et 880 hommes furent jetés dans des eaux infestées de requins. Les secours ne leur parviendraient que cinq jours plus tard.

Date
1945

Contexte
Bateau coulé par des torpilles

Nature de l'épreuve
Flotter sur l'océan

Durée de l'épreuve
4 ½ jours

Moyens de survie
Sauvetage

Nombre de survivants
316 sur 880

Dangers
Insolation, déshydratation, attaques de requins

Équipement
Gilets de sauvetage, quelques canots de sauvetage

CI-DESSUS, À DROITE
L'île paradisiaque de Guam, la plus grande et la plus méridionale des îles Mariannes

La mission la plus mortelle

Le croiseur USS *Indianapolis* atteignit la base aérienne des États-Unis à Tinian, dans les îles Mariannes du Nord, le 26 juillet 1945. C'est de là que les frappes atomiques contre Hiroshima et Nagasaki seraient lancées les 6 et 9 août, et l'*Indianapolis* livra l'uranium enrichi et d'autres pièces essentielles pour *Little Boy*, la première bombe à être larguée.

La mort venue d'en dessous

Ayant livré sa cargaison historique, l'*Indianapolis* fut ensuite envoyé à Guam, 200 km (124 mi) plus loin. Beaucoup de membres de l'équipage avaient terminé une période de service et ils y furent remplacés par d'autres marins. Ils furent très chanceux. Puis, le 28 juillet, le croiseur fut assigné à rejoindre le navire de guerre USS *Idaho* dans le golfe de Leyte, aux Philippines, pour préparer l'invasion du Japon. Sans escorte, l'*Indianapolis* quitta Guam sur un cap à 262° à une vitesse d'environ 17 nœuds (31 km/h ; 20 mi/h).

Le voyage de 2 125 km (1 320 mi) devait prendre trois jours. Cependant, à 12 h 14, le 30 juillet, le croiseur était à mi-chemin de sa destination quand il fut détecté par le sous-marin japonais *I-58*. N'ayant pas d'équipement efficace de détection de sous-marin, le navire américain fut pris complètement au dépourvu. Le sous-marin lança six torpilles, dont deux percutèrent le navire. La première fit sauter la proue et la seconde frappa à mi-chemin sur tribord, mettant le feu à un réservoir de carburant et à une poudrière. L'énorme explosion fendit le navire jusqu'à la quille et coupa tout courant électrique.

> **« Je commençai à marcher devant pour voir ce que je pourrais voir et ce que je vis fut environ soixante pieds de proue coupés, complètement disparus. »**

Les dommages furent catastrophiques et l'*Indianapolis* coula rapidement par la proue, gîtant sur tribord. À peine

12 min plus tard, le croiseur de 190 m (623 pi) et de 9 800 tonnes disparut sous les eaux du Pacifique.

À flot sur une mer en flammes

Il y avait 1 196 hommes à bord et plus de 300 coulèrent avec le navire. Le reste de l'équipage, 880 hommes, se retrouva à la mer parmi les débris enflammés au milieu de la nuit. La surprise et la vitesse du naufrage firent que seule une poignée de canots de sauvetage avaient été mis à l'eau et que plusieurs hommes n'avaient pas de gilets de sauvetage.

> **« Nous avons pensé: Bon, ce n'est pas trop grave, on va nous recueillir aujourd'hui. »**

Ils ne pouvaient que s'accrocher à tout ce qui flottait et attendre d'être rescapés. Ils n'auraient jamais pu imaginer que les secours ne viendraient pas avant cinq jours.

Cinq jours avec les requins

L'eau était brutalement froide la nuit. L'aube apporta un peu de chaleur bienvenue, mais aussi quelque chose d'épouvantable : les requins. Le requin longimane, ou océanique, constituait un risque notoire pour les naufragés en eau chaude et les attaques conti-

Vue de trois quarts depuis la proue du USS *Indianapolis* en mer

nueraient jusqu'à ce que les hommes fussent rescapés cinq jours plus tard.

Le survivant Woody James écrivit : « Le jour se levait et les requins étaient tout autour, par centaines. On entendait des gars crier, surtout à la fin de l'après-midi. Il semble que les requins étaient pires à la fin de l'après-midi que durant le jour. Puis, ils se nourrirent aussi la nuit. Tout était calme et, soudain, on entendait quelqu'un crier et on savait qu'un requin l'avait eu. »

Si certains hommes trouvèrent des rations parmi les débris, dont du Spam et des craquelins, la plupart n'avaient ni nourriture ni eau douce. Le jour, la température atteignait 27 °C et les hommes étaient exposés à la pleine force du soleil tropical. La nuit, ils faisaient face à une possible hypothermie, car le mercure plongeait.

Des hommes souffrirent de grave desquamation ; en outre, beaucoup de marins avaient été gravement blessés lors du torpillage. Leurs blessures les affaiblirent et leur sang dans l'eau attira les requins.

> **« Jour 3... Certains des hommes avaient bu de l'eau salée à ce moment-là et ils étaient pris de folie. »**

Ils développèrent dans la bouche et la gorge des plaies qui furent aggravées par l'eau salée. Alors qu'ils se déshydrataient et buvaient de l'eau salée, le niveau de sodium de leur corps s'éleva, ce qui entraîna un affaiblissement, de l'œdème, des attaques, de la démence et la mort. Certains hommes se suicidèrent ou s'entretuèrent quand les hallucinations et la folie s'emparèrent d'eux.

Les requins constituaient une menace notoire pour les survivants dans les eaux chaudes de l'océan.

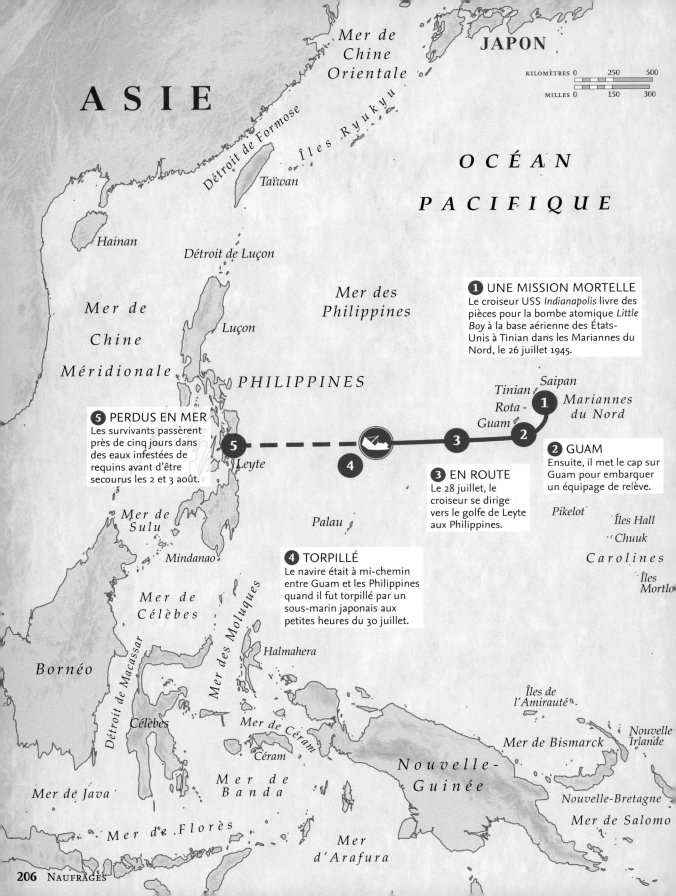

ASIE

Mer de
Chine
Orientale

JAPON

KILOMÈTRES 0 · · 250 · · 500
MILLES 0 · · 150 · · 300

Détroit de Formose

Îles Ryukyu

Taïwan

OCÉAN

PACIFIQUE

Hainan

Détroit de Luçon

Mer des
Philippines

1 UNE MISSION MORTELLE
Le croiseur USS *Indianapolis* livre des
pièces pour la bombe atomique *Little
Boy* à la base aérienne des États-
Unis à Tinian dans les Mariannes du
Nord, le 26 juillet 1945.

*Mer de
Chine
Méridionale*

Luçon

PHILIPPINES

Saipan

Tinian
Rota ·
Guam

1

*Mariannes
du Nord*

5 PERDUS EN MER
Les survivants passèrent
près de cinq jours dans
des eaux infestées de
requins avant d'être
secourus les 2 et 3 août.

5

4

Leyte

3

2

2 GUAM
Ensuite, il met le cap sur
Guam pour embarquer
un équipage de relève.

3 EN ROUTE
Le 28 juillet, le
croiseur se dirige
vers le golfe de Leyte
aux Philippines.

Pikelot

Îles Hall

Chuuk

Carolines

*Mer de
Sulu*

Mindanao

Palau

4 TORPILLÉ
Le navire était à mi-chemin
entre Guam et les Philippines
quand il fut torpillé par un
sous-marin japonais aux
petites heures du 30 juillet.

*Îles
Mortlo*

*Mer de
Célèbes*

Mer des Moluques

Halmahera

Bornéo

Détroit de Macassar

Célèbes

Mer de Céram

Céram

Nouvelle-
Guinée

*Îles de
l'Amirauté*

Mer de Bismarck

*Nouvelle
Irlande*

Mer de Java

*Mer de
Banda*

Mer de Florès

*Mer
d'Arafura*

Nouvelle-Bretagne

Mer de Salomo

Perdu en mer

Quoique le navire eût sombré en 12 min à peine, les opérateurs radio de l'*Indianapolis* avaient réussi à envoyer des appels de détresse et trois stations différentes les avaient reçus. Toutefois, tragiquement pour les hommes, personne ne réagit aux appels. Un des commandants de station était soûl et un autre avait ordonné à ses hommes de ne pas le déranger. Le troisième pensa que l'appel était une blague japonaise.

L'*Indianapolis* n'était pas tenu de faire des rapports réguliers; en général, la marine présumait que des navires de cette taille atteindraient leur destination comme prévu, à moins d'un rapport contraire. Ce qui signifie que le navire ne fut pas déclaré manquant avant le 31 juillet, une journée et demie après le naufrage, quand il aurait dû arriver à Leyte. Même alors, l'officier des opérations nota son absence, mais il n'en vérifia pas immédiatement la cause ou n'en fit pas rapport à ses supérieurs.

Les hommes resteraient dans l'eau avec les requins deux jours de plus.

Un sauvetage héroïque

Ce ne fut pas avant 11 h le 2 août, quatre jours après le naufrage, que les survivants furent découverts et, encore là, ils furent aperçus seulement par accident. Wilbur C. Gwinn pilotait son bombardier PV-1 Ventura lors d'une patrouille anti-sous-marins de routine quand il envoya un message radio à sa base de Peleiu à Palau et rapporta « plusieurs hommes dans l'eau ». Il largua un radeau de sauvetage et une radio, mais ne put rien faire de plus.

Heureusement, on tint compte de son rapport. Toutes les unités aériennes et de surface capables d'opérations de sauvetage furent dépêchées aussitôt sur les lieux.

Deux hommes prirent alors des décisions audacieuses qui sauvèrent des vies. Le lieutenant R. Adrian Marks pilotait un hydravion PBY Catalina quand il reçut l'appel de prêter assistance. Son équipage commença à larguer des radeaux en caoutchouc et des provisions, mais Marks voyait les hommes être attaqués par des requins et comprit qu'il pouvait faire plus.

Le lieutenant Marks pilotait un hydravion PBY Catalina quand il reçut un appel d'assistance à des hommes en détresse. Marks et son équipage sauvèrent la vie de 56 hommes.

La procédure normale lui défendait d'amerrir dans une telle situation, mais Marks désobéit à cette directive. Il amerrit et commença aussitôt à embarquer les traînards et les nageurs solitaires qui étaient les plus exposés aux attaques des requins.

Quand son avion fut plein, il attacha des survivants aux ailes avec des cordes de parachute. Cela endommagea si gravement les ailes que l'avion ne vola jamais plus et dut être sabordé plus tard. Néanmoins, Marks et son équipage sauvèrent 56 hommes.

En route vers le site, Marks avait survolé l'escorteur d'escadre *Cecil J. Doyle* et alerté son capitaine, W. Graham Claytor, de l'urgence. De son propre chef, Claytor décida de se dérouter vers le lieu de la tragédie. Le *Doyle* arriva de nuit et, indifférent à la sécurité de son propre navire, le capitaine Taylor dirigea son plus fort projecteur vers le ciel nocturne pour servir de balise aux autres navires de sauvetage.

Pour les hommes dans l'eau, ce fut le premier signe que les secours étaient enfin arrivés. Néanmoins, pour la plupart des hommes de l'*Indianapolis*, il était trop tard. Après quasiment cinq jours de famine, de déshydratation, d'insolation et d'attaques constantes des requins, des 880 hommes tombés à la mer, seulement 321 survécurent. Cinq autres périrent de leurs blessures, ce qui porta à 316 les ultimes survivants.

L'*Indianapolis* fut le dernier navire de la marine américaine coulé par l'action ennemie durant la Deuxième Guerre mondiale. Ce fut la plus importante perte humaine en mer, sur un seul navire, de l'histoire de la marine de guerre américaine.

Cloué au mât

Le capitaine du navire, Charles Butler McVay III, était parmi les survivants. Il fut traduit devant une cour martiale en novembre 1945 et déclaré coupable « d'avoir mis à risque son navire en ne zigzaguant pas ». Plus de 350 navires de guerre de la marine américaine coulèrent durant la Deuxième Guerre mondiale, mais McVay fut le seul capitaine traduit en cour martiale. Sa sentence fut plus tard renvoyée, mais la culpabilité pesait lourdement sur McVay et, en 1968, il se suicida.

En octobre 2000, le Congrès des États-Unis passa une résolution qui, finalement, exonéra complètement le capitaine McVay.

Le sous-marin surnommé « Hiroshima »

Profondément dans l'océan Atlantique, le sous-marin soviétique *K-19* subit un accident qui causa presque la fusion du cœur de son réacteur nucléaire. Plusieurs membres de l'équipage marchèrent vers une mort certaine en pénétrant dans la zone hautement radioactive pour réparer la fuite. Leur courageuse abnégation sauva la majeure partie de l'équipage et réussit à éviter une catastrophe nucléaire au plus fort de la guerre froide.

Date
1961

Contexte
Fuite radioactive

Nature de l'épreuve
Dans un sous-marin envahi par les radiations

Durée de l'épreuve
12 heures pour certains, plusieurs jours pour d'autres

Moyens de survie
Abnégation de membres de l'équipage

Nombre de survivants
117

Dangers
Empoisonnement par les radiations, explosion, noyade

Équipement
Réparations improvisées, prises de décision audacieuses, bravoure

CI-DESSUS, À DROITE
Littoral de l'île volcanique Jan Mayen, en Norvège

Un baptême de feu

Quand le *K-19* entra en service actif le 18 juin 1961, les tensions de la guerre froide augmentaient. En 1958, des missiles balistiques de portée intermédiaire avaient été déployés en Grande-Bretagne et d'autres avaient été détectés en Italie et en Turquie en 1961, ce qui portait à plus de 100 le nombre de missiles nucléaires américains capables de s'abattre sur Moscou. À l'automne 1962, les tensions s'intensifieraient avec la Crise des missiles de Cuba, moment où le monde n'a jamais été aussi près d'une guerre nucléaire.

La mission inaugurale du sous-marin fut un mois de jeu de guerre pour simuler une attaque nucléaire contre la Russie, en provenance de la mer de Barents. Pour le capitaine, Nicolas Zateyev, 34 ans, et les 138 autres membres d'équipage et observateurs à bord, ces facteurs externes durent multiplier les tensions normales à l'intérieur du submersible exigu.

Néanmoins, après deux semaines de navigation, tout allait bien. Les tests des systèmes de plongée et de missile avaient été réussis. L'équipage avait même célébré le 35e anniversaire de naissance du capitaine avec de la crème glacée maison et une double ration de vin. Le sous-marin vira pour revenir au pays.

Toutefois, aux premières heures du 4 juillet, le *K-19* croisait à 100 m (328 pi) sous la surface de l'Atlantique Nord quand le hurlement d'une alarme brisa la routine matinale.

Les pompes dans le système de refroidissement du réacteur nucléaire de tribord s'étaient arrêtées. Les aiguilles de la jauge du système de pression oscillèrent et retombèrent. Il y avait une rupture dans la tuyauterie qui assurait la circulation de l'eau de refroidissement dans le réacteur. Sans liquide caloporteur, le cœur du réacteur pourrait surchauffer catastrophiquement et une explosion nucléaire pouvait s'ensuivre. Pire encore, dans la course engagée pour la construction et le lancement du sous-marin, la marine soviétique n'avait pas installé le système de refroidissement de secours recommandé.

La situation pouvait difficilement être plus grave. D'une manière ou d'une autre, le réacteur devait être refroidi… et au plus vite. Mais le sous-marin était à 2 400 km (1 500 mi) de chez lui.

Réparer un trou

Le capitaine donna d'abord l'ordre de faire surface et d'envoyer un SOS. Toutefois, par malheur, l'antenne du sous-marin fit défaut sur les entrefaites : ils ne pourraient pas contacter Moscou.

Désormais, leur seul espoir était d'arriver malgré tout à improviser un nouveau système de refroidissement et à acheminer de l'eau dans le caisson résistant du réacteur pour en refroidir le cœur. Par contre, cela impliquait qu'une équipe d'hommes devrait travailler à l'intérieur de l'enceinte blindée du réacteur qui était noyée dans un nuage radioactif mortel. Incroyable, mais vrai, le sous-marin était pourvu de combinaisons de protection contre les produits chimiques plutôt que contre les radiations. D'aucune façon pouvait-on protéger les hommes des radiations. S'ils pénétraient dans le cœur, ils allaient à une mort certaine. Toutefois, si personne ne faisait le travail, tous à bord mourraient, soit empoisonnés par les radiations, soit d'une explosion.

À 6 h 30, une équipe de réparation de six hommes entra dans le compartiment 6 contaminé du réacteur nucléaire de tribord pour arranger un nouveau système de refroidissement. Le capitaine écrivit plus tard dans ses mémoires :

> « Ils entrèrent dans ce compartiment sans hésitation, prêts pour la lourde tâche. Je vis le même calme, la même maîtrise de soi chez Ryzhikov, Kashenkov, Penkov, Kharitonov, Savkin et Starkov. »

L'air autour des hommes dans le réacteur était éclairé par le violet pâle de l'hydrogène ionisé, lequel s'enflammait avec une pâle flamme bleue autour de leurs torches de soudage. Garder leur concentration au milieu de la chaleur intense et de l'empoisonnement par les radiations de plus en plus débilitant dut exiger un effort surhumain.

Ils entaillèrent une soupape de dégazage du réacteur et soudèrent une conduite d'eau au bout du robinet. Cela permit à l'eau de refroidissement de circuler dans le réacteur sinistré. La température tomba de 800 °C – près du point de fusion des barres de combustible – et commença à se stabiliser.

Cependant, le raccordement avait pris plus d'une heure. La simple ouverture de l'enceinte blindée du réacteur avait permis à la vapeur radioactive mortelle de se répandre dans le système de ventilation du sous-marin. D'autres vapeurs radioactives s'échappèrent lorsque l'eau refroidit le réacteur. Des radiations filtrèrent aussi des conduites d'écoulement dans les compartiments 3 à 8.

L'exposition humaine aux radiations se mesure en rems, acronyme de « röntgen equivalent in man ». Une exposition à 100 rems causera le mal des rayons. Une mesure de 450 rems cause la mort dans environ 50 % des cas. Les six marins du K-19 qui travaillèrent le plus sur le réacteur nucléaire défectueux subirent des doses de 5 000 à 6 000 rems.

Ce ne fut pas avant que l'équipe de réparation ne sortît du réacteur que la pleine mesure de l'horreur qu'affrontait l'équipage s'imposa. Les hommes, arrachant leur masque à gaz, révélèrent des visages horriblement cloqués et enflés. Ils vomirent sans contrôle une mousse jaune et blanche.

Le pire était encore à venir. Les soupapes commencèrent à faire défaut dans le compartiment 6 et la conduite d'écoulement improvisée se mit à fuir. Une autre équipe devrait aller dans le cœur. Les premiers hommes durent avoir la quasi-certitude de leur mort imminente. La deuxième équipe ne pouvait en douter.

Cap au sud

Entre-temps, le capitaine Zateyev devait prendre une décision difficile. Il savait que les hommes dans le compartiment 6 mourraient d'une mort horrible. Par contre, il savait aussi que tous à bord périraient de la même manière si le sous-marin tentait de franchir les 2 400 km (1 500 mi) jusqu'au pays – ce qui exigerait une semaine.

Deux officiers suggérèrent de mettre le cap sur la base de l'OTAN sur l'île Jan Mayen voisine. Peut-être parce qu'il eut peur de mettre l'arme la plus récente de son pays entre les mains de l'ennemi, Zateyev refusa. Craignant une mutinerie, il ordonna alors que toutes les armes de petit calibre fussent jetées par-dessus bord, sauf cinq pistolets qu'il remit à ses officiers les plus loyaux.

Il prit plutôt une décision audacieuse et risquée. Il s'était souvenu d'une carte qu'il avait aperçue accidentellement dans la pièce de briefing au pays. Elle montrait que plusieurs sous-marins soviétiques à moteur diesel seraient dans les eaux au sud du K-19. Cette direction était à l'opposé du pays, mais ce fut celle que prit le K-19.

Ensuite, le capitaine distribua à tout le monde à bord une solide rasade de vodka. Plus tard, il déclara que cela réduirait les effets toxiques des radiations. Il avait vu un opérateur ivre sortir indemne d'un accident dans une centrale nucléaire. Toutefois, cela peut n'avoir été rien de plus qu'une dose de courage liquide.

Les navires de guerre américains à proximité avaient aussi entendu la transmission et ils offrirent leur aide, un évènement rare durant la Guerre froide, mais Zateyev, redoutant de révéler des secrets militaires soviétiques à l'Ouest, refusa et partit à la rencontre du S-270.

Le K-19 navigua vers le sud durant huit heures sans réponse aucune à ses appels de détresse à courte portée. Zateyev était sur le point d'abandonner son plan quand, finalement, il reçut une réponse d'un sous-marin à diesel, le S-270. Après leur rendez-vous et le transfert des hommes les plus malades, le K-19 fut toué jusqu'à sa base.

Le prix de la survie

Presque tout le sous-marin, y compris les missiles balistiques, était gravement contaminé. Quand il arriva finalement à quai à Polyarny, près de Mourmansk, le 9 juillet, il contamina tout dans un rayon de 700 m (2 300 pi).

En moins d'une semaine, les six hommes de l'équipe de réparation

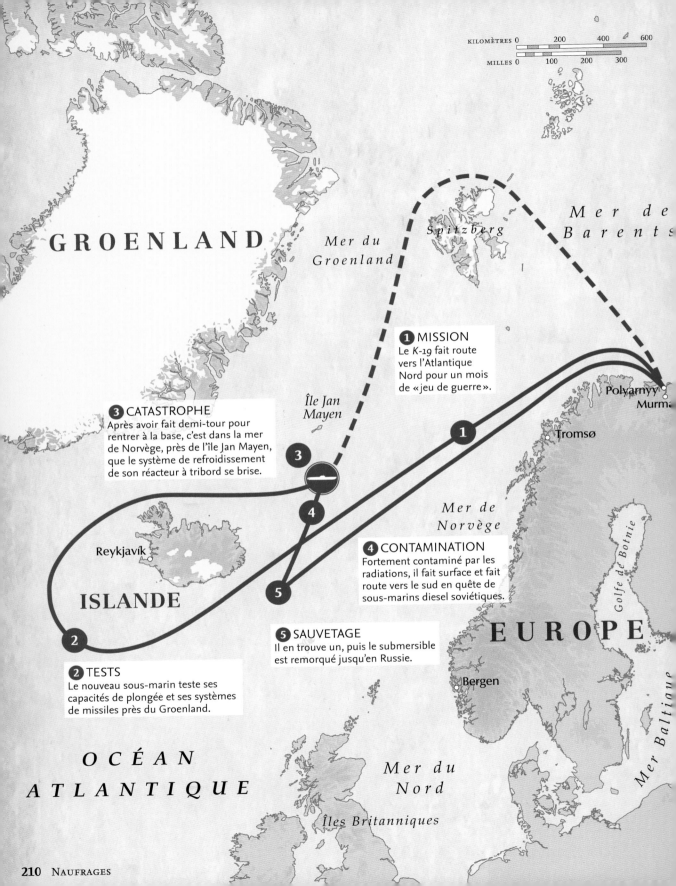

KILOMÈTRES 0   200   400   600

MILLES 0   100   200   300

GROENLAND

Mer du Groenland

Spitzberg

Mer de Barents

① MISSION
Le *K-19* fait route
vers l'Atlantique
Nord pour un mois
de «jeu de guerre».

Polyarnyy

Murm.

③ CATASTROPHE
Après avoir fait demi-tour pour
rentrer à la base, c'est dans la mer
de Norvège, près de l'île Jan Mayen,
que le système de refroidissement
de son réacteur à tribord se brise.

*Île Jan
Mayen*

Tromsø

*Mer de
Norvège*

④ CONTAMINATION
Fortement contaminé par les
radiations, il fait surface et fait
route vers le sud en quête de
sous-marins diesel soviétiques.

Reykjavík

ISLANDE

Golfe de Botnie

EUROPE

⑤ SAUVETAGE
Il en trouve un, puis le submersible
est remorqué jusqu'en Russie.

② TESTS
Le nouveau sous-marin teste ses
capacités de plongée et ses systèmes
de missiles près du Groenland.

Bergen

Mer Baltique

**O C É A N
A T L A N T I Q U E**

*Mer du
Nord*

Îles Britanniques

étaient morts empoisonnés par les radiations. Au cours des deux années suivantes, 14 autres membres d'équipage moururent. Quoiqu'il y eut 117 survivants, tous souffrirent de maladies reliées aux radiations. Le capitaine Zateyev mourut d'un cancer en 1998, à l'âge de 62 ans.

Le *K-19* fut décontaminé, réparé, et reprit du service en 1964. Durant ses deux ans au radoub, nombre de travailleurs du chantier tombèrent malades. Son nouvel équipage le surnomma «Hiroshima».

Malchanceux ou tout simplement mal construit ?

Le *K-19* était considéré comme un vaisseau malchanceux même avant qu'il ne prît la mer. Sa construction débuta au chantier naval de Severodvinsk le 17 octobre 1958 et il était de la première génération de sous-marins nucléaires soviétiques. Il était armé de missiles balistiques nucléaires. En 1959, un incendie se déclara, tandis qu'on construisait ses réservoirs de ballast, et tua trois hommes. La tradition fut rompue lors de la cérémonie de lancement, le 11 octobre, quand un homme plutôt qu'une femme fut choisi pour briser la bouteille de champagne contre le submersible. La bouteille rebondit sur la coque recouverte de caoutchouc, sans se fracasser. C'était un très mauvais présage pour les marins et les sous-mariniers.

L'explication officielle de la catastrophe fut qu'une goutte d'un électrode de soudure était tombée sur un circuit de refroidissement au début de la construction. Toutefois, c'était peut-être plus un symptôme que la cause du problème. Les leaders soviétiques avaient été si empressés de construire une flotte de sous-marins nucléaires pour rivaliser avec celle des États-Unis qu'ils adoptèrent en vitesse les plans pour passer à la production sans essais adéquats. Plusieurs officiers de la marine, dont le capitaine Zateyev, avaient fait pression pour des dispositifs de sécurité supplémentaires, comme les systèmes de refroidissement de secours, mais ils avaient été ignorés.

Le capitaine Zateyev et son équipage furent disculpés après enquête. Par

Le sous-marin nucléaire *K-19* russe de classe Hôtel, photographié dans l'Atlantique durant son voyage de retour vers la Russie, le 1er mars 1972. Rendu hors d'usage à cause d'un incendie au large de Terre-Neuve, il dut être toué jusqu'à sa base.

contre, comme l'accident était un secret d'État, on leur fit aussi jurer le silence absolu. Il fallut attendre la chute de l'Union soviétique pour qu'on leur permît de raconter leur histoire.

Leur bravoure extraordinaire ne fut pas reconnue entièrement dans leur mère-patrie avant mars 2006, quand Mikhail Gorbachev proposa le capitaine Zateyev et les membres d'équipage survivants pour le prix Nobel de la paix.

Un autre presque désastre

Cinq ans après avoir repris son service actif, le *K-19* fut impliqué dans un autre accident grave. Le 15 novembre 1969, le sous-marin croisait dans la mer de Barents à une profondeur de 60 m (200 pi), quand il entra en collision avec le sous-marin d'attaque américain USS *Gato*. La collision causa des dommages catastrophiques aux systèmes sonar de la proue et au couvercle du tube lance-torpilles avant du *K-19*. Néanmoins,

en vidant sous pression son ballast d'urgence principal, le capitaine put amener le sous-marin à la surface et regagner péniblement son port. Après de longues réparations, le *K-19* rejoignit la flotte.

Une troisième tragédie

Le 24 février 1972, le *K-19* était à une profondeur de 120 m (390 pi), à quelque 700 milles nautiques de Terre-Neuve (1 300 km/810 mi), quand un fluide hydraulique coula sur un filtre chaud et déclencha un incendie furieux et incontrôlable. Vingt-huit marins moururent, mais le *K-19* fut de nouveau réparé, puis remis en service.

Le *K-19* ne fit jamais oublier sa réputation et fut finalement désarmé en 1991. La cérémonie servit aussi à réunir le capitaine Zateyev et le reste des survivants du *K-19*. Le sous-marin languit dans un chantier naval jusqu'à ce qu'il fût envoyé à la casse en 2002.

Ensemble, à la dérive

Maurice et Maralyn Bailey vivaient leur rêve : naviguer à bord de leur voilier depuis l'Angleterre jusqu'en Nouvelle-Zélande quand il fut frappé par une baleine et coula. Durant les quatre mois qui suivirent, ils dérivèrent sur le Pacifique dans un minuscule radeau pneumatique, mangeant des tortues et buvant l'eau de pluie des tempêtes pour survivre.

Date
1973

Contexte
Naufrage

Nature de l'épreuve
Dériver sur le Pacifique à bord d'un petit radeau pneumatique

Durée de l'épreuve
117 jours

Moyens de survie
Sauvetage

Nombre de survivants
2

Dangers
Mourir de faim, déshydratation, noyade

Équipement
Radeau pneumatique, quelques rations, un peu d'équipement d'urgence

À GAUCHE
Cachalot plongeant dans l'océan

CI-DESSUS, À DROITE
Maurice et Maralyn Bailey avec le sextant et le radeau pneumatique qui les aidèrent à survivre à quatre mois de dérive. Ils racontèrent leur incroyable histoire dans le livre *117 jours à la dérive*.

Le rêve

chapper à la banlieue et explorer le monde ensemble, c'était leur rêve. Et, tandis que beaucoup des gens ne réalisent jamais leurs ambitions, Maurice et Maralyn Bailey étaient du genre à mettre leur plan à exécution.

Ils vendirent leur maison à Derby et déménagèrent sur la côte sud de l'Angleterre pour superviser la construction de leur rêve : un magnifique yacht de 9,5 m (31 pi) avec double quille. Ils avaient l'intention de l'armer, d'y vivre, puis ultimement d'y naviguer jusqu'en Nouvelle-Zélande.

Ils l'appelèrent *Auralyn*, une combinaison de leurs prénoms.

En juin 1972, ils quittèrent Southampton. Ils transitèrent par l'Espagne, le Portugal, Madère et les îles Canaries avant de traverser l'Atlantique jusqu'aux Antilles. Ils profitèrent de la liberté de vivre sur l'océan et de la proximité de la nature. Ils nouèrent des amitiés dans les ports où ils firent escale. Les stress de la vie à terre étaient très, très loin derrière eux.

Au début de février 1973, à Panama, ils firent réviser, repeindre et réappro-

visionner l'*Auralyn* pour être autonomes durant neuf mois. Ils étaient prêts à traverser le Pacifique.

Le 27 février 1973, ils quittèrent Panama et mirent le cap sur les îles Galapagos, à dix jours de navigation au sud-ouest. L'océan était bleu et calme, et ils avaient tout ce qu'ils voulaient.

Après six jours d'aventure sur le Pacifique, ils déjeunaient un matin quand ils entendirent un bruit, comme une petite explosion, à bâbord. Un cachalot de 12 m (40 pi) saccageait sans retenue la poupe. Son sang moussait sur l'eau. Leur première pensée fut pour le mammifère blessé, puis ils découvrirent le trou.

Il mesurait 45 cm (18 po) de long et 30 cm (12 po) de large, sous la ligne de flottaison à bâbord. Ils tentèrent de le couvrir d'une voile pour ensuite le combler de couvertures. En vain. L'*Auralyn* coulait. Maurice et Maralyn mirent à l'eau leur radeau de secours et un petit canot pneumatique. Ils se saisirent d'autant de matériel essentiel que possible, puis abandonnèrent leur voilier bien-aimé. Cinquante minutes après que la baleine l'eut frappé, ils regardèrent leur rêve glisser sous les vagues du Pacifique. Il se passerait quatre mois avant que le couple ne mît le pied sur un autre navire.

La longue dérive

Leur radeau de sauvetage à peu près circulaire mesurait 1,4 m (4,5 pi) de diamètre. Pas assez grand pour qu'ils puissent se coucher, se tenir debout ou se déplacer. Avec l'équipement disposé le long des parois du tube en caoutchouc, ils avaient tout juste assez de place pour s'étirer les jambes, une fois assis. Incapables de s'étendre en même temps, ils dormiraient à tour de rôle, quelques heures à la fois. Le radeau perdant lentement de l'air aussi, la personne de garde devait donc le regonfler.

Le radeau était recouvert d'un dôme en caoutchouc qui protégerait de la pluie et du soleil direct, mais non de la chaleur. Le canot, attaché au radeau par une corde, mesurait environ 2,7 m (9 pi) de long et avait un siège et des avirons.

Pour ce qui était des provisions, ils possédaient assez de nourriture et d'eau en conserve pour tenir 20 jours avec un rationnement minutieux. Ils avaient aussi à bord deux bols et un seau en plastique, un sac de voyage de vêtements, une boussole, des cirés, une trousse d'urgence, une lampe torche, un livre de bord, un almanach, des cartes, un sextant et un journal. Maralyn avait aussi sauvé quelques livres.

Le couple discuta des possibilités de secours. Personne en Angleterre n'attendait de leurs nouvelles avant des mois. Il y avait eu une vague possibilité de rencontre avec d'autres yachtmen aux îles Galapagos, mais rien de précis. En outre, même si leurs amis les rapportaient manquants, où les autorités commenceraient-elles les recherches?

Ils pouvaient dériver sur une route maritime. Toutefois, c'était le Pacifique, pas la Manche. L'océan est vaste. Des mois pourraient s'écouler entre le passage des navires. Même alors, leur petite embarcation serait à peine visible avec la houle. Pour eux, l'horizon n'était qu'à 5 km (3 mi): leur petit monde était vraiment minuscule.

Les premiers jours

Pour leur premier déjeuner sur le radeau, ils mangèrent des biscuits tartinés de margarine – un luxe comparé à ce qu'ils allaient manger plus tard. Le dîner se limita à une poignée d'arachides. Ils se rationnèrent à 0,5 l (1 chopine) d'eau chacun par jour.

Maurice estima qu'ils étaient à 480 km (300 mi) à l'est des Galapagos. Le courant sur lequel ils se trouvaient les amènerait au nord-ouest, au-delà de l'archipel. En utilisant les avirons du canot, pouvaient-ils ramer vers le sud, jusqu'à la même latitude que les Galapagos? La dérive les ferait alors accoster. Il faudrait ramer 16 km (10 mi) par jour, tout en remorquant le radeau.

Comme il faisait trop chaud pour ramer de jour, ils travaillèrent donc à tour de rôle la nuit. Remorquer le radeau les ralentissait énormément et, au bout de huit heures, ils étaient exténués, avec des ampoules aux mains et, malgré de doubles rations d'eau, extrêmement assoiffés.

Les efforts de leur première nuit les avaient menés à 6 km (4 mi) au sud, mais ils avaient dérivé de 48 km (30 mi) vers l'ouest. Aussi vite qu'ils eussent ramé, le courant les aurait conduits au-delà des Galapagos avant qu'ils fussent assez loin au sud. Après deux autres nuits de gros efforts, ils abandonnèrent.

Ils découvrirent bientôt que le bidon de 15 l (4 gal) de leur précieuse eau avait été contaminé par l'eau de mer. Ils devaient recueillir l'eau de pluie pour survivre. Toutefois, quatre jours durant, le soleil les rôtit sous un ciel sans nuages. Ils essayèrent de se rafraîchir durant les heures brûlantes du jour en trempant leurs vêtements dans l'eau de mer. Il y eut des éclairs, mais pas de pluie. Ils étaient littéralement dans la zone des calmes équatoriaux, cette zone de part et d'autre de l'équateur où les voiliers étaient souvent immobilisés durant des jours, voire des semaines.

Néanmoins, ils n'étaient pas absolument seuls. Maurice et Maralyn furent surpris de voir que des tortues venaient directement à leur embarcation. Plusieurs la heurtèrent. Inquiets que leur radeau ne fût endommagé par les balanes sur les carapaces des créatures, ils les éloignaient avec un aviron. Ayant encore de la nourriture, ils n'avaient pas besoin de songer à en manger une. Pour le moment.

Mars

La première semaine passa rapidement; leur routine les tenait occupés et il était facile d'être optimistes.

Une tortue verte, l'espèce que les Bailey réussirent à attraper et à manger pour survivre.

Puis, le 12 mars, huit jours après le naufrage de l'*Auralyn*, ils virent un bateau : un petit bateau de pêche ou un yacht. Il n'était qu'à 3 km (2 mi) et s'approchait. Ils sortirent vite leurs fusées de détresse.

La première était défectueuse. Frustré, Maurice la jeta à la mer. Puis il en tira deux autres. Le bateau n'était qu'à 1,5 km (1 mi). Mais il ne les avait pas vus. Leur embarcation était si petite et si basse, et la mer si grosse que leurs chances d'être aperçus étaient très minces. Il faudrait presque qu'un bateau fût sur eux pour les apercevoir. Et il y avait peu de chances que cela se produisît dans le Pacifique.

Leur esprit était aussi résigné. Ils voulaient tuer une tortue et utiliser sa viande pour pêcher, mais ils n'avaient pas remis les hameçons dans leur trousse d'urgence à Panama.

Les tortues étaient si dociles et peu effrayées qu'elles cognaient contre l'embarcation, comme pour dire bonjour. Il ne fut pas si difficile d'en attraper une et de la hisser à bord. La tuer, par contre, fut un peu plus compliqué. Ils assommèrent la bête avec un aviron, mais elle revint à elle quand ils lui tranchèrent la gorge. Finalement, ils en eurent raison et recueillirent son sang riche. Toutefois, se sentant plus nauséeux qu'affamés, ils le jetèrent par-dessus bord. Les poissons n'eurent pas ces scrupules et sucèrent goulûment le sang coagulé. Nénmoins, ils débitèrent la tortue et gardèrent quatre steaks de sa viande blanche.

Maralyne eut l'idée de transformer les épingles de sûreté de leur trousse d'urgence en hameçons. Ils virent avec joie les poissons foncer aussitôt sur la chair de tortue qui se balançait. Ils attrapèrent bientôt plusieurs balistes gris-pourpre mesurant entre 15 et 23 cm (6 à 9 po), amplement pour leur déjeuner.

Les poissons étaient faciles à attraper et à couper en filets, et bientôt ils ne mangèrent que cela, ou presque. Les steaks de viande blanche étaient savoureux, de même que les cœurs et les yeux, qui contenaient un liquide désaltérant.

Attraper et préparer le poisson occupa leurs journées. Ils se firent aussi, l'un l'autre, la lecture de leurs livres, une page à la fois, jouèrent à des jeux de lettres et improvisèrent des dominos et un jeu de cartes avec les pages blanches du livre de bord.

À un moment donné, un énorme cachalot fit surface à côté d'eux, assez près pour que le jet de son évent retombe en gouttes de pluie sur le dôme. Fendant l'eau autour d'eux pendant ce qui sembla une éternité, il faisait apparemment des avances au radeau. Ils ne pouvaient rien faire sinon rester assis, immobiles, à admirer sa majesté et à souhaiter qu'il ne poussât pas sa cour plus loin. Un petit coup de queue et ils chavireraient à l'instant. Ils perdraient leur équipement et, pire, Maralyn ne savait pas nager. Finalement, son amour dédaigné, la baleine plongea sous les vagues.

> « Je purgerais plutôt une sentence en prison ; au moins, il y aurait une date de libération connue ! Ici, chaque jour devient de plus en plus un cauchemar. »
>
> Extrait de *117 jours à la dérive*, par Maurice et Maralyn Bailey

Enfin, la pluie vint avec un nouveau jour. Maralyn plaça un seau sous l'ouverture de guet dans le dôme du radeau pour recueillir l'eau. Consternation, elle était imbuvable, contaminée par le revêtement étanche du caoutchouc du dôme. Peu à peu, le goût s'améliora alors que l'enduit se délavait.

Ils attrapèrent une autre tortue, et mangèrent sa chair blanche et sa graisse verte avec une demi-boîte de sauce bolognaise. Ensuite, ils burent son sang et mangèrent son cœur. Les trombes d'eau, plus fréquentes, leur permirent de remplir leurs contenants d'eau propre. Cependant, ils durent aussi consacrer des heures à éponger le fond pour éviter d'être inondés.

Vers la fin de mars, ils virent un autre bateau, un navire-citerne. Il ne leur restait que deux fusées. La première était défectueuse aussi. La dernière s'alluma, mais le navire ne les vit pas. Ils étaient assez près pour voir la chaude lumière des cabines par les hublots.

Avril

Ils maigrissaient tous deux chaque jour et leurs cheveux allongeaient, s'emmêlaient. Au début d'avril, des bourrasques leur apportèrent de l'eau en quantité. Il y avait aussi beaucoup de tortues autour du radeau. Ils attachèrent une corde autour des nageoires postérieures d'une grosse tortue pour voir si elle pouvait les remorquer. Elle se dirigea aussitôt vers les îles Galapagos. Ravis, ils attachèrent une autre tortue, mais elle alla dans la direction opposée.

Un autre navire passa à seulement 0,8 km (0,5 mi). Maurice avait fabriqué un signal fumigène avec des morceaux de tissu imbibés de kérosène et mis dans une boîte à gâteau. Une fois de plus, personne du bateau ne les aperçut. Deux autres bateaux passèrent sans les voir. Puis commencèrent plusieurs jours de temps vraiment exécrable. Ils dérivaient maintenant de 32 km (20 mi) par jour, vers le nord-est.

Un jour, alors que Maurice pêchait, sa prise s'enfuit mais, sous la secousse, l'hameçon revint et perça le canot. Pendant la réparation, un plein contenant d'eau tomba par-dessus bord. Le radeau fut aussi troué par les épines d'un poisson. Ils demeurèrent sans d'esprit en dessinant les plans détaillés de leur prochain bateau.

Les rustines de leur trousse d'urgence ne fonctionnèrent pas. Le fond du radeau était désormais flasque et leur pinçait la peau. Ils étaient incapables de se sentir bien pendant plus de cinq minutes et durent pomper de l'air dans le radeau à chaque demi-heure.

Qui plus est, à cette époque, le dôme du radeau n'était plus imperméable. Chaque averse les trempait et ils devaient écoper le bateau presque sans arrêt.

Mai

Le nouveau mois amena plus de mauvais temps. La couture de coton entre les deux anneaux du radeau pourrissait. Si cela empirait, le radeau se démembrerait. La malchance ne les quitta pas : ils tombèrent malades alors à cause de l'abondance d'algues dans l'eau.

Les sixième et septième navires vinrent et repartirent.

Durant les six semaines suivantes, ils ne virent aucun bateau et prirent

⑤ RESCAPÉS
Ils traversent la zone des calmes équatoriaux avant d'être secourus par un navire de pêche coréen après 117 jours en mer.

① PANAMA
L'*Auralyn* quitte Panama après avoir été révisé et réapprovisionné pour la traversée du Pacifique jusqu'en Nouvelle-Zélande.

④ ENSEMBLE À LA DÉRIVE
À la merci des contre-courants, ils zigzaguent 2 400 km (1 500 mi) à travers le Pacifique.

③ UN CANOT PNEUMATIQUE À LA MER
Maurice et Maralyn embarquent dans le canot pneumatique. Ils tentent de ramer vers le sud, mais le courant de Humboldt les pousse vers le nord-ouest.

② LE NAUFRAGE DE L'*AURALYN*
Le voilier est au sixième jour de sa première étape jusqu'aux Galapagos, quand il est frappé et coulé par une baleine.

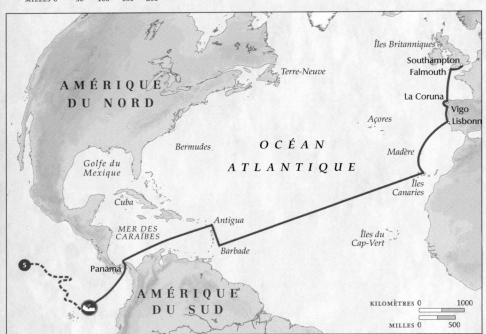

conscience de l'immensité réelle de l'océan. Ils étaient continuellement occupés à pêcher, ou à évider du poisson, et à préparer leurs repas.

Ils parlaient sans cesse de nourriture, à l'exception des branchies, têtes, foies ou yeux de poissons. À la fin de mai, Maurice fut très malade. Une toux sèche et spasmodique lui fit cracher du sang. Ses plaies ulcérées brûlaient à cause de l'eau salée. Les requins, cognant dans le fond de l'embarcation, leur arrachaient des cris de douleur et leur laissaient des ecchymoses.

Ils eurent un vrai coup de chance : une tortue femelle leur procura des douzaines d'œufs riches en protéines.

Juin

Avec le début d'un nouveau mois, le couple essaya une nouvelle tactique pour conserver la nourriture. Parfois, la mer était généreuse : à l'occasion, ils attrapèrent plus de 100 balistes par jour. Par contre, les tempêtes rendaient aussi la pêche impossible.

Ils essayèrent de sécher le poisson pour le conserver, mais une averse d'une incroyable violence transforma leur garde-manger en bouillie.

Le 5 juin, ils connurent une nouvelle période creuse. Des tempêtes continuelles les secouaient sur l'océan comme un bouchon. Des vagues submergeaient fréquemment le radeau, les obligeant à écoper furieusement. Ils étaient continuellement dans l'eau jusqu'aux hanches et leurs plaies étaient devenues des blessures à vif.

Ils ne parvenaient à dormir que quelques minutes à la fois. Maurice alla pêcher depuis le canot, mais une vague énorme le submergea et envoya appâts et équipement de pêche par le fond.

Le 21 juin, un banc de requins commença à nager en cercle autour d'eux. Maralyn se pencha par-dessus bord et attrapa la queue d'un petit requin ; bientôt, elle l'avait enveloppé dans une serviette dans le bateau. Ils en capturèrent et en mangèrent trois.

Au milieu de leurs efforts pour survivre, ils eurent de surprenants moments de calme et un rapport à la nature quasi spirituel. Le fantastique déploiement d'étoiles par nuit claire apporta la paix à Maurice et un

Maurice et Maralyn revivent leur épreuve à l'Exposition marine de Londres en janvier 1974.

sentiment de compréhension envers ses semblables. Ils apprécièrent la visite d'un requin-baleine, le plus gros poisson du monde et l'une des créatures les plus insaisissables de la nature.

Ils capturèrent aussi deux bébés tortues, qu'ils gardèrent comme animaux de compagnie dans le canot.

30 juin, 118e jour

Dormant plus d'une heure pour la première fois depuis des semaines, Maurice rêvait qu'il y avait quelqu'un d'autre avec eux dans le radeau quand Maralyn dit : « Monte dans le canot. Un bateau approche. »

Il y avait un petit navire de pêche rouillé à 0,8 km (0,5 mi). C'était le premier bateau depuis 43 jours. Alors qu'il passait, Maralyn gesticula tant qu'elle les fit presque chavirer. Toutefois, comme les sept navires précédents, il poursuivit sa route.

Puis ils se regardèrent l'un l'autre sans y croire. Il revenait.

Il allait vraiment les prendre à bord. C'est alors qu'ils réalisèrent qu'ils étaient nus. À la hâte, ils enfilèrent leurs culottes de tennis et leurs chemises pourrissantes. Ils laissèrent leurs tortues de compagnie nager librement dans l'océan.

Soudain, la dure coque du navire était juste à côté d'eux. Des câbles furent lancés. Des voix étrangères bavardaient avec animation au-dessus d'eux.

– Parlez-vous l'anglais ? demanda alors un homme.

– Nous sommes Anglais, répondit Maurice.

Rentrer au pays

Maurice et Maralyn avaient dérivé sur 2 400 km (1 500 mi). Ils avaient perdu environ le quart de leur poids. Leurs jambes pouvaient à peine supporter leur corps émacié.

Le 13 juillet, le *Weolmi*, le bateau de pêche coréen qui les avait recueillis, atteignit Honolulu. Les Bailey marchèrent en sol sec au sein d'une masse de reporters. Leur histoire les avait rendus célèbres dans le monde entier. Ils profitèrent de quelques jours de luxe comme invités à l'hôtel Sheraton de Waikiki, puis retournèrent en Angleterre.

L'année suivante, ils étaient de retour sur l'océan à bord de leur yacht neuf, l'*Auralyn II*.

Condensé de *117 jours à la dérive*, par Maurice et Maralyn Bailey, dont l'édition originale a été publiée chez Adlard Coles Nautical. Reproduit avec autorisation.

Le radeau de sauvetage

Après 43 jours de dérive sur son minuscule radeau de sauvetage, Steven Callahan était excité : il avait harponné un poisson. Mais la créature tira brusquement et le harpon brisé perça son radeau. D'une manière ou d'une autre, il dut le réparer, le garder vide d'eau et rester sain d'esprit. Il s'écoulerait 33 autres jours avant qu'il ne fût rescapé.

Date
1982

Contexte
Naufrage

Nature de l'épreuve
À la dérive dans un radeau de sauvetage pneumatique

Durée de l'épreuve
76 jours

Moyens de survie
Discpline personnelle, pêcher, recueillir l'eau de pluie

Nombre de survivants
1

Dangers
Noyade, déshydratation, mourir de faim

Équipement
Quelques rations et l'équipement d'urgence de son radeau

CI-DESSUS, À DROITE
Voilier filant à grande vitesse

Un homme contre un océan

Steven Callahan était auto-suffisant, même selon les critères des yatchmen qui faisaient cavalier seul : il naviguait depuis l'âge de 12 ans, avait aidé à construire un yacht de 12 m (40 pi) avant d'avoir terminé l'école secondaire et, à 22 ans, était un constructeur d'embarcations professionnel.

Toutefois, durant ce voyage, il repoussa les limites de ce qu'un homme peut faire par lui-même en mer.

Le rêve

Depuis qu'adolescent il dévorait des livres de voyages célèbres sur l'océan, Callahan rêvait d'une grande aventure qui lui fût propre. En 1980, âgé de 29 ans, il décida ce que serait ce voyage : la Mini-Transat 6.50, une prestigieuse course transatlantique en solitaire dont les voiliers sont limités à 6,5 m (21 pi) de long. La course se déroulait entre Penzance, en Angleterre, et Antigua, dans les Antilles, avec escale aux îles Canaries.

Il devait d'abord trouver un bateau adéquat. Il vendit son vieux trimaran et arriva à réunir tout l'argent qu'il pouvait pour construire un nouveau voilier, le *Napoleon Solo*, de 6,5 m. Il conçut, construisit et arma lui-même ce bateau.

Ensuite, il devait se qualifier pour la course, en naviguant 966 km (600 mi) en solitaire sur le *Solo*. Pour ce faire, Callahan quitta Newport au Rhode Island, en juin 1981. Sa destination était les Bermudes et il franchit les exigeants 635 milles nautiques (1 000 km/730 mi) avec succès. Puis il prit avec lui son ami Chris Latchem et ils firent une exaltante traversée de l'Atlantique jusqu'à Cornwall, en Angleterre, pour le début de la course.

La course

Il y eut de mauvais présages dès le départ. En septembre, avant même que la course n'ait commencé, de forts coups de vent dans la Manche endommagèrent beaucoup de voiliers.

Un marin français fut tué lors du naufrage de son bateau au cap Lizard.

Au début de la course, les skippers affrontèrent des vagues de 3 m (10 pi) et des vents forts. Durant la première étape, cinq des vingt-cinq partants coulèrent. Heureusement, tous les marins furent rescapés.

Callahan arriva en sécurité à La Coruña, mais sa coque avait été entaillée par des débris. La course était terminée pour lui. Toutefois, il rêvait toujours de faire la traversée de l'Atlantique en solitaire et il réussit à réparer son bateau avant de descendre la côte de l'Espagne et du Portugal, puis de mettre le cap sur Madère et les Canaries.

Le calme avant la tempête

La nuit du 29 janvier 1982, Callahan partit d'El Hierro, l'île la plus méridionale des Canaries. Pendant six jours, tout alla bien. Sa vitesse était bonne, il jouit des changements subtils de la surface de l'eau et se détendit au soleil avec un roman. Puis la tempête fut sur lui.

> **« Chaque vague de trois mètres qui déferle contient plus de tonnes d'eau que ce que je peux imaginer. »**
> Steven Callahan dans *À la dérive*

Après avoir arrimé tout ce qui avait besoin d'être en sûreté, il descendit se reposer tandis que la mer nocturne mugissait autour de lui. Vers minuit, il fut secoué dans sa couchette par un fracas colossal. Il sauta de son lit pour voir un torrent d'eau inonder le bateau. Il avait été frappé par quelque chose de gros, probablement une baleine. Il allait devoir abandonner le bateau.

> **« BANG ! Une explosion assourdissante couvrit les sons plus ténus des fibres de bois tordues et de l'assaut de la mer. »**
> Steven Callahan dans *À la dérive*

Toutefois, Callahan avait bien conçu son voilier et les compartiments étanches qu'il avait construits empêchèrent le bateau de couler immédiatement. Callahan put récupérer

un sac de couchage, un coussin, de la nourriture, des cartes, un petit fusil à harpon, des fusées de détresse, une torche, des distillateurs solaires pour l'eau de pluie et un manuel de survie.

Il embarqua ensuite dans un radeau de secours de 1,7 m (5,5 pi) de diamètre et il regarda son rêve sombrer. Juste avant l'aube, une énorme vague rompit la corde reliant le radeau de secours au bateau et Callahan partit à la dérive.

Seul et sans réponses

Callahan savait qu'il ne pouvait s'attendre à être rescapé. Il avait une RLS (radiobalise de localisation des sinistres), mais elle n'était pas contrôlée par satellites à l'époque, et l'océan sur lequel il dérivait était trop vide pour qu'un avion pût la capter. Il n'était pas dans une route commerciale.

Le courant équatorial du sud et les alizés poussaient le radeau vers l'ouest. Toutefois, il était à environ 3 000 km (1 864 mi) des îles des Caraïbes les plus à l'est. Il n'allait devoir compter que sur lui-même aussi longtemps que possible pour survivre à son épreuve.

Cruellement, alors qu'il dérivait, il vit neuf navires, mais aucun d'eux n'aperçut ses fusées de détresse.

La bonne attitude

Callahan savait que la discipline mentale serait le secret de sa survie physique. Il fit de l'exercice régulièrement, navigua et fit des réparations. Il se donna des tâches à réaliser et se fixa des objectifs. Il rationna le peu de

Voilier dans les eaux agitées au large de la côte de Gran Canaria, aux îles Canaries

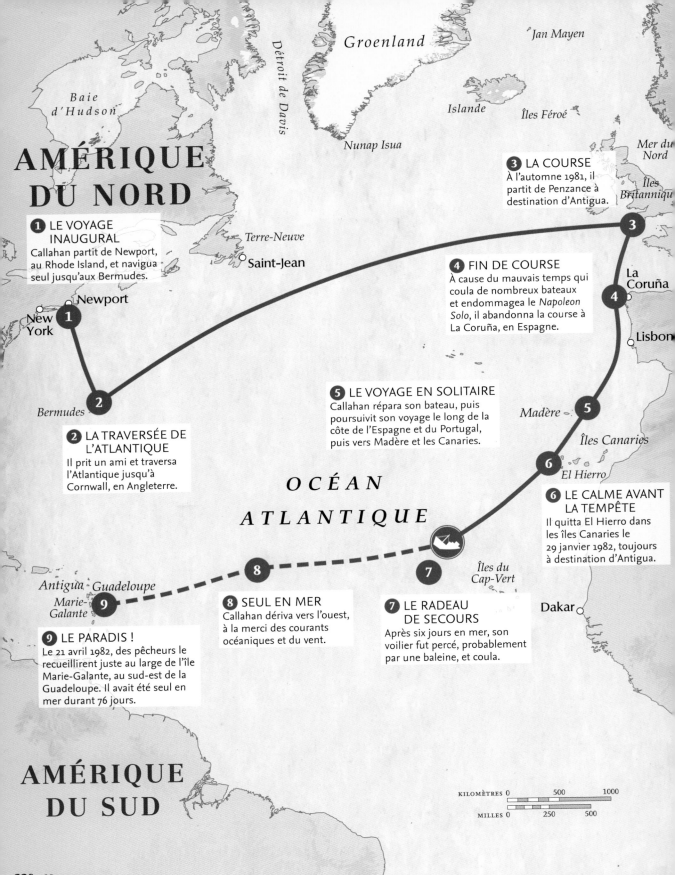

Groenland

Jan Mayen

AMÉRIQUE DU NORD

Baie d'Hudson

Détroit de Davis

Nunap Isua

Islande

Îles Féroé

Mer du Nord

Îles Britanniqu

❸ LA COURSE
À l'automne 1981, il partit de Penzance à destination d'Antigua.

❶ LE VOYAGE INAUGURAL
Callahan partit de Newport, au Rhode Island, et navigua seul jusqu'aux Bermudes.

Terre-Neuve

Saint-Jean

Newport

New York

❹ FIN DE COURSE
À cause du mauvais temps qui coula de nombreux bateaux et endommagea le *Napoleon Solo*, il abandonna la course à La Coruña, en Espagne.

La Coruña

Lisbon

❷ LA TRAVERSÉE DE L'ATLANTIQUE
Il prit un ami et traversa l'Atlantique jusqu'à Cornwall, en Angleterre.

Bermudes

❺ LE VOYAGE EN SOLITAIRE
Callahan répara son bateau, puis poursuivit son voyage le long de la côte de l'Espagne et du Portugal, puis vers Madère et les Canaries.

Madère

Îles Canaries

El Hierro

OCÉAN ATLANTIQUE

❻ LE CALME AVANT LA TEMPÊTE
Il quitta El Hierro dans les îles Canaries le 29 janvier 1982, toujours à destination d'Antigua.

Îles du Cap-Vert

Antigua *Guadeloupe*
Marie-Galante

❽ SEUL EN MER
Callahan dériva vers l'ouest, à la merci des courants océaniques et du vent.

❼ LE RADEAU DE SECOURS
Après six jours en mer, son voilier fut percé, probablement par une baleine, et coula.

Dakar

❾ LE PARADIS !
Le 21 avril 1982, des pêcheurs le recueillirent juste au large de l'île Marie-Galante, au sud-est de la Guadeloupe. Il avait été seul en mer durant 76 jours.

AMÉRIQUE DU SUD

KILOMÈTRES 0   500   1000
MILLES 0   250   500

Les balistes devinrent une partie du régime de Callahan tandis qu'il dérivait sur l'océan Atlantique.

nourriture qu'il avait – et qui ne dura pas longtemps – et chercha bientôt autour de lui de nouvelles sources d'alimentation.

Il nota que des daurades avaient commencé à nager près de son radeau et il fabriqua donc un harpon de fortune. Après plusieurs essais infructueux et frustrants pour en tuer un, il nota que lorsqu'il pressait ses genoux au centre du fond du radeau, les poissons se rassemblaient autour et frappaient la bosse que cela faisait. Cela les rapprocha plus longtemps et il fit une prise.

Il attrapa aussi des balistes, des poissons volants (exocets) et des oiseaux, attirés par les poissons. Son petit radeau développa bientôt son propre petit écosystème dont des balanes, sous le fond du radeau, qu'il récoltait. Il utilisa deux distillateurs solaires et d'autres dispositifs improvisés pour recueillir une moyenne de 0,5 l (1 chop.) d'eau par jour. Il gratta la rouille des boîtes d'arachides et de café et ajouta les particules à ses réserves d'eau potable déclinantes, espérant ainsi que cela ajouterait du fer à son

corps qui s'affaiblisssait. Quand sa chasse était réussie, il conservait de la nourriture et de l'eau pour les urgences.

Le 43e jour de vie solitaire sur l'océan, une daurade qu'il avait harponnée se détacha en se tortillant et enfonça le harpon brisé dans un des tubes gonflables, ce qui laissa un trou béant. Callahan répara le radeau, mais sa réparation se défit souvent et, par la suite, il lutta sans cesse pour garder l'eau hors du bateau.

Les daurades furent le principal poisson qui garda Callahan en vie, mais cette espèce faillit le tuer.

Toutefois, mètre après mètre, il dérivait dans l'Atlantique.

Repéré

Le 20 avril 1982, il vit le paradis : des lumières sur l'île de la Marie-Galante, au sud-est de la Guadeloupe. Le lendemain, quelques pêcheurs repérèrent les oiseaux qui planaient au-dessus de son radeau et ils s'y rendirent pour enquêter. Ils furent surpris d'être accueillis par un homme maigre, avec une longue barbe qui, malgré son air malade, souriait largement.

Steven Callahan avait perdu le tiers de son poids et il était couvert d'une pléiade de plaies dues à l'eau salée. Il avait franchi 1 800 milles nautiques (3 300 km/2 050 mi) d'océan et passé 76 jours seul. Mais il était vivant.

Après une brève visite à un hôpital local, il passa quelques semaines sur l'île pour se rétablir. Ensuite, il reprit son voyage, en faisant du stop sur les bateaux qui remontaient les Antilles.

En définitive, l'expérience renforça encore plus l'amour de Callahan pour l'océan. Il fit beaucoup d'autres voyages épiques, dont plusieurs en solitaire. Il utilisa aussi son expérience pour aider les autres : il conçut un radeau de sauvetage amélioré avec une meilleure couverture, un fond en fibre de verre et, le plus important, une voile afin que les naufragés ne fussent pas à la merci de la dérive.

Les îles des Saintes, en Guadeloupe

Le dernier ami

Quand Richard Charrington était apprenti marin, il se joignit à quatre amis sur un catamaran dans la Méditerranée; il s'attendait à un voyage de plaisir, de bonnes conversations et de bons vins. Puis une tempête exceptionnelle fit chavirer le bateau et il se cramponna désespérément à la vie alors que, un par un, ses amis glissèrent sous les vagues imposantes.

Date
1995

Contexte
Naufrage

Nature de l'épreuve
Accroché à un catamaran renversé

Durée de l'épreuve
16 heures

Moyens de survie
Sauvetage

Nombre de survivants
1

Dangers
Noyade

Équipement
Gilet de sauvetage

À GAUCHE
Catamaran ancré en Méditerranée

CI-DESSUS, À DROITE
Vue de la mer depuis l'île de Porquerolles dans le sud de la France

Le voyage de la victoire

C'était une fraîche soirée d'automne dans le sud de la France et les cinq amis se détendaient sur le pont de leur catamaran. Le voyage était une célébration; les hommes étaient en affaires ensemble et leur dernière entreprise avait bien marché. Il y avait quatre Français à bord: les frères Jean-Claude et Philippe, Hervé, Pascal et un Anglais, Richard Charrington. Leur catamaran, le *Bayete*, était un nouveau Catana 44 rempli des appareils électroniques et des systèmes de sécurité les plus modernes. Richard et Philippe étaient des apprentis marins, mais les trois autres avaient beaucoup d'expérience.

Le lendemain, ils auraient du travail à faire; ils navigueraient vers les Baléares, première étape d'un voyage épique. Ils franchiraient ensuite le détroit de Gibraltar et mettraient le cap sur Casablanca, où ils rejoindraient 100 autres bateaux pour la régate Transat des Passionnés de 1995 jusqu'aux îles Canaries, puis à travers l'Atlantique jusqu'aux Caraïbes.

Une vilaine petite tempête avait soufflé plus tôt dans la journée et les avait forcés à trouver refuge dans le port abrité de l'île de Porquerolles. Toutefois, elle semblait les avoir dépassés et, ils pouvaient se permettre d'enlever leurs chaussures de mer et de profiter de leur repas d'agneau aux herbes en sirotant un verre de bourgogne.

La tempête tranquille

À 8 heures le lendemain matin, le soleil brillait dans un ciel bleu sans nuages. Le temps était si calme que leur plus grande voile, un spinnaker, n'avait pas assez de vent: ils durent démarrer les moteurs. Ils n'avaient pas les prévisions officielles parce que le centre météorologique français était en grève, mais le baromètre montait et d'autres prévisions de la météo indiquaient que la tempête était passée.

Le bateau s'engagea dans le golfe du Lion. Le mistral y provoque souvent des tempêtes soudaines entre la Corse et les Baléares, ce qui en fait la zone la plus dangereuse de la Méditerranée. Ce jour-là, il se combinerait à des vents de l'Arctique soufflant du nord-ouest pour créer une tempête exceptionnelle avec des vents de 80 nœuds et des creux de vagues de 10 m (33 pi).

« La Méditerranée concoctait sa propre petite tempête idéale. »

Toutefois, l'assaut commença subtilement. Vers midi, le bateau croisa des rouleaux lents, qui donnèrent le mal de mer aux débutants, Richard et Philippe, mais n'inquiéta pas les autres outre mesure. À 14 h cependant, le vent avait gagné sensiblement et tous à bord étaient très malades.

Cela commença à troubler aussi leur esprit; le vent les empêchait désormais de barrer le *Bayete* sur le cap choisi. Les Baléares étaient au sud-ouest, sur un cap à 210°, mais le mieux qu'ils pouvaient faire était un 180° franc sud.

Une heure plus tard, le baromètre manuel de Richard donna l'alarme; la pression tombait à un rythme alarmant. Il le montra à Jean-Claude et ils rirent ensemble de ce qu'ils prirent pour une lecture fantaisiste d'un appareil bon marché. Par malheur pour eux, c'était un avertissement qu'ils auraient dû prendre au sérieux.

Accélération

Le vent et les vagues forcirent encore. Vers 16 h, Jean-Claude décida de dérouler quelques mètres du foc et de filer devant la tempête.

Pendant presque une heure, l'équipage eut du fil à retordre; le voilier faisait 12 nœuds (22 km/h; 14 mi/h) et surfait presque sur les vagues qui s'élevaient. Ils montèrent en flèche d'énormes faces abruptes jusqu'à des crêtes qui giclaient, puis descendirent s'écraser avec force dans la vague suivante. Alors que les proues plongeaient de plusieurs mètres dans la masse d'eau, il semblait que le catamaran fonçait dans un mur, à répétition.

Pour Richard, c'était absolument terrifiant.

Ralentissement

Vers 17 h, l'indicateur de pression du vent indiquait 80 nœuds (148 km/h ou 92 mi/h) – soit la vitesse d'un ouragan – et il faisait beaucoup plus froid. Même Jean-Claude comprit qu'ils étaient en danger. Ça ne valait pas la peine de continuer si loin et si vite hors parcours. Il décida de ferler la voile et utilisa les moteurs pour se tourner contre le vent. Ils déploieraient ensuite l'ancre flottante; celle-ci agit presque à la manière d'un parachute sous-marin, en ralentissant le bateau poussé par des vents extrêmes.

Toutefois, comme ils essayaient de fixer l'ancre flottante aux proues, le vent la leur arracha des mains et l'emporta dans l'eau avant que les câbles ne puissent être noués.

Ils luttèrent contre le vent pendant plus d'une demi-heure pour bien attacher un câble. Cependant, leurs mains étaient trop froides pour l'agripper correctement et l'autre câble flottait toujours au vent. Finalement, Jean-Claude fut forcé de l'attacher au filin qui tenait le mât entre les proues. Cela sembla résoudre temporairement le problème mais, fait crucial, l'ancre flottante était désormais à angle avec le bateau, ce qui eut de tragiques conséquences plus tard.

Toutefois, sur le coup, ils se sentirent victorieux. Tout ce qu'ils avaient à faire, c'était d'attendre la fin de la tempête. Ils descendirent dans la cabine, s'extirpèrent de leurs vêtements alourdis et essayèrent de dormir un peu.

Voiliers dans le port de Porquerolles

Fortes vagues durant une tempête en mer Méditerranée

Au début, Richard ne dormit pas. Assis dans le salon, il se balançait d'avant en arrière avec le fort tangage du bateau et sentait qu'il avait vraiment, vraiment perdu pied.

Une fois qu'il alla finalement se coucher, il n'avait dormi que deux heures quand il fut ramené à la réalité par le bateau qui se retournait lentement.

Il roula hors de sa couchette sur le plafond et son matériel tomba sur lui. Il enfila le haut et le bas d'un survêtement, puis une veste matelassée imperméable et un gilet de sauvetage.

Jean-Claude apparut alors : il leur cria de sortir par l'écoutille de secours. Avec le bateau désormais renversé, il avait peur qu'il ne sombrât, auquel cas ils devraient embarquer dans le radeau de sauvetage.

Monter en enfer

La sortie était une trappe dans le plancher, qui était maintenant au-dessus de leur tête. Debout sur le dessous de la table de salon, ils rampèrent dehors, sur le dessous du bateau.

Dès que la trappe s'ouvrit, des vagues s'écrasèrent sur eux et l'eau inonda l'intérieur du bateau. Le vent et les vagues faisaient tant de bruit que les hommes ne pouvaient s'entendre l'un l'autre même s'ils étaient à portée de main.

Quoique Philippe eût apporté la radiobalise de localisation des sinistres (RLS), elle lui fut arrachée des mains dès qu'ils furent dehors. Ils comprirent que, désormais, toute tentative de sauvetage se dirigerait au mauvais endroit.

Le radeau de sauvetage aurait dû se déployer automatiquement. Ce qu'il n'avait pas fait. Hervé tenta de trouver la corde qui le déploierait. Mais elle était loin sous l'eau, cachée à l'extrémité d'une surface de fibre de verre en pente lisse, sans poignées. Avec le bateau tanguant fort et l'eau si froide, esssayer de nager jusqu'à la corde relèverait du suicide.

Les secours ne venaient pas. Il ne pouvait fuir. La tempête semblait ne jamais devoir finir. Ils pouvaient seulement s'accrocher.

Accrochés à l'écoutille

Les cinq hommes s'assirent, chacun avec une jambe dans l'écoutille ouverte, s'accrochant à des cordes qui traînaient et l'un à l'autre – à quoi que ce fût qui les empêcherait de glisser dans la mer en furie. Entre-temps, les vagues tentaient de les balayer de leur perchoir, les assaillant et les tirant sans cesse.

Le pantalon du survêtement de Richard, arraché, avait laissé nu le bas de son corps. Le bord coupant de l'ouverture de l'écoutille avait commencé à entailler sa peau à l'arrière de sa jambe nue. À chaque secousse du bateau, chaque coup de vague, la douleur empirait.

Richard regardait les combinaisons d'immersion de Jean-Claude et d'Hervé, et souhaitait en avoir une lui aussi. Puis Hervé disparut.

Une vague le délogea simplement de l'écoutille. Il dérapa jusqu'au bas de la coque convexe, en tentant d'agripper un bout de corde. Jean-Claude s'étira et essaya de le ramener à l'intérieur.

Toutefois, les combinaisons volumineuses avec leurs doigts épais ne permettaient pas une prise facile. Hervé continua de glisser. Une autre vague frappa, l'emportant à jamais. Puis Jean-Claude glissa à son tour. Son regard croisa celui de Richard et la terrible vérité s'imposa à l'un comme à l'autre.

> « Il le savait, je le savais, et il était parti. Je fus le dernier à le regarder dans les yeux alors qu'il était emporté. »

Un par un

Avec deux hommes en moins, Richard pouvait maintenant mettre les deux jambes dans l'écoutille. Il se sentait plus en sécurité, mais coupable aussi ; deux de ses amis étaient morts pour qu'il s'agrippât mieux.

Philippe se sentit vite plus mal. Déjà presque raide de froid, il venait tout juste de voir son frère emporté vers la mort. Il décida de se glisser plus bas dans l'écoutille, hors d'atteinte des vagues.

Néanmoins, l'eau dans l'écoutille le glaça rapidement. Vers minuit, trois heures après que le bateau eut chaviré, il perdit conscience. Il succomba peu après.

Pascal voulait désormais aller au fond du voilier. Il croyait pouvoir trouver une poche d'air où ils attendraient que la tempête se calmât. Ils poussèrent le corps de Philippe dans l'écoutille et Pascal se laissa tomber dans l'eau. Il revint bientôt avec une mauvaise nouvelle : le bateau était trop inondé pour qu'on s'y réfugiât. Il ressortit, mais la plongée avait fait baisser dangereusement sa température.

FRANCE

Marseille **Toulon**

GOLFE DU LION

Île de
Porquerolles · Îles
d'Hyères

❶ LE VOYAGE DE LA VICTOIRE
Le 3 novembre 1995, le catamaran
Bayete fait voile vers les Baléares
depuis Porquerolles, première étape
d'un voyage qui passerait par le détroit
de Gibraltar pour atteindre Casablanca.

❷ ACCÉLÉRATION
Le bateau est pris dans une violente
tempête quelques heures à peine
après avoir quitté le port. Ils navi-
guent avec les vents forts durant
quelque temps, jusqu'à ce que des
vents d'ouragan les déroutent.

❸ RALENTISSEMENT
Après avoir jeté l'ancre flottante
pour les ralentir, ils essaient de
passer à travers la tempête.

❹ LE *BAYETE* CHAVIRE
Toutefois, d'énormes vagues
renversent le catamaran
durant la nuit, à 150 km (93 mi)
au large de Marseille.

❺ ACCROCHÉS
L'équipage se hisse sur la coque.
La balise d'urgence leur est
arrachée des mains et part à la
dérive, en indiquant une fausse
position aux secours potentiels.

ESPAGNE

❻ SEUL SURVIVANT
Les cinq amis, s'accrochant au
catamaran renversé, luttent pour
leur survie. Un seul homme
est toujours vivant quand les
sauveteurs arrivent le lendemain.

□ **Barcelone**

MER

MÉDITERRANÉE

Minorque

Majorque

BALÉARES

Cabrera

KILOMÈTRES 0 ⸻ 50 ⸻ 100
MILLES 0 ⸻ 25 ⸻ 50

Peu après son retour, Richard fut surpris de l'entendre se plaindre d'avoir trop chaud. Terrifié, il vit son ami arracher son gilet de sauvetage et le jeter à la mer.

Hypothermie et épuisement faisaient délirer Pascal. La chaleur qu'il ressentait était illusoire. Il mit peu de temps à succomber au froid. Ses mains relâchèrent la corde; ses jambes étaient ballantes.

Puis Richard fut seul.

S'accrocher... encore et encore

L'aube n'apporta aucun réconfort à Richard, seulement la terreur de voir l'énormité des vagues qui s'écrasait sur lui toutes les 20 ou 30 secondes. Il pouvait voir aussi ses amis morts, désormais pâles et rigides.

Ses yeux étaient presque fermés par l'enflure due au trempage continu dans l'eau salée. Quand il parvint enfin à regarder ses jambes, il put voir que la chair était soit noircie par les engelures, soit rouge de sang. Richard savait qu'il allait mourir. Les seuls détails, c'étaient quand et comment: noyade ou hypothermie?

À un certain point, une vague lui fit perdre l'équilibre et l'une de ses jambes sortit de l'écoutille. Comme il basculait, sa montre s'accrocha dans un petit anneau. Son poignet fut gravement entaillé, mais la montre le sauva.

Par la suite, il établit une routine infernale. Une vague le frapperait, le submergeant. Il banderait ses muscles et tiendrait le coup. Une fois l'eau tombée, il respirerait. Il aurait tout juste le temps de ressentir la douleur supplémentaire de sa peau déchirée ou d'un os fracturé, que la vague suivante arriverait.

> **« Je n'avais plus aucun espoir d'être rescapé. Absolument aucun espoir. »**

Il savait qu'il n'espérait plus un sauvetage *in extremis*, mais il tenait bon parce qu'il était furieux. Il avait dit à sa famille que ce serait un voyage amusant: vin, cigares et célébration d'années de travail ardu. Maintenant, parce qu'il n'avait pas fait face aux vrais problèmes, il ne les reverrait plus.

Hé bien, la tempête n'en ferait pas qu'à sa tête.

Il s'accrocha.

Hissé à la vie

Les jambes de Richard étaient engourdies depuis des heures. Des frissons le secouaient continuellement. L'hypothermie le tenait dans ses serres. Aussi, quand il vit l'hélicoptère avec un plongeur se balançant à une corde au-dessus de lui, il l'assimila à une hallucination de mort imminente.

Cependant, le plongeur fut ensuite à ses côtés sur la coque, et lui criait des mots à l'oreille, quoiqu'ils se perdissent dans la tempête qui faisait toujours rage. Puis il s'envola.

La douleur de la convalescence

Quoiqu'il ne fût plus à bord, Richard n'était pas hors de danger. Il avait tant de contusions internes que, à son arrivée à l'hôpital de Toulon, son urine était noire. Le docteur lui dit qu'il pouvait mourir d'une insuffisance rénale.

Il ressentit aussi des douleurs atroces quand on soigna ses blessures. Tout l'arrière de ses jambes et ses fesses étaient une masse de chair rouge à vif. Les greffes pour réparer sa peau exigèrent plus de 250 agrafes.

Une tempête exceptionnelle

Depuis la course inaugurale en 1981, plus de 5 000 marins s'étaient inscrits à la Transat des Passionnés et aucun n'avait souffert d'une malchance aussi grave. La tempête de 1995 généra un ouragan qui fit rage durant plusieurs jours et dont les vents atteignirent 170 km/h (106 mi/h). Trois autres bateaux firent naufrage. Six hommes du *Parsifal* disparurent. Malgré une opération de secours intensive, aucun des amis de Richard ne survécut.

Le *Bayete* ne coula pas complètement. Les catamarans sont très flottables et les hommes auraient pu passer à travers la tempête s'ils étaient restés à l'intérieur. Par contre, dans le terrifiant tumulte, ça ne tombait pas sous le sens. Marin expérimenté, Jean-Claude avait fait ce qu'il pensait être correct.

Par une cruelle ironie du sort, Richard peut avoir survécu parce qu'il n'était pas un marin mince et robuste. Il avait plus de graisse que ses amis, ce qui peut l'avoir isolé du froid plus longtemps.

Ou il peut simplement avoir eu de la chance. Pauvre en carburant, le pilote de l'hélicoptère retournait à la base quand, du coin de l'œil, il avait aperçu le minuscule éclat orangé vif du gilet de sauvetage de Richard contre le fond blanc du bateau.

Homme hissé vers la sécurité d'un hélicoptère lors d'un sauvetage en mer.

OTAGES

Six ans à Beyrouth

Le journaliste Terry Anderson jouait au tennis à Beyrouth en 1985, quand il fut enlevé par des hommes armés. Il passa les six années suivantes dans des conditions barbares, enchaîné à un lit et gardé en isolement pendant des mois et des mois. En dépit de cela, il trouva le courage de tenir tête à ses ravisseurs et rester sain d'esprit.

Date
1985 à 1991

Contexte
Enlèvement

Nature de l'épreuve
Enchaîné à un lit, habituellement en isolement

Durée de l'épreuve
6 ans et 9 mois

Moyens de survie
Libération

Nombre de survivants
1

Dangers
Assassinat, torture, mourir de faim

Équipement
Aucun

Un type de courage tranquille

Certains survivants déploient une incroyable bravoure physique pour surmonter leurs épreuves. Chez d'autres, le courage qu'ils manifestent est mental ou spirituel, mais leur triomphe n'est pas moins impressionnant. Terry Anderson fit preuve de ce type d'endurance plus que tout autre otage.

Un pays qui s'entre-déchire

En 1985, la guerre civile faisait partie du quotidien au Liban depuis 10 ans. Les autos piégées, les enlèvements et les fusillades sanglantes entre les milices chrétiennes et musulmanes étaient pratiquement choses courantes à Beyrouth.

En 1982, Israël avait envahi le Liban et l'Organisation de libération de la Palestine (OLP) avait retraité. Une force internationale de maintien de la paix était alors en place à Beyrouth. En 1983, deux gros camions piégés tuèrent 299 soldats américains et français. Un groupe soutenu par l'Iran et connu sous le nom de Jihad islamique (un précurseur du Hezbollah) revendiqua l'attentat.

Quand la force de maintien de la paix se retira subséquemment, le Jihad islamique se tourna vers les Occidentaux vivant au Liban. Il enleva plusieurs otages, soit pour riposter au soutien d'Israël par les États-Unis, soit comme monnaie d'échange pour la libération de leurs propres prisonniers. Beyrouth devint un lieu extrêmement dangereux à fréquenter.

Jeu, set et match

Terry Anderson était un journaliste très en vue à Beyrouth : il dirigeait le bureau de la ville de l'Associated Press (AP) et il était très connu. Il avait une conjointe libanaise, Madeleine Bassil, enceinte de plusieurs mois.

> **« J'avais vu l'auto passer deux fois devant les courts. Elle avait un air sinistre, mais je n'y ai guère prêté attention sur le moment. On s'habituait à voir de telles choses à Beyrouth. »**

Le samedi 16 mars 1985, Don Mell, photographe à l'AP, et lui jouèrent au tennis. Après, Anderson déposait Mell à son appartement quand une Mercedes verte s'arrêta dans un crissement de freins devant eux.

Trois hommes barbus armés en jaillirent. D'abord, ils approchèrent lentement, comme des chats prêts à bondir sur leur proie. Le premier bandit leva son pistolet 9mm à la hauteur du front de Mell. Le photographe se figea, terrorisé. Les deux autres hommes coururent jusqu'à la voiture d'Anderson et le traînèrent dans la rue. L'enserrant dans une prise de l'ours, les bandits poussèrent Anderson dans la Mercedes.

Pendant une fraction de seconde, les regards des deux amis se croisèrent. Anderson adressa un appel muet à Mell, mais le pistolet noir toujours pointé sur sa tête rendait tout secours impossible.

L'instant suivant, le moteur rugissait et la voiture filait à toute vitesse vers la Ligne verte divisant Beyrouth Est et Beyrouth Ouest. Pour Terry Anderson, c'était une course folle vers l'enfer.

Au début

« Entre. Sinon je tire », siffla l'homme à Anderson et il le coinça dans l'espace entre les sièges avant et arrière. Un autre homme jeta une vieille couverture sur Anderson et le journaliste sentit le canon froid d'un pistolet contre son cou. « Baisse-toi. Baisse-toi. »

Alors que la voiture tournait follement en gravissant une colline et enfilait un virage, le passager avant se pencha par-dessus la banquette et lui dit calmement : « Ne t'en fais pas. C'est politique. »

Si ce commentaire devait rassurer Anderson, il échoua. Il pensait à tous les autres Américains qui avaient été enlevés à Beyrouth pour des motifs politiques : le père Lawrence Martin Jenco avait disparu depuis deux mois ; le révérend Benjamin Weir, depuis dix mois ; William Buckley, depuis un an. Personne ne savait s'ils étaient morts ou vivants. Anderson savait qu'il était dans le pétrin, dans un vrai pétrin.

Bientôt, il fut enfermé dans la pièce assombrie d'un sous-sol. Seul et effacé du monde qui avait été le sien.

Seul dans l'obscurité

Le premier sentiment d'Anderson fut l'incrédulité : les journalistes n'étaient pas supposés être enlevés. D'habitude, ils étaient intouchables : c'étaient eux

Une image composée de six polaroïds transmis à la presse le 15 mai 1985 à Beyrouth par l'Organisation du Jihad islamique, montrant six otages occidentaux enlevés par le Jihad. De gauche à droite : le père Lawrence Jenco (É.-U.), William Buckley (É.-U.), le journaliste Terry Anderson (É.-U.), deux diplomates français, Marcel Carton et Marcel Fontaine, et le révérend Benjamin Weir (É.-U.).

qui racontaient au monde l'histoire de groupes comme le Jihad islamique. Toutefois, finalement, la réalité de sa situation lui apparut et il sut qu'il devrait adopter une attitude pro-active face à sa détention pour rester sain d'esprit.

Des années durant, il ne put compter que sur lui-même et il apprit à contrer le sentiment d'extrême solitude en vivant heure par heure, sans regretter le passé ni rêver à l'avenir. Il appela cette attitude « faire son temps » : elle le garda attentif et positif.

Les conditions de détention d'Anderson étaient cruelles. La plupart du temps, il avait les yeux bandés, et les chevilles et les poings enchaînés à un lit.

Ses ravisseurs, l'utilisait souvent comme sac de sable d'entraînement, le battaient, sautaient sur lui, lui assénaient des coups dans les côtes et sur les oreilles avec le canon de leurs fusils.

Quand ils ne lui faisaient pas mal physiquement, ils le terrorisaient psychologiquement, en le menaçant de traitements plus cruels et en le privant

de tout contact avec la réalité. Durant une période consécutive de trois ans, il ne vit le soleil qu'une seule fois.

« Je ne suis pas un animal »

Un jour, après avoir subi une raclée particulièrement violente de ses ravisseurs, quelque chose bascula chez Anderson. Un irrépressible sentiment s'éleva du plus profond de son être et, prenant forme dans ses cordes vocales épuisées, il s'exprima en une vérité simple. Il dit à ses geôliers : « Vous ne pouvez pas me faire ça. Je ne suis pas un animal. » La remarque stupéfia ses ravisseurs ; tout à leur surprise, ils demandèrent à Anderson ce qu'il voulait.

« Une bible », répondit-il. Peu après, on lui remit une « édition révisée d'une bible américaine standard flambant neuve ». Ce fut le début du relâchement de ses entraves, au sens littéral et métaphorique.

Ses conditions commencèrent à s'améliorer un peu. On le mit dans une cellule plus grande. Ensuite, ses ravisseurs lui donnèrent une radio. Durant sa dernière année de détention,

Durant près de sept ans, Terry Anderson fut déplacé de cellule en cellule dans la ville libanaise de Beyrouth déchirée par la guerre.

ils lui refilèrent souvent des magazines :
le *Time*, *Newsweek*, *Businessweek*, *The Economist* et, plus surréaliste encore,
le magazine *Fortune*.

La fin du cauchemar

L'épreuve de Terry Anderson prit
fin aussi soudainement qu'elle avait
débuté. Le 4 décembre 1991, le
2 454e jour de sa détention, deux de ses
gardiens entrèrent et lui annoncèrent
sa libération. Ils lui donnèrent une
chemise, un pantalon et une paire de
chaussures, puis le quittèrent.

Il disposa de quelques heures pour
rassembler ses esprits et écouter la
nouvelle de sa libération imminente à
la radio. Ensuite, alors qu'il s'apprêtait
à monter en voiture pour son ultime
étape vers la liberté, l'un de ses ravisseurs lui tendit un bouquet d'une
demi-douzaine d'œillets. « Donnez ceci
à votre femme », dit l'homme, « et dites-
lui que nous sommes désolés. »

Quelques minutes plus tard, il était
libre. Il fut bientôt dans les bras de
Madeleine et saluait la fillette de six
ans qu'il n'avait jamais connue.

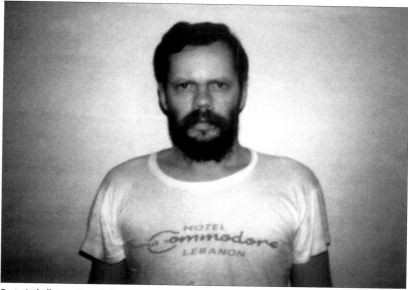

Portrait de l'otage Terry Anderson publié par ses ravisseurs

La libération d'Anderson fut peut-
être attribuable à l'invasion du Koweit
par Saddam Hussein en août 1990.
Quinze membres du Jihad islamique
détenus dans une prison koweitienne
furent libérés à la suite de l'invasion.

Ayant atteint leur but, les ravisseurs
d'Anderson n'avaient plus besoin de
lui comme monnaie d'échange.

Anderson fut le dernier de la
douzaine d'otages américains détenus
au Liban entre 1982 et 1991 à être
relâché et celui dont la détention avait
été la plus longue.

Retour dans la gueule du loup

Étonnamment, Anderson ne nourrissait
aucun sentiment de vengeance envers
ses ravisseurs. En 1996, il retourna
au Liban et rencontra le secrétaire
général du Hezbollah, nom actuel
de l'organisation blâmée pour son
enlèvement.

> **« Les gens disent que je
> suis une victime du Liban,
> que j'y ai perdu sept ans
> de ma vie. Je ne les ai pas
> perdues : je les ai vécues. »**

En 2002, on lui accorda une prime
de plusieurs millions de dollars tirée
des avoirs iraniens gelés, en compensation pour sa détention. Il utilisa
l'argent pour fonder des organisations
caritatives, dont le Vietnam Children's
Fund (Fondation pour les enfants du
Viet Nam) qui a bâti plus de 40 écoles
au Viet Nam, et permis la scolarisation
de plus de 20 000 élèves.

L'ex-otage Terry Anderson rencontre des collègues de l'Associated Press à New York après sa
libération en décembre 1991.

La fille de la cave secrète

Natascha Kampusch n'avait que 10 ans quand elle fut kidnappée sur le chemin de l'école par Wolfgang Priklopil. Son ravisseur la garda comme esclave dans une minuscule cellule souterraine insonorisée. Toutefois, Natascha survécut à son épreuve et, après huit ans de détention, elle réussit une courageuse tentative d'évasion.

Date
1998 à 2006

Contexte
Enlèvement

Nature de l'épreuve
Enfermée dans une cave

Durée de l'épreuve
8 ans

Moyens de survie
Évasion

Nombre de survivants
1

Dangers
Abus, torture, mourir de faim

Équipement
Aucun

Kidnappée sur le chemin de l'école

Née le 17 février 1988, Natascha grandit à Vienne, en Autriche. Ses parents se séparèrent alors qu'elle était très jeune et Natascha partagea son temps entre eux. Le 1er mars 1998, elle retournait chez sa mère dans le quartier viennois de Donaustadt après un congé en Hongrie avec son père.

Le lendemain matin, elle se leva, prépara son sac et se mit en route pour l'école, comme d'habitude. Sa famille ne la reverrait plus durant huit ans. Elle avait 10 ans.

Début des recherches policières

Un témoin de 12 ans rapporta avoir vu Natascha être traînée dans un minibus blanc. La police lança une chasse à l'homme d'envergure centrée sur cette piste cruciale. Les agents fouillèrent 776 fourgonnettes, dont celle de Wolfgang Priklopil, un ancien ingénieur qui habitait à une demi-heure environ du domicile de Natascha.

Priklopil n'avait pas d'alibi au moment de l'enlèvement. Il admit posséder une fourgonnette, mais prétendit qu'il en avait besoin pour transporter les débris des travaux qu'il effectuait sur sa maison. La police accepta son explication.

Comme Natascha avait toujours son passeport sur elle (puisqu'elle revenait d'un voyage en Hongrie avec son père), les policiers étendirent les recherches à l'étranger. Toutefois, sans autre indice, la piste finit par s'effacer.

Sa famille composa avec la perte et l'incertitude du mieux qu'elle put. Puis, durant huit ans, le monde oublia Natascha Kampusch.

Huit années souterraines

Priklopil enferma Natascha dans une cave sans fenêtre et insonorisée sous son garage. Elle mesurait seulement 5 m² (54 pi²) et possédait une porte épaisse en béton renforcé d'acier. Cette entrée était dissimulée derrière un coffre-fort.

« Tu n'est plus Natascha. Désormais, tu m'appartiens. »

Cette minuscule cellule constitua tout son monde durant les six mois suivants. Plus tard, Priklopil lui permit des séjours à l'étage, dans la maison, mais il la renvoya toujours dans la cache pour dormir et quand il partait au travail. Il lui dit que les portes et les fenêtres de la maison étaient reliées à de puissants explosifs. Il prétendit aussi toujours porter un pistolet et menaça de la tuer si elle tentait de fuir.

Sa vie devint une vie de soumission extrême à son ravisseur. Priklopil l'obligea à marcher dans la maison à 1 m (3 pi) exactement derrière lui. Il la battait souvent, parfois si gravement qu'elle pouvait à peine marcher, et il la menottait à lui-même quand elle dormait. Elle fut forcée de se raser la tête et de travailler dans la maison comme une esclave.

Priklopil tenta de réduire à néant tous les espoirs de la fillette, en lui disant que sa famille avait refusé de payer sa rançon et qu'ils étaient « heureux d'être débarrassés » d'elle. Quand elle eut 16 ans, elle pesait moins de 38 kg (84 lb); Priklopil la gardait constamment affamée afin qu'elle fût trop affaiblie pour s'évader.

En plus des abus physiques et mentaux, Natascha était tourmentée par la solitude. Elle en souffrait à tel point qu'elle recherchait même la compagnie de son geôlier et improvisait des jeux pour le garder près d'elle plus longtemps.

« ... quand le ravisseur revint, plus tard, je lui ai demandé de me border comme il faut dans mon lit et de me raconter une histoire. Je lui ai même demandé de me donner un baiser de bonne nuit. N'importe quoi pour préserver l'illusion de la normalité. »

L'esprit de survie
En dépit de sa jeunesse et de sa vulnérabilité, il y avait quelque chose en Natascha qui refusait de céder. Durant ses premières années de captivité, elle tenta d'attirer l'attention de passants en lançant des bouteilles d'eau contre les murs. Quand elle réalisa que s'évader était impossible, elle essaya de tirer le meilleur parti de la situation et de s'éduquer elle-même.

La cache où vécut Natascha Kampusch, victime d'enlèvement

Elle sentit naturellement qu'il lui manquait quelque chose et elle fit ce qu'elle pouvait pour combler ce manque. Elle dévora les quelques livres et journaux que Priklopil lui apportait et laissa sa radio syntonisée sur Ö1, une station qui diffusait des programmes éducatifs et de la musique classique.

« J'ai essayé de m'éduquer moi-même, d'acquérir des habiletés. Par exemple, j'ai appris à tricoter. »

L'évasion
Après son 18e anniversaire de naissance, Priklopil lui permit de sortir de la maison, mais à la seule condition qu'elle restât tout près de lui. Il menaça de l'abattre si elle faisait le moindre bruit.

> **« Alors il m'agrippait par la gorge, me traînait jusqu'à l'évier, poussait ma tête sous l'eau et serrait ma trachée jusqu'à ce que je perde presque conscience. »**

Le 23 août 2006, Natascha nettoyait la BMW 850i de son ravisseur dans la cour. À 12 h 53, le téléphone cellulaire de Priklopil sonna et il s'éloigna du bruit produit par l'aspirateur pour répondre à l'appel. Natascha y vit une occasion. Elle déposa l'aspirateur sur le sol, en le laissant en marche, et s'enfuit.

Priklopil ne la vit pas partir – son interlocuteur déclara plus tard qu'il avait terminé la conversation téléphonique dans le calme. Cela donna à Natascha une longueur d'avance vitale. Ses jambes n'avaient pas fonctionné si vite depuis des années, mais elle atteignit la vitesse qu'il lui fallait. Elle courut 200 m (600 pi) à travers des jardins de banlieue, en sautant des clôtures et suppliant les passants de téléphoner à la police. D'abord, il sembla que personne ne voulait la prendre au sérieux. Après cinq minutes à fuir, elle s'arrêta à une maison et frappa désespérément à la fenêtre. La dame de 71 ans qui y habitait fut abasourdie de voir une jeune femme pâle et dépenaillée qui la fixait. « Je suis Natascha Kampusch », dit la fille.

La dame appela la police, qui arriva quelques minutes plus tard. Natascha fut conduite au poste de Deutsch Wagram.

La maison où Natascha Kampusch fut trouvée après huit ans de captivité

Elle y fut formellement identifiée par une cicatrice sur son corps et des tests d'ADN. Plus tard, les policiers retrouvèrent son passeport de 1998, toujours dans la cellule qu'elle avait occupée.

En général, l'état de santé de Natascha était bon, quoiqu'elle ne pesât que 48 kg (106 lb), seulement 3 kg (6,5 lb) de plus qu'au moment de sa disparition. Elle n'avait grandi que de 15 cm (6 po).

Quand Priklopil découvrit que la police était à ses trousses, il sauta devant un train près de la station de Wien Nord à Vienne. Des années plus tôt, il avait déclaré à Natascha que les autorités « ne l'attraperaient jamais vivant ».

Une nouvelle vie
Durant son épreuve, quelque chose en Natascha lui avais permis d'aller de l'avant. Les policiers furent renversés par son intelligence et son vocabulaire, compte tenu de ce qu'elle avait traversé.

Natascha en était venue à éprouver de la sympathie pour son geôlier; elle disait de lui que c'était « une pauvre âme », en dépit de ses abus, et elle pleura quand on lui apprit sa mort.

En définitive, Natascha parut s'adapter remarquablement bien à sa nouvelle vie. En 2008, elle acheta la maison dans laquelle elle avait tant souffert et elle la visite à l'occasion.

Le 1er juin 2008, Natascha débuta comme animatrice de son propre talk show sur les ondes de PULS 4, une station de télévision autrichienne.

Dix ans d'esclavage secret

Une jeune Écossaise rendait visite à de la famille au Pakistan quand elle fut kidnappée en plein jour à l'aéroport d'Islamabad. Durant les 10 années qui suivirent, elle fut battue, affamée et rendue malade tandis qu'elle vivait une vie d'esclave dans un infâme camp d'enlèvement tribal.

Date
2000 à 2010

Contexte
Enlèvement

Nature de l'épreuve
Gardée en otage dans un camp de travaux forcés au Pakistan

Durée de l'épreuve
10 ans

Moyens de survie
Intervention de l'armée ; libération ; marcher vers la sécurité

Nombre de survivants
1

Dangers
Torture, exécution, épuisement, mourir de faim, maladie

Équipement
Aucun

CI-DESSUS, À DROITE
Temple sikh à Lahore, dans le Penjab, au Pakistan

Partir seule pour le pays

Naheeda Bi avait 28 ans, mais n'avait jamais voyagé seule. On était en avril 2000 et elle faisait la queue pour s'enregistrer à l'aéroport d'Islamabad. Trois mois auparavant, elle avait quitté Glasgow avec sa mère Rabia pour rendre visite à sa grand-mère au Penjab. Celle-ci était tombée malade, Rabia renvoyait sa fille à la maison. La famille l'avait déposée à l'aéroport et elle était maintenant sur le point de monter à bord de l'avion qui l'amènerait d'abord à Manchester, première étape de son voyage de retour en Écosse.

Elle était donc seule, sans sa mère, et un peu énervée par l'effervescence de l'aéroport, mais elle n'avait aucune raison de craindre que quelque chose de grave pût lui arriver.

Puis, jaillis de nulle part, deux hommes en uniforme s'approchèrent.

« Votre vol a été annulé »

Ils la tirèrent à l'écart rudement et lui dirent qu'elle était au mauvais endroit et que son avion avait été retardé.

Les hommes la conduisirent dans une pièce attenante et lui dirent d'attendre tandis qu'ils vérifiaient pour elle. Naheeda resta assise seule pendant des heures avant que les hommes, de retour, ne lui disent qu'elle avait manqué son vol.

Maintenant un peu paniquée, Naheeda appela son père au Royaume-Uni. Il lui dit de téléphoner à sa famille au Pakistan, qui répondit qu'ils enverraient l'oncle Massoud, le frère de sa mère, la chercher.

Soulagée, Naheeda se calma en attendant l'arrivée de Massoud. Tandis qu'elle était assise dans le bureau étouffant de l'aéroport, les hommes en uniforme lui offrirent un verre d'eau. Naheeda le sirota et… elle se réveilla dans une pièce sombre, sans fenêtre.

Les deux premiers mois

Naheeda était étendue sur un plancher rugueux en béton. La pièce était dans la noirceur quasi totale, mais elle pouvait tout de même voir qu'elle ne contenait aucun meuble, que de la saleté et des débris. Elle ne quitterait pas cette sombre cellule avant au moins deux mois.

Deux hommes entrèrent et crièrent après elle dans une langue qu'elle ne comprit pas (elle découvrirait plus tard que c'était du pachtoune, langue parlée principalement en Afghanistan et au Pakistan occidental).

Comme Naheeda ne réagit pas, ils se mirent à la frapper avec leurs pieds et leurs poings. Finalement, ils lui rasèrent la tête et lui injectèrent un sédatif par les pieds.

« Je voulais mourir, je me dis que si je découvrais une façon de me tuer, je le ferais. »

Après quelques jours, les ravisseurs lui apportèrent un téléphone mobile. À l'autre bout, l'homme parlait le penjabi et elle pouvait le comprendre. Il dit que ses parents étaient aussi au Pakistan et que tout se passerait bien pour elle, à la condition que son père versât £500,000 (environ 813 000 $/582 000 euros). Le père de Naheeda était un homme d'affaires prospère ; elle était certaine qu'il pouvait trouver l'argent.

Toutefois, après quelques autres conversations avec cet homme, Naheeda n'en entendit plus parler. Plutôt, elle devint la victime d'une cruelle routine quotidienne de raclées, de sédation et d'intimidation. Ses rations se résumaient à un peu d'eau et à une minuscule quantité de riz par jour. Elle ne pouvait quitter la pièce et utilisait un trou dans un coin comme toilette.

Les filles des munitions

Un jour, sans avertissement, les ravisseurs de Naheeda lui bandèrent les yeux, la jetèrent à l'arrière d'un camion et roulèrent durant des heures jusqu'à un groupe de bâtiments dans un désert de broussailles.

Elle fut heureuse d'y trouver son oncle Massoud. Par contre, il n'allait pas la libérer : il avait aussi été pris en otage à l'aéroport.

À peine réunis, Naheeda et Massoud furent séparés et elle fut placée dans une pièce avec une vingtaine d'autres femmes et filles. Là, elles furent forcées de fabriquer des munitions.

Les conditions de vie étaient dégoûtantes et la nourriture à peine suffisante pour survivre. La maladie devint la norme, toutes les femmes souffrant fréquemment de vomissements et de diarrhées.

Leurs ravisseurs les soumettaient à des brutalités au hasard. Les femmes étaient tirées par les cheveux d'une pièce à l'autre, humiliées verbalement et battues. Parfois, de nouvelles personnes arrivaient, parfois d'autres partaient.

« Parfois on emmenait des personnes et on ne les voyait jamais plus. Certaines furent tuées. »

Elle n'eut plus de contacts avec l'homme qui avait appelé pour la rançon, ni aucune nouvelle de ses parents. À l'occasion, on les relocalisait ailleurs et elle pouvait apercevoir son oncle, mais la routine restait la même : le travail aux munitions, les raclées, la maladie et les disparitions.

Durant les 10 années qui suivirent, ce fut toute sa vie.

Le salut de nulle part

Naheeda l'ignorait, mais on était désormais en mai 2010 et elle avait 38 ans. Un homme entra dans la pièce sombre, marcha vers Naheeda et interrompit son travail pour lui tendre un téléphone cellulaire. Naheeda le tint

Vue de la vallée de la rivière Swat, au Pakistan

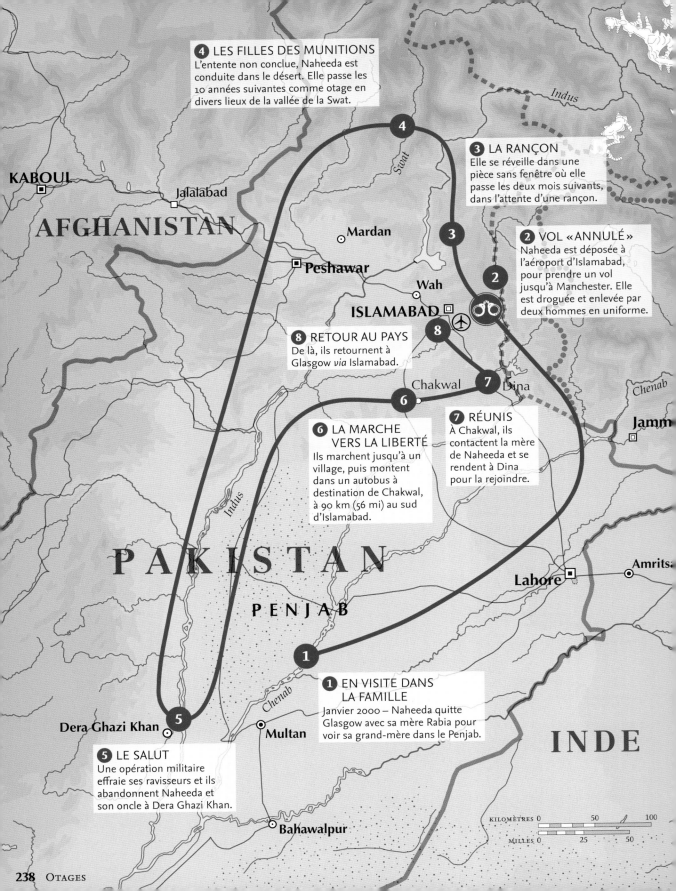

4 LES FILLES DES MUNITIONS
L'entente non conclue, Naheeda est conduite dans le désert. Elle passe les 10 années suivantes comme otage en divers lieux de la vallée de la Swat.

3 LA RANÇON
Elle se réveille dans une pièce sans fenêtre où elle passe les deux mois suivants, dans l'attente d'une rançon.

2 VOL «ANNULÉ»
Naheeda est déposée à l'aéroport d'Islamabad, pour prendre un vol jusqu'à Manchester. Elle est droguée et enlevée par deux hommes en uniforme.

8 RETOUR AU PAYS
De là, ils retournent à Glasgow *via* Islamabad.

6 LA MARCHE VERS LA LIBERTÉ
Ils marchent jusqu'à un village, puis montent dans un autobus à destination de Chakwal, à 90 km (56 mi) au sud d'Islamabad.

7 RÉUNIS
À Chakwal, ils contactent la mère de Naheeda et se rendent à Dina pour la rejoindre.

1 EN VISITE DANS LA FAMILLE
Janvier 2000 – Naheeda quitte Glasgow avec sa mère Rabia pour voir sa grand-mère dans le Penjab.

5 LE SALUT
Une opération militaire effraie ses ravisseurs et ils abandonnent Naheeda et son oncle à Dera Ghazi Khan.

KABOUL

Jalalabad

AFGHANISTAN

Mardan

Peshawar

Wah

ISLAMABAD

Chakwal

Dina

Jamm

PAKISTAN

PENJAB

Lahore

Amrits

Dera Ghazi Khan

Multan

INDE

Bahawalpur

Indus

Swat

Chenab

Indus

Chenab

KILOMÈTRES 0   50   100

MILLES 0   25   50

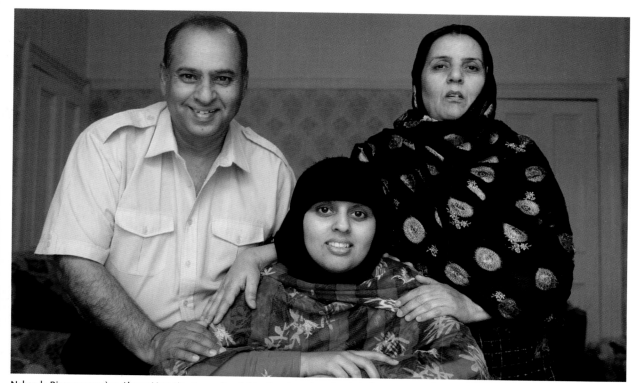

Naheeda Bi avec son père, Akram Hussein, et sa mère, Rabia, dans la maison familiale, à Glasgow, en Écosse, le 6 juin 2010.

contre son oreille. Quelqu'un à l'autre bout du fil dit : «Allô, qui parle ? » La voix était étrange, mais Naheeda la reconnut aussitôt : c'était sa mère. Trop émue pour parler, elle fondit en larmes.

Quelques jours plus tard, on banda les yeux de Naheeda et de son oncle Massoud et ils furent mis dans un camion avec quelques autres otages.

Ils roulèrent durant une journée à travers la campagne reculée. Puis le camion stoppa et ils furent tous deux littéralement jetés à bas du camion. Et le camion s'éloigna.

Ils découvrirent plus tard qu'on les avait abandonnés à Dera Ghazi Khan, dans le Penjab, une zone tribale dangereuse truffée de bandits et de gangs criminels.

Seuls sur la route poussiéreuse, Naheeda et Massoud se mirent en marche. Plusieurs heures plus tard, ils atteignirent un minuscule village où ils persuadèrent deux fermiers de les prendre sur leur tracteur. En entrant dans un plus gros village, ils parvinrent à quémander un peu d'argent pour l'autobus. Ils furent secoués un jour et une nuit sur les routes sinueuses du Penjab avant d'atteindre Chakwal, une ville à 90 km (56 mi) au sud d'Islamabad.

Là, ils téléphonèrent à la mère de Naheeda qui leur annonça l'incroyable nouvelle : elle se trouvait déjà au Pakistan, dans un hôtel de la ville de Dina, avec le père et le frère de Naheeda, attendant des nouvelles des ravisseurs.

Déchirés entre l'espoir de s'échapper et la peur d'être recapturés à tout moment, Naheeda et Massoud se hâtèrent de franchir les 96 km (60 mi) jusqu'à Dina. Ils entrèrent en courant dans l'hôtel et là, les bras ouverts et les yeux en larmes, se trouvait la mère de Dina.

« Nous avons atteint l'hôtel et ma mère attendait. Je pensais rêver. »

Au milieu des cris de joie et de soulagement, son père et son frère sortirent de leur chambre pour se joindre à eux. Quelques jours plus tard, ils étaient de retour en Écosse.

L'enlèvement de Naheeda est l'un des plus longs jamais subi par un Britannique. Elle fut détenue presque deux fois plus longtemps que le journaliste John McCarthy, emprisonné cinq ans et demi à Beyrouth.

« Je ne peux toujours pas croire que mon enfer est terminé. Quand je me réveille, je regarde deux fois la pièce autour de moi, seulement pour être certaine que je suis bien ici. »

Motif de libération

Le Pakistan est l'un des pays les plus dangereux du monde pour les enlèvements et les demandes de rançon. Il est probable que Naheeda ait été détenue dans l'infâme vallée de la Swat, dans la province frontalière nord-ouest du Pakistan. Cette région tribale adjacente à l'Afghanistan grouille de bandits et de gangs criminels. L'armée pakistanaise avait lancé une opération de nettoyage dans la région, au cours des semaines qui précédèrent la libération de Naheeda.

Les ravisseurs peuvent avoir décidé de se débarrasser de leurs otages quand ils entendirent que l'armée se rapprochait d'eux.

Enlevée par les FARC

Íngrid Betancourt Pulecio était candidate présidentielle aux élections colombiennes de 2002 quand elle fut enlevée par les Forces armées révolutionnaires de Colombie (FARC). Emprisonnée dans un camp primitif en pleine jungle, elle fut affamée et torturée durant six ans et demi jusqu'à son spectaculaire sauvetage par les forces de sécurité colombienne.

Date
2002 à 2008

Contexte
Gardée en otage

Nature de l'épreuve
Cachée dans un camp de rebelles loin dans la jungle colombienne

Durée de l'épreuve
6½ ans

Moyens de survie
Mission militaire de secours

Nombre de survivants
15

Dangers
Exécution, mourir de faim, torture

Équipement
Aucun

À GAUCHE
En 2008, un hélicoptère aux couleurs de la Croix-Rouge internationale quitte San José del Guaviare pour recueillir les politiciennes colombiennes Clara Rojas et Consuelo Gonzales détenues depuis des années par les rebelles des FARC dans des camps secrets dans la jungle.

CI-DESSUS, À DROITE
Poste de contrôle tenu par de jeunes guerilleros des FARC sur la route où Íngrid Betancourt fut enlevée.

Prête à mourir pour ses idéaux

Même si Íngrid Betancourt roulait profondément en territoire rebelle, elle n'avait pas peur. Oui, les FARC se sentaient menacées par sa véhémente plateforme présidentielle anti-drogue et anti-violence. Il était vrai aussi que les récents pourparlers de paix entre le gouvernement et les rebelles avaient atteint une impasse après plus de trois ans de négociation. Les FARC avaient aussi augmenté leurs activités dans la zone démilitarisée et la prise d'otages politiques s'avérait une affaire florissante. Néanmoins, Betancourt avait participé aux pourparlers de paix et rencontré plusieurs leaders des FARC. Elle était quelqu'un avec qui ils pourraient travailler dans l'avenir – elle avait sûrement plus de valeur pour eux à titre de femme libre.

En outre, il faut prendre des risques si on devient présidente de la Colombie et la publicité extrêmement positive que son voyage pouvait générer valait bien des dangers.

Ils s'arrêtèrent à un poste de contrôle des FARC près de la ville de San Vicente del Caguán. Des hommes armés approchèrent du véhicule. Betancourt sourit et demanda l'autorisation de passer. Les hommes ne lui retournèrent pas son sourire.

Quelques minutes plus tard, Betancourt était une otage. Au cours des six prochaines années et demie, elle vivrait dans un camp rigoureux en pleine jungle, consciente que, à tout moment, elle pouvait perdre son utilité et recevoir une balle dans la tête.

FARC

Les Forces armées révolutionnaires de Colombie (*Fuerzas Armadas Revolucionarias de Colombia* en espagnol), aussi appelées les FARC, sont une organisation marxiste-léniniste de guérilla révolutionnaire. Groupe d'insurgés le plus important et ancien en Amérique, les FARC furent créées comme aile militaire du parti communiste colombien en 1964.

Elles prétendent représenter les pauvres ruraux dans une lutte contre les classes plus riches de Colombie. Les FARC s'opposent aussi à l'influence des États-Unis en Colombie et à ce qu'elles considèrent comme le pillage des ressources naturelles de la Colombie par les corporations multinationales. Elles financent principalement leurs activités par la prise d'otages et la taxation du commerce de la cocaïne.

L'estimation de leurs forces varie entre 9 000 et 18 000 guérilleros. Les FARC contrôlent de 30 à 40 % du territoire colombien, la majeure partie dans des régions de montagnes et de jungle dense.

La candidate sans peur

Íngrid Betancourt Pulecio est née en 1961 dans une riche famille franco-colombienne. Elle eut le privilège d'étudier à Paris et en Angleterre et *Vanity Fair* dressa même son portrait. Son père avait été ministre du gouvernement colombien et elle le suivit en politique comme ardente adversaire des drogues et de la corruption. Le 20 mai 2001, elle annonça son intention de briguer la présidence. Sa campagne refléta sa personnalité audacieuse et irrévérencieuse : elle distribua gratuitement des échantillons de Viagra, en promettant de « revigorer » les Colombiens dans la lutte contre la corruption.

Elle faisait campagne en autobus dans le pays quand elle fut enlevée avec sa co-listière, Clara Rojas.

Le danger du sauvetage

L'élection présidentielle fut finalement gagnée par Álvaro Uribe. Voulant peut-être démontrer sa force, la nouvelle administration refusa de négocier avec les FARC pour la libération de Betancourt à moins qu'un cessez-le-feu ne fût accepté par les rebelles. Les FARC exclurent la possibilité. Elles étaient disposées à libérer leurs 23 « otages politiques », mais uniquement en échange de tous leurs guérilleros emprisonnés, au nombre de 500. Uribe n'accepta jamais un tel marché.

Les négociations étant au point mort, l'autre solution était une opération risquée de sauvetage. Toutefois, la parenté de Betancourt implora le gouvernement de ne pas user de cette tactique. Le gouverneur de la région d'Antioquia, Guillermo Gaviria, ainsi que son conseiller pour la paix et de nombreux soldats, avaient été enlevés par les FARC durant une marche pour la paix en 2003. Ils avaient été fusillés quand les FARC avaient eu vent d'une mission de sauvetage militaire.

Billard politique

Ainsi débuta un long et lent jeu de négociations et d'affectations politiques. Betancourt était un otage en détresse, mais elle était aussi un pion dans un jeu très complexe.

Elle avait une valeur de rançon pour les FARC, tandis qu'un sauvetage réussi serait un beau coup pour le président Uribe. Détenant la citoyenneté française, Mme Betancourt était très respectée dans ce pays. Quand Nicolas Sarkozy remplaça Jacques Chirac à la présidence française, il s'impliqua personnellement dans des négociations pour sa libération.

Une complication supplémentaire venait de ce que Betancourt était probablement détenue dans la jungle profonde au voisinage du Venezuela. Le président de gauche du Venezuela, Hugo Chávez, partageait certaines sensibilités avec les FARC et il s'était aussi brouillé avec le gouvernement français quand Chirac avait refusé de lui vendre des armes. Politiquement, c'était un désastre.

En juillet 2003, le gouvernement français tenta une mission de sauvetage secrète depuis le Brésil. Toutefois, elle ne parvint pas à libérer Betancourt et le scandale éclaboussa le président Chirac.

En août 2004, le gouvernement Uribe annonça qu'il avait présenté aux FARC une proposition formelle selon laquelle il offrait de libérer environ 50 rebelles emprisonnés en échange des otages politiques et militaires détenus par le groupe des FARC, dont Íngrid Betancourt. Cela ne se concrétisa pas avant le 4 juin 2007, quand le gouvernement relâcha 30 prisonniers des FARC. Pourtant, les FARC décidèrent de garder leur captive.

Sur la route de Florencia, où Íngrid Betancourt fut enlevée avec sa conseillère politique Clara Rojas par des membres des FARC. L'autobus bloquant la route est plein d'explosifs et le graffiti se traduit par : « Attention, mines. Vive les FARC ! »

« [Betancourt] va bien, dans l'environnement dans lequel elle se trouve. Ce n'est pas facile quand quelqu'un est privé de liberté. »

Pendant que les politiciens maquignonnaient en coulisses, Betancourt et d'autres subissaient une difficile captivité loin dans la jungle.

Vie difficile d'une otage

Une première vidéo de Betancourt, réalisée par les FARC, la montrait toujours pleine d'entrain et passionnée. Elle demandait aux forces de sécurité colombiennes de la secourir.

Toutefois, six ans de captivité prélèveraient un terrible tribut. La dernière vidéo de Mme Betancourt, réalisée en 2007, la montrait assise sur une chaise, les yeux fixant le sol d'un air absent. Son visage était pâle, hagard, et ses cheveux en désordre descendaient plus bas que sa taille.

> « Je me sens comme si la vie de mes enfants était en suspens, attendant que je sois libérée, et leur souffrance quotidienne fait paraître la mort comme une douce option. »

De nombreux prisonniers, gardés dans des cages dans la jungle, ne sortaient que pour se laver dans la rivière ou recevoir une raclée. Betancourt affirma avoir été souvent torturée durant sa captivité.

En mai 2007, un otage appelé John Frank Pinchao s'échappa du camp des FARC. Il révéla avoir été détenu avec Betancourt et qu'elle était toujours en vie. Cependant, il dit que plusieurs otages dans le camp étaient malades ou blessés. Betancourt avait tenté de s'échapper plusieurs fois, avait été recapturée et « sévèrement punie ».

Il raconta que Clara Rojas était aussi dans le camp et qu'elle avait donné naissance à un fils (Emmanuel) en captivité.

> « [elle est] exténuée physiquement et moralement. [...] Íngrid est maltraitée très gravement, ils ont déchargé leur colère sur elle, ils l'ont enchaînée dans des conditions inhumaines. »

Betancourt en mauvaise santé alors qu'elle était détenue en otage dans un camp secret de la jungle, en 2007

La pression monte

En 2008, les craintes commencèrent à grandir concernant la santé de Betancourt. Le 31 mars, une station de nouvelles cita différentes sources disant qu'elle avait arrêté de prendre ses médicaments et arrêté de manger. Apparemment, elle avait un urgent besoin de transfusion sanguine.

Quelques jours plus tard son fils, Lorenzo Delloye, supplia les FARC et le président Uribe. Il croyait que sa mère était près de mourir et il pressa les deux côtés de coopérer et de la libérer avant qu'il ne fût trop tard.

Un audacieuse fin de partie

Au cours de l'été 2007, les services de renseignement militaire colombiens avaient mis en branle un audacieux plan quand ils réussirent à faire accepter un officier infiltré dans la structure de commandement des FARC.

Cet agent œuvra à recueillir de l'information et à gagner la confiance de leaders importants des FARC. Il lui fallut des mois pour établir les contacts dont il avait besoin mais, lentement, son zèle porta fruit.

En moins de huit mois, il sut où les otages étaient détenus. Grâce à ses informations, les forces colombiennes purent observer cinq captifs se baignant dans la rivière Apaporis. Ils installèrent des détecteurs de mouvements et des caméras vidéo dans la jungle, au bord de l'eau, pour garder un œil sur les lieux. À un moment donné, un guerillero des FARC qui avait pénétré dans la jungle pour se soulager donna accidentellement un coup de pied sur l'un des appareils; toutefois, il n'enquêta pas plus loin et la couverture des opérations de surveillance resta intacte.

Durant les quelques mois suivants, d'autres officiers du renseignement infiltrèrent des escouades locales des FARC et même le conseil de direction des FARC.

En juin 2008, le général Freddy Padilla de León rencontra le ministre de la Défense avec une audacieuse idée de sauvetage. Leurs agents infiltrés étaient désormais en position de tromper les

Mani

El Porvenir

Libano

Venadillo

Facatativá

Aguaclara

Tocaima

BOGOTÁ

La Poyata

San Pedro de Arimena

Ibagué

Cáqueza

Medina

Chaviva

Fusagasuga

Cabuyaro

Agua de Dios

Villavicencio

Puerto Lopéz

Guamo

Pavon

Prado

San Martín

Laguna Uva

Natagaima

Granada

Colombia

Puerto Limón

3 LIBÉRATION

Uribe

Chafurray

En 2008, deux hélicoptères se faisant passer faussement pour des appareils d'une organisation humanitaire se posèrent dans la jungle à environ 65 km (40 mi) de la ville de San José del Guaviare et sauvèrent les otages.

Neiva

Co La Mensura

2493 m

Cordillera Macarena

Mapiripán

Guaviare

Campoalegre

San José del Guaviare

Inírida

1 San Vicente del Caguán

La Macarena

Calamar

G U A V I A R E

3

Cerro Otare

C O L O M B I E

910 m

Puerto Rico

1 ENLEVÉE PAR LES FARC

Durant sa campagne pour l'élection présidentielle de 2002, Betancourt entra dans la zone démilitarisée (DMZ) de la ville de San Vicente del Caguán pour rencontrer les FARC. Elle fut prise en otage par celles-ci.

Zone approximative sous contrôle des FARC

Salto de Chiribiquete

868 m

El Dorado

Vaupés

Puerto Mercedes

Macayari

Cuñaré

Yari

Santa Rita

Pto Cuba

Lago Tunaima

2

Apaporis

Tres Esquinas

Cerro Cumare

720 m

Macuje

2 CAPTIVITÉ

Au cours des six ans et demi qui suivirent, elle fut détenue dans divers camps de jungle en bordure de la rivière Apaporis.

Curiplaya

Caguán

Puerto Huitoto

Puerto Cuemaní

La Tagua

Puerto Leguizamo

Caquetá

Araracuara

Putumayo

Co Mainé Hanari

KILOMÈTRES 0   50   100

Cag

PÉROU

Puerto Pizarro

860 m

MILLES 0   25   50

La Chorrera

FARC en regroupant les otages. Une autre équipe d'agents se ferait passer pour les membres d'une organisation non gouvernementale fictive et arriverait par hélicoptère, prétendument pour amener les captifs par hélicoptère à un autre camp afin de rencontrer le leader rebelle Alfonso Cano.

L'équipe de l'hélicoptère comprendrait deux soldats se faisant passer pour un caméraman et un journaliste de la télévision, deux autres pour des guerrilleros des FARC, tandis que quatre hommes s'habilleraient en travailleurs humanitaires neutres. Les soldats seraient préparés à leurs rôles par des cours de théâtre.

Le président Uribe approuva le plan et l'*Opération Jaque* (d'après le terme espagnol pour échec et mat) fut lancée.

Le leurre

À la fin de juin, les agents infiltrés dans les FARC ordonnèrent le déplacement des otages de trois sites différents vers une zone centrale. De là, les otages, agents et environ 60 vrais membres des FARC marchèrent 145 km (90 mi) dans la jungle dense vers une zone d'atterrissage. Les agents dirent aux membres des FARC qu'une «mission internationale» venait vérifier l'état des otages, puis les amener voir Cano.

Tôt le matin du 2 juillet, les rebelles des FARC, les otages et les agents se rassemblèrent dans une clairière, tandis que deux hélicoptères Mi-17 blancs non identifiés arrivaient avec fracas au-dessus des arbres. L'un des hélicoptères se posa.

Deux agents de sécurité colombiens se faisant passer pour des membres des FARC sautèrent de l'hélico, courbant fortement la tête tandis qu'ils marchaient sous le courant descendant du rotor. Comme ils se redressaient, les rebelles purent voir leurs t-shirts décorés de la célèbre image de Che Guevara. Les hommes expliquèrent qu'ils étaient venus pour les otages.

Il fallut 22 minutes pour organiser les otages, les menotter et les mettre à bord de l'hélicoptère. Les agents utilisaient des mots de code convenus d'avance pour informer le pilote et le co-pilote du progrès de l'opération.

Deux vrais membres des FARC montèrent dans l'hélicoptère avec les otages et les agents secrets. Puis les rebelles au sol regardèrent l'hélicoptère décoller et s'envoler au-dessus de la canopée de la jungle.

Dès que l'hélicoptère fut dans les airs, les agents pointèrent des pistolets sur la tête des guerrilleros et leur dirent de s'agenouiller.

Betancourt était déconcertée. Les deux hommes qui l'avaient gardée en otage durant six longues années étaient désormais nus et les yeux bandés sur le plancher de l'hélicoptère, tandis qu'un homme portant un t-shirt à l'effigie de Che Guevara détachait ses menottes.

> **«Un soldat dit: "Nous sommes l'armée nationale colombienne. Vous êtes libre." L'hélicoptère tomba presque du ciel avec toutes les manifestations de joie.»**

Quatorze autres otages furent aussi libérés, dont onze officiers de l'armée et de la police colombiennes et trois contracteurs militaires américains: Marc Gonsalves, Thomas Howes et Keith Stansel. Les deux membres des FARC furent arrêtés.

Libération

Pour l'accueillir, le gouvernement français dépêcha en Colombie par avion les enfants de Betancourt, Melanie et Lorenzo Delloye, son premier mari Fabrice Delloye et sa sœur Astrid.

> **«Le nirvana, le paradis – ce doit être très similaire à ce que je ressens en ce moment.»**

Melanie et Lorezo avaient 16 et 13 ans quand elle fut enlevée. Ils étaient maintenant de jeunes adultes.

Betancourt les attendait sur le tarmac de l'aéroport. Comme la porte de l'avion s'ouvrait, elle courut en haut des marches et les embrassa. Ravalant ses larmes, elle agrippa les membres de sa famille et les repoussa dans l'avion pour continuer leur réunion en privé.

Betancourt *(au centre)* parle avec ses enfants Melanie *(à gauche)* et Lorenzo Delloye *(à droite)* après son sauvetage par l'armée colombienne dans la jungle du département oriental de Guaviare.

Enterré vivant

Quand des hommes armés défoncèrent à coups de pied la porte de son bureau à Bagdad, Roy Hallums affronta le pire cauchemar de tout entrepreneur américain : être capturé par des terroristes. Durant les 311 jours suivants, on le garderait ligoté et bâillonné dans la noirceur totale et sous la menace constante d'une mort sanglante jusqu'à sa libération par les forces spéciales américaines.

Date
2004 à 2005

Contexte
Pris en otage par des terroristes iraquiens

Nature de l'épreuve
Enterré dans un sous-sol de béton

Durée de l'épreuve
10 mois et 7 jours

Moyens de survie
Sauvetage

Nombre de survivants
1

Dangers
Meurtre, torture, mourir de faim

Équipement
Aucun

Comme à l'habitude

C'était le 1er novembre 2004, une autre journée ordinaire dans le bureau de Roy Hallums. Il travaillait pour une compagnie d'Arabie saoudite qui s'occupait de la nourriture pour l'armée iraquienne. Comme tous les entrepreneurs, il savait que Bagdad était un lieu de travail dangereux, mais son bureau était situé dans une partie relativement sécuritaire de la ville et il était sous la protection constante de gardes armés.

Il est vrai que des enlèvements se produisaient, mais les chances qu'on fût pris en otage étaient minces. Environ une douzaine d'Américains avaient été enlevés l'année précédente, mais c'était sur une population de 39 000 entrepreneurs américains qui travaillaient dans le pays.

« Suis-nous ou on te tue. »

Par conséquent, les pensées morbides étaient loin de son esprit quand Hallum s'assit à son bureau, regarda l'écran de son ordinateur et planifia sa journée. Puis sa porte fut fracassée et quatre hommes armés portant des cagoules de ski entrèrent en trombe.

Et le cauchemar tapi au fond de l'imagination de tout entrepreneur devint pour lui une réalité soudaine et violente.

La plus grande peur

Hallums savait dans quel pétrin il était. Le terroriste Abou Moussab al-Zarqaoui avait intensifié récemment ses assauts contre les Américains, en enlevant, puis décapitant plusieurs Occidentaux : Nicholas Berg en mai 2004, Eugene Armstrong et Jack Hensley en septembre ; et, en octobre, tout juste avant l'enlèvement de Roy, l'ingénieur britannique Ken Bigley. Avec un écœurant spasme dans l'estomac, il réalisa qu'il y avait de fortes chances qu'il fût enlevé alors par Al-Zarqaoui.

On lui lia les mains dans le dos et il fut tiré hors de l'édifice tandis qu'une fusillade éclatait autour de lui. Ensuite,

CI-DESSUS, À DROITE
La ville de Bagdad, en Iraq

le fracas des armes automatiques s'estompa alors qu'on le jetait dans une voiture qui démarra à toute vitesse.

Enterré

Après une brève période où il fut déplacé de maison en maison dans Bagdad, Hallums fut amené au sud, à l'extérieur de la ville. Il fut conduit dans un bâtiment de ferme mal tenu et jeté dans une cellule en béton creusée sous l'une des pièces. Cette fosse sombre et sans air, qui ne faisait que 1,4 m (4,5 pi) de haut, serait son «chez-soi» pour les 10 mois suivants.

On lui banda les yeux et on le ligota.

Les mains et les pieds de Roy Hallums furent attachés si solidement avec des courroies en nylon qu'il était pratiquement immobile.

Il entendit les ravisseurs qui laissaient retomber la trappe au-dessus de sa tête. Ils coulèrent un carré de béton frais sur la trappe, puis disposèrent un tapis. Sur le tout, ils placèrent un réfrigérateur. Hallums aurait pu être à des kilomètres sous terre. Personne ne le retrouverait. C'en était fait de lui.

Survivre dans sa tête

Sa nourriture n'était rien de plus que ce qui suffisait à le garder en vie : un peu de riz, des miettes de fromage, quelques sardines, des fruits pourris.

À l'occasion, il avait de la compagnie. D'abord, il fut détenu avec Roberto Tarongoy des Philippines, Inus Dewari du Népal et trois Iraquiens. À un certain point, ils furent neuf otages dans la minuscule pièce. Mais les hommes ne pouvaient pas se voir l'un l'autre parce qu'ils avaient des bandeaux sur les yeux. Et, comme ils étaient souvent bâillonnés, ils ne pouvaient pas converser.

Quoique Hallums fût incapable de bouger physiquement, il pouvait voyager dans son esprit. Commençant à planifier des voyages dans sa tête, il composa des itinéraires longs et détaillés qui, parfois, l'occupaient des jours durant. C'est une discipline mentale qui l'aida à rester sain d'esprit.

Hallums ne vit jamais ses ravisseurs mais, avec le temps, il se fit une image de leur vie. Il pouvait entendre la télévision qu'ils regardaient souvent. Par contre, comme c'étaient des musulmans sunnites de stricte obédience, ils ne pouvaient regarder d'émissions dans lesquelles les femmes montraient leur chevelure. Ce qui réduisait l'éventail de leurs divertissements possibles ; ils regardaient presque exclusivement des dessins animés de Tom & Jerry.

Les affaires d'otages

Hallums déduisit aussi que, en fin de compte, ses ravisseurs ne faisaient pas partie du groupe d'Al-Zarqaoui. Il était plus probable que ce fût seulement une «affaire de famille», quoiqu'une sale affaire. Ce groupe s'était rendu compte qu'il y avait de l'argent à faire en enlevant des étrangers et il avait décidé de prendre une part du gâteau.

Dans cette perspective, il était essentiel pour les ravisseurs de livrer un bon baratin publicitaire. Le leur avait la forme d'une vidéo de leurs otages. Ils les préparaient pour la caméra en leur donnant des scripts à mémoriser, puis ils les battaient.

«Nous voulons des larmes et pour vous faire pleurer, nous allons vous battre.»

Vue aérienne d'une banlieue de Bagdad

Hélicoptères Apache de l'armée américaine en patrouille au-dessus de la Zone verte de Bagdad

Quand la vidéo de Hallums fut diffusée le 25 janvier 2005, trois mois après son enlèvement, ce fut la première et la dernière preuve que sa famille eût qu'il était toujours en vie. Le film montrait Hallums avec une longue barbe, un pistolet pointé sur la tête, implorant pour sa vie.

L'angoisse de l'attente

Les mois passant, Hallums pouvait se rendre compte que l'entreprise était payante pour le réseau de ravisseurs. Un à un, les otages qui partageaient son cachot étaient relâchés une fois leur rançon payée. Quoique cela lui donnât de l'espoir, c'était aussi difficile à supporter. Il ne pouvait rien faire sinon attendre dans le noir, tandis que les jours devenaient des semaines et les semaines, des mois.

Cela poussa aussi ses ravisseurs à augmenter la pression psychologique sur lui. Ils lui demandèrent les numéros de téléphone de ses filles, mais il était hors de question qu'Hallums les laissât menacer aussi ses êtres chers. Quand il refusa, l'un des hommes lui mit le canon d'un pistolet 9 mm dans la bouche et dit :

« Si tu ne me donnes pas ces numéros de téléphone maintenant, je te tue. »

Hallums garda un air absent et lui dit simplement qu'il ne les connaissait pas. L'homme mordit à l'hameçon. Il remit son pistolet dans sa poche et remonta à l'étage.

La force Delta

Robert Tarongoy fut libéré le 23 juin 2005. Il dit aux forces américaines qu'il pensait que Hallums était toujours vivant, mais on n'entendit plus parler de lui.

Entre-temps, Susan Hallums, son ex-épouse faisant toujours partie de ses proches, s'efforçait par tous les moyens d'obtenir sa libération. Elle collecta 40 000 $ pour sa libération et réussit même à contacter les ravisseurs par un intermédiaire pour conclure une entente. Les ravisseurs refusèrent ; ils voulaient 12 millions de dollars.

La famille de Hallums était anéantie – et partiellement choquée que le gou-

En Iraq, le citoyen américain Roy Hallums (au centre) serre la main du brigadier général de la force aérienne, Frank Gorenc, avant de monter à bord de l'avion qui le ramènera chez lui.

vernement ne parût pas faire grand-chose pour aider. Ce qu'ils ne pouvaient pas savoir, c'était qu'une unité spéciale de secours le recherchait depuis le début.

La persévérance de cette équipe fut payante. Un Iraquien en détention leur donna un tuyau et une unité de la force d'élite Delta de l'armée américaine fut envoyée sur une ferme à 24 km (15 mi) au sud de Bagdad.

Quand les troupes de la coalition arrivèrent, les ravisseurs avaient fui. À leur première incursion dans le bâtiment, ils ne virent aucun signe de Hallums. L'ouverture avait été si bien cimentée que, sans informations détaillées, spécifiques, les soldats n'auraient jamais su où regarder.

Au sous-sol, Hallums entendait bouger, mais ignorait ce qui se passait au-dessus de sa tête. Puis la trappe s'ouvrit et quelqu'un sauta à côté de

lui. Une voix américaine demanda : « Êtes-vous Roy ? » Hallums arracha son masque et vit un soldat américain debout devant lui.

– Oui, réussit-il à dire.

– Venez, dit le soldat, nous vous sortons d'ici.

Hallums le serra dans ses bras.

De retour au pays

Roy Hallums avait passé dix mois et sept jours dans le noir total. La plupart du temps, il avait aussi été ligoté et bâillonné. Il avait perdu 16 kg (35 lb) durant ses mois de captivité. Ses muscles n'ayant pas été utilisés de tout ce temps, il lui était physiquement difficile de parler et quasi impossible de marcher aussitôt après sa libération.

Néanmoins, quand il entendit la voix de sa fille au téléphone après sa libération, il parvint à retrouver la voix.

– C'est papa, dit-il simplement.

Héros de Noël

C'était le jour de Noël 2009 et les 290 personnes à bord du vol 253 n'étaient qu'à 20 minutes de l'atterrissage à Detroit. Alors, Umar Farouk Abdulmutallab, 23 ans, fit exploser le plastic explosif caché dans ses vêtements et la pagaille éclata. Un passager hollandais, Jasper Schuringa, maîtrisa héroïquement le porteur de la bombe et le menotta, permettant au pilote d'atterrir en sécurité.

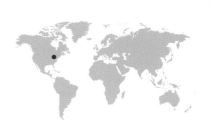

Date
2009

Contexte
Attentat à la bombe

Nature de l'épreuve
À bord d'un avion en vol

Durée de l'épreuve
20 minutes

Moyens de survie
Intervention d'un passager

Nombre de survivants
290

Dangers
Explosion, feu, écrasement mortel

Équipement
Aucun

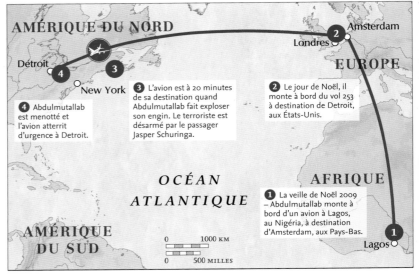

AMÉRIQUE DU NORD

Détroit

New York

OCÉAN ATLANTIQUE

AMÉRIQUE DU SUD

Amsterdam

Londres

EUROPE

AFRIQUE

Lagos

3 L'avion est à 20 minutes de sa destination quand Abdulmutallab fait exploser son engin. Le terroriste est désarmé par le passager Jasper Schuringa.

4 Abdulmutallab est menotté et l'avion atterrit d'urgence à Detroit.

2 Le jour de Noël, il monte à bord du vol 253 à destination de Detroit, aux États-Unis.

1 La veille de Noël 2009 – Abdulmutallab monte à bord d'un avion à Lagos, au Nigéria, à destination d'Amsterdam, aux Pays-Bas.

0   1000 KM
0   500 MILLES

En avion pour un Noël au pays

Il était 11 h 20, le 25 décembre 2009, et les passagers du vol 253 de la Northwest rêvaient à Noël. L'Airbus A220-323E avait quitté Amsterdam à 8 h 45 ce matin-là avec 279 passagers, huit agents de bord et trois pilotes à bord. Quoique routinier, le vol avait paru long. Maintenant, par contre, l'excitation contrebalançait la fatigue. Dans moins d'une heure, tous prendraient leurs bagages pleins de cadeaux sur le carrousel et se dirigeraient vers la station de taxis. Si le trafic routier n'était pas trop lourd, ils arriveraient à destination à temps pour le repas de Noël.

Puis Umar Farouk Abdulmutallab fit exploser une bombe et leurs rêves de Noël s'envolèrent en fumée.

Les sous-vêtements de l'asssassin

La veille de Noël, Umar Farouk Abdulmutallab, un Nigérian de 23 ans, était arrivé à l'aéroport Murtala Muhammed à Lagos, au Nigéria. Il monta à bord du vol 588 de la KLM en partance pour l'aéroport Schiphol d'Amsterdam, à 23 h. Le lendemain, il s'enregistra sur le vol 253 de la Nortwest à destination de Detroit avec un sac de vol pour tout bagage.

Abdulmutallab fit le vol dans le siège 19A à côté du hublot, près des réservoirs de carburant de l'aile. Pendant huit heures, il bougea à peine, mais comme l'avion s'approchait de Detroit, il alla aux toilettes. Vingt minutes plus tard, il revint à son siège.

L'avion effectuait alors son approche finale. Comme Abdulmutallab s'effondrait dans son siège, il murmura qu'il avait mal à l'estomac. Il tira ensuite une couverture sur lui.

Toutefois, il n'avait aucun problème d'estomac : sous la couverture, Abdulmutallab préparait un engin explosif. Cousu dans son sous-vêtement se trouvait un contenant de plastic rempli de 80 g (2,5 oz) d'explosifs en poudre. Sous la couverture, il retira une petite seringue d'acide, plongea son aiguille dans l'explosif et enfonça complètement le piston.

La réaction chimique fut instantanée. Une explosion retentit dans la cabine, tira brutalement les passagers de leurs paisibles rêves de Noël et les ramena à une terrifiante réalité.

Notre avion est en flammes

Pendant un moment, ce fut trop surréaliste pour qu'on comprît. Comme si des pétards avaient sauté. Et il y avait une étrange odeur dans l'air. Les passagers virent ensuite les vêtements du suspect et la paroi de l'avion en flammes. Le feu léchait la paroi latérale et dévorait avec appétit l'intérieur en plastique.

> **« Il y avait de la fumée, des cris et des flammes. C'était apeurant. »**

Jasper Schuringa, un Hollandais assis à l'opposé d'Abdulmutallab dans la même rangée, réagit le plus vite. Il jeta un coup d'œil et vit que le pantalon du suspect était ouvert et que quelque chose brûlait entre ses jambes.

Schuringa franchit d'un bond la cabine et essaya d'éteindre les flammes avec ses mains. Toutefois, la réaction chimique était trop forte et il se brûla. À ce moment-là, les agents de bord avaient attrapé un extincteur, qu'ils utilisèrent pour éteindre les flammes sur le suspect et la paroi. Un autre passager saisit la seringue partiellement fondue et encore fumante des mains d'Abdulmutallab.

> **« Je lui ai arraché l'objet et j'ai essayé d'éteindre le feu avec mes mains, puis je l'ai jeté. »**

Schuringa attrapa alors le suspect, le tira hors de son siège et l'amena à l'avant, dans la section de la classe affaires. Malgré les brûlures atroces à ses mains, il arracha les vêtements du suspect pour s'assurer qu'il n'avait pas d'autres explosifs. Un membre de l'équipage arriva avec des menottes en plastique et, ensemble, ils les mirent à Abdulmutallab.

Les passagers applaudirent spontanément tandis que Schuringa redescendait l'allée jusqu'à son siège.

La bombe qui n'explosa pas

Abdulmutallab avait essayé de faire exploser 80 g (2,5 oz) de tétranitrate de

Photo d'idendité judiciaire d'Umar Farouk Abdulmutallab publiée par le US Marshals Service, le 28 décembre 2009

pentaérythritol (PETN), une poudre crystalline de la même famille chimique que la nytroglycérine et l'un des plus puissants explosifs qui soient. Apparemment, il avait apporté le PETN dans l'avion dans un condom fixé à son sous-vêtement.

L'engin sur le vol 235 n'explosa pas correctement mais, si ç'avait été le cas, la dépressurisation de la cabine qui aurait suivi aurait été catastrophique et le stress sur le fuselage aurait pu briser l'avion. Des tests ont démontré que 50 g (1,5 oz) de PETN peuvent percer un trou dans le flanc d'un avion. La bombe qui avait détruit l'avion de la Pan Am au-dessus de Lockerbie en 1988, tuant 270 personnes, contenait du PETN.

En détention

Le suspect fut gardé menotté et isolé dans la section avant tandis que le pilote atterrissait d'urgence à l'aéroport Metropolitan Wayne County de Detroit. Le vol 253 toucha le sol juste avant 13 h, heure locale, et Abdulmutallab fut aussitôt arrêté. Puis il fut conduit à l'hôpital.

Trois jours plus tard, Al-Qaïda dans la péninsule arabique (AQAP) revendiqua la responsabilité de la tentative d'attentat. Le 6 janvier 2010, Abdulmutallab fut inculpé sous six chefs d'accusation criminels par une cour d'assises fédérale, dont tentative d'utiliser une arme de destruction massive et tentative de meurtre.

Jasper Schuringa (*à gauche*) reçoit une médaille spéciale du maire adjoint d'Amsterdam, Lodewijk Asscher (*à droite*), le 21 mai 2010.

La riposte des otages

Quand le cargo *Maersk Alabama* fut attaqué par des pirates somaliens lourdement armés, l'équipage surprit les bandits en ripostant et en gagnant sa liberté. Le capitaine fut gardé en otage durant trois jours de tension et fit une brave tentative d'évasion, avant qu'une opération irréprochable des SEAL de la marine n'éliminât les pirates et ne lui sauvât la vie.

Date
2009

Contexte
Enlevés par des pirates

Nature de l'épreuve
Tenus sous la menace d'armes

Durée de l'épreuve
4 jours

Moyens de survie
Représailles de l'équipage ; sauvetage par les SEAL de la marine

Nombre de survivants
20

Dangers
Meurtre, tirs amis

Équipement
Équipement du navire ; armes de tireurs d'élite

CI-DESSUS, À DROITE
Le navire porte-conteneurs américain *Maersk Alabama* à quai au port de Mombasa, sur la côte du Kenya

Des eaux sans lois

La piraterie dans le golfe d'Aden est une menace importante pour la navigation internationale depuis la fin de 1990. Environ 30 000 navires marchands, constituant de riches prises pour des pirates audacieux, traversent la zone. Les pirates utilisent souvent des vaisseaux capturés comme « vaisseaux mères », depuis lesquels ils lancent des assauts rapides en utilisant de petites embarcations de grande puissance. En 2008, il y eut 111 attaques, dont 42 détournements réussis. Le 11 décembre 2010, les pirates somaliens détenaient au moins 35 navires et plus de 650 otages.

La piraterie rapporte gros. Les rançons sont habituellement payées et l'argent offre aux pirates un mode de vie somptueux qui, autrement, serait inaccessible dans l'un des pays les plus pauvres de la planète où une personne gagne en moyenne moins de 2 $ par jour.

Pour les navigateurs marchands, c'est ce qui fait que les eaux du golfe d'Aden sont les plus dangereuses de la planète.

Le détournement

Le 8 avril 2009, le *Maersk Alabama* enregistré aux États-Unis était à mi-chemin de son voyage de 3 400 km (2 110 mi) de Djibouti au Kenya. Emportant 17 000 tonnes métriques de cargo, dont 5 000 tonnes métriques étaient du matériel de secours à destination de la Somalie, de l'Ouganda et du Kenya, l'*Alabama* était à 240 milles nautiques (440 km/273 mi) au sud-est du port somalien d'Eil.

Les pirates avaient déjà attaqué cinq navires cette semaine-là, mais l'*Alabama* allait bientôt être hors des eaux dangereuses. L'équipage de 20 hommes pourrait alors anticiper un congé bien mérité en arrivant à Mombasa.

C'est alors que leur pire cauchemar devint réalité. Le FV *Win Far 161*, un bateau de pêche taïwanais, arriva en vue. Les pirates l'avaient capturé deux jours plus tôt près des Seychelles et l'équipage de l'*Alabama* observa avec horreur quatre pirates somaliens lourdement armés passer du bateau de pêche à un skiff, puis foncer vers eux à toute vitesse.

L'équipage tira des fusées de détresse sur eux, mais cela ne leur fit pas peur. Les bandits abordèrent rapidement le navire. Cela semblait être un bon jour de paie.

Les pirates ne se doutaient pas que cet équipage était prêt à riposter.

Prêts à l'action

Les 20 membres d'équipage de l'*Alabama* avaient récemment reçu un entraînement anti-piraterie complet : ils s'étaient entraînés avec des armes de poing et avaient appris des tactiques anti-terroristes, la sécurité de base, les premiers soins et autres mesures de secours. La veille de l'incident, ils avaient aussi fait un exercice de piraterie.

Comme les quatre pirates quittaient leur skiff et montaient à bord de l'*Alabama*, l'ingénieur en chef Mike Perry et le premier aide ingénieur Matt Fisher réagirent les premiers, en faisant bouger continuellement le gouvernail du bateau de gauche à droite, ce qui provoqua une houle qui inonda le skiff pirate et le coula.

Les ingénieurs se comportent en héros

Perry actionna l'alarme de piraterie et conduisit 14 membres d'équipage en lieu sûr dans la salle des machines, que les ingénieurs avaient fortifiée pour une telle occasion. Ils utilisèrent ensuite leurs connaissances techniques pour court-circuiter d'en bas les instruments de la passerelle. Le chef Perry prit le contrôle du moteur principal et Matt Fisher prit le contrôle de l'appareil à gouverner. Quoique les pirates fussent désormais sur la passerelle et eussent capturé le capitaine Richard Phillips et deux autres membres d'équipage, le contrôle du bateau leur échappait.

Le chef Perry coupa alors le courant des systèmes du bateau et le navire entier fut plongé « dans le noir ». Les pirates furent pris par surprise. Leur chef, Abduhl Wal-i-Musi, se lança à la recherche des autres membres d'équipage pour les forcer à rendre le contrôle du navire. Il descendit à la salle des machines. Mais, le navire étant dans le noir, il ne vit pas le chef Perry tapi à l'extérieur de la pièce sécurisée, un couteau à la main, prêt pour une telle visite.

Perry bondit et, après une spectaculaire chasse au chat et à la souris dans la salle obscure, il renversa les

rôles aux dépens de leur ravisseur en puissance et le prit en otage.

Les otages prennent le contrôle

Frustrés, les trois autres pirates décidèrent de limiter les dégâts et de quitter l'*Alabama* avec le capitaine Phillips en otage. Toutefois, comme leur skiff avait été coulé, ils furent forcés d'utiliser l'un des canots de sauvetage de l'*Alabama*.

Durant les douze heures suivantes, les deux partis s'intimidèrent l'un l'autre. Chacun détenait un otage ; un échange était l'issue logique. Comme prévu, l'équipage relâcha son prisonnier, mais les pirates refusèrent d'honorer leur part du marché. Ils fuirent dans le canot de sauvetage avec le capitaine.

Les gros bras arrivent

Entre-temps, la marine américaine avait eu vent de l'incident et déclenchait la riposte. Le destroyer USS *Bainbridge* et la frégate USS *Halyburton* furent envoyés dans le golfe d'Aden et joignirent l'*Alabama* tôt le 9 avril.

Un contingent de 18 hommes armés monta à bord de l'*Alabama* et l'escorta jusqu'à sa destination prévue, soit Mombasa au Kenya. L'équipage y débarqua en sûreté le samedi 11 avril.

Impasse

La bataille se déroulait désormais entre le USS *Bainbridge* et les pirates dans le canot de sauvetage.

Durant les trois jours suivants, le destroyer suivit le canot à une distance de plusieurs centaines de mètres, hors de portée de tir des pirates.

Entre-temps, les pirates cherchaient à se sortir de leur situation difficile. Le minuscule canot de 8,5 m (28 pi) était couvert, mais ne leur offrait aucune protection. Le capitaine Phillips était tout ce qu'ils avaient pour empêcher les Américains de les faire sauter.

Commençant à négocier avec le capitaine du *Bainbridge* par téléphone satellite, ils exigèrent une rançon et essayèrent de gagner du temps. Ils appelèrent aussi leurs camarades à bord d'autres bateaux capturés pour les aider à conduire Phillips en Somalie. Ce qui

Le USS *Bainbridge* remorque le canot de sauvetage du *Maersk Alabama* vers le USS *Boxer* (arrière-plan) pour servir de preuve après le sauvetage réussi du capitaine Richard Phillips.

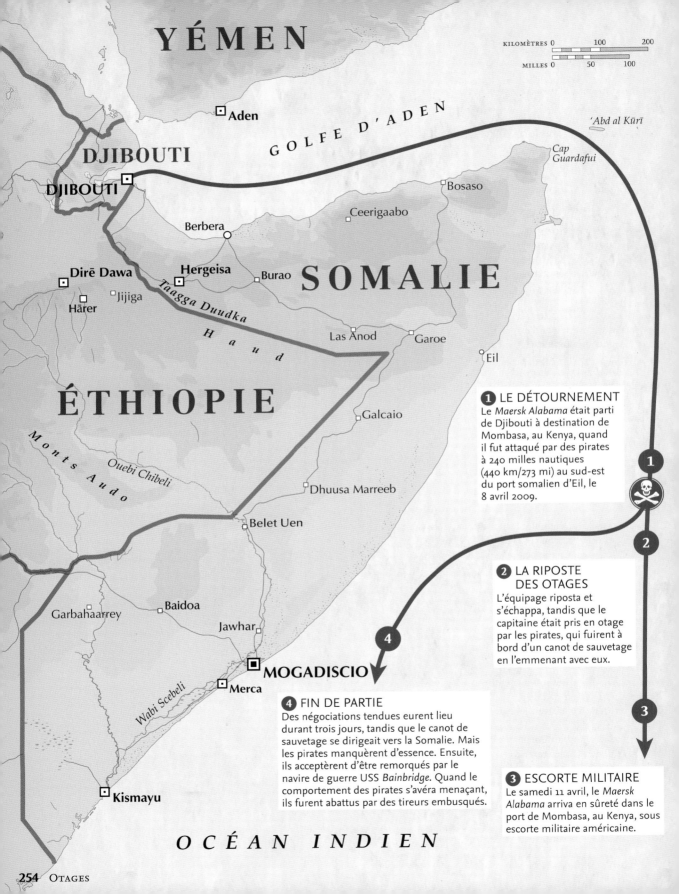

YÉMEN

Aden

GOLFE D'ADEN

'Abd al Kūrī

DJIBOUTI

DJIBOUTI

Berbera

Cap Guardafui

Bosaso

Ceerigaabo

Dirē Dawa

Hergeisa

Burao

SOMALIE

Hārer

Jijiga

Taagga Duudka

Haud

Las Anod

Garoe

Eil

ÉTHIOPIE

Galcaio

Monts Audo

Ouebi Chibeli

❶ LE DÉTOURNEMENT
Le *Maersk Alabama* était parti de Djibouti à destination de Mombasa, au Kenya, quand il fut attaqué par des pirates à 240 milles nautiques (440 km/273 mi) au sud-est du port somalien d'Eil, le 8 avril 2009.

Dhuusa Marreeb

Belet Uen

❷ LA RIPOSTE DES OTAGES
L'équipage riposta et s'échappa, tandis que le capitaine était pris en otage par les pirates, qui fuirent à bord d'un canot de sauvetage en l'emmenant avec eux.

Garbahaarrey

Baidoa

Jawhar

MOGADISCIO

Merca

Wabi Scebeli

❹ FIN DE PARTIE
Des négociations tendues eurent lieu durant trois jours, tandis que le canot de sauvetage se dirigeait vers la Somalie. Mais les pirates manquèrent d'essence. Ensuite, ils acceptèrent d'être remorqués par le navire de guerre USS *Bainbridge*. Quand le comportement des pirates s'avéra menaçant, ils furent abattus par des tireurs embusqués.

❸ ESCORTE MILITAIRE
Le samedi 11 avril, le *Maersk Alabama* arriva en sûreté dans le port de Mombasa, au Kenya, sous escorte militaire américaine.

Kismayu

OCÉAN INDIEN

compliquerait la tâche des Américains et consoliderait la position des pirates.

Le 10 avril, le capitaine Phillips fit une courageuse tentative d'évasion. Il fut recapturé quand ses ravisseurs tirèrent au-dessus de sa tête. Cela fit grimper la tension dans le canot et, juste après l'aube, le samedi, un des pirates tira sur le USS *Halyburton*. Personne ne fut blessé, mais cela fut un point tournant du drame.

> **« Nous sommes en sécurité et nous n'avons pas peur des Américains. Nous nous défendrons si nous sommes attaqués. »**
> Le chef des pirates

Un marché difficile

Les pirates continuaient d'exiger une rançon de deux millions de dollars pour Phillips, mais les Américains commencèrent à durcir le ton : ils refusèrent catégoriquement de discuter même de la demande. La situation des pirates devenait de plus en plus désespérée. Ils avaient utilisé un téléphone satellite pour appeler leurs camarades sur d'autres bateaux capturés dans la région afin qu'ils vinssent à leur secours. Mais la vue du navire de guerre américain les avait fait fuir. Les quatres hommes avaient été laissés à eux-mêmes dans le canot.

Les pirates laissèrent alors tomber leur demande de rançon ; ils libéreraient Phillips en échange de leur propre liberté. Les Américains refusèrent cela aussi.

Un des pirates, Abduhl Wal-i-Musi, en eut assez. Quand les Américains envoyèrent une petite embarcation pour ravitailler le canot, il déserta ses camarades et sauta dans l'autre bateau alors qu'il accostait.

Tandis que le cruel soleil équatorial brûlait, le canot manqua de combustible et commença à dériver. La mer devint agitée.

Le commandant du *Bainbridge* offrit aux pirates de les remorquer. Ils n'avaient pas le choix d'accepter. Ils attachèrent au canot le câble de 60 m (200 pi) lancé par les marins du *Bainbridge*. Peut-être qu'ils pouvaient tenir le coup un peu plus et persuader leurs camarades de venir les secourir.

Le capitaine Richard Phillips *(à droite)*, commandant du cargo *Maersk Alabama*, debout aux côtés du commandant de la marine américaine Frank Castellano *(à gauche)*, officier commandant du USS *Bainbridge*, après avoir été secouru par les forces navales américaines au large de la côte somalienne.

Ce qu'ils ignoraient, c'était que le président Obama avait autorisé l'usage de la force pour libérer Phillips si sa vie était en danger. Une équipe de tireurs d'élite des SEAL avait été parachutée dans l'eau tout près, dans la nuit du vendredi, et amenée secrètement à bord du *Bainbridge*. Ils étaient maintenant prêts à passer à l'action.

Fin de partie

Les pirates devenaient de plus en plus nerveux. À la tombée de la nuit, le 12 avril, l'un d'eux tira un projectile traçant en direction du navire de guerre. On pouvait voir un autre pirate tenant son kalachnikov près de la poitrine de Phillips. Le commandant du *Bainbridge* pensa qu'il était prêt à faire feu. Il donna l'ordre de tirer.

Trois tireurs d'élite étaient cachés sur la poupe du navire, chacun visant un pirate différent. Utilisant la vision nocturne, ils attendirent jusqu'à ce que tous les trois eussent un coup sûr. Le *Bainbridge* était relativement stable, mais le canot dansait sur l'eau. Centimètre par centimètre, on écourtait le câble reliant les deux bateaux. Le canot était désormais à moins de 40 m

(131 pi) de la poupe de l'escorteur. Les tireurs continuaient d'attendre le bon moment. Enfin, deux des pirates pouvaient être vus dans la porte du canot couvert et le troisième pouvait être vu par la fenêtre gardant l'otage ligoté : les tireurs ouvrirent le feu simultanément.

Les trois pirates furent tués instantanément par des tirs francs dans la tête.

Les SEAL glissèrent ensuite le long du câble jusqu'au canot pour secourir Phillips, qui était indemne.

Le dernier pirate

Abduhl Wal-i-Musi fut conduit à New York devant un tribunal. Il plaida coupable et, le 16 février 2011, il fut condamné à 33 ans et 9 mois de prison.

> **« Je partage l'admiration du pays pour la bravoure du capitaine Phillips et son dévouement désintéressé pour son équipage. Son courage est un exemple pour tous les Américains. »**
> Le président des États-Unis, Barack Obama

INDEX

BIBLIOGRAPHIE

La Jungle est neutre	F. Spencer Chapman	Éditions du Seuil, 1951
117 jours à la dérive	Maurice et Maralyn Bailey	Arthaud, 1974
La Mort suspendue	Joe Simpson	Glénat, 2004
Papillon	Henri Charrière	Robert Laffont, 1969
Incredible Journeys	Thomas Cussans	Collins & Brown, 2007
Great Escapes	Ian Crofton	Quercus, 2009
Les Naufragés du Sahara	Dean King	Noir sur blanc, 2007
Sept ans d'aventures au Tibet	Heinrich Harrer	Arthaud, 2008
Les Survivants	Piers Paul Reid	Grasset, 1993
À la dérive : 76 jours perdu en mer	Steven Callahan	Robert Laffont, 1986
The Edge of the Sword	Anthony Farrar-Hockley	Frederick Muller, 1954

CRÉDITS PHOTOGRAPHIQUES

Pages de garde Shutterstock © Triff

2 Shutterstock © Galyna Andrushko

5 et 6 Shutterstock © ck.

8 © Bear Grylls

12 Shutterstock © Feraru Nicolae

14 Wikipedia © Fridtjof Nansen : Farthest North, Constable & Co, Londres 1897 (p. 112) **exp.**

15 Alamy © ITAR-TASS Photo Agency / Alamy

17 Wikipedia © Nansen, Fridtjof : Farthest North, Constable & Co, Londres 1897 (Vol II p. 462) **exp.**

18 Corbis © Hulton-Deutsch Collection/CORBIS

19 Getty © Mansell/Time & Life Pictures/Getty Images

20 Shutterstock © baur **symbole**

21 Corbis © Bettmann/CORBIS

22 Alamy © bolek / Alamy

23 Shutterstock © Robert F. Balazik **symbole**

24 Corbis © Galen Rowell/CORBIS

25 Corbis © Galen Rowell/CORBIS

26 Shutterstock © Kapu

27 Shutterstock © Alexander Yu. Zotov

28 Shutterstock © Maksym Dragunov **symbole**

29 Corbis © Hulton-Deutsch Collection/CORBIS

30 Wikipedia © **NASA**

32 Shutterstock © Dr Morley Read

33 Shutterstock © Maksym Dragunov **symbole**

34 Shutterstock © Vinicius Tupinamba

35 Getty © Popperfoto/Getty Images

36 Getty © Popperfoto/Getty Images

37 Getty © Popperfoto/Getty Images

38 Shutterstock © Maksym Dragunov **symbole**

39 Wikipedia © BoomerKC **personnel**

40 Wikipedia - Harry Glicken, USGS/CVO

41 Corbis © Steve Terrill/Corbis

42 Shutterstock © neelsky

44 Alamy © Christian Kapteyn / Alamy

45 Shutterstock © Vixit

46 Shutterstock © Galyna Andrushko

47 Shutterstock © steve estvanik

48 Summitpost.org © J. Bryndal/blazin

48 Shutterstock © sabri deniz kizil **symbole**

49 Alamy © Barry Lewis / Alamy

50 Shutterstock © Weldon Schloneger

51 Shutterstock © Imaster

52 Alamy © Danita Delimont / Alamy

53 Shutterstock © ekler symbole

54 Shutterstock © Ken Tannenbaum

55 Alamy © Stacy Walsh Rosenstock / Alamy

56 Wikipedia © cflm (talk) – Travail personnel. Dérivé de File : 911 – FEMA – Areas debris impact (graphic). png par Therese McAllister, Jonathan Barnett, John Gross, Ronald Hamburger, Jon Magnuson de la Federal Emergency Management Agency (FEMA) du United States Department of Homeland Security. **911**

57 Corbis © Porter Gifford/Corbis

57 Corbis © Reuters/CORBIS

58 Shutterstock © Doug Lemke

59 Alamy © Aurora Photos / Alamy

60 Shutterstock © sabri deniz kizil **symbole**

61 Getty © Gretel Daugherty/Getty Images

62 Shutterstock © edella

63 Shutterstock © Oskar

64 Alamy © fStop / Alamy

65 Shutterstock © Steve Lovegrove

67 Shutterstock © Susan Flashman

68 Getty © Luca Tettoni

69 Corbis © Galen Rowell/CORBIS

exp.

Cette image (ou tout autre fichier médiatique) est dans le domaine public parce que ses droits d'auteur (copyright) sont expiré. Cela s'applique à l'Australie, à l'Union européenne et aux pays dont la durée des droits d'auteur (copyright) correspond à la fin de la vie de l'auteur plus 70 ans.

symbole

Cette image qui est créditée est le graphique utilisé pour la localisation sur la carte ou le schéma.

NASA

Ce fichier est dans le domaine public parce qu'il a été créé par la NASA. La politique de droits d'auteur (copyright) de la NASA stipule que « le matériel de la NASA n'est pas protégé par les droits d'auteur (copyright) à moins d'indications contraires » (voir Template: PD-USGov, NASA copyright policy page ou JPL Image Use Policy).

personnel

Je, le détenteur des droits d'auteur (copyright) de cet ouvrage, verse cet ouvrage dans le domaine public. Cela s'applique au monde entier. Dans certains pays, il se peut que ce ne soit pas possible légalement ; si c'est le cas, je donne le droit à quiconque d'utiliser cet ouvrage à quelque fin que ce soit, sans aucune condition, à moins que de telles conditions soient requises par la loi.

Fig. I. dicitur Hemisphærium polare arcticum. Fig. II. Hemisphærium polare
antarcticum. Fig. III. Hemisphærium Sphæræ obliquæ pro horizonte Norimberg.
Fig. IV. ejus oppositum inferius cum Antipodibus Norimbergensibus.

Fig. IV.

Hemisphærium telluris
a sole tempore solstitii æstivi
illuminatum.